共享经济背景下网络平台契约劳动的法律规制研究

张勇敏　郭颖华　著

ZHEJIANG UNIVERSITY PRESS
浙江大学出版社

图书在版编目(CIP)数据

共享经济背景下网络平台契约劳动的法律规制研究 /
张勇敏,郭颖华著. —杭州:浙江大学出版社,
2021.12
ISBN 978-7-308-22032-3

Ⅰ.①共… Ⅱ.①张…②郭… Ⅲ.①网络公司—劳
动法—研究—中国 Ⅳ.①D922.504

中国版本图书馆 CIP 数据核字(2021)第 242455 号

共享经济背景下网络平台契约劳动的法律规制研究

张勇敏　郭颖华　著

责任编辑	范洪法　樊晓燕
责任校对	胡岑晔
封面设计	周　灵
出版发行	浙江大学出版社
	(杭州市天目山路 148 号　邮政编码 310007)
	(网址:http://www.zjupress.com)
排　版	浙江时代出版服务有限公司
印　刷	杭州杭新印务有限公司
开　本	710mm×1000mm　1/16
印　张	18.75
字　数	327 千
版 印 次	2021 年 12 月第 1 版　2021 年 12 月第 1 次印刷
书　号	ISBN 978-7-308-22032-3
定　价	78.00 元

前　言

我国"十四五"规划提出了发展共享经济、数字经济、平台经济的远景目标。技术创新带来的经济数字化转型引发了劳动力市场的深刻改变,以网约车司机、外卖骑手和网络直播为代表的网络平台契约劳动新型就业形态,正在重塑我国的经济及其运营方式,也对我国劳动和社会保障法的基础产生了根本影响。虽然平台经济新型就业形态对经济和劳动力市场的潜在影响目前尚无定论,但是现行就业领域平面化的法律和制度体系已远远不足以解决经济数字化转型过程中面临的种种经济和社会问题。在我国现行实定法背景下开辟出一条"民法和劳动法交叉保护"的法律规制路径,以平衡网络平台契约劳动关系中平台和平台工作者的现实利益,保护平台工作者的基本劳动权益,以此进一步推动共享经济背景下劳动力市场的灵活性和稳定性,已成为当务之急。

本书是在 2019 年浙江省科技软科学项目"大众创业、万众创新背景下契约劳动弹性保护的制度架构研究"(2019C35067)研究成果基础上的延展研究。共享经济背景下新型契约劳动用工形态与现行立法之间的冲突是各国学术界普遍关注的社会问题。国内外学者对网络平台契约劳动这一新型用工形态应当得到一定法律保护已基本达成共识,然而,对其应当得到何种模式或何种程度的法律保护仍存在很大分歧。可以说各国目前虽努力对网络平台工作者进行超于民法或超于劳动法的保护,但此种努力尚未成功。我国学者的研究主要聚焦于网络平台工作者的劳动法保护,主流观点是扩大劳动法的适用范围,给予网络平台工作者部分劳动权保护,并提出扩大劳动法适用范围的多种方法和路径。相比较于劳动法研究,民法学者对于该命题的研究成果较少,特别是在《中华人民共和国民法典》实施背景下,将网络平台契约劳动关系纳入民法保护的契合性和可行性的研究成果目前较为罕见。

从我国网络平台经济的实践来看,当前我国调整网络平台契约劳动关系的法律问题主要涉及网络平台雇佣关系的法律规范适用,网络平台工作者的集体权利和社会保障制度供给,以及政府、网络平台和网络平台工作者三者之间的利益平衡三个方面。究其根源,这些问题的存在大致可归结为两种原因:一是缺乏系统的制度规范;二是利益冲突与调整。前者是立法与经济社会变革相衔接的问题,后者则是制度变革的深层次问题。通过比较各国网络平台经济的发展历程可以看出,在对网络平台雇佣问题的具体解决方案上不存在普遍适用的法律制度范例,相关法律制度建设的重点不在于提供具体的调整模式,而在于保证相关经济和社会利益的平衡与协调。因此,网络平台契约劳动关系法律制度构造的首要目的在于:以现行实定法为基础,通过权利(力)义务的重新配置为具体方案的选择以及具体问题的解决提供稳定的利益平衡机制。本书以我国共享经济背景下网络平台契约劳动关系的法律规制路径为研究对象,依托我国民法和劳动法的制度背景,以解释论为基本视角,进而整理出中国法上"民法和劳动法交叉保护"的网络平台契约劳动关系法律规制的构造机理和实现路径图。可视为对网络平台经济雇佣关系研究的补充性研究。

本书的写作具体分工如下:张勇敏撰写第一章、第三章、第四章、第五章、第六章、第八章、第九章,郭颖华撰写第二章、第七章。

最后,衷心感谢本书的责任编辑浙江大学出版社樊晓燕编审,此次出版已是我们的二度合作。在她的热心相助和精心编审下,本书才能在较短时间内顺利出版,在此表示深深的谢意。

张勇敏 郭颖华
2021 年 5 月于浙江宁波

目　录

第一章 导 论

21 世纪以来,信息技术、共享经济的发展和劳动弹性化,促成了网络平台契约劳动的"井喷"式爆发。伴随着网络订餐、在线约车、网络直播等新兴业态的兴起和居民消费的升级,外卖骑手、网约车司机、网络主播等一大批新兴职业和工种应运而生。这不仅给商业运行和人们工作生活带来了翻天覆地的变化,也带来了劳动力市场的深刻变革。我国现行劳动法体系在传统一元劳动关系保护中作用显著,但由于缺乏弹性和灵活性,其无法回应经济数字化转型中出现的劳动关系多元性和复杂性的现实。政府已意识到现有平面化的劳动法律、制度、政策体系已远远不足以解决共享经济中涌现出的网络平台契约劳动这种新型就业形式面临的种种经济和社会问题。在现有劳动法律制度和网络平台契约劳动就业现状之间开辟出一条新的政策通道,以保护平台工作者的合法权益,并在劳动力市场的灵活性和稳定性之间取得平衡,进而推动共享经济这一新的商业模式的发展,已成为当务之急。

第一节 研究背景:信息技术、共享经济与契约劳动

契约劳动的兴起不是某一个国家的就业现象,而是具有广泛国际背景的。信息技术和共享经济是促成网络平台契约劳动这一新型用工模式产生和发展的最主要的动因。伴随着新科技的高生产力的发展,产生了弹性化的工作与不稳定的生产关系。

从 20 世纪末开始,一些具有历史意义的事件转化了人类生活的社会图景。以信息技术为中心的技术革命正在加速重塑社会的物质基础。全世界经济也已然成为全球互联,在易变不定的几何形势系统中,引入了经济、国家与

社会之间关系的新形式。① 各国的经济和社会正在经历深刻的再结构过程，并逐渐呈现出经济与社会之间关系的新形式。其特性是管理上有更大的弹性：公司内部以及与其他公司的关系均呈现分散化与网络化；资本相对于劳动大幅度增长；工作关系日趋个体化与多样化；国家干预则选择性地解除对市场的管制。

借助于互联网等现代科技技术，闲置和分散的社会各类资源得以整合，出现了共享经济这种新的经济形态。根据相关统计数据，2018 年我国的共享经济交易规模达 29420 亿元，约有 7.6 亿人参与共享经济，7500 万人为共享经济提供服务，网络平台的员工人数约为 598 万人。2015—2018 年，网约车客运量占出租车总客运量的比重从 9.5％提高到了 36.3％，网民中网约车用户的普及率由 26.3％提高到了 43.2％；在线外卖收入占餐饮业收入的比重从 1.4％提高到了 10.6％，在线外卖的用户普及率由 16.5％提高到了 45.4％；共享住宿、共享医疗、共享物流等的用户普及率也均有较大提高。②

在任何历史转变的过程中，系统变迁最直接的表现之一就是就业与职业的转型。从世界范围来看，共享经济作为一种新兴的业态越来越被人们接受，并向各个领域渗透，成为人们日常生活的一部分，为社会大众提供了一个全新的就业渠道，成为人们自主择业和弹性就业的新选择，由此带来了劳动形式的深刻变化，从事临时劳动、派遣劳动、有期雇佣等非典型劳动的劳动者不断增加。契约劳动的扩大正是这种变化的反映。在信息技术和共享经济的共同促进下，许多新的业态和职业出现在人们的视野中，网络平台工作者就是其中之一。外卖骑手、网约车司机、快递小哥、网络主播、家政上门等新兴职业因依托互联网平台，通过网络 APP 等途径为消费者提供灵活、快捷、方便的服务而受到消费者的青睐。这些新兴职业为人们提供了更多的选择，促进了经济的发展，具有很大的发展前景。整体而言，在以全职工作、清楚的职务分派以及涵盖整个生命周期的生涯模式为基础的传统工作形式之外，信息技术和共享经济促成了劳动过程与劳动市场的弹性工作的新模式——网络平台契约劳动。

---

① ［美］曼纽尔·卡斯特. 网络社会的崛起［M］. 夏铸九，王志弘，译. 北京：社会科学文献出版社，2006：1.
② 国家信息中心分享经济研究中心. 中国分享经济发展报告（2019）［R/OL］.［2020-01-29］. http://www.sic.gov.cn/News/557/9904.htm.

第二节　研究对象的界定

一、共享经济

网络平台契约劳动是信息技术和共享经济促成的一种新型就业形态。如果要追根溯源的话,共享经济并不是一种横空出世的新的经济模式。该经济模式于1978年由美国伊利诺伊大学社会学教授琼·斯潘思和美国得克萨斯大学社会学教授马科斯·费尔逊共同首次提出。他们以"协同消费"(collaborative consumption)描述了一种新的生活消费方式,其主要特点是:个体通过第三方市场平台进行点对点的、直接的商品和服务交易。但限于当时的经济发展水平和普通大众的认知度,该经济模式仅局限于理论,没有走向实践。

从21世纪初开始,随着信息技术和互联网产业的发展,以Airbnb(爱彼迎)、Uber(优步)等为代表的网络平台企业的崛起,使得共享经济得以风靡全球。共享经济真正进入大众的视野可以回溯到2008年。在这一年,许多智能化产品开始进入大众消费领域,云计算和大数据等信息技术发展迅速,类似于爱彼迎的许多APP也应运而生。随着"互联网+"时代信息技术的广泛应用,以及社会大众对互联网开放性、共享思维方式的认同感越来越强烈,共享经济逐渐走入大众视野,并展现出了其惊人的生命力,快速在世界范围内扩展开来,该颠覆性的商业模式,正在悄然改写全球经济格局。

(一)共享经济的概念界定

对于何谓"共享经济",目前学界并未形成一个普遍认同的定义。有学者认为,在去中介化和再中介化的过程中,共享经济借助第三方网络平台,将供应方的闲置资源使用权暂时性转移,实现生产要素的社会化,通过提高存量资产的使用效率为需求方创造价值,促进社会经济的可持续发展。也有学者认为,当下出现了借用互联网平台、以共享使用权为目的的消费模式,当这种消费模式成为一种普遍的消费模式并推动社会经济的发展时,它便可称为共享经济。[①] 由此可以初步归纳出:共享经济是指通过个体共享社会资源,利用互联网平台等现代信息技术,将闲置资源以有偿或无偿的方式转让使用权给他人或者组织,以此达到社会资源利用最大化。简单来说,共享经济的核心理念

---

① 郑志来.共享经济的成因、内涵与商业模式研究[J].现代经济探索,2016(3):33.

是"使用而不占有",即拥有使用权却没有所有权,让更多人可以同时共享时间、空间等资源,但是不能独占。

综合上述学界与业界对"共享经济"的认识和理解,我们对本书研究视角下的"共享经济"做出如下界定:共享经济属于一种新的商业模式,是企业通过网络与移动设备,利用网络支付、评价系统、GPS、LBS等网络技术手段,整合线下闲散物资和个人劳务,并以较低价格对供应方与需求方进行精确匹配,减少交易成本,从而实现"物尽其用"和"按需分配"的资源最优配置,达到供求双方收益最大化的一种经济模式。共享经济被认为是互联网经济中的一个部分,目前主要的共享经济新业态都依托于互联网技术。与传统经济业态相比,共享经济新业态具有以下特征。

(1)大多数共享经济模式借助网络信息平台,在一个由第三方创建的平台上进行运作。在工业经济时代,我们的共享都是基于朋友之间或者亲属之间的互相信任和信息互通,很难突破地域上的限制,有时候会出现信息不对称,导致共享模式难成规模,因此也难以成为一种成熟的商业模式。然而,到了信息经济时代,在信息技术的有力推动下,大众可以在网络共享平台上实现供应者与需求者之间的供求信息相匹配,依靠大数据选择合适的特定服务。一方面,拥有闲置资源的主体可以通过网络共享平台的资质审核、推介服务、保障服务等进行统一标准化的管理;另一方面,需求者可以通过信用评价机制选择是否进行交易。

(2)双方进行交易的根基是信用机制。这条产业链中所有主体参与的前提是彼此之间的相互信任。由于我国的信用体系建设不够完善和发达,人们往往因此很难与陌生人达成无条件的资源共享。想要期望参与共享经济的主体都具有较高的教育水平和道德素养是比较困难的,因此共享经济模式的参与者将信任对象从未知人群转移到了共享平台上,希望共享平台利用信息系统建立起一个完整的数据闭环,同时利用行业之间的互通数据,形成一套公开透明、行之有效的机制,以此建立参与者对共享经济模式的信任。

(3)共享经济强调的是特定化的参与。传统经济模式已经越来越无法满足市场多元化、碎片化和个性化的消费需求,而移动互联网、大数据以及社交网络等技术和平台,使足够的资源需求者和提供者进入市场,实现了突破时间和空间的闲置资源信息的共享和沟通。这样既能让闲置资源的利用率达到最大化,又可以满足共享经济参与者多元化、个性化需求,是共享经济向创新型和服务型经济发展的重要路径。[1] 每个个体,既是生产者也是消费者,可以将自己的闲置资源通过共享平台找到满足相应的需求方,使得个体潜能与价值达到最大限度的发挥。

(二)共享经济下的用工形态

共享经济背景下的用工形态主要有两种:一种是传统用工模式;另一种是新型用工模式。为了更好地界定这二者,下文将分别予以讨论。

(1)传统劳动用工模式。该模式又称为典型劳动关系或标准劳动关系,即用工单位和雇佣者均为劳动法意义上的"用人单位"和"劳动者",由用人单位为劳动者提供必备的生产条件与生产工具,劳动者受用人单位统一管理、工资统一结算且具有专职性的用工模式。在我国,该用工模式受劳动法的调整,以全日制劳动合同工为主,劳动者也更倾向于选择此类保障充分、安全感强的用工模式。

(2)新型劳动用工模式。该模式又称为非典型劳动关系、非标准劳动关系、零工就业形态,主要是指劳动者利用碎片时间进行工作,一般以小时或以工作任务量计算薪酬,即非全日制用工。[2] 在此类用工模式下劳动者与用人单位之间可以签订正式合同或者口头协议,并且劳动者可以与多家用工单位签订合同,只要时间相互不冲突即可。这体现出在这类新型用工模式下,劳动者与用工单位之间的从属性有所减弱。如果说劳动者更倾向于传统用工模式的话,用工单位则更倾向于这类新型用工模式。在新型用工模式下的劳动者,大部分不受劳动法的调整。劳动者通过兼职或者打散工的形式工作,并且上班时间和地点不固定。新型劳动用工模式的用工方大多是网络平台,其作为交流的媒介为劳动者提供相应的信息服务。劳动者则直接与雇佣方交流,提供服务。这类模式是以自身"闲置资源"为基础进行等价交换的服务模式。

本课题研究主要围绕新型劳动用工关系,即共享经济背景下的非标准劳动关系和零工就业形态展开研究。

(三)共享经济背景下新型用工关系的特点

工作安排的外部化趋势、组织的碎片化、零工经济的随意性都是共享经济下的新型用工模式与传统劳动法调整的劳动关系不相符的特征。

(1)劳动者不再受制于用工单位,劳动时间和劳动地点逐渐自由化。在"互联网＋"的大背景下,餐饮、出行、购物等生活类平台逐渐与网络绑定,人们

---

① 蔡余杰,黄禄金.共享经济:引爆新一轮颠覆性商业革命[M].北京:企业管理出版社,2015:358.
② 李秋霆.共享经济视域下非典型劳动关系法律规制问题研究[D].镇江:江苏大学,2019:21.

足不出户即可淘尽天下好物。网络平台在线接单、不用打卡、不用坐班、实时支付、公开透明的新型用工模式备受众多劳动者尤其是年轻劳动者的青睐。而在传统用工模式中,用人单位对劳动者的控制程度较高,上班时间、上班地点、工作方式都通过建立规章制度来加以严格要求。在新型劳动用工模式下,劳动者的自我调节能力大幅度提高,可以独立完成用工平台派发的任务,并且一般自备生产工具,自己承担风险。该类用工模式的弊端是劳动者的工作安全感较低,面临随时被辞退的风险,劳动者的合法权益时常得不到有效保护。

(2)劳动者与用工单位之间的隶属关系淡化。在传统用工模式下,用工单位制定规章制度,劳动者必须依照各项劳动规章来完成工作任务,劳动者与用工单位之间具有较强的人身从属性、经济从属性和组织从属性。在新型用工模式下,用工平台的从业人员自由化程度高,劳动者可自由选择劳动服务,在人身管理方面没有如同传统用工模式般的约束,并且从业门槛低,退出机制灵活,双方关系的从属性较为松散。

(3)劳动关系的多重性。劳动法调整的一元劳动关系,即一名劳动者只能在同一时间与一家用人单位签订劳动合同,已经不能满足新型用工关系。在共享经济的背景下,劳动者不仅仅只参与到单一的劳动关系中,在"互联网＋"的模式下,结合用工平台用工弹性、工作形式灵活分散的特征,劳动者在合理分配工作时间的前提下,参与到多重劳动关系中,劳动者不经用工单位的同意即可与多个相似服务的用工平台建立工作关系,即没有任何一个劳动关系可以称作"本职"工作。

二、契约劳动

共享经济的发展带来了产业结构的急速变化,越来越多的就业者加入共享经济的新兴产业中。从世界范围来看,劳动的形式发生了很大变化,从事临时劳动、派遣劳动、有期雇佣等非典型劳动的劳动者不断增加,契约劳动的扩大正是这种变化的反映。这种新型就业现象给劳动力市场带来了广泛而深刻的影响,其中最为突出的是,劳动关系的构造发生了变化。在传统劳动关系理论中,人类的劳动成果是以经济为中心加以体现的,劳务及其成果正是这一经济活动的主要对象。值得关注的是,如今,人类的劳务在劳动关系之外已成为被广泛交易的客体,呈现出劳务经济化的趋势,许多劳动者不再像在传统工业经济时代那样直接受雇于使用者,而是在雇佣者之外的第三者的指挥监督下为其提供劳动。如果从企业一方来看的话,劳动现场内不再是一个企业在独立进行生产经营活动,而是有多个企业所提供的"劳务"有机结合的复合的生产经营活动。

(一)契约劳动的定义

与传统的典型劳动关系相比,契约劳动主要在以下 4 个判断要素上有变化。(1)工作时间:契约劳动意味着不受限于全职工作的标准工作时间(我国的标准工作时间为日工时 8 小时,周工时 40 小时)模式。(2)工作地点:虽然部分劳动者仍然有规律地在固定的工作场所内工作,但有越来越多的契约劳动者在其全部或部分工作时间内在公司以外的其他地方工作,可以在任何场域在线工作,不用打卡,不用坐班。(3)工作稳定性:契约劳动大多以工作任务为导向,劳动者的自我调节能力得到大幅度提高,可以独立完成用工单位(平台)派发的任务,并且一般自备生产工具,自己承担风险。然而,相比较于传统的典型劳动关系,该类用工模式下劳动者的工作稳定性较弱,安全感较低,雇主不承担对于未来就业的承诺,劳动者面临随时被辞退的风险,其合法权益得不到有效保护。(4)工作契约形式:传统的劳动契约是以雇主对受雇者的承诺为基础的,这些承诺包括清楚界定的劳动权利、标准化的工作报酬、培训机会、社会给付以及可以预期的职业生涯模式等。受雇者则被预期应该对公司忠诚,对工作尽忠职守,需要加班时应有良好的配合意愿。在契约劳动关系中,这种承诺正在消退,越来越多的契约劳动者都未享有工作保障、退休福利,也没资格领取例行的年终奖金。[①]

(二)我国契约劳动法律调整现状

1.立法问题

在我国,虽然"契约劳动"这一词对许多人来说甚为陌生,但是这种就业形态已广泛存在,并且在近年来迅速增长。相对于契约劳动在实践中发展的汹涌势头,立法显得措手不及。2008 年 1 月 1 日开始实施的《中华人民共和国劳动合同法》(以下简称《劳动合同法》)将非全日制用工纳入其调整范围,但是该法对非全日制用工的规范仅有 5 个条文,内容比较简单且问题重重:①该法将非全日制用工界定为"主要是以小时计酬为主,非全日制劳动者在同一用人单位平均每日工作时间一般不超过 4 小时,每周工作时间累计不超过 24 小时"。这就将许多实际劳动工时超过了《劳动合同法》规定的标准却又未达到全日制用工的工时标准的非全日制劳动者排除在法律适用之外。②该法对非

---

① [美]曼纽尔·卡斯特.网络社会的崛起[M].夏铸九,王志弘译.北京:社会科学文献出版社,2006:249,257.

全日制用工放弃书面形式合同的管制、合同可无条件终止且无经济补偿金等规定,有过度放松管制之嫌,对劳动者的权益保护不力。③在适用该法的非全日制用工之外尚有大量的契约劳动(如独立承包者、学生工、家政工、远程工作者等)处于脱法状态。我国现行的劳动和社会保险法体系是以调整全日制用工为基础、以一元典型劳动关系为对象而构建起来的,在面对形态各异的契约劳动时存在严重的不适应性。契约劳动本身的特殊性造成了劳动基准法、劳动合同法、社会保险法等许多法律的适用障碍。由此造成的结果是大部分的契约劳动者被排除在某些劳动条件和待遇保护之外。

契约劳动的特征在于超出了传统劳动法调整的劳动关系的范畴,使劳动形态从传统劳动领域跨越到了业务委托以及有效利用外部资源的领域。一方面,虽然很多契约劳动者与传统劳动者相类似,但由于处于"个体经营"的地位,不适用于劳动合同法、劳动基准法、社会保险法等与劳动法相关的法律规范体系;另一方面,企业通过使用这些契约劳动者,回避社会保险、职业培训、最低工资支付等作为用人单位应该承担的劳动法规定的法定义务,以达到降低用工成本的目的。应该说,从进入21世纪以来,我国的非标准劳动关系得到了很大发展,尽管劳动合同法、社会保险法等调整传统标准劳动关系的劳动法律规范体系日益健全,但企业可以更多地使用契约劳动的形式来逃避法律责任和义务。

2.司法困境

立法的不完善带来了司法实践的困境。近年来,有关契约劳动的用工争议案件,尤其是网络平台与平台工作者之间的用工争议案件频发。各地法院在处理此类案件时面临的法律难题主要有两个:一是网络平台与平台工作者之间的法律关系性质认定困难。在实践中,仅凭完成工作来确定劳动者与用工单位之间的法律关系的做法显得太过武断,从而使得双方的法律关系变得模糊,用工平台常以双方仅为合作关系、对方并未直接参与生产为借口来逃避责任。另外,一些用工平台与平台工作者之间签订的劳动合同不规范,从而导致对这些用工单位是否属于劳动法意义上的用人单位的判断困难。二是法律适用性认定困难。网络平台用工合同的法律适用问题是司法实践中的一个难题。司法实践中对于网络平台用工合同有居间合同、劳动合同、劳务合同、承揽合同等多种认定结果,网络平台用工合同在我国现行民法或劳动法实定法体系中难以找到合适的法律定位。相比较于传统用工模式,零工就业模式中网络平台与平台工作者的合同关系认定尤其复杂。网络平台并不控制工作时间与地点,也不指挥任务的执行,劳务提供者自主性程度高,依据自身情况接单,灵活性强,远未达到人格从属性标准。但另一方面,这类平台工作者鲜有其他主业,大多专职从事平台服务。[①] 对这类人来说,从事网络平台服务所获得的收入是其主要经济来源,具有较强的经济从属性。[②] 这类零工就业模式中经济从属性较强而人格从属性较弱或无人格从属性的平台工作者很难被界定为劳动者。由此带来了此类网络平台用工合同对《中华人民共和国民法典》(以下简称《民法典》)等民法规范的适用困境,抑或《劳动合同法》等劳动法律规范的适用困境,容易造成司法实践中的"同案不同判"现象。

三、网络平台和平台工作

网络平台可以被定义为利用数据和地理位置等技术将不同群体连接起来的数字应用程序,是共享经济中出现的一个独立现象。例如,微信等网络社交媒体以平台为基础提供服务,连接了用户及广告商,但没有改变现有的工作模式。同样,此类平台也可以在企业内部使用,用于分配工作、联络客户,并不影响企业雇员的雇佣身份及其保护。从经济学的角度看,平台经济的本质是"双边市场"。所谓双边市场就是将具有间接网络外部性的双方集中到一起的一个交易平台,这一平台分别向双方收取价格,每一方的价格都会影响整个平台的需求量和交易量,换句话说,双边市场就是交易量受价格结构影响的交易平台。平台企业要为市场两边的客户服务。这也是平台企业区别于传统企业的主要特点,传统企业只是一个"单边市场",即只要服务于一边的客户。例如,传统的零售商店,消费者是其唯一的服务对象。而对于电子商务平台来说,购物者是它的服务对象,在电子商务平台上开店铺的小业主也是它的服务对象。[③]

通常认为平台工作和平台具有固定联系,平台工作主要借助平台而出现。特别是,这些过程带来了大量不同的业务模式,将工作功能外部化,破坏了公司统一的愿景和个人身份。网络平台能够匹配付费服务的供需双方,至于网络平台促成的劳动该如何定义,现在能够确定的是以下 4 个特点:(1)其内容是执行一项任务——而非租赁或销售;(2)存在报酬;(3)是一种非正规就业形式;(4)从技术和法律角度看,平台居于中介地位,并以多种方式在不同程度对

　　① 于莹.共享经济用工关系的认定及其法律规制——以认识当前"共享经济"的语域为起点[J].华东政法大学学报,2018(3):52.
　　② 经济从属性的内涵侧重点包括因经济实力/地位强弱而弱势主体依赖于强势主体。参见王全兴.劳动法[M].4 版.北京:法律出版社,2017:35-36.
　　③ 邓婕.灵活就业:数字经济浪潮下的人与社会[M].北京:中国工人出版社,2020:61

雇佣关系进行管理。[①]

  尽管存在复杂性,但从管理、经济、法律或社会学的角度来看,平台工作形式受到的关注越来越多。国内外有大量的通俗文章和学术文献都致力于讨论共享经济、平台经济、人工智能、算法和更广泛意义上的未来工作等问题,然而,对此并没有明确概念或概念分类,此类概念往往借用国际文献,或在文献中结合相关事例提出。各国对此类新型用工形式的政策和法律的反应极其缓慢。由于此类新型工作形态不仅在性质上极为异质,而且与数字经济和信息技术的各个方面相互作用的方式多种多样,因此大多数国家的政府和立法机构都采取了典型的"静观其变"的保守做法,以谨慎判断其真正的影响。

第三节 研究意义和方法

一、研究意义

  《中共中央关于制定国民经济和社会发展第十四个五年规划和 2035 年远景目标的建议》中提出:"加快数字化发展。发展数字经济,推进数字产业化和产业数字化,推动数字经济和实体经济深度融合,打造具有国际竞争力的数字产业集群。加强数字社会、数字政府建设,提升公共服务、社会治理等数字化智能化水平。"技术创新带来的经济数字化转型带来了劳动力市场的深刻改变,其最重要的表现之一就是平台雇佣这种新型用工形态的"井喷式"爆发。以网约车、骑手和网络直播为代表的平台经济正在重塑商业及其运营方式,也对劳动和社会保障法的基础产生了根本影响。虽然这种新商业模式对经济和劳动力市场的潜在影响目前尚无定论,但是各国政府认识到现行就业领域平面化的法律和制度体系已远远不足以解决经济数字化转型过程中面临的种种经济和社会问题。在现有劳动与社会保障制度和普通民事雇佣制度之间开辟出一条新的政策通道,以保护平台工作者的合法权益,平衡劳动力市场的灵活性和稳定性,以此进一步推动平台经济这一新商业态势的发展,已成为当务之急。

---

① [法]伊莎贝尔·道格林,[比]克里斯多夫·德格里斯,[比]菲利普.平台经济与劳动立法国际趋势[M].波谢,编.涂伟,译.北京:中国工人出版社,2020:183-184。

二、研究方法

（一）文献研究法

使用文献研究法的主要目的是梳理、了解和掌握学术界已经取得的研究成果或者已经达到的研究高度，并在此基础上形成本书研究的研究命题和研究方向。我们搜集的文献的形式主要包括三类：（1）公开发行的学术著作、期刊论文、相关国内外学术会议的论文、网络资料等。（2）近年来有关平台用工争议的各地法院的司法裁判文书等资料。（3）文献搜集的范围还包括政府部门的一些内部资料、政策文件及相关组织的调查报告等。通过对上述文献资料的整理，我们较为全面、系统地了解了与本书主题相关的最新研究状况，这对我们把握我国共享经济平台契约劳动法律规制中存在的问题和发展趋势起到了非常重要的作用。

（二）实证研究法

虽然国内外关于新型契约劳动已有一些较高水平的学术研究成果，但为了验证这些研究的代表性和客观性，同时也为了对网络平台用工关系进行比较深入的调查，我们于2020年6月到12月间，通过网络访谈和问卷调查等方法，对杭州、温州、宁波等地的外卖骑手、各种平台的网络主播、网约车司机等平台工作者的生存现状进行了深度调研。调研所得的第一手资料对了解我国经济发达地区共享经济背景下平台契约劳动关系的真实情况十分有益，为本书研究提供了比较好的现实基础。

（三）法律规范研究与判例研究相结合的方法

本书研究以我国现行实定法为基础展开，因此法律规范研究是本书的主要研究方法。在法律规范研究时主要运用了法律解释学的方法，包括文义解释、体系解释、历史解释、目的解释乃至法律漏洞填补和法律续造等。在综合运用各种解释学思路时，必要时并不局限于现行法的法条规定，而是兼顾法律规范背后的学说成果以及规范在实务中的运用情况，即以我国现行法律规范为制度背景，综合规范、学说与实践三方面资源，通过解释实定法来促成对法律规范的正确理解和妥当运用。

重视规范的运行实况，自然要深入到司法裁判实践之中。鉴于实践中典型案例和适用争议频繁，我们还对最高人民法院裁判文书网和各地法院近年来的平台用工争议的典型司法判例进行了全面检索和梳理，并根据数据分析所获得的结果，考察法律规范适用的运行实况，把握司法实务中的相关疑难问题。

(四)比较研究法

共享经济背景下平台契约劳动产生的背景是信息化和全球化的影响,因而此类新型用工问题具有较为鲜明的国际化色彩。同时欧美一些市场经济国家共享经济、平台经济的产生较我国要早,其研究和规制内容也比较丰富。所以,研究我国平台契约劳动关系问题离不开中外比较的方法,这种比较的方法对于我国借鉴国外共享经济新型劳动关系调整的有益经验很有帮助。此外,本书在比较研究过程中还要注意将我国的平台契约劳动问题置于全球化的大背景下,这实际上也是一种系统分析方法的尝试。

第四节　基本结构

从共享经济背景下涌现的平台契约劳动实践来看,当前我国调整平台契约劳动关系的法律问题主要涉及平台雇佣关系的法律规范适用,平台工作者的集体权利和社会保障制度供给,以及政府、平台和平台工作者三者之间的利益平衡三个方面。产生这些问题的根源大致可归结为两种:一是缺乏系统的制度规范;二是利益调整与冲突。前者是立法与经济社会变革相衔接的问题,后者则是制度变革的深层次问题。通过比较各国共享经济契约劳动的发展历程可以看出,对契约劳动问题的具体解决方案上不存在普遍适用的制度范例,相关制度建设的重点不在于提供具体的经济与管理模式,而在于保证相关社会利益的平衡与协调。因此,共享经济下契约劳动法律制度构建的首要目的在于,通过在权利(力)配置、设定、救济措施上的制度化手段为具体方案的选择以及具体问题的解决提供稳定的利益平衡机制。

基于以上研究思路,本书共分9章,各章的主要内容如下文所述。

第一章,导论。本章首先提出选题的意义和研究背景;其次比较详细地描述了研究对象的界定,包括对共享经济、契约劳动、网络平台这三个本研究主要关键词的界定;最后介绍了本书的写作结构和主要研究方法。

第二章,研究综述。本章是全书的基础,目的是充分了解与本书相关的研究成果。具体内容包括共享经济的语域和内涵界定、网络平台契约劳动的概念与类型、网络平台契约劳动关系的性质认定、网络平台契约劳动关系法律规制的比较研究、我国平台契约劳动关系的法律规制等问题。

第三章,我国平台契约劳动的实证分析。本章首先以通过微信谈访、调查问卷等方式对国内共享经济、平台经济最发达的地区之一的浙江的外卖骑手、网络主播、网约车司机三类具有代表性的平台工作者展开的实证调研所得的数据,分析我国经济发达地区平台契约劳动发展的社会背景及体制机制,形成具有地域特色的实证研究成果,为本书研究提供最新的实践研究基础;其次结合最高人民法院"裁判文书网"上的上述三类用工的典型案件司法判例,深入梳理、评估分析,为我国契约劳动保护的社会环境及体制机制研究提供新的理论和实践研究成果。

第四章,平台契约劳动调整模式的国际比较。共享经济背景下平台契约劳动是一种全球性的新型就业现象。共享经济用工形态的出现以其特有的经济模式、雇佣形态,冲击着传统用工形态、传统劳动法律法规。共享经济模式下新型用工形态的法律调整已成为全球法学界的热门问题,也是各国立法与司法急需解决的难题。因此,我们从微观的角度,选择美国、日本、英国、德国等国家为研究样本,因为这些发达国家共享经济发展得较为成熟,对契约劳动等新型劳动关系的调整法律制度体系在某些方面具有趋势性的特征。通过对这些国家契约劳动发展态势、调整模式和司法裁判规则的比较研究,探究、梳理和透视其内在的运作逻辑,继而提炼出某些共通性规律,为我国立法、司法和劳动行政部门建立和完善对契约劳动调整的模式构建、制度建设和司法裁判具有一定的参考价值。此外,本章较为系统地梳理了国际劳工组织对此类新型用工形态法律调整的立场和建议。

第五章,我国网络平台用工合同的法律问题。平台用工合同的性质认定,是平台用工关系法律适用和平台工作者权益保护的基本前提。本章通过系统研究网络平台与平台工作者之间用工合同的权利义务关系和判断标准,厘清平台用工合同的类型和法律适用规则,解决当前司法裁判中的法律性质认定难题,以寻求互联网平台经济的发展与平台工作者权益保障之间的平衡。

第六章,平台工作者的集体劳动权利和社会保障法律问题。本章着重讨论平台工作者的劳动权益法律保障问题,主要涉及平台工作者的集体协商和社会保险两个方面。集体协商和社会保险是保障平台工作者获得报酬、体面生活、化解职业风险的重要的法律制度,也是公民劳动权实现的基本保障制度。我国现行法律规范中劳动者的集体协商、集体合同、工会制度以及社会保险制度都是以标准劳动关系为基础构建的,因此,在现行法背景下大部分的平台工作者因为不能被认定为劳动法意义上的"劳动者"而被排除在养老、医疗、失业、工伤等法定的社会保险项目之外,也不能依托于集体组织——工会与雇主团体就劳动报酬、劳动条件、职业安全等问题展开平等协商、签订集体合同来争取其集体权利。因此,需要建立替代性或补充性的平台工作者团结权组织和社会保障方案,以保障平台工作者的基本劳动权益,实现其工作安全权。

第七章,网络平台契约劳动中平台工作者权利保护的正当程序机制。本章阐述我国当前民事争议解决机制与劳动争议解决机制的主要类型、组织机构和具体程序,提出契约劳动中网络平台与平台工作者之间的现实权利争议应当依照已有的法定程序性规定予以解决;网络平台与平台工作者之间的未来利益争议应当通过赋权平台工作者结社权、集体协商权和民主参与权的方式予以解决。国家应当从平台工作者的弱势身份出发,肯定平台工作者联盟的合法地位,明确平台工作者联盟的职责,细化平台工作者集体权利、权益实现的程序,给予平台工作者集体权利、权益保护的正当程序机制,赋予协调处理协议书超越民事合同的效力。

第八章,我国网络平台契约劳动法律调整机制的建立。我国现行调整劳动关系的法律规范体系无法适应平台契约劳动的快速发展,需要对劳动法和民法法律规范以及劳动关系理论进行重新解释和规整,以适应平台经济劳动力市场的新变化,并寻求鼓励平台经济的发展与保护平台工作者劳动权益之间的平衡。本章在全面系统分析我国平台经济和平台契约劳动的发展现状、存在的问题和法律困境的基础上,提出了我国平台契约劳动关系法律规制的基本思路和实现路径。

第九章,结论与建议:网络平台契约劳动关系"弹性保护"的法律规制体系构架。本章是全书的概括总结,尝试在平台契约劳动现象与法律制度规范之间建立起逻辑联系,并找到解决我国平台契约劳动关系法律调整的理念和路径,并应用到当下的实践中。

第二章　研究综述

第一节　共享经济的语域和内涵界定研究

　　网络平台契约劳动是信息技术和共享经济促成的一种新型就业形态。如果追根溯源,人们会发现共享经济并不是一种横空出世的完全新创的经济模式,该经济模式于 1978 年由美国伊利诺伊大学社会学教授琼·斯潘思和美国德克萨斯大学社会学教授马科斯·费尔逊共同首次提出。他们以"协同消费"的概念描述了一种新的生活消费方式。① 哈佛大学历史学和商务管理教授南希·科恩(Nancy F. Koehn)认为,共享经济是个体之间进行直接交换商品与服务的系统。这个交换系统理论可以涵盖许多方面,包括闲置物品、闲置房间或闲置车位等物品或服务的共享。当今受益于互联网技术的迅猛发展,人与人之间实现了无时空限制的连接,从而保证了这种共享行为的便捷性与可行性。通过互联网技术,供给者与消费者可以进行点对点的交易,实现更加便捷、实惠、舒适的商品与服务的消费。② 但当时的经济发展水平和普通大众认知度低,导致该经济模式仅局限于理论,没有走向实践。普遍的观点是,美国人罗宾·蔡斯是共享经济的最早实践者。2000 年罗宾·蔡斯成立了共享租车公司 Zipcar。③ 此后,随着 Airbnb(爱彼迎)、Uber(优步)等平台企业的相继出现,共享经济在全球范围内迅速扩张,成为一种新的经济形态和商业模式。

　　对于共享经济,至今仍未形成一个普遍认同的概念。罗宾·蔡斯认为,共享经济应该是一种协作经济(collaborative economy),其核心要点在于:利用

---

① 刘荣根.共享经济:传统经济模式的颠覆者[J].经济学家,2017(5):97.
② 刘荣根.共享经济:传统经济模式的颠覆者[J].经济学家,2017(5):97.
③ [美]罗宾·蔡斯.共享经济:重构未来商业新模式[M].王芮,译.浙江人民出版社,2015:18.

过剩产能、利用科技建立共享平台和个人参与。① 我国学者蒋大兴和王首杰主张,共享经济是通过社交网站线上服务,非商主体之间获取、给予或分享商品和服务的经济活动,其发展快、规模大、涉域广,涵盖了房屋/空间、车辆、时尚、知识/时间/经验、媒体、食物、零售、消费者物品、金钱和动力九大类,成为一种新经济形态。② 学者郑志来从经济活动过程的角度出发来论述共享经济,认为共享经济是指实现了去中介化和再中介化过程的经济形态。去中介化是指供需双方不再依附传统的商业组织。如在P2P借贷中,资金供给者和资金需求者不再需要依附于银行等金融组织进行资金调配,而是可以进行直接匹配。如在打车服务中,打车软件使得服务者与乘客不再需要出租公司等商业组织,他们可以进行直接匹配。共享经济的去中介化使得金融、出租车等行业脱媒。共享经济的再中介化是指供需双方需要依附新产生的共享经济平台。如在P2P借贷中,资金供给者和资金需求者需要借助于P2P网络借贷平台实现资金供需匹配;在打车服务中,服务者和乘客需要借助于打车软件实现供需匹配,共享经济平台成为供需双方的"新中介"。③ 陈新明、冯骁、宋鹏三位学者从经济现象角度出发,认为共享经济是个人或组织通过信息技术平台交易使用权,实现闲置资源社会化再利用的经济现象。④ 学者卢希鹏从统计学角度出发,认为共享经济是依靠先进的智能互联技术,利用数据统计以及信息交换两个因素,在共享平台上发展新的经济活动,在这些活动中,共享平台的供需信息会通过数据统计技术被统计出来,并被高效地分配在平台上,从而使闲置的资源被重新利用起来,并对供应者的收益进行分配。平台统计需求与供给的有效分配,迫使闲置的资源资产重新进入流通,进而使得参与各方获取收益。⑤ 学者董成惠从消费模式的角度考虑,提出共享经济是指人类社会发展到特定阶段,借用互联网平台、以共享使用权为目的的消费活动,当这种消费活动成为一种普遍的消费模式并推动社会经济的发展时,共享经济便形成了。⑥ 于莹认为,尽管中外学者对共享经济都有自己的看法,各有侧重,但对既有共享经济的研究可以在四个方面达成共识:第一,共享经济利用互联网技术搭建平台;第二,共享经济实现供需双方点对点的连接;第三,共享经济利

---

① [美]罗宾·蔡斯.共享经济:重构未来商业新模式[M].王芮,译.浙江人民出版社,2015:20.
② 蒋大兴,王首杰.共享经济的法律规制[J].中国社会科学,2017(9):141.
③ 郑志来.共享经济的成因、内涵与商业模式研究[J].现代经济探讨,2016(3):33-34.
④ 陈新明,冯骁,宋鹏.共享经济评述及展望[C]//第十一届(2016)中国管理学年会论文集,2016:1-9.
⑤ 卢希鹏.随经济:共享经济之后的全新战略思维[J].人民论坛·学术前沿,2015(22):35-44.
⑥ 董成惠.共享经济:理论与现实[J].广东财经大学学报,2016(5):4.

用的是已有的闲置资源或过剩产能;第四,共享经济对于资源仅是使用,不要求"所有"。尤其需要指出的是,多数研究均强调共享经济最重要的特征是利用闲置资源或过剩产能。[①] 我国国家信息中心分享经济研究中心发布的《中国共享经济发展年度报告(2019 年)》认为,共享经济是指利用互联网等现代信息技术,以使用权分享为主要特征,整合海量、分散化资源,满足多样化需求的经济活动总和。共享经济是信息革命发展到一定阶段后出现的新型经济形态,是整合各类分散资源、准确发现多样化需求、实现供需双方快速匹配的最优化资源配置方式,是信息社会发展趋势下强调以人为本和可持续发展、崇尚最佳体验与物尽其用的新的消费观和发展观。[②]

由此我们可以发现,尽管各界对共享经济的概念未能达成一致,但无论从哪个角度他们均认为共享经济是一种通过个体共享社会资源,利用互联网平台等现代信息技术,将闲置资源以有偿或无偿的方式将使用权转让给他人,以此达到社会资源利用最大化的经济形式。简而言之,共享经济的核心理念是"使用而不所有",即经济主体对物享有使用权但不享有所有权。如此一来,更多经济主体可以同时共享时间、空间等闲置资源。

第二节　网络平台契约劳动的概念和类型研究

一、契约劳动概念界定

对于契约劳动的概念,学界有不同的理解。《大不列颠百科全书》的词条解释,"契约劳动"概念最早出现在殖民地时期的北美,它的一方主体是西欧(主要是英国)的男性和女性。当时契约劳动的一部分合同类似于学徒制项下的合同;而另一部分合同则是包身工制度项下的合同,其劳动条件十分苛刻,也被称为"契约奴役",其通常针对罪犯,如果他们同意签订并履行殖民地的这种劳动契约,则他们在母国的刑期会得到扣减。[③] 当然当前国际上探讨的契约劳动与最早殖民地时期的契约劳动具有完全不同的内涵和价值定位,是新

---

① 于莹.共享经济用工关系的认定及其法律规制——以认识当前"共享经济"的语域为前提[J].华东政法大学学报,2018(3):50.

② 国家信息中心分享经济研究中心.中国共享经济发展年度报告(2019)[R].北京:国家信息中心,2019:5.

③ 参见《大不列颠百科全书》中"contract labour"词条.[2021-01-07].https://www.britannica.com/topic/contract-labor.

时代意义上的"契约劳动"。

"契约劳动"一词在我国以及世界上的许多国家并不是法律用语,除了少数国家在法律规范上使用之外,如英国的《性别差异禁止法》①、印度的《1970年承包劳动者法》②,各国在法律上还没有对其进行统一定义。1997 年,国际劳工组织(ILO)认定了一种新的就业形态,并称之为"契约劳动(contract labour)",并且为制定相应的国际基准进行了广泛深入的讨论。"契约劳动"一词由此在世界范围为人所知。③

日本学者对这一新的就业形态做了学理概念界定的尝试,认为契约劳动是雇佣契约(即我国的劳动合同)之外的契约形式所确定的劳动。例如契约劳动者基于承包、委托等形式为用人单位提供劳务和服务,契约劳动者与用人单位存在类似于雇佣关系的经济上的依存关系。④

从世界范围看,信息技术与产业结构的持续变化给社会带来了广泛而深刻的影响,劳动合同(雇佣合同)的构造发生了重大变化,许多自然人不再像传统的工厂劳动者那样直接受雇于雇主,而是在雇主之外第三方的指挥监督下为该第三方提供劳动。契约劳动的产生正是这种变化的反映。

二、网络平台契约劳动用工模式的主要类型

网络平台契约劳动用工形态是共享经济背景下新型用工形态的典型代表。当前立法、司法、学界面临的最棘手的问题是,如何对共享经济新业态进行法律调整与制度供给。在共享经济背景下网络平台与平台工作者的关系如何认定,是共享经济给现行劳动法体系和既有社会治理体系提出的新的挑战。网络平台用工与传统用工形态相比体现出多样性、任务化、碎片化、复杂化的诸多新的特征,在对其进行法律规制前,首先要根据当前共享经济的实际情况来厘清网络平台用工模式与类型。于莹指出,从当前共享经济的不同类型着手,可将共享经济的用工形态分为典型共享经济用工形态和非典型共享经济用工形态两类。其认为,典型共享经济强调的是利用闲置资源,对于人来说,

---

① Sex Discrimination Act 1975. [2020-12-20]. https://www. legislation. gov. uk/ukpga/1975/65/enacted.

② The Contract Labour (Regulation and Abolition) Act 1970. [2020-12-20]. https://clc. gov. in/clc/acts-rules/contract-labour-regulation-abolition-act-1970.

③ International Labour Conference, Provisional Record, 85 Session, 1997, Report of Committee on Contract Labour. 国际劳工组织事务局 1997 大会议事录,《关于契约劳动委员会的报告》第 67,69 段。转引自:田思路,贾秀芬. 契约劳动的研究——日本的理论与实践[M]. 北京:法律出版社,2007:32.

④ 田思路,贾秀芬. 契约劳动的研究——日本的理论与实践[M]. 北京:法律出版社,2007:1.

就是他有工作或者有自己的主业，只是在空闲时间利用劳动或者技能提供服务。因此，在典型共享经济下，劳动提供者可能在平台上偶尔接了一单维修水管或者电路的任务，或在上班途中接了一单搭车的任务，或回老家前在平台上寻得拼车同往的老乡等。典型共享经济的用工形态强调的是利用闲置资源，因而典型共享经济下的劳动提供者一定是零散化的、非专业的、非全职的，典型共享经济下的平台应该是劳动提供者借助其收集或获取信息、对接需求的平台。这种共享经济的用工形态应该表现为劳动提供者非正式的、非固定的"打零工"的形态。非典型共享经济的用工形态则是属于"闲置资源"范畴的劳动者专门从事共享经济下的某一服务，即闲置劳动力资源在共享经济中专职化，从而转化成"在用资源"的一种用工形式。对于非典型共享经济的用工形态不能一概而论，其大体分为两种类型：一是劳动提供者专职化、固定化的"打零工"的形态；另一种则是劳动提供者专职化、固定化的工作形态。[①] 共享经济背景下平台类型多元化，不同的商业模式和用工形态也不尽相同。王天玉主张按照提供的业务和事实上的管理程度，将网络平台用工模式分为自治型平台和组织型平台。组织型平台又可细分为平台自营、业务外包、零工就业三种模式。不同种类的平台与劳务提供者之间订立的合同对双方权利、义务的要求也不甚相同。[②]

第三节 网络平台契约劳动关系的性质界定研究

在我国经济数字化转型的过程中，各种新型契约劳动关系井喷式爆发。然而，这些新型用工关系尚未引起我国立法部门的广泛重视和研究，目前尚不存在可以直接援用的法律，因此在遇到纠纷时，实务部门对于应当如何界定这种新型用工关系存在很大争议，由此引发的一些经济和社会问题无法得到妥善的解决。在现有法律制度难以满足新型用工关系发展需求的背景下，学术界应当对此类新型用工关系进行客观分析，在合理定性的基础上，通过健全和完善法律制度来保障新型用工关系中平台工作者的合法权益，为共享经济发展创造一个良好的法律环境。

---

① 于莹.共享经济用工关系的认定及其法律规制——以认识当前"共享经济"的语域为前提[J].华东政法大学学报，2018(3)：53.
② 王天玉.互联网平台用工的合同定性及法律适用[J].法学，2019(10)：168-171.

一、雇佣关系与劳动关系的不同学说

当前平台契约劳动关系等新型用工关系产生争议的主要原因在于此类用工关系的法律性质识别不清,即其究竟属于劳动关系还是雇佣关系尚不明晰。要想界定契约劳动关系的法律性质,必须先对劳动关系与雇佣关系进行识别。我国学界对劳动关系与雇佣关系的识别历来存在争议,劳动法学者和民法学者针对雇佣关系和劳动关系的识别问题有着不同的观点,代表性的理论主要包括两种——"相互独立说(异质说)"和"特殊类型雇佣说(同质说)"。

"相互独立说"代表了劳动法学界最质朴的观点。该观点认为劳动合同与雇佣合同在本质上属于不同类型的合同,不能相互涵盖。该观点以董保华、郑尚元等劳动法学者为代表。董保华认为:劳动法属于公法范畴,雇佣合同属于私法范畴,二者在性质上差别较大;雇佣合同当事人的法律地位平等,劳动合同当事人双方的法律地位不平等,劳动合同生效后,一方与另一方发生组织领导和管理被管理的关系。[1] 郑尚元认为:从历史进程看,先有雇佣关系的债法调整,后有劳动关系的劳动法规制。雇佣契约在民法财产法体系中,并未因劳务给付的特殊性而给予特别关注,而是将劳务给付,严格地讲属于劳动行为的双重履行比照一般物的标的的给付一样,纳入债法的范畴。劳动合同不论从实在法还是从法学理念上分析,都是不属于民法调解的范畴的。[2] 这些学者非常精准地认识到二者间的紧密联系和实质区别。

"特殊类型雇佣说"发端于 20 世纪 90 年代,该学说的基本主张是劳动合同是雇佣合同的特殊类型,劳动合同源自雇佣合同。民法学家梁慧星提出,劳动合同法属于民事法律,是现行合同法的特别法。[3] 民法学家彭万林提出,民法上关于雇佣合同的规定为一般规定,劳动法关于劳动合同无特别规定的,适用民法上雇佣合同的规定。[4] 劳动法学者沈建峰在《论劳动关系的实践界定——以中德司法机关的判决为考察重点》一文中提出,劳动法是特别私法,因为《合同法(草案)》曾明确提出,将劳动法作为特别民法看待,并在雇佣合同中加入劳动法上的劳动条件和安全保障义务。[5] 学者申建平在《劳动合同法律属性论》一文中指出,大陆法系国家都是将民法作为劳动合同的基础性法

---

① 董保华.劳动合同立法的争鸣与思考[M].上海:上海人民出版社,2011:678-724.
② 郑尚元.劳动法学[M].北京:中国政法大学出版社,2004:35-37.
③ 梁慧星.从近代民法到现代民法——梁慧星先生主编之中国大陆法学思潮集[M].北京:中国法制出版社,2000:192.
④ 彭万林.民法学[M].7 版.北京:中国政法大学出版社,2011:585-587.
⑤ 沈建峰.论劳动关系的实践界定——以中德司法机关的判决为考察重点[J].法律适用,2012(12):89.

律,作为具有大陆法系传统的我国也不例外,我国的劳动合同基本上沿用民法理论,是纯私法理论。[①] 从比较法上看,《德国民法典》也持这种观点。《德国民法典》第八章"各种债务关系"第八节"雇佣合同和类似合同"第一目"雇佣合同"下包括第 611—630 条。其中第 611 条规定了"在雇佣合同情形下的典型合同义务",具体指出:"因雇佣合同,允诺劳务的一方当事人有义务提供所约定的劳务,另一方当事人有义务给予所约定的报酬。雇佣合同的标的可以是任何种类的劳务。"紧接着的第 611a 条"劳动合同"是对第 611 条的增补,规定:"因劳动合同,为他人服务的劳动者有义务以个人依赖方式提供受指示约束的、由他人决定的劳动……雇主有义务支付所约定的薪酬。"[②]可见德国民法明确认为劳动合同是雇佣合同的特殊形态。

在雇佣合同与劳动合同的关系认定上,我们认为"特殊类型雇佣说"更为契合我国的现实情况,我国现行劳动法和民法实定法体系应当在此基础上做适当调整。谢增毅在《民法典编纂与雇佣(劳动)合同规则》一文中认为,雇佣契约与劳动契约在法的价值追求和规范内容上的根本区别是雇佣契约以"物"为中心,而劳动契约以"人"为中心,前者以劳务的给付为其核心要务,后者以劳动者的保护为其核心要务。他强调劳动关系与雇佣关系的区分,认为应当在债的合同部分规定雇佣合同的一般规则,即在雇佣一节仅规定雇佣关系,而不涉及劳动关系,从而保持雇佣规则的纯洁性,降低立法难度。[③] 而钱叶芳在《民法典编纂背景下雇佣(劳动)合同的去向——现代民法与劳动法的分工与合作》一文中认为,现代劳动关系与雇佣关系应当在概念上融为一体,参照欧洲私法的立法例规则,现代民法和劳动法之间应构成分工合作关系,即劳动法调整雇佣(劳动)关系、民法调整服务关系及类似雇佣关系,并为雇佣(劳动)关系适用民法规则提供制度连接点。[④] 在网络平台契约劳动关系中,我们认为雇佣合同与劳动合同规则对于网络平台用工关系的法律规制均具有适用意义。要更加合理地保护平台工作者,现代民法就应当将雇佣合同作为重要的合同类型进行权利义务规范,雇佣合同规则为劳动法所不能保护的权益提供了保障,即如两位学者所言,雇佣合同规则应当成为劳动法与民法规则的制度连接点。

① 申建平.劳动合同法律属性论[J].河北法学,2004(7):21-22.
② 德国民法典[M].5 版.陈卫佐,译.北京:法律出版社,2020:272-273.
③ 谢增毅.民法典编纂与雇佣(劳动)合同规则[J].中国法学,2016(4):97-99.
④ 钱叶芳.民法典编纂背景下雇佣(劳动)合同的去向——现代民法与劳动法的分工与合作[J].浙江学刊,2018(06):62.

二、契约劳动关系法律性质的界定

平台经济模式下新型用工关系的法律性质的界定问题一直是在学术界存在较大争议的问题。对网络平台契约劳动关系中平台与平台工作者之间关系的法律性质的认定，不同的学者有不同的看法。具体而言，当前学者们的观点主要有劳动关系说、劳务关系说、合作关系说、劳动关系和劳务关系竞合说、法律关系群说等。

(一)劳动关系说

劳动关系说认为，劳动关系认定的核心要素包括三个方面，即劳动关系主体适格、达成合意和从属性审查。当前在我国网络时代的劳动关系的本质属性尚未发生质变，我们无须在劳动立法和政策保障上"另起炉灶"，以免影响社会对劳动关系趋势规律的判断。林嘉认为，尽管科学技术和经济高速发展的今天，如何界定劳动关系对劳动者权益保护有着重要的意义，但判断劳动关系的实质标准依然是"从属性"标准。①

常凯在《雇佣还是合作，共享经济依赖何种用工关系》②一文中指出，互联网经济并未改变劳动和资本的关系，互联网经济下的用工关系仍然是劳动关系。他指出，互联网对社会有很深的影响，其用工方式更灵活多变，但互联网并没有改变劳动关系的基本性质，劳动关系的基本特征为劳动对于资本的从属性，从属性是判断"劳动关系与否"的本质。在"劳动过程中，谁在掌控"的问题是核心问题。如果劳动过程是由"一方掌控"，则是"劳动关系"；如果是由"双方掌控"，则是合作关系。

钮友宁在《共建共享我国互联网时代的新型劳动关系》③一文中指出，尽管"互联网＋"给劳动用工关系带来了巨大变化，但是传统劳动关系的本质属性没有变。共享经济和互联网技术的开发和运用，虽然逐步改变着传统的经济和产业结构，影响着企业组织形式和劳动管理效率，提升了劳动者在劳动契约要价中的实际地位，实现了劳动者劳务给付的自主性和灵活性，但无论是《中华人民共和国劳动法》(以下简称《劳动法》)的立法主旨，还是劳动关系从属性审查的实践，都强调用人单位对劳动者的工作细节有控制权，体现在平台对服务提供者的服务准则的规定、装备服装的要求以及工资薪酬发放的控制

---

① 林嘉.劳动法和社会保障法[M].2版.北京:中国人民大学出版社,2011:10,53.
② 常凯.雇佣还是合作,共享经济依赖何种用工关系[J].人力资源,2016(11):38-39.
③ 钮友宁.共建共享我国互联网时代的新型劳动关系[N].工人日报,2017-11-07(07).

上。与此同时服务提供者履行劳动义务的从属性地位也没有改变,故互联网的发展尚未改变劳动关系的本质特征,即用人单位劳动管理的较强拘束性与劳动者劳务给付的从属性地位没有改变,因此,这是变量增多和表现形式弹性的新型劳动关系。

刘君在《顺应互联网时代发展构建我国共享经济的新型劳动关系——关于构建新时代网络劳动关系的思考》[①]一文中指出,共享经济模式对传统劳动关系的影响深远,它不仅改变了企业生产要素配置和利润分配方式,同时改变了劳动关系的构成要件和报酬的实现形式,但没有改变我国传统劳动关系从属性的本质属性,即劳动者和用人单位作为市场利益主体适格,企业在劳动管理区间具有较强拘束性,及劳动者劳务给付的从属性实际地位,无论双方采用书面签订劳动合同的"明示"形式,还是双方约定属于事实劳动关系的"默示"形式,无论是全职还是兼职劳动者从事网络服务,传统劳动关系认定标准依然基本适用于网络劳动者。因此,从积极维护我国社会公共利益的视角来看,在我国共享经济和互联网行业发展的条件下,互联网企业与网络从业者之间的劳动关系是变量因素增多和表现形式弹性的新型劳动关系,要积极培育基于社会文化认同的思维新观念,并形成与劳动诚信体系相匹配的发展新模式,积极鼓励共享平台企业守法经营和适度创新,发挥它对实体经济和虚拟经济融合的促进作用。

至于新型用工关系应该认定为哪种劳动关系的问题,田思路等在《论使用从属关系下非典型劳动者保护的多元化》[②]一文中指出,中国以传统的典型劳动为前提制定劳动法,对市场经济的主体认识不清楚。随着中国劳动市场的迅速发展,雇佣关系多样化、劳动市场弹性化使得劳动法调整范围过窄的问题显现,本应签订的劳动合同转为劳务合同,不受劳动法保护,导致大量劳动者被排除在劳动法的保护之外。王全兴等主张在现行条件下将平台用工认定为非典型劳动关系。他认为,鉴于"网约工"的劳动用工形式尚处于变动不居而未定型的阶段,面对"网约工"权益保护的现实急迫性,尤其是有大量的"网约工"劳动争议案件的处理不能等待,故设计现阶段的应对之策尤显紧要。他认为面对劳动关系认定从严与保护手段"一刀切"互为制约的现行逻辑,破解之道只得同时从两方面着手。一方面,劳动关系认定适度从宽,即在典型劳动关系认定标准之外,探索非典型劳动关系的认定标准,将符合此标准的"网约工"

①　刘君.顺应互联网时代发展构建我国共享经济的新型劳动关系——关于构建新时代网络劳动关系的思考[J].工会信息,2017(24):8.

②　田思路,彭澍诚.论使用从属关系下非典型劳动者保护的多元化[J].中国劳动,2014(8):18-21.

认定为非典型劳动关系;另一方面,结合个案特征和需要,将现行劳动法保护手段有选择地适用于认定为非典型劳动关系的"网约工"。[①]

在司法实务中认定平台用工关系是否属于劳动关系的依据是原劳动与社会保障部于2005年出台的劳社部发〔2005〕12号《关于确立劳动关系有关事项的通知》。该行政规章中明确指出构成劳动关系的三个标准:首先是主体合法,即用人单位有法律规定的用人资格,劳动者有相应的劳动能力;其次是存在事实劳动关系,即用人单位对劳动者存在现实的管理,劳动者实际从事用人单位安排的劳动任务;最后是要求劳动者提供的劳动内容属于用人单位业务的组成部分。在实践中劳动仲裁员与法官多倾向于依照此三个标准认定在线平台与平台工作者之间存在劳动关系。

(二)劳务关系说

劳务关系是指两个或两个以上的平等主体双方在劳务提供方面进行等价交换过程中形成的一种社会关系。在此关系中,两个或两个以上的平等主体通过签订劳务合同互相设定的双方民事权利义务。此种社会关系主要由民法进行调整。劳务关系的界定标准通常需要满足三个条件:首先,接受劳务服务的主体与劳动者双方的法律地位平等,双方主体之间不存在从属性,即不存在监管与被监管的关系;其次,劳动者向接受劳务服务的主体提供的劳务具有临时、短期以及一次性的特点;最后,在一般情况下,提供劳务所需要的生产资料也是由劳动者自行提供的。有学者认为网络平台与服务提供者之间的关系不是劳动关系,而是劳务关系。

战东升在《民法典编纂背景下劳动法与民法的立法关系——以"类似劳动者型劳务提供人"的保护为切入点》[②]一文中指出,近年来,在"大众创业、万众创新""服务经济化"等政策指引下以及在互联网技术日益发展的背景下,劳动用工形式出现了诸多有别于传统用工形式的新型样态,企业与从业者的关系开始变得微妙而复杂起来。基于降低用工成本的目的,企业通过与劳动者签订承揽、委托等合同来获取劳动力。我国劳动法对这些基于承揽、委托等劳动合同以外的劳务提供合同提供劳务的就业者是否属劳动者这一问题一直未予明确。他认为这些从业者,包括部分网络平台劳务提供者,如家庭服务工作者和专车司机等,属于"类似劳动者型劳务提供人",他们与企业订立的合同属于

---

① 王全兴,王茜.我国"网约工"的劳动关系认定及权益保护[J].法学,2018(4):57-72.

② 战东升.民法典编纂背景下劳动法与民法的立法关系——"以类似劳动者型劳务提供人"的保护为切入点[J].法学,2018(10):97-99.

"类似劳动者型劳务提供合同",对于这类劳务提供人的保护,应当采用"混合调整模式",即"劳动法调整模式＋雇佣合同调整模式"。详言之,虑及目前我国劳动法的适用范围尚窄,并未覆盖"类似劳动者型劳务提供合同",为保护"类似劳动者型劳务提供人"的权益,雇佣合同仍有其存在的独特价值,应将其纳入民事雇佣合同的调整范围,然而雇佣合同只能在债权债务关系中为"类似劳动者型劳务提供人"提供有限的保护,无法为其提供全面而充分的保护,故仍有相当的局限性。此时劳动法可通过适度扩张其保护对象,从最低工资、工作时间、职业安全与健康、就业歧视等方面加强对这一群体的保护。换言之,他认为对于平台工作者应当采用劳务合同予以保护,但同时应当赋予劳务提供人更多的类似于劳动者的权利。

(三)合作关系说

平台企业往往认为网络从业者与网络平台之间是一种合作关系。在平台企业看来,服务提供者通过平台获得客户信息进而付出劳动,其对平台不存在任何行政上的隶属关系,也不存在人身依附性,服务提供者供应的是技术与服务,企业提供的是客户信息与客户需求分析,在这项交易中,双方通过投入不同的要素共同创造出生产价值,最后围绕酬金按照生产要素投入程度进行分成,这完全不同于传统劳动关系模式下企业统一制定工资标准为劳动者定期发放工资的做法。双方不是劳动关系,而是一种合作关系。徐文红在《浅议"互联网＋"下劳动关系认定问题治理模式》一文中具体介绍了此种观点。[①]

闻效仪在《正确认识和把握共享经济对劳动关系的影响》[②]一文中总结为:在共享经济的C2C模式中,劳务提供者更倾向于是"自雇者"或"手艺人",平台则为"集市"。劳务提供者通过平台承揽劳务,向平台支付租金,向客户提供自由劳动,他们与平台之间不存在劳动关系。政府应该将重点放在对于这类弱势劳动群体的保护而不是着重于确定其是否属于新型的劳动关系。可见闻效仪认为,在C2C模式下平台工作者与平台之间只是一种合作关系。

在我国司法实践中,网络平台为了规避责任一般也会与灵活就业人员签订合作协议,有部分劳动争议仲裁机构和法院在遇到需确认"互联网＋"模式下的双方关系是否属于劳动关系时,会认为网络平台和网约工之间是合作关系,双方之间的经济收入是按照一定的比例进行分成的,不存在工资一说。

① 徐文红.浅议"互联网＋"下劳动关系认定问题治理模式[J].法制博览,2017(9上):17.
② 闻效仪.正确认识和把握共享经济对劳动关系的影响[N]工人日报,2017-08-29(07).

（四）劳动关系和劳务关系竞合说

王全兴在《"互联网＋"背景下劳动用工形式和劳动关系问题的初步思考》[1]一文中提到，其经研究发现：现实中的网约工，在用工形式上可归类于"本人劳动力与他人和本人的生产资料（劳动条件）"相结合的情形，网络平台及其信息等服务对网约工而言是必要和重要的生产资料（劳动条件）；现实中的平台企业，通常将作为部分生产环节的网络平台设立于企业内部，而将另一部分生产环节"外包"给企业外部的组织和个人，网约工就是平台企业外部生产环节中的承包者个人；承包者个人的劳动/用工形式，介于劳动关系用工与劳务关系用工之间，或兼有这两种用工的因素，似是而非，本质上是一种"去劳动关系化"现象，这在平台经济出现之前已较大量地存在，平台经济的出现只不过是使其得以加剧的契机。因此，"互联网＋"只是改变劳动力与生产资料（劳动条件）相结合的方式，而未改变劳动力与生产资料（劳动条件）相结合的本质。万变不离其宗，对网约工仍有必要且能够从劳动力与生产资料（劳动条件）相结合的本质来认识其劳动关系或劳务关系问题。从上述层面看，劳动关系跟劳务关系不再是绝对对立的，而是在一定程度上存在着相关因素的重合交叉关系，但这对认定网络平台与平台工作者之间是何种法律关系是不够的，还要考虑各种生产要素结合的紧密程度，网络平台与平台工作者之间是介于劳动关系和劳务关系之间的关系或者同时具备两种用工形式的部分因素特征的关系。

（五）非纯粹劳动关系说

袁文全、徐新鹏在《共享经济视阈下隐蔽雇佣关系的法律规制》[2]一文中对我国新型用工关系的法律识别进行了深入分析，认为新型用工关系很难被识别为纯粹的劳动关系。其具体观点包括以下内容：首先，争议主体的复杂化。新型雇佣关系有别于传统的一对一形式。以网约车平台与司机之间的劳动纠纷为例，双方纠纷不是平台与司机之间的关系那么简单，它还涉及三方甚至是四方主体。其次，争议程序的复杂化。隐蔽的雇佣关系因其表面上呈现的是其他法律关系形态，在对其认定的过程中增大了判定难度，加之现有劳动关系认定标准模糊，很可能陷入因无法认定为劳动争议而不适用劳动纠纷处理程序的尴尬境地。再次，实体审理的复杂化。复杂的参与主体和隐蔽的雇佣关系导致案件在实体审理上难度的增加。从工商注册登记信息看，网约车

① 王全兴."互联网＋"背景下劳动用工形式和劳动关系问题的初步思考[J].中国劳动,2017(8):7-8.
② 袁文全,徐新鹏.共享经济视阈下隐蔽雇佣关系的法律规制[J].政法论坛,2018(1):124.

平台的主要功能是信息收集与发布,出租车营运并非其主营业务,这也就意味着其不承担驾驶员非法经营所引发的行政处罚等不利后果。同样,由于平台只认为其与司机之间存在的是一种承揽或者商务合作的平等民事主体关系,在营运过程中司机或者乘客因交通事故或其他意外导致的人身及财产损失,网约车平台不承担任何责任,在发生交通事故且司机承担能力有限的情况下,作为受害者的乘客的权益将很难得到保障。

（六）法律关系群说

有学者认为契约劳动关系不是单一法律关系,而是一个法律关系群。应云在《网约车司机劳动关系认定及权益保障研究》①一文中认为,许多新型用工关系难以一律被认定为劳动关系。他通过具体分析网约车司机与平台之间的关系,以此作为例证,指出双方之间可能存在下列几种关系:(1)劳动关系,网约车司机与平台之间存在劳动关系,其依据是"事实劳动关系"认定的三大标准;(2)劳务关系,网约车司机与平台之间不是监督管理的关系,而是平等的民事主体关系,双方存在一次性或特定的有偿服务关系;(3)合作关系,平台只向网约车司机和乘客提供信息服务,二者只是合作关系;(4)综合关系,根据司机与平台之间的实际情况,二者之间的权利义务关系随时有可能发生变化。换言之,当前市场的多样化和灵活性导致越来越多的就业关系偏离"标准"轨道,从而引起双方关系持续往复地发生质的变化,因此双方之间究竟是什么关系,应根据具体情况予以决定,考虑的因素包括平台是否对司机进行用工管理、司机是否与多家平台进行合作等情况。

在平台经济背景下,劳动法上传统产业劳动关系与民法上劳务关系(雇佣关系)之间的界限变得更加模糊,社会更加迫切地需要对其进行识别。学者们均认为,法律对于新型用工关系的界定、分类与规制应当以现实为依据,确保其具有可行性,助力于法律价值的有效实现。我们认为,鉴于平台契约劳动关系的特殊性,实践中的平台用工合同有劳动合同、劳务合同、承揽合同、居间合同、服务合同、雇佣合同等多种形式,我国有关"劳动关系"的概念并未在立法中确认,概念与解释也缺乏共识。与传统劳动关系相比,平台用工合同的自主性更强,强化劳动合同与劳务合同(雇佣合同)的理论区分,只会导致不符合传统劳动者身份的劳务提供者被划入民事合同保护范畴,劳动法保护体制流于形式;但如果将自雇劳动者纳入劳动关系的保护,则会使平台企业因用工成本的增加,导致平台商业利益的减损,从而挫伤资本进入这一新兴市场的积极

---

① 应云.网约车司机劳动关系认定及权益保障研究[D].上海:华东政法大学,2017:18-23.

性,引发平台经济的萎缩。因此,社会应着眼于我国共享经济的实际,变通理解劳动合同和劳动关系,包容地引入雇佣合同规则,灵活运用民法与劳动法对共享经济下的平台工作者进行保护,同时也兼顾网络平台的商业利益,建立更符合平台用工发展趋势的法律保护路径。

第四节　网络平台契约劳动关系法律规制比较研究

一、英国契约劳动关系的法律调整

英国 1975 年颁布的《性别差异法》(*Sex Discrimination Act 1975*)①第 9 条明确规定要保护契约工人(contract worker)。所谓契约工人,即契约劳动中的服务或劳务提供者,而非传统产业劳动关系中的雇员或劳动者。契约劳动关系中存在两方主体,即委托人(the principal)和契约工人(contract worker),但同时涉及第三人(another person)。第 9(1)条规定,该条款适用于契约劳动关系中的委托人与契约工人,并明确指出契约工人受雇于第三人,根据其与第三人之间的合同为委托人提供服务或劳务。第 9(2)条规定,委托人因契约工人是女性而对其进行歧视是非法的,故对于女性契约工人,委托人不得在合同条款上歧视,不得禁止其提供服务或劳务,不得因此拒绝续订合同、不得阻碍或拒绝或蓄意忽视其享有福利或利用设施或享受服务,不得将其置于不利处境。第 9(3)条规定,如果针对某项工作,只有男性才可拥有执业资质,则委托人拒绝女性契约工人从事该项工作的行为并不违法。据此可见,在英国,契约劳动的工作者与传统产业劳动者一样,受到英国反歧视法的特别保护;换言之,传统产业劳动者所享有的反歧视待遇,同时适用于契约工作者,因此契约工作者至少享有一定的劳动者的待遇。

二、印度契约劳动关系的法律调整

1970 年印度颁布《契约劳动(规制和废除)法》(*The Contract Labour (Regulation and Abolition) Act 1970*)②,对契约劳动的各个方面进行了规

---

① See Sex Discrimination Act 1975. [2020-12-20]. https://www.legislation.gov.uk/ukpga/1975/65/enacted.

② The Contract Labour (Regulation and Abolition) Act 1970. [2020-12-20]. https://clc.gov.in/clc/acts-rules/contract-labour-regulation-abolition-act-1970.

范。该法共七章,包括前言、咨询委员会、契约劳动用工场所登记、承包人许可资质、契约劳动的福利与健康、罚则与程序、杂项,总计 36 条。该法规定,契约劳动涉及三方主体——用工场所(establishment)、承包人(contractor)和契约工作者(workman)。该法适用于用工超过 20 人的场所和承包人,在政府公报另有所载的特殊情况下可以适用于其他场所和承包人,但该法不适用于带有间歇经营性质或随意经营性质的场所(在 12 个月内经营 120 天以上,季节性经营,或一个年度内经营 60 天以上的场所不属于间歇经营性质或随意经营性质场所)。

根据该法,就契约工作者而言,不论场所所属负责人(principal employer)是否知情,只要其在场所从事工作,并且为承包人所雇用,则其就为契约工作者。契约工作者可以是熟练工、半熟练工和不熟练工,可以从事体力岗位、监管岗位、技术岗位或文职岗位的工作,但不包括管理岗位或行政岗位、每月工资超过 500 卢布的监管岗位或有职权的监管岗位。另外,假如某人不在场所内提供服务或劳务,具体来说,其根据场所负责人的指示或者代表场所负责人在场所外对场所产品提供整理、清洁、清洗、装修、装饰、修理服务,场所外是场所负责人不能控制与管理的地方,既可以是服务提供者的家中,也可以是其他地点,那么该人不属契约工作者。就承包人而言,其通过契约工作者为场所完成约定任务,而并非仅为场所提供生产厂家的产品,此处的承包人也包括次承包人即分包人。就用工场所而言,包括中央政府和地方政府的办公室与部门,也包括工业、行业、商业、制造业或职业的任何部门。

该法在中央和地方层面设置专门的契约劳动咨询委员会,对于契约劳动进行垂直管理,解决实务中出现的各种问题与困难。该法规定契约劳动的用工场所必须经过登记,接受各级政府监管。如果用工场所有违法行为,其用工资质将被撤销。用工场所未经合法登记不得自行安排契约劳动用工。该法还规定契约劳动的承包人也必须获得行政许可,才能从事相关业务;行政官员在授予许可前,必须通过各种途径对承包人的具体情况进行调查,以做出合理决定;承包人若有违法情形,将被撤销资质、中止资质或修改资质。

根据该法规定,对于契约工作者,场所必须保障饮食条件(包括合理的食堂硬件)、休息条件(在涉及夜间工作等情形时)、其他条件(例如饮用水供应、恰当的厕所、清洁设备)、急救设施;场所负责人对于契约工作者承担管理责任;另外,场所也必须确保契约工作者的劳动报酬得到及时、足额支付。另外该法还规定了违法的罚则、诉讼的程序以及各类复杂问题的解决方法。

据此可见,在印度,契约劳动的工作者在许多方面得到与传统产业劳动者一样的保护,例如工作条件;同时,契约劳动的用工场所与承包人受到比传统产业雇主更为严格的管制,例如取得资质的条件。

三、日本契约劳动关系的学理认识

对于契约劳动的概念,日本法律并未进行定义,但学者对这一新的就业形态作了学理概念界定的尝试。留学日本的田思路、贾秀芬认为,日本的契约劳动是指在雇佣契约(劳动合同)之外的契约形式,是基于承包、委托等契约的劳动者为用人单位提供劳务和服务,与用人单位存在类似于雇佣关系的经济上的依存关系。[①] 其日本导师马渡纯一郎也认为,契约劳动是指基于委托、承包合同,遵从用人单位的指示提供的服务。比如司机使用自己所有的卡车从事货物运输以及推销员接受委托从事推销等自由形式的劳动就属于这一范畴。其特征在于超出了雇佣的范畴,使劳动形态从传统劳动领域跨越到了业务委托以及有效利用外部资源的领域。一方面,虽然很多契约劳动者与雇佣劳动者相类似,但由于处于个体经营者的法律地位,他们并不能适用《劳动基准法》《劳灾保险法》;另一方面,企业通过使用这些契约劳动者来回避劳动灾害保险、健康保险等作为雇主应该承担的法定义务。从 20 世纪 90 年代开始,日本企业更多地使用契约劳动的形式来达到脱法的目的。[②] 在这些学者看来,契约劳动的学理概念是清晰的,学者需要做的是,深入研究契约劳动者的法律保护问题,这对日本社会具有极为重要的经济意义和社会意义。

对于契约工作者的法律保护问题,主要存在两派观点。一派学者认为应当扩大劳动者概念,将契约工作者纳入劳动者范畴。[③] 之所以如此主张,原因是多样的。其中一部分学者明确指出,契约工作者虽然在人身上独立于服务接受者,但在经济上从属服务接受者,因此服务接受者不能任意解雇契约工作者。[④] 另一部分则认为契约工作者对于服务接受者具有"企业组织的从属性",即企业"利用他人的劳动力,虽然对该劳动没有指挥命令,或只有业务性质上的当然的指示(比如对音乐演奏的曲目、日程、时间、场所的指示),但只要

① 田思路,贾秀芬.契约劳动的研究——日本的理论与实践[M].北京:法律出版社,2007:1.
② [日]马渡淳一郎.《契约劳动的研究——日本的理论与实践》序[M]//田思路,贾秀芬.契约劳动的研究——日本的理论与实践.北京:法律出版社,2007:1-2.
③ [日]片冈升.电影演员是"劳动者"吗[J].劳动法,1965(57):156;[日]沼田稻次郎,本多淳亮,片冈升.专集:劳动保护法[M].东京:青林书院,1984:3.转引自田思路,贾秀芬.契约劳动的研究——日本的理论与实践[M].北京:法律出版社,2007:101-102.
④ [日]西谷敏.劳动法争点[M].3 版.东京:有斐阁,2004:5.转引自田思路,贾秀芬.契约劳动的研究——日本的理论与实践[M].北京:法律出版社,2007:102,109.

该劳动力的提供是企业运营必不可缺的,且该劳动力有机地组合到企业组织中,则应该承认其具有从属性。"①另一派则认为应当重新构建与非典型劳动相关联的劳动法体系,在劳动者与非劳动者之间设立第三范围给予一定保护。② 尽管日本学者的研究十分热烈,但日本政府尚未表达自己的看法,故在立法层面契约工作者的保护依然处于停滞状态。

四、美国契约劳动关系的法律调整

社会现实使美国置身于零工经济发展的巨潮之中,劳动新业态风起云涌,但美国官方长期以来对就业领域持放松管制态度,其对契约劳动的调整尚未完全脱离传统民法方法,不过民众对改革的要求十分迫切。

2011 年纽约州参议员 Golden 提出《修订与独立承包人相关的劳动法的议案》(An Act to Amend the Labor Law in Relation to Independent Contractors,S4129D),主张对独立承包人的报酬支付进行劳动法层面的保护,并呼吁通过立法授予劳动专员对独立承包人的收入维权进行主管的职权。③ 对此议案,民间戏称为"自由职业者报酬保护法(Freelancer Payment Protection Act)"。该议案用于解决契约委托人拖欠或克扣契约工作者服务报酬的问题,其主要内容如下:要求契约委托人必须在约定时间或在劳动报酬或报销费用发生次月的最后一日之前向契约工作者支付劳动报酬和报销费用;合同约定的劳动条款可以由双方一致同意以书面方式进行变更,但契约委托人必须将合同留存不少于 6 个月,并依据劳动专员的指示予以提交以供审查;合同必须书面记载劳动报酬或报销费用的取得依据和计算方法;如果契约委托人不能按照劳动专员的通知提供书面劳动条款,则法律推定契约工作者提供的劳动条款是双方合意的条款;劳动专员调查并调整契约双方当事人之间的关系;劳动专员可以依法责令相关基金向契约工作者支付劳动报酬或报销费用,也可以参加诉讼以支持契约工作者向契约委托人主张劳动报酬或报销费用;契约工作者因索赔而聘请律师所产生的合理律师费由契约委托人承担;授权劳动专员根据书面合同对违反支付的行为进行制裁;规定对契约委托人违反本法的行为进行民事或刑事制裁。但该议案的讨论进程至今仍停顿在

① ［日］吉田美喜夫.雇佣、就业形成的多样化和劳动者概念[J].日本劳动法学会志,1986(68).转引自田思路,贾秀芬.契约劳动的研究——日本的理论与实践[M].北京:法律出版社,2007:102.

② ［日］柳屋教安.21 世纪劳动法的展望[M].东京:有斐阁,2000:145.转引自田思路,贾秀芬.契约劳动的研究——日本的理论与实践[M].北京:法律出版社,2007:104.

③ Senate Bill S4129D, Relates to payment of independent contractors. [2020-12-20]. https://www.nysenate.gov/legislation/bills/2011/s4129/amendment/d.

纽约州议会的劳动委员会中。

2015 年纽约市提出自由工作者保护议案(Int. 1017—2015),2016 年 10 月纽约市理事会通过该议案,同年 11 月纽约市长 De Blasio 签署该法,该法生效。① 该法的宗旨在于对自由工作者的工资发放提供劳动者形式的保护。其具体内容包括:单次合同金额超过 800 美元或 120 天内累计合同金额超过 800 美元的合同必须以书面方式订立,双方均应留存书面合同;合同必须至少包含双方身份、联系地址、服务事项、服务价格、付款方式及付款日期或付款日期的确定方式;契约委托人必须在合同约定日期当天或之前将服务报酬或报销费用支付给自由工作者,如果合同未做约定,则契约委托人必须在服务完成后 30 日内支付,一旦自由工作者启动工作,则契约委托人不得以及时支付为条件要求自由工作者减少服务报酬或报销费用;契约委托人不得对自由工作者进行威胁、胁迫、制约、限制、否定工作机会、歧视或采用其他形式惩罚自由工作者,或者以将来的工作机会相胁迫来阻止自由工作者维护合法权益;自由工作者可以在两年内向劳动标准办公室提起请求,要求其对契约委托人的违法行为进行处理,劳动标准办公室主任所裁决的民事赔偿金不得超过 25000 美元;劳动标准办公室负责行政处理程序,包括管辖、告知、裁决等内容。在当地人们称该法为"自由工作不受恣意对待法(Freelance Isn't Free Act)",因为从自由工作者的概念看,此类人员不是传统劳动者,因而不能够得到劳动法保护,故为"自由",然而新法对自由工作者赋予劳动法形式的保护,则使其处于受保护而非受"恣意"侵害的境地。

2019 年 9 月 11 日美国加州立法机关通过 Assembly Bill No. 5(AB-5)法案,同月 18 日加州州长签署该法,该法于 2020 年 1 月 1 日开始实施。AB-5 法案主要修改内容在于扩大了失业保险法中雇员的范围,将 2018 年加州最高法院在 Dynamex Operations West, Inc. v. Superior Court of Los Angeles 案②中所采用的标准在制定法中予以确定。

该案主要涉及一家快递公司与送货司机之间法律关系认定争议。Dynamex Operations West, Inc. 是一家快递公司,拥有多名送货司机。2004 年之前公司与司机订立雇佣合同,将司机作为雇员对待,2004 年之后,公司与司机订立独

---

① Int. 1017—2015, A Local Law to Amend the Administrative Code of the City of New York, in Relation to Protections for Freelance Workers. [2020-12-20]. https://assets. freelancersunion. org/media/documents/Freelance_Isnt_Free_Legislation_Text. pdf.

② Dynamex Operations West, Inc. v. Superior Court of Los Angeles, No. S222732 (Cal. Sup. Ct. Apr. 30, 2018).

立承包合同,将司机作为独立承包人对待。根据新的合同安排,所有司机均须自行提供运输车辆、支付运输费用(包括油费、过路费、车辆保养费、车险费用)、所有税费以及工人工伤保险费;公司负责向客户收件,确定并收取快递费用;公司向司机支付约定报酬,部分司机获得固定报酬,部分司机按快递费比例获得不固定报酬;司机自行确定工作安排,但其必须将工作安排告知公司;司机自行准备移动电话以保持通信;司机用自有车辆为 Dynamex 公司接单、送单时,必须穿上印有 Dynamex 字样的服装和袖章;Dynamex 公司的客户有时会要求司机在送货时必须在车辆上有 Dynamex 印花图样或客户公司印花图样;司机用自有资金购买 Dynamex 服装及相关用品;通常情况下,司机可自由选择送件顺序和路线,但是必须在指定日内完成所有派送;司机可以为其他公司服务,也可为自营公司服务。

两名司机认为自己是雇员,不是独立承包人,因此有权适用加州产业福利委员会的工资命令(California's Industrial Welfare Commission (IWC) Wage Orders)。这些工资命令确保加州雇员享有最低工资、最高工时、休息休假和其他劳动条件。据此,司机向法院提起诉讼要求得到相关保障。

在零工经济背景下,为了对劳动者和独立承包人进行区分,加州法院采用了马萨诸塞州所采用的"ABC 检验标准"。马萨诸塞州法院认为,进行雇佣关系和独立承包关系判断时,一般要推定通过劳动或服务换取报酬的人(工作者)为劳动者而不是独立承包人,除非服务接受者能同时证明:A. 工作者在完成工作时不受服务接受者的控制和指挥;B. 工作者完成的工作不属于服务接受者的主要业务范围;C. 工作者在为服务接受者完成工作时,该工作与工作者通常所从事的独立设置的行业、职业或商业具有相同性质。由于 Dynamex 公司不能证明司机同时符合 A、B、C 三要素,故加州法院认定司机是劳动者,有权适用加州产业福利委员会的工资命令,得到最低工资保护、最高工时、休息休假以及其他一系列基于劳动法而发生的保障和福利。

AB-5 法案将 Dynamex Operations West，Inc. v. Superior Court of Los Angeles 案所运用的"ABC 检验标准"引入失业保险制度之中,指出加州失业保险制度中的雇员不再是传统普通法所指的雇员,而应当是 Dynamex 案中所指的雇员,即加州的工作者通常应当被认定为劳动法所保护的雇员,除非用工方证明其符合 ABC 标准而被认定为独立承包人,但特定职业的工作者依然适用传统标准(包括保险代理人、特许的卫生保健专业人员、注册证券经纪人或投资顾问、直接销售人员、房地产特许经营者、商业渔民、特许理发师、特许美容师以及建筑业从业人员)。

综上,根据 AB-5 法案,加州的"网约工"通常会被认定为雇员,他们有权得到劳动法的保护。加州共享经济企业普遍反对这一立法,主要原因在于这会带来经营成本的大幅度提高。

值得注意的是,美国劳工部和劳动关系委员会于 2019 年先后颁布两个法律文件,其得出的结论与加州 AB-5 法案完全相反,都认为"网约工"不属于劳动法意义上的劳动者。2019 年 4 月,一家匿名网络公司的一名法律顾问向美国劳工部提出咨询,询问网络平台中的网络服务提供者是否具有"劳动者"身份,美国劳工部在答复时发布了一份《意见书》①,该《意见书》分析了网络服务提供者群体的特征,并给出了网络服务提供者"劳动者"身份认定的六个具体要素,明确答复称,这些网络服务提供者不是劳动法意义上的劳动者。同样,在 2019 年 6 月美国劳动关系委员会总法律顾问办公室发布的《建议备忘录》②中,也认为 Uber 司机不属于劳动者,并说明了详细理由,要求劳动关系委员会的分支机构驳回要求确认其劳动者身份的起诉。

美国学术界对于零工经济的基本态度是,此种趋势不可避免,在未来的劳动力大军中,各类"网约工"等契约劳动者将占据半壁江山,因此应当对此类新型劳动者进行保护。③ 学者们认为,在对这类新型劳动者建立特殊保护之前,首先要确定传统产业劳动者与新型劳务提供者(契约劳动者)的本质区别。④ 有些学者提出应当用经济学理论来进行解释⑤;也有一些人提出了一些法学分析标准。⑥ 在对新型契约劳动者进行界定的基础上,有学者认为对"网约工"等新型契约劳动者进行保护的核心问题是,应当采用各种手段(包括契约手段、法律手段及技术手段),保证该类新型契约劳动者的劳动(劳务)报酬能

---

① [2019-10-01]. http://www.dol.gov/whd/opinion/FLSA/2019_04_29_06_FLSA.pdf.

② [2019-10-01]. http://www.nbrb.gov/news-publications/nlrb-memoranda/advice-memos.

③ Gartside, D., Silverstone, Y., Farley, C. and Cantrell, S. M. Trends Reshaping the Future of HR: The Rise of the Extended Workforce, Accenture Institute for High Performance (Mar. 1, 2013), p3. [2021-01-07]. https://www.accenture.com/us-en/~/media/accenture/conversion-assets/dotcom/documents/global/pdf/strategy_3/accenture-future-of-hr-rise-extended-workforce.pdf.

④ [美]曼纽尔·卡斯特. 网络社会的崛起[M]. 夏铸九, 王志弘, 译. 北京:社会科学文献出版社, 2006:249-257.

⑤ Rashmi Dyal-Chand. Regulating Sharing: The Sharing Economy as an Alternative Capitalist System[J]. Tulane Law Review, 2015, 90(2):241 309. Northeastern University School of Law Research Paper No. 258-2016, Available at SSRN: https://ssrn.com/abstract=2743959, pp. 263, 288-302.

⑥ Harned K R, Kryda G M, Milito E A. Creatinga Workable Legal Standard for Defining an Independent Contractor[J]. The Journal of Business, Entrepreneurship & the Law, 2010, 4(1):93-116.

够得到完整而及时的支付。①法律实务界也有资深劳动法律师依托加州AB-5法案、马萨诸塞州的"ABC检验标准"在该两州持续与共享经济平台进行诉讼。②

五、国际劳工组织契约劳动关系的学理认识

当代意义上的"契约劳动"概念源自国际劳工组织。1997年6月19日国际劳工组织在日内瓦召开第85届国际劳工大会,其中议程第六项与契约劳动有关。国际劳工大会指定专门委员会研究此项问题。专门委员会经认真研究后,向国际劳工大会提交了研究报告,指出应当制定《契约劳动公约》和《契约劳动建议书》。大会决议对此予以批准,并指出在下届国际劳工大会中继续以"契约劳动"为议程项目,主要讨论《契约劳动公约》与《契约劳动建议书》。

会议结束后,国际劳工组织的常设工作机构国际劳工局根据大会决议和大会议事规则,以专门委员会的报告为基础,起草了《契约劳动公约(草案)》(以下简称"公约草案")和《契约劳动建议书(草案)》,并分发各国政府,要求各国政府与本国最具代表性的雇主组织和劳工组织进行探讨,并于三个月内即1997年11月30日之前将意见和建议反馈给国际劳工局。

在公约草案第一条中,国际劳工局指出"契约劳动"包括以下情形:(1)契约劳动是指个人(契约工作者)为自然人或法人(用户企业)所从事的劳动。在契约劳动情形下,工作者依赖于用户企业或受用户企业支配而提供劳动,这种状况与国内法和惯例下雇佣关系的特征相类似,并且在以下条件下进行:该工作根据工作者与用户企业之间直接的契约关系进行;或者通过转承包者或中介者向用户企业提供劳动者。(2)在这种情况下,转承包者是指,基于不同于雇佣契约的其他契约为用户企业提供劳动的自然人或者法人。(3)在这种情况下,中介者是指不是雇主却能够将工作者派至用户企业的自然人或者法人。③

国际劳工局指出,公约草案适用于所有的契约劳动,但不适用于雇佣合

---

① Miller M R. Getting Paid in the Naked Economy[J]. Hofstra Labor & Employment Law Journal, 2015, 32(2): 285-298.

② Lichten & Liss-Riordan. P. C. 律师事务所代理的 Uber 驾驶员与 Uber 平台之间的集团诉讼[WB/OL]. [2020-01-12]. https://www.uberlawsuit.com/.

③ 国际劳工大会 1998 年会议报告《契约劳动——文件草案》[R/OL]. [2021-05-12]. Seehttps://www.ilo.org/public/english/standards/relm/ilc/ilc86/rep-v.htm.

同,也不适用于私人职业介绍所①雇员为用户企业所提供的劳动。公约草案指出,各国主管机构在得到最具代表性雇主组织与雇员组织同意后,在出现下列情况时,可以排除适用公约的特定内容:第一,已经得到其他法律充分保护的特定类别的契约工作者;第二,经济活动的特定部门,如果适用公约将引起实质性的特殊问题。

公约草案指出,成员国应当采取充分措施,防止在契约劳动过程中发生有损于工作者健康的事故和损害,同时防止与契约劳动有关的有损于工作者健康的事故和损害;成员国应当提供充分措施,确保契约工作者获得工作对价和社会保险费待遇,确保明确规定上述金钱义务的履行,确保契约工作者在因契约劳动而受伤或患病时能获得赔偿;成员国应当确保契约工作者在工作条件方面不受歧视,契约工作者有权得到与雇员相同的工作条件。

公约草案还规定,成员国应当采取措施,确保契约工作者在以下方面获得与雇员相同的保护:组织权和集体谈判权;在就业时不受基于种族、肤色、性别、宗教、政治意见、民族血统或社会出身的歧视;就业最低年龄;工作时间和其他工作条件;产妇保护;职业安全和健康;报酬;法定社会保障。

公约草案得到包括中国在内的国家的支持,同时也有不少国家对其持反对或弃权态度。

共享经济背景下网络平台契约劳动的兴起和发展是一个全球性的现象,这一新型用工形态的出现以其特有的经济模式、雇佣形态,不断冲击着传统用工形态、传统劳动法律法规以及劳动关系理论,网络平台与平台工作者之间是否存在传统意义上的劳动关系已成为全球法学界关注的热点问题,也是各国立法与司法部门亟须解决的难题。不同国家对此类新型用工关系法律地位的界定也有不同的看法。通过观察上述大陆法系和英美法系主要国家的法律和相关司法判例,可以看出各国为了适应这种共享经济带来的新型用工形态,均对传统法律做出了调整和改良。

虽然各国政治、经济、法律体系、社会历史文化传统等的差异决定了很难从宏观的视角在一个共同的框架内梳理出各国对新型契约劳动关系法律规制模式的共性脉络,但是各国的法律规制模式仍有相似之处。这是因为,不同国家在遇到相同的问题时往往会采取相同的对策和解决方式,这显示了各种文化之间的共性和全球化时代劳动力市场的趋同性。在网络平台契约劳动关系

---

① 此处"私人职业介绍所"是指国际劳工公约《1997年私人职业介绍机构公约》中所指的私人职业介绍所。

的法律适用和平台工作者的身份认定上，大陆法系和英美法系国家虽然存在着不同的思路，但也呈现出"民法保护为主，劳动法保护为补充"的趋同之势，以及司法考量时主张平台经济新型商业模式与劳动者之间的利益平衡的共性立场。此外，还有一个有趣的现象，那就是在面对"劳动弹性化"带来的新问题时，原本劳动高度规范化的欧洲国家正在朝着放松管制的方向前进，而原本劳动用工高度自由的美国则认识到了对雇员权利保护引入成文法规范的必要性，有加强成文法规制的趋势。[①]　各国均致力于认真研究劳动力市场规范与弹性化的互动关系，以面对新经济形态对劳动法律带来的挑战。

第五节　我国平台契约劳动关系法律规制研究

一、三类典型网络平台契约用工的现状研究

（一）外卖送餐平台用工关系的概念、种类及法律性质识别研究

外卖送餐员，昵称"外卖骑手"，指为在线外卖的销售者和消费者提供外卖配送服务的人员。近年来，在线外卖主要有两种经营模式：一种是自营模式；另一种是平台模式。自营模式指的是餐饮企业根据自身的主要餐饮业务开发品牌公众号或应用小程序（APP），并根据自身的业务，为消费者提供订餐、送餐等一系列服务，例如 KFC 宅急送、必胜客宅急送、星巴克专星送等。为此类餐饮企业外卖业务进行配送服务的外卖骑手通常被称为直营骑手或自营骑手，由该类餐饮企业自行招聘，并与骑手签订书面劳动合同，为其缴纳社会保险、支付工资报酬等。平台模式指的是第三方外卖平台设计 APP，并为众多中小型的餐饮企业或者店铺提供一个餐饮外卖信息共享媒介，餐饮企业或者店铺依托于此平台为消费者提供订餐、送餐、优惠、促销等在线外卖服务，例如饿了么、美团外卖等。平台模式下又包含两种外卖骑手群体：第一种，专送骑手，即雇佣公司雇佣的全职工，也就是在线外卖平台将自身的配送业务在不同城市外包给不同的雇佣公司，由该雇佣公司负责进行外卖骑手的招募和管理，外卖骑手与各个城市的"站长"即雇佣公司直接签署劳动协议，接受其统一分配和培训管理；第二种，众包骑手，也就是个人在在线外卖平台进行注册申请，通过实名认证以后，即可成为一名兼职的外卖骑手，从事外卖配送业务。目

---

①　田野.非典型劳动关系的法律规制研究[M].北京:中国政法大学出版社,2014:264-265.

前,平台模式下的专送骑手和众包骑手在在线外卖行业中占绝大多数的市场份额。

明确外卖送餐员和在线外卖平台之间的基本法律关系至关重要,因为这关系到法院是否会对外卖送餐员进行劳动法上的保护,进而影响到当外卖送餐员劳动权益被侵害时的救济途径和法律责任承担。外卖送餐员的类型不同,其与在线外卖平台之间的基本法律关系也不同。

自营骑手指直接与餐饮企业签订劳动合同的外卖骑手,其劳动过程以及劳动保障可以简要概述为:骑手依据自己被分配到的订单号在特定的地方取餐并送餐;平台对骑手进行人工派单,每个骑手的接单量、工资以及提成基本相近,因此自营骑手的工作相对稳定,但收入普遍不高。在劳动保障方面,平台商家普遍会为骑手缴纳"五险一金"。尽管在共享经济模式中,由于用工关系存在着一定的模糊性与灵活性,认定劳动关系存在与否的标准不同于传统的劳动用工标准,但相比较于其他类型的外卖骑手而言,自营骑手的用工形式还是相对明确的。首先,自营骑手与餐饮用人单位签署劳动协议并达成合意;其次,从财产属性和人身属性来看,自营骑手作为劳动者接受用人单位的管理、指挥以及企业规章制度的约束,自营骑手提供的配送服务从属于餐饮企业的业务内容。因此,餐饮企业与自营骑手之间形成的关系为劳动关系。

专送骑手即雇佣公司雇佣的网约工,其劳动过程以及劳动保障可以简要概述为:平台统一派单,无须抢单;每单报酬基本固定,不受配送距离的影响;要求骑手上下班打卡,并有晨会;在劳动保障方面,雇佣公司通常并不会为骑手缴纳"五险一金"。该劳动模式系不同城市的社会企业承包在线外卖平台在该城市的配送经营权,由雇佣公司作为在线外卖平台在该城市的"站长",负责与前来应聘的外卖骑手签订劳动合同,骑手不与外卖平台签订任何劳动合同,但其必须穿戴代表该平台的工作服和安全帽,使用相应的配餐箱,并且按照平台骑手管理细则进行餐饮配送,雇佣公司根据平台提供的配送规则、申诉规则、结算细则、等级规则等对外卖骑手进行薪酬发放、提成以及扣减。该模式中的专送骑手与雇佣公司之间的劳动关系毋庸置疑,但其与在线外卖平台是否存在劳动关系在理论上以及司法实践中都暂无定论。从上述描述可以得出,骑手虽然没有与在线外卖平台签订劳动合同,但其实质上仍然受平台管理。

众包骑手多为兼职骑手。与专送骑手不同,众包骑手的劳动过程具有较高的灵活性:平台将外卖配送工作交给社会上的普通大众完成;大众只需下载平台APP并且注册账号完成对应的身份以及资格审核即可接受配送任务;众包骑手的接单可以是自己抢单,也可以是平台派单,理论上众包骑手不论身处何处都可以接单、送单,并且只要不上线就不用送单;众包骑手的工资薪酬按单计算,一般而言距离越长,配送费越高;在劳动保障方面,平台通常会要求众包骑手购买人身意外商业保险。关于众包骑手通过与在线外卖平台签订骑手协议而形成社会关系的法律定性问题,不管在理论界还是司法实务界均有不同意见,主要有劳动关系说、劳务关系说、承揽关系说和隐蔽雇佣关系说等[①],不同学说的理论差异主要在于其对在线外卖平台以及外卖骑手双方利益取舍的不同、对外卖骑手劳动权益保护程度的不同。下面对几种主要学说进行分析。

第一,劳动关系说。"互联网+"时代的诞生推动着共享经济的开发和运用,尽管这对传统行业的用工模式有所冲击,但并没有改变传统劳动关系的本质特征。有学者指出,外卖平台用工关系本质上是劳动关系,外卖平台公司用工的不规范从根本上反映了平台经济灵活用工背后的劳动关系缺失。外卖平台公司之所以有对"极速"的追求、对差评的严苛以及对劳动时间的贪婪,是因为目前大多数外卖平台公司正是通过不规范的用工才勉强维持生存。因此,当务之急是对劳动关系判定标准进行革新,研究和制定既符合平台经济发展又能切实保护平台经济从业者权益的劳动关系判定标准。[②]

在司法实务中,认定此种用工关系是否属于劳动关系的依据是原劳动与社会保障部于 2005 年出台的劳社部发〔2005〕12 号《关于确立劳动关系有关事项的通知》,其中明确了构成劳动关系的三个标准:首先是主体合法,即用人单位有法律规定的用人资格,劳动者有相应的劳动能力;其次是存在事实劳动关系,即用人单位对劳动者存在现实的管理,劳动者实际上在完成用人单位安排的劳动任务;最后是要求劳动者提供的劳动内容属于用人单位业务的组成部分。在实践中不少学者依照这三个标准认定在线外卖平台与众包骑手存在劳动关系。[③]

第二,劳务关系说。劳务关系是指两个或两个以上的平等主体,通过签订劳务合同建立的一种民事权利义务关系,此种社会关系主要由《中华人民共和

---

① 韩静.论外卖骑手致交通事故的责任承担[D].哈尔滨:东北农业大学,2019:9.

② 陈龙.平台经济的劳动权益保障挑战与对策建议——以外卖平台的骑手劳动为例[J].社会治理,2020(8):22-23.

③ 常凯.雇佣还是合作,共享经济依赖何种用工关系[J].人力资源,2016(11):38-39;钮友宁.共建共享我国互联网时代的新型劳动关系[N].工人日报,2017-11-07(07);刘君.顺应互联网时代发展构建我国共享经济的新型劳动关系——关于构建新时代网络劳动关系的思考[J].工会信息,2017(24):8;王全兴,王茜.我国"网约工"的劳动关系认定及权益保护[J].法学,2018(4):57-72;等.

国民法典》(以下简称《民法典》)"合同编"进行调整。劳务关系的界定标准通常需要满足 3 个条件:首先,接受劳务服务的主体与劳动者双方的法律地位平等,双方主体之间不存在从属性,即不存在监管与被监管的关系;其次,劳动者向接受劳务服务的主体提供的劳务具有临时、短期以及一次性的特点;最后,在一般情况下,提供劳务所需要的生产资料也是由劳动者自行提供的。结合以上 3 个标准对在线外卖平台与众包骑手之间的关系进行分析。首先是双方的法律地位是否平等。实践中尽管在线外卖平台对外卖骑手的劳动过程制定有一系列的规章制度,并且外卖骑手的劳动行为符合标准与否将直接影响到其薪酬的发放,但实际上此控制力度还是相对薄弱的,传统劳动关系所要求的用人单位对劳动者的管理范围和程度在在线外卖平台与众包骑手之间均没有被体现。其次,众包骑手提供的外卖配送服务符合临时性和短期性的特征,骑手是否接单、什么时间开始接单、接单的方式是自动派单还是自己抢单都有很大的自由选择度。^① 最后,在大部分情况下,众包骑手在进行外卖配送时所需的交通工具、配送保温箱以及工作服等都是自行准备的,即符合提供劳务所需要的生产资料也是由劳动者自行提供的。综上所述,在线外卖平台与众包骑手之间的关系属于劳务关系。

第三,承揽关系说。承揽关系指的是承揽人按照定做人的要求完成一定的工作,交付工作成果,定做人接受工作成果并给付报酬,从而形成的法律关系。承揽关系的成立要件分为形式要件和实质要件。形式要件指的是要从形式上看双方当事人有无订立书面或者口头的承揽合同,并且要考察合同的工作内容与报酬是否形成对价。就实质要件而言,首先要区分提供的是劳务还是劳动成果。在承揽关系中,承揽人提供的是劳动成果,而非劳务本身。其次,承揽人在完成工作成果的过程中系独立完成,无须接受定做人的监督与指挥。最后,从工作成果要求的提出来看,承揽关系强调定做人就工作成果在事先向承揽人提出要求,而不是就工作的过程向承揽人提出要求。结合以上的形式要件和实质要件对在线外卖平台与众包骑手之间的关系进行分析。首先,就形式要件即合同的签订而言,实务中,众包骑手会在在线外卖平台上申请并注册账号,签订一份电子协议,在线外卖平台软件审核通过后,就意味着众包骑手与在线外卖平台间达成了合意,故合同成立,众包骑手按照平台的指派完成接单、送单等服务行为并获取劳动报酬,这与承揽合同法律关系的特征基本相符。其次,就实质要件而言,实务中众包骑手根据在线外卖平台提供的

---

① 徐文红.浅议互联网+下劳动关系认定问题治理模式[J].法制博览 2017(9 上):17.

业务信息进行外卖配送,即意味着双方就此次外卖配送活动成立了合同关系,此后众包骑手按照在线外卖平台规定的送餐地点、送餐时间完成工作任务,餐饮消费者可以就此次送餐活动的质量对众包骑手进行评分,在线外卖平台则依据此评分向众包骑手支付报酬,这体现了在线外卖平台享有对众包骑手提供的劳动成果进行验收的权利。不少外卖平台认为众包骑手与自己之间成立的是承揽合同关系(劳务关系中的承揽关系)。[①] 美国学者 Arun Sundararajan 在分析关于灵活用工的定性后,提出依赖型承揽人的思路。加拿大学者大多同意"依赖型承揽人"的概念。[②]

第四,隐蔽雇佣关系说。共享经济视阈下的雇佣关系从以前的"劳动者＋企业"模式逐渐演变成"劳动者＋平台＋企业"模式,后者是更富有灵活性的雇佣关系。在在线外卖行业中,众包骑手不再是餐饮企业为经营外卖业务的附属品,其拥有高度自由的工作时间和工作空间,餐饮企业也不必承担众包骑手的"五险一金"等社会保险,劳动者实现了自由工作,企业减轻了用工成本。此种模式看似达到了"双赢",但企业实际上是利用了劳动者的自由进行了"隐蔽的剥削",即被称为隐蔽雇佣关系。[③] 这种劳动关系指的是通过从形式上伪造某种与实际情况不同的表面现象,掩盖真实的法律关系,以至于剥削劳动者本应有的受到劳动法保护的权益,其目的是为了降低用工成本,达到企业利益最大化。这种劳动关系最早由国际劳工组织提出,并且长期以来受到强烈谴责和高度关注。[④] 众包骑手的自由是有成本的。首先,从接收配送任务单这个步骤开始,在自主抢单极其困难的条件下,骑手几乎没有选择接单范围与距离的余地;其次,骑手接单后的一举一动都受到平台、商家和消费者的全程监控;最后,若平台没有为众包骑手派单或者直接单方面删除骑手的平台账号,就则意味着骑手失去了收入来源,在平台不用为骑手失业承担任何经济赔偿金或失业保险待遇的情况下,众包骑手在多数情况下只能选择服从和接受,其与平台之间的话语权、谈判权实际上是被肆意碾压的。

综上可见,就外卖骑手与在线外卖平台法律关系的性质而言,毋庸置疑自营骑手和专送骑手与餐饮企业或配送业务雇佣公司在理论上成立劳动关系,而众包骑手的法律地位无论在理论上还是实践中依然争议很大。

---

① 王佩瑶.外卖行业用工关系调整的法律问题研究[D].武汉:华中科技大学,2019:19-20,23.
② 王佩瑶.外卖行业用工关系调整的法律问题研究[D].武汉:华中科技大学,2019:7.
③ 袁文全,徐新鹏.共享经济视阈下隐蔽雇佣关系的法律规制[J].政法论坛.2018(1):119-130.
④ 国际劳工局.2006 年第 95 届国际劳工大会第五项报告《雇佣关系》[R/OL].[2021-01-21].https://www.ilo.org/public/english/standards/relm/ilc/ilc95/pdf/pr-21.pdf.

(二)网约车平台用工关系的概念、种类及法律性质识别研究

网约车是共享经济下产生的新兴事物,它给民众出行带来极大的便利。但网约车平台的用工行为引发了大量争议,这些争议的焦点在于网约车平台用工的性质以及网约车司机权益保护。从现实看,网约车司机作为新业态中的新型劳动者,其权益保护问题对现行以调整传统的一元劳动关系为主的法律和制度体系带来了极大的挑战。

网约车服务,即网络预约出租汽车经营服务的简称,是指利用互联网技术构建的服务平台,接入符合条件的车辆和驾驶员,通过整合供需信息,提供非巡游预约出租汽车服务的经营活动。从本质上来说,网约车服务依旧属于出租车服务行列。"网约车司机"就是从事网络预约出租汽车经营服务的汽车驾驶员。目前网约车司机因其工作性质的不同可以被分为两种类型,即兼职网约车司机和专职网约车司机。根据其用工模式不同,我们又可以将其分为快车司机、专车司机、顺风车司机、代驾司机。有相关调查研究表明,网约车司机是这样的一个群体:以 25~44 岁人群为主,男性居多,没有特定的学历准入门槛,各个学历层次均有分布,可以最大限度地吸纳不同阶层的劳动者加入,充分体现了网约车司机工作的共享经济特性。此外,多数网约车司机有本地户口或持有本地居住证,仅有不到 10% 的司机是既没有本地户口也没有本地居住证的外来流动人员。[①]

我国大陆地区法律对网约车司机与网约车平台之间法律关系性质的认定尚不明确。有学者认为,网约车司机与网约车平台之间本质上是劳动关系。例如张焰认为,尽管出现了各种新型用工模式,但只要从属性本质没有改变,则仍然认定为构成劳动关系。[②] 也有研究人员认为网约车司机与网约车平台之间不符合劳动关系认定条件,缺乏从属性和依附性,更倾向于把二者关系定性为民法调整的劳务关系。持该观点的学者多根据原劳动部于 2005 年出台的《关于确立劳动关系有关事项的通知》所确立的三个主要参考标准:(1)用人单位和劳动者符合法律、法规规定的主体资格;(2)用人单位依法制定的各项劳动规章制度适用于劳动者,劳动者受用人单位的劳动管理,从事用人单位安排的有报酬的劳动;(3)劳动者提供的劳动是用人单位业务的组成部分。例如,唐硕指出,司机与平台之间签订的协议内容如果明确约定了权利、义务,且

---

① 陈晓菲,王江哲.共享经济下的网约车司机个人特征与工作特征分析[J].管理现代化,2018(2):105-107.

② 张焰.劳动合同法适用法律问题研究[M].北京:中国政法大学出版社,2015:159-173.

从内容分析为平等民事主体之间的法律关系,可以适用《中华人民共和国合同法》(以下简称《合同法》)加以规制;在社会车辆加盟模式下,司机往往自己提供交通工具并且工作时间自由,不具有劳动关系的从属性;司机的劳动报酬往往通过与平台分成所得,并非来自平台。[①]

除中国外,纵然是拥有较久的网约车存在历史的美国,对于网约车司机和网约车平台之间劳动法律关系的认定也并无制定法的明文规定。目前美国仍有大量司法案件是司机要求确认跟 Uber 之间存在正式雇佣合同(劳动合同)关系,要求确认自己是 Uber 的员工。在美国,早些年并不将平台司机认定为劳动者,其中最重要的判例是加州高等法院 1989 年的 Borello 案,此案的判决最终形成"Borello 标准"规则。近年来,一部分州将 Uber 司机认定为劳动者,例如加州劳工委员会于 2015 年裁决的 Barbara Berwick 案。在该 Uber 案中,法院认为驾驶员提供的服务属于 Uber 公司的主要服务业务,且由于 Uber 公司对于司机准入条件有设置、对司机培训过程有管理、对司机服务质量有评分以及平台自身的特殊性,所以 Uber 公司无须明确规定工作时间也可对司机进行控制,因此平台与司机之间的关系仍然应当被认定为劳动关系。[②] 另外美国也有一些城市规定,Uber、Lyft 等平台的司机有权享受最低时薪政策的保护[③],这在本质上也是将平台司机认定为劳动者。但是需要指出的是,尽管美国部分州与城市对网约车与网约车平台进行一定的管理规制,但传统做法也尚未式微。对于网约车平台和网约车司机的劳动关系的确认,目前无论在理论上还是在司法实践上仍存在较大的争议。

从中美两国的实际看,网约车平台与网约车司机之间法律关系的识别,目前无论在理论上还是在司法实践上仍存在较大的争议。与传统的用工模式相比较,网约车平台用工模式在劳动管理、工作时间、主体资格等方面具有很大的差异性,因此有必要对网约车平台的用工模式进行分类,然后分别研究分析。当前,网约车平台的运营模式主要分以下三种:一是"网约车平台+平台自购车辆+平台驾驶员"模式;二是"网约车平台+租赁公司的车辆+劳务公司派遣的驾驶员"模式;三是"网约车平台+私家车+私家车主"模式。

"网约车平台+平台自购车辆+平台驾驶员"模式与传统出租车经营模式

---

① 唐硕.网约车司机与平台劳动关系之从属性判定[J].重庆电子工程职业学院学报,2021(2):31.

② 参见彭倩文,曹大友.是劳动关系还是劳务关系?——以滴滴出行为例解析中国情境下互联网约租车平台的雇佣关系[J].中国人力资源开发,2016(2):95;苏庆华.纠结的关系——互联网+背景下的出租行业用工关系问题探析[J].中国人力资源开发,2015(22):83.

③ 陈宇曦.纽约市为网约车司机制定最低工资标准:17.22 美元/小时[EB/OL].[2021-02-25].https://www.thepaper.cn/newsDetail_forward_2708474.

没有本质的区别,网约车平台公司对车辆拥有所有权,并负责招聘、管理和调配驾驶员,驾驶员以平台的名义从事劳动,网约车平台与驾驶员之间建立了传统的劳动关系。"网约车平台＋租赁公司的车辆＋劳务公司派遣的驾驶员"模式是网约车平台公司通过与车辆租赁公司、劳务派遣公司之间的合约安排,实现对驾驶员的指挥、管理和控制,不再追求与驾驶员建立稳定的劳动关系,驾驶员与劳务派遣单位之间存在劳动关系,网约车平台仅是驾驶员的用工单位。这是典型的劳务派遣关系。在"网约车平台＋私家车＋私家车主"模式中,网约车是私家车,车主通过平台完成客户搜寻,自主为其提供服务。车主可以自由安排时间,不受平台调遣和管理,网约车平台公司也不用向车主支付报酬,而由其按一定比例向平台分成接单收入。目前,此种模式下运营的网约车平台普遍拒绝承认私家车主与网约车平台存在劳动关系,网约私家车主与网约车平台之间的关系在表面上属于劳务关系或居间关系。

对此,不少学者表示赞同。彭倩文、曹大友认为,尽管滴滴出行平台与司机都符合劳动法规定的主体资格,而且司机提供的服务是滴滴出行平台的主要业务组成部分,司机提供的服务是有偿劳动(滴滴出行平台明确规定了收费标准,并每周给司机结算一次费用),但是滴滴出行的司机并不受到滴滴平台的控制,他们可以任意选择工作时间等,因此,将滴滴出行平台与司机间关系认定为劳动关系并不完全符合现有法律规定。[①] 北京部分劳动争议仲裁委员会认为,在"滴滴打车"中,专车司机与互联网平台双方之间是一种松散的管理关系,快车或专车司机可以根据自己的心情决定自己的工作日程,专车司机甚至都不知道公司具体地址与管理人员,公司也不对其进行相应考核,因此司机与平台双方并不构成劳动关系。[②] 王阳、彭博认为专车驾驶员与平台双方之间是否有劳动关系,参考的指标有很多,譬如工资的支付,社会保险的缴纳,工作时间、地点的约定以及双方之间是否有管理与被管理的关系等,其中一个很核心的指标就是用人单位是否对员工进行管理,包括日常考勤、业绩考核等。双方之间如果存在管理关系,就构成劳动关系;如果不存在管理关系,就不构成劳动关系。[③]

---

① 彭倩文,曹大友.是劳动关系还是劳务关系?——以滴滴出行为例解析中国情境下互联网约租车平台的雇佣关系[J].中国人力资源开发,2016(2):93-98.

② 苏庆华.纠结的关系——互联网＋背景下的出租行业用工关系问题探析[J].中国人力资源开发,2015(22):82.

③ 王阳,彭博.专车运营下的劳动用工法律分析[J].中国劳动,2015(9):59-61.

（三）网络直播平台用工关系的概念及法律性质识别研究

网络直播是一种新兴的网络社交模式,网络直播平台用户可以通过互联网在不同的平台观看影片,平台分享的内容主要为游戏直播、影片或电视剧等。网络主播是通过手机、电脑等媒体终端,利用互联网,以音频、视频和文字等多种方式,通过聊天、分享、解说、歌舞等进行现场直播,并同时与网络受众（直播参与者）交流互动的表演者或主持人。

关于"互联网＋"下网络主播与网络直播平台之间法律关系的认定,不同的学者有不同的看法。常凯在《雇用还是合作,共享经济依赖何种用工关系》一文中指出,互联网经济并未改变劳动和资本的关系,互联网经济下的平台用工关系仍是雇佣关系（劳动关系）。[①] 根据常凯的观点,网络主播可以被归类为劳动者。然而闻效仪在《正确认识和把握共享经济对劳动关系的影响》一文中总结道:平台工作者更倾向于"自雇者",平台则为"集市"。平台工作者通过平台承揽劳务,向平台支付租金,向客户提供自由劳动,他们和平台之间不存在劳动关系。[②] 根据闻效仪的观点,网络主播属自雇者,其与平台建立劳务关系。我国劳动部门和法院在确定劳动者地位时,判断依据依然是从属性原则——如果网络主播对平台存在高度人身从属性,则认定其为劳动者,反之,如果网络主播对平台无人身从属性,则不认定其为劳动者。劳动部门和法院依据服务者对企业从属性的高低来判断服务者与企业是否存在劳动关系,采用的是严格的从属性认定原则。但在实务中,网络主播很难表明自己对平台存在人身依赖性,这使劳动法难以对网络主播给予劳动者权益保护。

综上所述,新业态下共享经济的发展推进了我国劳动者多元化和个性化的发展,我国劳动法中单一的以劳动者的从属性判断劳动关系的法律显然已经不能与当下的劳动环境相匹配,这就要求我国劳动法进行改革。

二、平台工作者的劳动权益保护研究

目前平台工作者劳动权益保护问题是实务中最为核心的问题,大多数学者将研究重点放在此处,他们从不同角度提出了许多行之有效或具有借鉴意义的对策。

李海明、罗浔阳在《平台经济下灵活就业者的权益保障》一文中将平台工作者权益保护缺失问题总结为:劳动关系难以认定;具体的劳动合同权益难以

---

① 常凯.雇佣还是合作,共享经济依赖何种用工关系[J].人力资源,2016(11):38-39.
② 闻效仪.正确认识和把握共享经济对劳动关系的影响[N].工人日报,2017-08-29(07).

救济,劳动者缺少最高工时和最低工资保障;劳动安全保障无法实现;集体劳动权利保护缺失。同时他们提出了完善路径:首先应采用平台经营者和灵活就业者双方的意思自治,不能"一刀切"地将所有的平台服务者都纳入劳动法的保护范围;其次,应借鉴德国和意大利分层保护的经验,将平台经济下的灵活就业者划分为"类劳动者",分类采取倾斜保护措施;再者,对于灵活劳动者的保护,要从社会法的角度进行考虑,不能局限于劳动法的范畴。①

张成刚在《共享经济平台劳动者就业及劳动关系现状——基于北京市多平台的调查研究》一文中提到,共享经济就业体现了"去劳动关系"的特点,由此导致了平台与劳动者之间权利义务不平衡、劳动者与平台关系不对等、信息不对称、劳动者权益无法得到保障以及共享经济平台从业者的劳动权益缺乏法律保护的问题。他同时提出了对策:(1)应支持鼓励共享经济平台继续发展,重视共享经济平台在扩大就业、解决低技能劳动者就业困难方面发挥作用;(2)建立健全灵活就业、劳动关系管理的法规;(3)完善平台的社保制度,为平台劳动者提供必要的保护。②

汤天波等在《共享经济:"互联网＋"下的颠覆性经济模式》一文中提到,恰当、有效的监管是解决平台工作者劳动权益保护问题的关键,因此具体对策包括:(1)创新政府的管理模式;(2)有效鼓励新型业态的创新发展。③

日本学者荒木尚志在论述日本情形时提到,日本的劳资关系是由对立走向合作的,政府在其中起到间接的指导作用。雇佣关系虽然仍是日本劳动关系的基础,但是劳动者的多元化和个性化发展,要求雇佣政策做出相应改变,因此解决平台工作者权益保护问题的对策可归纳为:(1)支持个人在外部劳动力市场流动;(2)反思国家干预模式和法律保护的内容;(3)重新审视工会的作用;(4)通过劳动争议机制,从事先规制约束向事后调整转变。④

王全兴认为,为应对网约工问题,就目标模式而言,应当构建像德国的"类似劳动者"、意大利的"准从属性劳动"那样的在倾斜保护与不倾斜保护之间给予一定程度的倾斜保护的三元框架,按照部分组织从属性、外部经济从属性、继续性、从劳动中得利这四个要件的有无和强弱,来确定对网约工是否作为非典型劳动关系或准从属性劳动而给予一定程度的倾斜保护。其中倾斜保护的

① 李海明,罗浔阳.平台经济下灵活就业者的权益保障[J].创新,2019(5):108-118.
② 张成刚.共享经济平台劳动者就业及劳动关系现状——基于北京市多平台的调查研究[J].中国劳动关系学院学报,2018(3):61-70.
③ 汤天波,吴晓隽.共享经济:"互联网＋"下的颠覆性经济模式[J].科学发展,2015(12):78-84.
④ [日]荒木尚志.日本劳动法(增补版)[M].李坤刚,牛志奎,译.北京:北京大学出版社,2010:170-171.

重点在于：（1）社会保险尤其是工伤保险优先。社会保险与劳动关系相对脱钩，无论何种劳动者都为社会保险所覆盖；（2）有选择地适用劳动基准，如职业安全卫生基准，其适用范围本已超出劳动关系范围；（3）有条件地赋予平台企业连带赔偿责任。然而三元框架的立法构建需要较长时期的探索。故在现阶段，应当司法探索先行。但是，出于保护网约工劳动权益的急迫需要，在现行要么倾斜保护、要么不倾斜保护的二元框架中，对于网约工非典型劳动关系的认定应当适度从宽，而保护措施的选择则应当谨慎。[1]

综上所述，我国的劳动法改革应当符合我国的现实国情，不能照搬照抄其他国家已有的法律制度，在劳动法对灵活劳动者保护有所缺失的情况下，政府应起到合理的、适当的监管作用，平台也应承担起用工者的企业社会责任，对劳动者提供必要的权益保障。

三、平台工作者的社会保险权益保护研究

社会保险是对国民收入进行再分配的一种重要方式，是国民收入在不同人群中的转移，即从高收入者转移到低收入者，从健康者转移到疾病者和残疾者，从就业者转移到失业者等。尽管我国社会经济近年来一直高速发展，但我国社会保险制度尚未完善。在此现实背景之下，平台工作者作为在"互联网＋"和共享经济的共同发酵下出现的新兴群体，其所采用的新型用工形式对我国现行社会保险制度和相关法律的适用等带来了考验。研究网约工社会保险制度，保障网约工社会保险权有其必要性和紧迫性。现阶段国内学术界对于网约工社会保险制度的研究主要从现行法规和事实关系着手，分析网约工用工社会保险关系的现存问题，探究完善网约工社会保险制度的对策和建议。

柯卉兵、李静[2]、唐鑛、胡夏枫[3]等学者在研究中论及，我国目前网约工社会保险问题包括下列内容：我国的社会保障体系经历了2011年的社会保险法改革，已将灵活就业人员纳入社会保险的范畴之内，但在实际运行中依然存在非正规就业的工作人员游离于社会保险之外的情形。一方面，由于社会保障与劳动关系"绑定"，而网约工与网络平台之间的关系难以认定，故网约工在社会保险方面得到的保障非常薄弱，甚至是根本得不到相关方面的权益保障；另一方面，在实践中，网约工个人的参保意识不强，参保意愿较低，网约工的参保情况堪忧。

① 王全兴."互联网＋"背景下劳动用工形式和劳动关系问题的初步思考[J].中国劳动,2017(8):7-8.
② 柯卉兵,李静.《社会保险法》的实施困境[J].社会保障研究,2013(1):27-34.
③ 唐鑛,胡夏枫.网约工的劳动权益保护[J].社会科学辑刊,2018(2):109-115.

对于如何完善我国网约工社会保险制度,林嘉[①]、张楠[②]等学者的观点主要如下:(1)完善法律体系。从国家层面颁布专门适合网约工权益保护的社会保险制度的法律法规,覆盖由于法律的缺失而导致的网约工和平台之间的劳动关系管辖不到的灰色地带。对此,学者们认为,虽然2016年七部委出台了《网约预约出租车经营服务管理暂行办法》,但那仅仅只涉及了网约车的服务领域,并不适用于解决所有网约工的权益保护问题。对于符合劳动关系构成要件的网约工就按劳动关系的法律进行权益保护,对于不符合劳动关系构成要件的网约工根据实际情况引用合适的法律以保护其合法权益,这样才能保证法院在审判实践过程中做到有法可依。(2)"解绑"社会保障与劳动关系。目前我国的基本医疗、基本养老、失业、生育、工伤等均是劳动者必须得到的权益保障,而这些社会保险和劳动关系是绑定在一起的。在我国未与用人单位建立劳动关系的劳动者不得享受由用人单位进行缴费的工伤保险待遇,这是对网约工社会保险权益的忽视。正是因为我国社会保障体系与劳动关系是绑定的,所以处于劳动关系管辖灰色地带的网约工的社会保险才难以落实,因此将社会保障与劳动关系"解绑",对解决我国非劳动关系背景下工作人员的社会保险权益无法得到保障的问题尤为重要。(3)扩大社会保险的保障对象。鉴于网约工等非劳动关系型就业者的特殊工作性质,扩大社会保险的保障对象是实现对这类就业人员社会保险权益保障的重要举措,也是降低社会风险和减少社会问题出现的有效方式。(4)建立更灵活的社会保险缴费和待遇享受模式。当前,企业依靠廉价劳动力获利的模式亟待改变。网络平台应在以人为本的宗旨下积极主动为劳动者的社会保险买单,应在"普享性原则"指导下逐步实现网约工问题的制度化管理。参保制度可弹性设置:标准劳动关系的网约工,其社保费由用工主体缴纳;特殊劳动关系的网约工,其缴费率可区别对待,网约工可根据收入情况选择按月、按季或按年缴纳;允许网约工自愿参保,进行自愿缴费,网约工也可以根据工资待遇、工作强度与工作量以及工作时间的长短等情况选择缴费项目。同时,为解决兼职的网约工社会保险不能分缴难题,应尽快建立可分项缴纳的社会保险缴纳规则。

四、平台工作者权益保护的正当程序机制研究

在共享经济时代,许多平台工作者被排除出劳动者队伍,其集体权利和未

---

① 林嘉.公平可持续的社会保险制度研究[J].武汉大学学报(哲学社会科学版),2017(4):19-26.

② 张楠.经济新业态从业人员社会保险缺失问题研究——以J省S市美团外卖骑手为例[D].长春:吉林大学,2019.

来权益的保障受到极大制约,因此建立在新型用工关系上的平台工作者的集体权利需要用新的路径与方法予以解决。

邹新凯在《"互联网＋"新业态下的工会:挑战与回应》一文中指出,对于新型劳动关系对劳动法造成的冲击,工会方面可实施的对策为:(1)将地方总工会与产业行业工会的职能相协调;(2)以工会系统服务为着力点,采取建会入会、权益维护和民主协商等措施。①

王全兴、王茜在《我国"网约工"的劳动关系认定及权益保护》一文中指出,与正规就业者相比,灵活就业者由于组织性弱、零工性强,其对社会保护和组织保护的需求更加强烈。社会应当积极创新工会组织形式和工作机制。在我国,可从现行立法关于工会会员资格的规定中确立网约工等灵活就业者加入工会的依据,即"以工资收入为主要生活来源或者与用人单位建立劳动关系"的资格要件表明,会员资格并未与建立劳动关系捆绑,而作为主要生活来源的工资收入更不限于劳动关系中的工资,网约工等灵活就业者的劳动收入当然可包含其中。② 因此,网约工完全有权依法参加工会。

魏益华等则认为,应当鼓励劳动者成立新型的行业互助组织,引导劳动者理性表达意见和建议。互联网经济中产生的新问题可以充分借助新的技术手段来解决,如可以利用微信、QQ等社交工具集思广益,弥补劳动者分散的不足。在鼓励劳动者互助共享的同时,也应当积极引导其理性表达意见和建议,对造谣、传谣、煽动群众等非法行为依法予以禁止或惩罚。③

本章小结

共享经济是社会发展的产物,改变了传统用工关系,对现有社会关系产生重大影响。面对用工关系的变化,现有法律制度已经难以适应,国家与社会的治理者应当对这种用工关系进行客观分析,通过健全、完善法律制度来调整新型用工关系中各方主体的权利义务关系,保障劳务提供者和相对方的合法权益,既保护以平台工作者为代表的新型就业者群体应然的劳动权益,也不打击资本进入互联网产业的积极性,构建和谐劳动关系,确保我国互联网经济和新商业模式的健康发展,为共享经济发展提供一个良好的法律环境。

---

① 邹新凯."互联网＋"新业态下的工会:挑战与回应[J].中山大学法律评论,2018(1):105-118.
② 王全兴,王茜.我国"网约工"的劳动关系认定及权益保护[J].法学.2018(4):71-72.
③ 魏益华,谭建萍.互联网经济中新型劳动关系的风险防范[J].社会科学战线,2018(2):89.

第三章　我国网络平台契约劳动关系的实证分析

本章以我国共享经济中涌现的网络平台契约劳动新业态为研究样本,以平台工作者的问卷调查和平台雇佣关系司法判例入手,讨论网络平台契约劳动关系和平台工作者劳动权益保障现状。通过对平台经济发达地区的杭州、宁波、温州等地的外卖骑手、网络主播、网约车司机等新业态进行网络访谈和问卷调查,结合近年来的网络平台用工关系纠纷的典型司法判例,并根据调查所获得的资料,对平台契约劳动关系的法律性质、基本法律关系、现行法律和制度在调整该类用工关系时存在的不足等基本问题进行系统分析和深入研究,为我国网络平台契约劳动保护的社会环境及体制机制研究提供新的实证研究成果。

第一节　外卖骑手劳动权益法律保护的实证研究报告

民以食为天,近年来以"饿了么""美团"外卖为代表的共享经济平台为餐饮行业开拓了新的市场空间,并解决了许多传统餐饮行业固有的问题。2019年中国外卖市场交易额预计超过 6000 亿元[①],外卖增加的同时,外卖骑手的数量也在随之增加。公开数据显示,2019 年我国外卖骑手从业人员数量共约1300 万,活跃骑手约有 100 万。[②] 在线外卖平台作为餐饮企业和消费者之间的媒介,近年来在配送费用、配送时间、配送服务上不断进行优化,以满足广大消费者的用户体验。然而,背后的人往往是被忽视和误读的人,百姓在享受方便、快捷的用餐生活时却常常看不见默默付出的外卖骑手。在线外卖平台在

---

① 美团研究院. 中国外卖产业调查研究报告(2019 年上半年)[R/OL]. [2020-02-25]. https://www. useit. com. cn/thread-24845-1-1. html.

② 点我达,营创实验室. 2019 众包骑手生存真相报告[R/OL]. [2020-02-25]. https://www. useit. com. cn/forum. php? mod=viewthread&tid=22539&page=.

使用廉价劳动力的同时,给骑手的合法劳动权益带来了严重的侵害,由此而引发的用工争议也日益增多。但是,由于平台用工模式发展过快,现有的相关法律政策并不能对其中的法律关系做出合理的解释,外卖骑手的劳动权益也无法得到相应的保障。任何一个行业都应当得到应有的尊重与保护,我们通过实证研究的方法,对杭州、宁波、温州等地的外卖骑手的工作现状进行调研,并提出该类劳动者权益保护的法律制度构架和实现路径,希望可以弥补对"外卖骑手+在线平台"这一新型用工领域的研究太少的不足,为日后类似问题的立法和政策研究提供借鉴思路。

一、外卖骑手劳动权益保护现状:基于调查样本的分析

(一)调研设计与内容

政府的监管、大众的关注、平台的措施和骑手的维权意识,都影响了外卖骑手在工作过程中的劳动权益保护程度。为了深入了解政府、大众、平台和骑手在此过程中所起到的作用,发现各方在实际操作中所存在的问题,我们主要通过调查问卷的方式开展调研。

1. 调研设计的对象与内容

本次的调研以美团外卖、饿了么等在线外卖平台的外卖骑手为主要对象。外卖骑手群体作为外卖配送服务的主力军,能够最直接和客观地反映其劳动权益现状,反映现实问题。线上微信问卷调研的外卖骑手来自浙江省的各个城市,线下纸质问卷调研的骑手主要来自浙江省温州市。

在设计本次调研的调查问卷时,首先,我们结合我国劳动法中有关劳动者的合法劳动权益,即劳动合同签订的权利、取得劳动报酬的权利、休息休假的权利以及享受社会保险和福利的权利等内容设置问题。其次,在问卷选项设置上我们充分考虑了外卖骑手在日常劳动过程中的常见情形,以对不同类型的外卖骑手进行较为详细的分类。最后,除了获取外卖骑手的用工现状,问卷还设计了相应问题,以获取骑手对现行劳动权益保护的看法和意见。

2. 资料收集方法

我们采用线下自填式问卷和线上微信问卷相结合的方式,对特定人群,即浙江省的外卖骑手的基本情况以及劳动权益保护等相关问题以随机抽样的方式开展问卷调查。针对外卖骑手这一新型用工形态的特点,课题组设计了专项调查问卷,问卷共20题(见本章附录一:外卖骑手劳动权益保障调查问卷)。本次调研实际发放问卷240份,其中线上195份,线下45份,回收200份,有

效问卷 90 份,有效率达 45%。

3.资料整理和分析

为确保问卷数据的真实性,我们对每一份回收的问卷进行了检查,对于填写数据明显偏离实际和填写不完整的问卷予以删除。问卷初步筛选并整理完成后,我们将数据统一录入计算机,并对数据进行质量检查和清理。通过 Excel 软件对数据进行统一编码、分类,并用此软件做出相应的表格、图表等。

(二)调查问卷数据分析

1.调查对象情况分析

(1)性别分布

本次的调研对象为外卖骑手,其中有 78.8% 的骑手为男性,女骑手仅占比 21.2%(见图 3-1)。总的来说,外卖骑手因其工作强度大、危险程度高,在整个行业以男性为主。

78.8%　　　　　21.2%

图 3-1　外卖骑手性别分布

(2)年龄结构

从年龄分布来看,20~35 岁的外卖骑手为外卖配送的中坚力量,占总数的 64.7%(见图 3-2)。也正因为骑手群体的年龄相对较低,社会经验较少,适

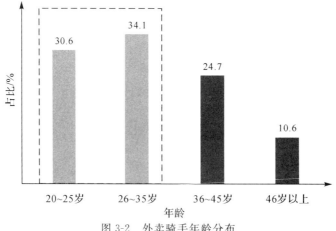

图 3-2　外卖骑手年龄分布

时保障其劳动权益保护尤为重要。

（3）受教育情况

从外卖骑手的学历来看，骑手并非低学历群体，大部分骑手具有高中及以上的学历，其中大专学生的比例为32.9％（见图3-3）。

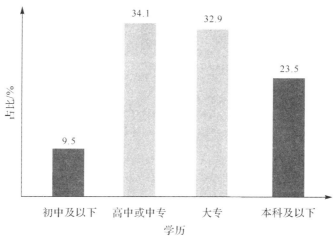

图3-3 外卖骑手受教育程度分布

（4）工作类型

在线外卖平台的用工形式呈现多样化形态，其中以专送骑手（占比45.9％）和众包骑手（占比40.0％）为主要类型，其他类型的骑手占比14.1％，主要是自营骑手居多（见图3-4）。

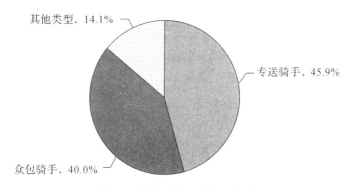

图3-4 外卖骑手工作类型分布

（5）收入分布

将外卖骑手的类型和收入进行交叉分析，其中，专送骑手的收入最高，有占比28.2％的骑手收入在6000元以上，众包骑手多采用灵活就业的方式，通过外卖配送所获得的收入在2000～4000元（见图3-5）。

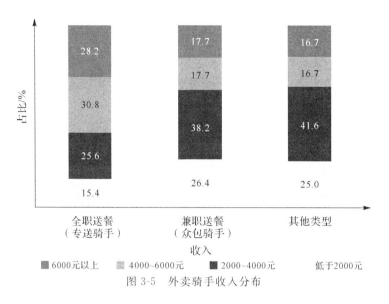

图 3-5　外卖骑手收入分布

2. 基本劳动权益保护现状分析

(1) 劳动合同的签订权

专送骑手与众包骑手的性质不同。众包骑手的工作类型具有兼职的性质,因此没有签订规范的书面合同的占绝大多数(占比 82.3%)。专送骑手属于全职工,其享受的待遇应当等同于普通的劳动者,但根据调查结果显示,仅有 48.7% 的专送骑手与其雇佣商签订了规范的书面合同(见图 3-6)。据多数

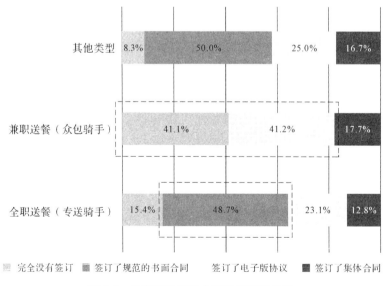

图 3-6　外卖骑手劳动合同签订情况分布

骑手口头反馈,他们在入职时也没有意识到需要签订劳动合同。

(2)劳动报酬获取权

及时且足额获取劳动报酬是一个劳动者最基本的权利,也是其奋力工作的基本动力。调查结果显示,有占比56.5%的外卖骑手反映其劳动报酬存在不及时给付或不足额给付的现象,其中,有占比40%的骑手被平台恶意扣款(见图3-7)。在线外卖平台有看似完善的薪酬机制,然而缺乏人性化的后台程序运算,导致骑手无法及时且足额得到报酬,大大减损了外卖骑手的劳动热情。

及时且足额	及时但有被恶意扣款	
	32.9%	
	不及时但足额	不及时有被恶意扣款
43.5%	16.5%	7.1%

图 3-7 外卖骑手劳动报酬发放情况分析表

(3)休息休假权

我们以专送骑手的休息时间为分析对象。调查结果显示,工作时间长达8~12小时的专送骑手占调查对象的一半以上,且有一半以上(占比61.2%)的专送骑手的周休息时间只有一天或不到一天(见图3-8、图3-9)。外卖骑手是以其体力与精力穿梭在大街小巷中为人们服务的,然而长期高强度的体力劳动将会对其身心健康造成巨大损害。

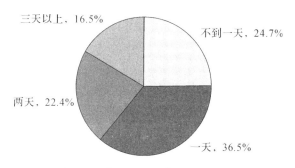

图 3-8 专送骑手周休息天数分析

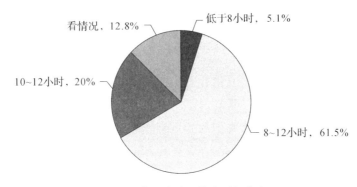

图 3-9　专送骑手日休息时间分布

（4）获得社会保障权

上文已有所提及，专送骑手因其工作属性应当受到劳动法的保护，然而许多雇佣商在招聘全职骑手时并没有替骑手缴纳社会保险。调查结果显示，分别有占比 28.2％和 15.4％的专送骑手没有获得或不知道其是否获得了社会保险福利（见图 3-10）。

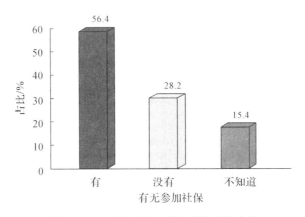

图 3-10　专送骑手社会保险参加情况分析

二、近年来外卖骑手用工争议案的司法判例分析

"平台＋个人"的灵活用工模式是共享经济时代的产物，其在高度自主与多元的状态下为求职的劳动者们提供了成千上万个岗位。然而，各大平台毕竟是以利润最大化为其主要目标的，其在创设了一种新型用工模式时常常导致不公平的现象发生，因此相应的劳动纠纷也随之而来。就外卖骑手这一行业而言，其与在线外卖平台的纠纷大部分通过沟通解决，也有部分沟通不成的骑手选择诉至法院。可是，看似简单的劳动报酬、劳动关系解除、劳动基准等

争议,在司法实践中却因为无法认定骑手与平台是否存在劳动关系而显得复杂。我们整理了近几年有关外卖骑手与平台、雇佣公司之间的劳动权益纠纷的典型案例,来分析一下我国关于"骑手+平台"法律关系认定的司法实践(见表 3-1)。

表 3-1　劳动权益纠纷的典型案例

编号	案例名称	案号	裁判法院	裁判要旨	判决结果	骑手类型
1	绥芬河市及食送代送物品有限公司与喻珑劳务合同纠纷	(2019)黑10民终1571号	牡丹江市中级人民法院	当事人受被告的管理,其提供的送餐服务系被告的业务组成部分,且被告每月支付原告工资,二者之间存在人格从属性和经济从属性。	存在劳动关系	专送骑手
2	海南飞迅达电子商务有限公司与王源宾劳动争议	(2019)琼02民终17号	三亚市中级人民法院	原告提供的视频光盘,其与被告负责人的电话录音、微信聊天记录、工资银行流水清单并不足以证明其与被告之间存在劳动关系。	不存在劳动关系	专送骑手
3	北京三快科技有限公司与刘亚亚劳动争议、人事争议	(2016)京0108民初40818号	北京市海淀区人民法院	不能仅根据工作服饰、配件认定原、被告之间存在劳动关系,被告要确认是否存在劳动关系,还应从劳动关系的本质和构成要件出发,本案中被告并非直接支付原告工资,且原告的配送任务也并非被告直接下达。	不存在劳动关系	专送骑手
4	王玲与博悦人才服务(宁波)有限公司劳动争议	(2019)皖0191民初5775号	合肥高新技术产业开发区人民法院	原告对工作有很强的自主性,且用于送餐的工具也系自行准备,原告可以选择是否接单,不用听从被告的指挥,因此原被告之间不具备劳动关系的实质特征。	不存在劳动关系	众包骑手
5	程巧仙,马忙生与北京三快科技有限公司的劳动争议	(2019)陕01民终164号	西安市中级人民法院	原被告之间没有建立劳动关系或劳务关系的合意,亦未形成工作上的隶属关系与工资上的支付关系。	不存在劳动关系	众包骑手
6	王雪山与天津沃趣人力资源有限公司劳动争议	(2019)辽0204民初1361号	大连市沙河口区人民法院	原、被告双方签署的电子协议属于劳务合同,应当适用《合同法》《民法通则》和其他民事法律法规而不适用《劳动合同法》的规定。	不存在劳动关系	众包骑手

在选取上述案例时,我们将"专送骑手"和"众包骑手"加以区分了。

通过上述案例,可以明显地看出各地法院对于众包骑手劳动关系性质的裁判结果较为一致,均认为骑手与其雇佣商之间不存在劳动关系。法院普遍认为,在线外卖平台(众包)只是信息发布平台,不参与实际商业行为和交易行为,而在平台中注册并进行交易的商家和消费者才是实际的劳务用工方及劳务报酬支付方,且众包骑手在自行完成接单配送等劳务任务期间,工作场所不固定,工作时间可自由支配,地区雇佣商对骑手不进行用工管理和考核,骑手从事的劳务任务也并非雇佣商的业务组成。因此双方并没有建立劳动关系或劳务关系的合意,亦未形成工作上的隶属关系与工资上的支付关系,遂不存在劳动关系。[1]

然而,对"专送骑手"与其雇佣公司之间是否存在劳动关系,在司法实践中有不同的见解。尽管单纯对"专送骑手"与雇佣公司之间的劳动关系进行分析,其符合劳动关系毋庸置疑,然而根据案例一至案例三的裁判结果,在司法实践中却难以认定。这主要有以下三种原因:其一,用工关系难以确认。在线外卖平台,如美团、饿了么均以承包的形式将具体的外卖配送业务承包给各地的承包公司,因此原本骑手与平台之间的劳动关系转化为平台与雇佣公司,雇佣公司与骑手之间的三方关系,平台往往仅作为软件、信息的发布平台,而不与"专送骑手"直接形成劳动关系,因此也无须承担劳动法规定的企业应当承担的劳动保障责任。其二,用工主体模糊。劳动者意图成为"专送骑手",往往是先通过骑手 APP 进行申请,再由地区雇佣公司直接与骑手取得联系,对骑手进行管理和发放配送任务。"专送骑手"在日常工作过程中使用骑手 APP 进行工作信息对接,而雇佣公司又使用骑手 APP 对"专送骑手"进行考勤管理,因此"专送骑手"在事实上与平台、雇佣公司均存在一定的人格和经济从属性,当骑手发生用工纠纷时,往往难以主张与其中任何一方存在劳动关系。其三,关键证据举证难。通常法院在认定骑手与雇佣商之间是否存在劳动关系时,要求原告提供劳动协议、考勤记录表等相关工作证据,然而现行外卖骑手群体普遍为农民工、城市无业或失业人员、工厂车间员工等,其成为外卖骑手往往是通过熟人介绍,并不注重劳动合同的签订,且骑手在离职后往往无法重新登录骑手 APP 获取考勤记录等数据,因此其难以承担并证明其与雇佣公司之间存在劳动关系的举证责任,故其合法的劳动权益难以得到保护。

三、外卖骑手劳动权益保护存在的法律问题及原因

(一)外卖骑手劳动权益保护存在的问题

1.基本劳动权益未得到有效保障

我国宪法和劳动法等相关法律均规定了劳动者享有的几项基本权利,具

---

[1] 参见西安市中级人民法院〔2019〕陕 01 民终 164 号民事判决书。

体包括:劳动合同签订权、获得劳动报酬权、休息休假权等权益。尽管外卖骑手的法律地位不明确,但宪法规定的基本劳动权益应当覆盖至每一个广义上的劳动者,然而现实中这一群体的劳动权益保护往往被忽视。

根据上述对外卖骑手劳动权益现状的调查问卷分析,首先,骑手的劳动合同签订率普遍较低,多以单方在线外卖平台拟定的电子协议作为劳动协议。其次,骑手获取劳动报酬困难,外卖骑手每送一单外卖平均可获得 5 元的报酬,然而骑手若被顾客投诉,将会导致约 100 元的罚款,不具备人性化的薪酬处理机制,往往使得骑手入不敷出。再次,专送骑手的休息休假权被严重侵犯,仅有少数的骑手能有健康的作息时间。最后,骑手并没有获得应有的社会保障,这使得骑手一旦在工作过程中发生交通事故,很有可能因高额的医疗费用导致返困、返贫现象。

2.人身安全难以得到保障

近年来,随着外卖行业的不断发展,穿梭在大街小巷的外卖骑手已成为城市中一道不可或缺的"风景线"。然而,由于外卖骑手在送餐时一味追求送餐速度,从而导致交通事故频频发生,如今外卖骑手已被评为最危险的职业之一。以上海为例,上海市公安局交通警察总队于 2019 年 7 月发布数据称:2019 年上半年上海市共发生涉及快递、外卖行业各类道路交通事故 325 起,造成 5 人死亡,324 人受伤。其中属于外卖骑手发生的交通事故占以上总数的 80%,这意味着几乎每天有近 2 名外卖骑手因交通事故而受伤。除了发生交通事故以外,外卖骑手在送餐过程中违反交通规则也屡见不鲜,公安部交通管理局曾发布数据称:从全国范围看,外卖骑手最常见的交通违法行为有闯红灯、占用机动车道、逆向行驶和超速。这些都是安全隐患,稍不留神就会造成严重的交通事故。

外卖骑手的人身安全保障主要分为事前预防和事后补救。首先,事前预防就是要求骑手在送餐过程中严格遵守交通规则。然而,根据骑手的反馈得知,因平台对骑手的送餐时间有严格的规定,骑手若超时送达则将面临罚款和顾客投诉,且通常没有弹性和可商量的空间,这直接影响了事前预防的实施。事前预防不到位导致骑手的人身安全受到威胁。其次,工伤保险是骑手因工作原因受到人身伤害时的事后补救措施,根据我国现行的社会保险法,工伤保险只适用于与单位具有劳动关系的劳动者,然而,这一制度将未与平台形成劳动关系的外卖骑手排除在外,虽然平台普遍要求骑手缴纳商业保险,但因理赔过程过于烦琐,该保险形同虚设。

(二)外卖骑手劳动权益保护问题的原因分析

外卖骑手的劳动权益难以得到有效保护,反映出新时代共享经济中平台新型用工形态面临的新问题,尤其是互联网的加入导致了更为复杂和多元的劳动用工关系。在我国传统劳动法只保护标准劳动关系的背景下,骑手作为一种新型用工形态存在于社会生活中,其劳动权益得不到应有保护是由多方面原因造成的。结合外卖骑手职业的特点,我们主要从政府层面、平台层面以及骑手自身层面究其原因。

1. 政府职能缺失

政府对外卖骑手这一新型就业形态在发展过程中存在的问题认识不足、监管不到位是导致骑手劳动权益保护缺失的根本原因。

(1)骑手与平台的劳动关系认定困难。现行普遍适用的劳动关系认定标准是 2005 年劳动和社会保障部发布的《关于确立劳动关系有关事项的通知》明确的三项构成要件:首先,用人单位和劳动者应当符合法律、法规的规定;其次,劳动者对于用人单位符合人身和财产的从属性;最后,劳动者的劳动内容属于用人单位的业务范围。然而在共享经济的背景下,外卖骑手的劳动关系较为复杂,骑手职业较强的自主性与灵活性特征,使得此时若单纯适用上述三要件,将会导致用工关系无法确认,从而使得平台企业规避保护骑手合法劳动权益的义务。可见,由于现有的劳动法保护体系很难确认骑手的法律地位,使得其劳动权益保护十分困难。

(2)骑手的社会保障面临"制度性困境"。根据我国现存的社会保险体系的规制,只有与单位具有劳动关系的劳动者,因其单位被要求履行为其员工缴纳社会保险的义务,才能享有社会保障。然而,因为大部分骑手与平台没有签订劳动合同,骑手也可能一人身兼数个平台的配送任务,因此面临着平台不知是否应当为骑手缴纳社会保险,以及哪个平台应当为骑手缴纳社会保险的现实困境。此外,按照当前我国各个城市的政策设计,以外卖骑手为代表的灵活就业用工群体可以根据自身需要自行缴纳养老保险和基本医疗保险,然而,由于自主参保所应当自行缴纳的保费比例较高,受外卖骑手自身经济条件的限制,主动参保率较低,大部分骑手仍处于社会保障缺失的状态。

(3)政府在履行公共就业服务时仍然以传统职业为主,支持措施尚未覆盖至新型用工形态。现行公共就业服务,比如职业介绍、指导和培训等,主要是帮助劳动者适应传统行业,而忽视了引导待业者去尝试灵活、自由、网络化的新型就业。

综上所述,政府对外卖骑手乃至整个灵活用工群体的不重视导致了外卖骑手这一行业的劳动权益保护从根本上难以突破。

2. 在线外卖平台用工不规范

在线外卖平台用工形式普遍不规范是导致外卖骑手劳动权益保护不到位的另一重要因素。以美团外卖、饿了么为首的在线外卖平台的用工模式和方向往往直奔"商业利益最大化"这一目标,因此,将用工成本降到最低,同时又能带来源源不断的劳动力是企业扩大商业利益的首选用工模式。用工成本指的是企业为其员工支付的工资、保险以及食宿等管理费用。在线外卖平台通常利用模糊其与骑手的劳动关系来降低用工成本。就工资层面而言,在线外卖平台往往都为众包骑手设计了较为全面的薪酬制度,包括远距离提成、超时赔付以及消费者投诉赔偿等一系列奖惩措施,然而看似全面的薪酬制度,却因适用过于机械化而导致出现骑手被恶意克扣薪资或者直接被平台拉黑账号的现象。就保险层面而言,在线外卖平台往往不愿意承担建立劳动关系后的义务,因此不管是对于专送骑手还是众包骑手,常常由于平台没有与骑手签订正式的书面劳动合同,而是以固定格式的电子合同代替,使得平台可以利用模糊的劳动关系而不为骑手缴纳"五险一金"。就管理层面而言,在线外卖平台对于外卖骑手的管理不同于传统行业,其具有快捷简便的准入机制和退出机制。高度的自由性、灵活性使得骑手一般不受平台的约束,但带来独立和自主的同时,也为骑手劳动权益保护留下了安全隐患。

综上所述,由于在线外卖平台在建立劳动关系、劳动关系的进行以及解除劳动关系多方面处理不得当,大大增加了外卖骑手的劳动权益保护难度。

3. 骑手自身维权意识弱

外卖骑手的维权意识以及维权能力较弱,也是造成其劳动权益难以得到保护的因素之一。一是骑手的法律意识淡薄。根据我们的调查,外卖骑手的学历普遍在大专、高中及以下,以赚钱快为第一目的的骑手们往往忽视了签订劳动合同、拥有社会保障的重要性。骑手们每天迫于生活压力在大街小巷中长时间飞驰,给自己和他人都带来了很严重的安全隐患。骑手一旦在马路上发生要自己负全责的交通事故,本因由平台作为后台进行跟进处理的,却因骑手没有签订劳动合同,也没有工伤保险,平台将因此免责,而由骑手自行承担责任。二是骑手的维权能力较弱。平台与骑手的权利义务大部分情况下是不对等的,平台一般不会采取实质措施来保障骑手的劳动安全,而只会通过限定骑手送餐时间、罚款、拉黑骑手账户等一系列手段要求骑手保障服务质量,当发生消费者不满意平台的服务质量而投诉、要求赔偿等情况时,平台则通过罚款、开除等措施将这部分经营风险转嫁给外卖骑手。骑手作为弱势群体,往往要被迫承担平台的经营风险。大部分骑手遇到此类不公平的问题时的解决方法是找上级沟通或忍气吞声。然而,骑手的意见反馈到平台,平台加以解决再反馈回骑手,其中所耗费的时间与精力往往让大部分骑手望而却步,最终不了了之。司法是维护公平正义的最后一道防线,企业工会是员工在单位的一处庇护所,但是少有骑手选择去寻找工会或法院进行维权,这些都给骑手的劳动权益保护带来了一定的困难。

四、外卖骑手劳动权益法律保护的模式构建和现实路径

在上文中,根据调查所获得的资料,我们已经对外卖骑手的类型、法律性质、基本法律关系等基本问题进行了系统论证,分析了现行司法实践在调整该类用工关系时的缺陷所在。关于外卖骑手的劳动权益保护模式的构建,除了一些基本措施,比如强化平台责任、加强政府监管、提高骑手的维权意识等,我们认为还应从用工关系的法律性质界定入手,对外卖骑手群体的劳动权益提出一个新的保护模式。

(一)外卖骑手用工关系保护的路径选择:分类保护模式

通过上述讨论不难发现,在"互联网+"时代下,餐饮行业依靠在线外卖平台,发展线上外卖业务,从而跟上了网络外卖的潮流。在线外卖平台在实现利润增加的同时,并不与骑手进行资本与劳动力的交换。外卖骑手在工作过程中,也不完全附属于在线外卖平台,而拥有更高的自主权和主动权。同传统劳动关系相比,平台与骑手之间的用工关系发生了质的变化。然而,政府对此种新型用工关系的态度并不明确,导致社会发展与制度保障的不平衡。骑手可看作灵活就业群体的代表,要想这种适应新型社会生产模式的就业形态能健康发展,就必须进行劳动法与民法的改造,给予骑手一个合法的、有保障的劳动主体地位。

根据现行的民法与劳动法的规定,用人单位与劳动者之间的法律关系要么属于劳动关系,由劳动法保护;要么属于劳务关系,由民法调整。然而,对于共享经济时代下日新月异的新型用工形态来说,过去的劳动关系区分方式显然已经跟不上时代潮流,继续适用将会导致外卖骑手的劳动权益难以得到应有的保护,乃至阻碍整个在线外卖行业的发展。因此我们认为,就平台与外卖骑手的用工法律关系的认定,应当根据不同性质和类型的外卖骑手用工形态,适用劳动法和民法分别保护。

对于自营骑手和专送骑手,因其与餐饮企业、外卖平台之间的劳动关系符合劳动法规定的劳动关系认定标准,因此对这两类骑手的劳动权益保护将严格适用劳动法。

对于众包骑手,目前学术界认为有两种保护路径可供选择。

(1)第一种保护路径是认为应当将众包骑手与在线外卖平台之间的关系认定为雇佣关系,纳入民法进行保护。同时,基于私法社会化原则给予众包骑手一定的倾斜保护。私法社会化是指民法以社会为中心,以抽象的自由、平等及个体权利为前提,侧重于实质的平等与权利所应承担的社会义务,在利益结构上,当个人利益与社会利益重合时,强调以个人利益为出发点与归宿,进而认为国家与社会对私权在一定程度内的干预是私权的内在要求。[①] 据此,劳动法中规定的就业规范和劳动基准也可进行选择性适用。[②]

(2)第二种保护路径是在现行制度框架中,为众包骑手与在线外卖平台之间的关系创设一种新的名词——非典型劳动关系,以特别法的形式将其纳入劳动法的保护范围。非典型劳动关系与传统的典型劳动关系相比,其劳动者与用人单位之间的业务从属性和人格从属性较弱,经济从属性比较明显。

当前劳动法学界大多赞同第二种保护路径,其理由如下:首先,将众包骑手与在线外卖平台之间的关系认定为雇佣关系并非一劳永逸的方法,外卖骑手只是共享经济背景下新型从业人员中的一种群体,与之类似的还有网约车司机、网约跑腿工、网络主播等,这一庞大的灵活就业群体形态各异,并非均可归类为雇佣关系,因此有必要创设一种既不属于劳动关系又不属于劳务关系的中间类型劳动关系,即非典型劳动关系。其次,非典型劳动关系并非我国首创,针对平台用工法律关系的认定问题,国外早已考虑到了从立法上保护这类灵活就业群体,例如意大利称其为"准从属性"劳动、德国称其为"类似雇员"、加拿大称其为"依赖性承揽人"等。[③] 我国可以借鉴各国经验进行国内劳动法律规范的改良,以适应新经济业态下对新型劳动关系法律调整的现实需求。最后,我国现行的劳动法制度框架有保护范围过窄和保护手段过于死板和单一的缺陷,因此尝试研究非典型劳动关系的判断标准以及保护手段,以拓宽劳动法的保护范围,有其现实可操作性。然而,我们认为该保护路径与我国现行劳动法规范体系的适用并不兼容,就外卖骑手等非标准劳动关系的保护模式问题,我们将在本书后面的章节中再展开详细讨论。

①　李石山. 私法社会化研究——民法现代化理论的思考[D]. 武汉:武汉大学,2002:46.
②　王全兴,王茜. 我国"网约工"的劳动关系认定及权益保护[J]. 法学,2018(4):68.
③　段思丞. 平台用工法律关系的认定标准问题研究[D]. 南宁:广西大学,2019:16-18.

（二）建立灵活性与安全性兼具的外卖骑手职业保险制度

除了对外卖骑手基本劳动权益的保护外，外卖骑手的社会保障路径优化也同样重要。要实现骑手的社会保险权益，使得社会保险突破传统劳动关系的界限，从而有选择性地覆盖至外卖众包骑手。尽管根据我国的社会保险法，灵活用工群体可以选择自行缴纳养老保险和医疗保险，但烦琐的程序以及高比例的保费，使得此规定对于以农民工为主的外卖骑手并不实用。因此，进行社会保险法的立法改造，将外卖骑手群体纳入保护的范围已成为日趋紧迫的诉求。

不论外卖骑手群体与平台是否具有劳动关系，均应根据经济社会的需求，按照不同种类的骑手，根据其不同类型的保护需求配置与其相适应的社会保险。[①] 就外卖骑手而言，因其工作特征是在马路上上演"生死时速"，因此骑手目前面临最大的问题就是人身安全的保障。在为骑手进行社会保险制度设计时，应当着重考虑以下几点：

一是险种的选择，应当以"安全性"为本位。基于公平合理性和现实可行性进行考量，将外卖骑手作为灵活就业人员纳入社会保险体系进行保障，"五险一金"齐头并进并不现实。考虑到外卖骑手工作的危险性，应当优先实行强制工伤保险，待有初步成效后，再将医疗、养老保险逐步纳入外卖骑手的社会保障范围。

二是制度的定位，应当强制和激励相结合。正如上文所提及的，我国现行社会保险体系允许灵活就业群体自愿参加并缴纳养老保险和医疗保险，而现实中，外卖骑手作为灵活就业群体中的一员，实际参保率极低。因此，鉴于社会保险稳定社会的目的和其公法特性，应当积极调动外卖骑手的参保意愿，并且在强制其参保的同时，采取激励参保的措施，例如给予他们社会保险费的补贴。

三是制度的设计，应当设立特别法规则。尽管在前文中我们意图将外卖骑手这一群体纳入城镇职工社会保险范畴，但是考虑到众包骑手这一职业流动性较强，根据我国现行政策，并非所有涉及城镇职工社会保险的规则都能适用于外卖骑手。因此，我们建议借鉴全国人大代表张晓庆的提议，为外卖骑手这类灵活就业群体设立重大职业伤害保险，以保障其可能导致因伤至贫、返贫的重大、特大职业伤害。除此之外，建立独立运作的灵活就业群体工伤保险基

---

① 王全兴，刘琦.我国新经济下灵活用工的特点、挑战和法律规制[J].法学评论,2019(4):88.

金,并且明确基金的保障范围是灵活就业人员的养老保险、医疗保险。①

四是将商业保险作为补充手段。现阶段由于未对外卖骑手实行工伤保险,各大在线外卖平台如饿了么、美团外卖等则是要求骑手以一天 1～2 元的保险费缴纳意外伤害商业保险,这一举措对骑手的劳动权益保护有积极作用,然而其不能代替社会保险,只能起到补充作用。

(三)以弹性保护为原则的外卖骑手与平台的用工争议解决的完善

就现有政策而言,外卖骑手与平台产生用工争议时仍然是按照传统劳动法规定的劳动用工争议解决方式进行纠纷解决,即外卖骑手首先与其管理者即地区站长或在线外卖平台进行沟通协商,若协商不成则向地区劳动监察大队进行投诉。在实践中,因骑手的精力和文化水平有限,只有极少数的骑手选择通过劳动仲裁或诉讼方式进行维权,即便是选择诉讼的骑手,最终大部分也以调解结案。因此,为更全面地保护外卖骑手的劳动权益,以"弹性保护"为原则,探索其他更高效、便捷的维权途径是亟待解决的问题。

浙江省人力资源和社会保障厅于 2019 年 11 月发布的《关于优化新业态劳动用工服务的指导意见》(浙人社发〔2019〕63 号)强调对于灵活用工群体应当完善社会多元化纠纷解决机制,要求各地积极成立工会,并由工会带头发挥保护其会员劳动权益的作用。② 因此,我们认为外卖骑手与平台的劳动争议解决应当从加强发挥外卖骑手工会的作用入手。外卖骑手散布于城市的大街小巷,需要一个工会这样的组织来替他们维权发声。关于加强工会组织的保障程度,着力点应当在以下几点:其一,在入会程序上,应当建立一个简便、快捷的通道。根据现行政策,外卖骑手与平台的劳动关系不明确,因此在入会资格上应当不以"与平台建立劳动关系"为条件;此外,应当探索建立"互联网＋"工会组织运作新模式,例如采用手机 APP 等互联网软件创建便利的入会通道。其二,工会在帮助解决外卖骑手劳动纠纷时,应当发挥其现实作用。工会应当通过各种方式培养外卖骑手了解法律、运用法律、维护权益的能力,并取得外卖骑手群体的信赖。在外卖骑手与平台发生纠纷时,工会可以主动介入,

---

① 2019 年全国"两会"期间,来自湖南代表团的全国人大代表张晓庆提交了《关于建立新产业新业态从业人员的职业伤害保险制度的建议》,建议为灵活就业人员建立重大职业伤害保险,保障需求最迫切、个人经济力量难以承受的重特大职业伤害;设立独立运作的新业态从业人员工伤保险基金,明确基金保障对象可以以灵活就业身份参加养老保险、医疗保险(包括新农合、新农保等)。参见张晓庆.关于建立新产业新业态从业人员的职业伤害保险制度的建议[EB/OL].[2020-03-07].https://www.guancha.cn/politics/2019_03_11_493182.shtml.

② 参见浙江省人力资源和社会保障厅:《关于优化新业态劳动用工服务的指导意见》,浙人社发〔2019〕63 号,2019 年 11 月 4 日。

以保护弱势群体合法利益为基本出发点进行矛盾调解。对于必须走民事诉讼途径维权的外卖骑手,工会可以对其提供法律咨询,尽其所能地增大外卖骑手胜诉的可能性,切实保护外卖骑手群体的合法利益。

五、小　结

本章的外卖骑手专项调研报告在意图深入分析在线外卖平台与外卖骑手之间的劳动关系之前,先以实践研究的方式对外卖骑手的劳动权益保障现状进行调查,调查结果显示,在基本劳动权益领域,外卖骑手的劳动合同签订权和获得社会保障权被严重侵害,且有大量外卖骑手反映,维权途径不明确、平台以大欺小等现象导致骑手维权困难。

在线外卖在带来经济的快速增长、为人们生活提供方便快捷的同时,也带来了许多用工关系方面的纠纷与矛盾。外卖骑手这一新兴群体以庞大的数量在当今社会生活中扮演着重要的角色,因此完善外卖骑手劳动权益的法律保护是必然趋势。尽管法律具有滞后性,立法总是跟不上社会的发展,但若继续沿用我国传统一元劳动关系为主的劳动法保护模式对新型就业形态进行调整,将会影响和阻碍外卖骑手行业,乃至整个灵活用工行业的发展。我们在分析了外卖骑手劳动权益保护受损的具体情况和原因后,提出了针对外卖骑手行业的劳动权益法律保护的模式构建和现实路径。首先在对外卖骑手进行分类的基础上,给予不同类型的骑手以不同程度的分类保护;其次关于外卖骑手获得社会保障的权利,应当以"安全性"为本位,优先对骑手实行工伤保险;最后关于骑手的用工纠纷解决途径,在现阶段可以强化工会的作用,作为骑手群体劳动权益保护最强大的后盾。唯有如此,才能更好地保护外卖骑手的法律权益,这不仅是涉及这一职业群体的合法利益,更是对分享经济模式下新衍生的社会规则的补充与完善。

第二节　网约车司机劳动权益法律保护的实证研究报告

信息技术的发展促进了网约车行业的兴起和发展,越来越多的人加入到网约车司机这一行列中来。然而,由于其雇佣模式的非传统化,网约车司机与其平台公司及其乘客之间的法律矛盾日益凸显,现行的立法和司法没有适当的纠纷解决机制来应对,网约车司机的劳动权益得不到保护。基于此,我们通过实证调研,并比较分析国内外相关法律制度和司法判例,对如何完善我国相关法律制度做出法律思考。本调研报告通过对 100 多名网约车司机所做的调查问卷和近年来网约车平台用工典型司法判例的统计分析,在借鉴学者文献资料和域外经验的基础上,结合我国现状对网约车司机与网约车平台之间的用工关系的认定进行了系统梳理和分析,为网约平台用工制度的完善和网约车司机劳动权益的法律保护提出建议和对策。

一、网约车司机劳动权益保护现状:基于调查样本分析

(一)调查问卷设计

本次调研以网约车司机这个新兴业态为样本,调查问卷共设计了 12 个问题,内容涵盖网约车司机的性别、年龄、工资收入、社会保险状况、劳动合同关系、保护措施的建议等方面(见本章附录二:网约车司机劳动权益调查问卷)。

本着合理性、一般性、逻辑性、明确性、非诱导性和便于分析整理的原则,本次调研我们采用微信访谈、电话联络、调查问卷、面对面交流等多种方式,对网约车司机从业者共发放问卷 102 份,并根据调查问卷所获取的数据,进行数据分析,充分运用劳动与社会保障法、民法的基本理论,旨在能够对网约车司机与网约车平台之间的用工关系进行认定,从而确立网约车司机新型劳动者的身份,为网约车司机劳动权益的法律保障提出完善建议和对策。

(二)网约车司机的个人特征分析

如图 3-11 至 3-13 所示,网约车司机从业者以 31～40 岁的男性为主体,其中也不乏女性从业者(占比 41.18%)。该行业劳动者群体偏向年轻化,仅有极少数 51 周岁及以上的人在从事这一行业。且在从业者中,有一半以上的司机是以兼职的形式从事这一行业的。

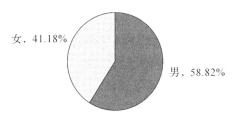

女, 41.18%　　男, 58.82%

图 3-11　网约车司机性别分析

如图 3-14 所示,网约车司机的从业时间多数较短,接近半数司机的从业时间为 1 年至 2 年;其次是 1 年以下;而 3 年以上的较少,占比不到 10%。可见,网约车司机的流动性较高,大多数人将其视为短期的职业选择,该职业的稳定性较差。

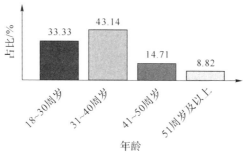

图 3-12 网约车司机年龄分析

图 3-13 网约车司机工作性质分析

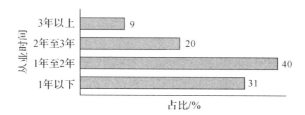

图 3-14 网约车司机从业时间分析

如表 3-2 所示,被调查的 102 名网约车司机中,有半数以上的司机选择使用"滴滴出行"平台,其次是选择"首汽约车"或"优步(Uber)"平台,再次是选择"易到专车""神州专车"等平台,而且许多司机在不止一个平台上注册。

表 3-2 被调查的网约车司机注册使用的网约车平台分析

平台名称	注册使用人数/人	占比/%
滴滴出行	78	76.47
优步(Uber)	31	30.39
神州专车	21	20.59
首汽约车	40	39.22
易到专车	26	25.49
曹操专车	15	14.71
其他	3	2.94

通过对网约车司机入行原因的调查,我们发现,对于大多数人来说,其选择作为一名网约车司机的原因大多是由于这份工作的工作时间自由,能充分利用自己的空余时间,调查中该选项占比为77.45%,这部分人追求的是工作的灵活性,他们对职场"格子间"与朝九晚五的生活产生了一定的厌倦感。而盈利空间大和准入门槛低也是网约车司机入行的考虑因素(见表3-3)。对于低学历人群来说,短时间内想要获得较高的报酬,网约车司机确实是一个不错的选择。

表 3-3　网约车司机入行原因分析

原因	选择人数/人	占比/%
工作时间自由,能充分利用自己的空余时间	79	77.45
新兴行业,盈利空间大	35	34.31
准入门槛低,对文化水平要求不高	44	43.14
其他	6	5.88

根据对网约车司机平均月收入的调查,我们发现,接近半数人的平均月收入为2001~5000元,其次是5001~10000元,而在1万元以上的也有将近5%的人(见图3-15)。所以,网约车司机的平均月收入相对于大部分的基层人员来说,还是相对可观的。而且网约车司机是一种只要勤奋就能保证月收入的工作。

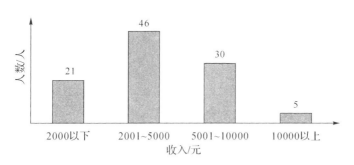

图 3-15　网约车司机月平均收入分析

所以,不难看出,工作自由、获益颇丰以及入行门槛低,使得网约车司机这一职业吸纳了一大批的劳动者。

(三)网约车司机与网约车平台的劳动关系现状分析

台湾学者黄越钦指出:"依照法理、劳动关系绝非如斯地对等人格者间纯债权关系而已,其间含有一般债的关系中所没有的特殊身份因素在内,同时除个人要素外,亦含有高度的社会要素。"①而根据《劳动合同法》第七条和第十条的规定,不难看出,在我国目前的司法实践中,判断网约车司机与网约车平台是否建立了劳动关系,是以劳动合同和实际用工为标准的。

如图 3-16 所示,网约车司机与平台之间未签订劳动合同的情况属最常见的情形,有接近半数的网约车司机没有与其所任职的平台签订劳动合同。此外,还有 24% 的网约车司机不清楚是否与平台签订了劳动合同等事宜。这说明,对于大多数的网约车司机来说,其劳动权益处于法律保护的灰色地带,一旦日后网约车司机与平台引发了争议,由于其未与平台签订劳动合同,在认定劳动用工关系时就处于十分被动的位置。类似"庄燕生与北京亿心宜行汽车技术开发服务有限公司劳动争议案"②"孙有良与北京亿心宜行汽车技术开发服务有限公司劳动争议案"③等,最终法院都以司机与平台之间不存在劳动关系作为最终判决。

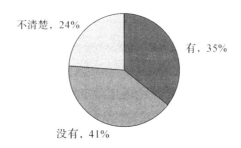

不清楚,24% 有,35% 没有,41%

图 3-16　网约车司机劳动合同签订情况分析

当然,劳动合同绝不是认定劳动用工关系的唯一标准。根据我国理论界的通说,通常以劳动者对用人单位是否具有从属性来认定劳动关系的存在与否,具体包括人格从属性和经济从属性。从人格从属性上来说,网约车平台虽然建立了对网约车司机的监管制度,但实际的效用并不大。司机并未受到平台严格的支配管理,在选择工作时间和地点上有很大的自由裁量权,许多司机从事这一行业,也正是由于其工作时间自由,他们可以自主决定工作与休息。这样看来,要说网约车司机与平台之间存在人格从属性关系,并不妥当。从经济从属性上来说,网约车司机的报酬是按照乘客订单的相应里程费以及

---

① 黄越钦.劳动法新论[M].北京:中国政法大学出版社,2003:6.
② 参见庄燕生与北京亿心宜行汽车技术开发服务有限公司劳动争议案,(2013)石民初字第 7471 号、(2014)一中民终字第 6355 号。
③ 参见孙有良与北京亿心宜行汽车技术开发服务有限公司劳动争议案,(2014)石民初字第 8170 号、(2015)一中民终字第 176 号。

时间等待费结算的。虽然平台对具体的收费标准予以定价,但是司机的报酬给付主要来源于乘客,而非平台。也就是说,乘客到达目的地后,车费通过第三方平台(并非网约车平台公司)直接进入司机的个人账户,而平台公司反而要从司机所得的车费中向司机收取一定的信息费。这种情形不同于传统用工模式下雇主给付劳动者劳动报酬的模式,并未形成司机与平台之间的经济从属性关系,二者之间的关系更像是一种合作关系。

综上所述,我们认为,目前我国网约车司机与网约车平台的劳动关系,由于网约车司机与平台之间签订劳动合同的情况确属少数,且二者之间也缺乏人身依附性、从属性,因而不能认定为是一种劳动法意义上的劳动关系。司法实践中往往将二者之间的关系认定为是一种非雇佣式的合作关系。

(四)网约车司机的社会保险(或商业保险)现状分析

如图 3-17 所示,在调查"网约车司机的投保情况"时,102 名被调查者中仅有 29 名司机明确表示公司为自己和车上乘客都提供了保险,有 28 名司机表示只知道平台为自己提供了保险,还有 19 名司机表示只知道平台为乘客提供了保险,更有 7 名网约车司机提出平台根本就没有给自己或者乘客一方提供任何的保险。当然,在这些调查者中,也存在 19 名压根儿就不知道公司是否为自己和乘客提供保险的司机师傅。

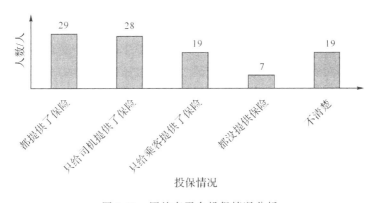

图 3-17　网约车平台投保情况分析

如此看来,目前我国网约车平台对于网约车从业人员的保障和风险规避尚不规范,甚至还未形成固定的保障体系。长此以往,这种情况不仅有碍于网约车司机和乘客的安全保障,也会影响平台的声誉,若是有意外事故发生,将会对整个行业造成不良的影响。同时,这也会使社会大众对于网约车这项服务失去信心。

此外,在缺乏平台保障的前提下,网约车司机在营业的过程中还会遭遇顾客无缘无故给差评,或者顾客由于心情不好就恶意投诉等情况。在 102 名被调查者中,有 75 名网约车司机称偶尔会碰到这样的情况,有 13 名网约车司机称经常会遇到(见图 3-18)。所以,在内难以获得平台确实的保障,在外又要遭受客户的恶意投诉,网约车司机所处的职业环境安全保障情况不容乐观,这会极大影响到网约车司机从事这一职业的积极性。

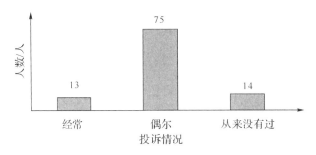

图 3-18　网约车司机分析遭遇恶意投诉情况分析

　　针对网约车司机面临的"内忧外患"的困境,我们对网约车司机对于驾驶网约车安全性的考虑也做了调查。根据调查数据我们发现,网约车司机对此持有比较乐观的态度。102 名被调查者中,有 66 人认为驾驶网约车是比较安全的,还有 7 人认为非常安全,仅有 3 人认为驾驶网约车比较不安全或是不安全(见图 3-19)。由此,我们也可以看出,网约车司机对其自身的安全性考虑还是欠缺周全的,他们对于自身的安全意识不太强。这不利于推动网约车司机权益保护立法工作的进行,从而使得网约车行业整个环境的改善进程变得缓慢。

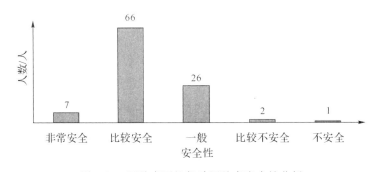

图 3-19　网约车司机驾驶网约车安全性分析

(五)平台与网约车司机用工争议解决处理机制分析

　　如表 3-4 所示,在调查网约车司机是否了解平台与其产生的用工争议解决处理的正当程序机制时,在 102 名被调查者中,有超过半数的人认为,平台的解决规则偏向于乘客,部分申诉也不能通过,他们的权益并不能得到很好的保障。仅有 45 人认为平台还是相对客观公正的,不会偏向于任何一方来处理争端。看来,网约车平台对于争端的处理有时候还是会有失偏颇的,对于网约车司机和客户,没有很好地做到"一碗水端平",这会对网约车司机的积极性造成一定的影响。

表 3-4　网约车平台争端解决情况分析

选项	人数/人
平台的解决规则偏向乘客,部分申诉也不能通过,我的权益并不能得到保护	54
平台会根据实情进行调查,我的权益可以得到保护	45
平台的解决规则偏向我,我的权益得到充分保护	3

而在法律层面,如表 3-5 所示,大多数的网约车司机还是希望平台与他们签订劳动合同,使他们拥有合法的从业资格,享受合法的劳动权益。此外,在遇到突发事件、与乘客产生纠纷、与网约车平台发生权益纠纷时,他们希望能够有相关法律来合理确定责任归属。因此,不管是出于对网约车司机、乘客,还是对平台的维护,都需要落实好相关保障体制的建设,才能更好地促进网约车这一新兴行业的健康有序发展。

表 3-5　网约车司机权益愿意分析

选项	人数/人
签订劳动合同,拥有合法从业资格,享受合法劳动权益	70
遇到突发事件、与乘客产生纠纷、与网约车平台发生权益纠纷时,有相关法律来合理规制责任归属	83
其他	2

二、网约车司机劳动权益保护的现状及主要问题

(一)网约车司机权利和义务立法规定失衡

有学者将网约车司机在其与乘客之间的消费关系中定性为经营者。[①] 在我国现行法律制度体系下,较大一部分的经营者扮演着"强势"的角色,即与消费者的关系属于卖方市场,由其决定与消费者间的买卖关系,而消费者相对来说处于一个弱势的地位。由于经营者掌握着较多的产品与服务信息,处在一

---

① 肖海,常哲维.论网约车司机合法权益的保护[J].新余学院学报,2017(8):35-38.

个相对主动的位置,所以,为了能够保护消费者的权益,我国在立法方面需要给予他们较多的倾斜,因此在法律层面,需要强化消费者权利与经营者义务,而减少消费者义务与经营者权利,以取得二者利益的平衡。这样的举措虽然对当前的消费关系有相对的保护意义,然而,如果我们从法律的角度来看,也有其不妥之处。任何一项法律的制定都应体现权利与义务相适应原则,所有的法律主体都既要享受权利又要履行义务,不应该出现只有权利而没有义务的情况,当然,也不能只有义务而无权利,权利与义务二者的关系理应是对等的。立法的制定赋予经营者的权利低于其义务,这是不合理的。除此之外,随着经济与科技的发展,经营方式的改变与消费形态的多样化使得经营者与消费者的信息获取能力也有所改变,经营者不再处于主动地位,不一定比消费者获取更多的信息,而消费者也不再是一直处于被动的状态。所以,如果要以过往的标准来进行规制,是有失妥当的。

(二)网约车司机侵权救济渠道不畅

目前,大部分的乘客能够在网络平台上自行约车,所有的交易都可以在平台上完成,司机在平台接单,乘客通过平台支付。然而,这种交易方式也会出现问题。比如,如果遇到有些乘客拒绝支付,或者通过一定的技术销毁支付记录的情况,由于除了乘客的手机号码,其余的信息司机一概不知,要追究就会极为困难。而对于网约车平台来说,因为有保护乘客隐私的义务,所以不会向司机透露乘客更多的个人信息,这就使得网约车司机难以维护自身的权益。又比如,假如司机遇到所载乘客心情不好,下车后在给予评价时恶意给差评、恶意投诉的情况,平台的处理规则也倾向于维护乘客。所以司机在遭到乘客差评、投诉的时候,大多采取息事宁人的态度,使其自身的合法权益得不到较好的保护。基于网约车司机与乘客双方的平等性,司机也需要拥有相应的维权的权利和救济的途径。

(三)网约车司机自身权益保护意识不强

网约车司机这一现代社会新型用工形态的出现,使过去那种以一元全日制劳动为基本形态的传统劳动关系发生了颠覆性的变化。由于这种新型用工形态的用工关系的特殊性,在国家立法层面相关的法律规定尚不健全,所以,网约车司机面临着劳动和社会保障法律保护的严重缺失。然而,面对这种客观情况,网约车司机并没有加以注意。对于是否签订了劳动合同,网约车司机有的不清楚,有的明知未签,但抱有只要不出事就不去主张自身的合法权益的心态。对于社会保险,许多网约车司机持有的是一种可有可无的心态。

他们对于社会保障的概念或许有所了解,但并不太关注,对于平台有没有为其缴纳社保,他们也不太在意。根据调研所获得的数据,每个网约车司机都拥有不少于1个的"接单群",群里都是从事这一行业的司机。他们会交流和分享每日的收益、遇到的奇人和趣事。没有人在意自身是否与平台公司签订了劳动合同,也没有人在意公司是否为自己买了保险。有些人想当然地以为自己在APP上注册成为一名网约车司机,自然是该平台下的员工,享有员工该有的一切福利。有些人则信赖当前该行业的安全性,全然不知自身的权益尚未得到保护。

除了主观因素,也存在一些客观因素导致网约车司机缺乏自身权益保护意识。以社会保险为例,首先,我国现行社会保险制度的固有机制,对于这种新型就业形态来说,显得灵活性不够。如果按照现行的社会保险参保条件和限制,网约车司机是不符合要求的。如果要成功参加社保,需经过多种程序以及上交各类材料。对此,有些网约车司机认为过于烦琐,因而放弃参保。其次,部分网约车平台的法律意识薄弱,很少甚至没有为其员工落实参保的保障措施,也没有向其员工宣导相应的参保具体政策,所以很多的网约车司机对此了解甚少,也没有进一步了解的打算。总之,对于社会保险的参保,大多数的网约车司机缺乏动力,对其认知不足,也缺乏参保的信息,久而久之,参保引起不了他们的重视。而劳动合同的订立,也大抵逃不过这样的境况。

三、网约车司机劳动权益保护的法律建议

网约车的出现和发展顺应了"劳动弹性化"的时代浪潮,也顺应了我国推动创业创新、推进共享经济、平台经济发展的政策要求。它是利用信息技术的发展开辟出的一条新的交通出行模式,实现了资源的最大化利用。然而,任何的创新都离不开对社会公共利益的保障,网约车行业的兴起所带来的劳动弹性化也引发了不少新问题,我们需要学习和借鉴国外的先进经验,并结合本国国情,尽快完善相关的劳动法律规范和社会保障体系,以平衡保护各方的合法权益。对此,我国有关部门有必要在一定时期内对与网约车有关的各方关系进行深入、全面的观察与梳理,待时机成熟之时,形成完善的法律规范。随着形势的变化,劳动法具体的规范策略也必须做与时俱进的调整。平衡灵活性与安全性的手段可以多样,但永远不能偏离保护劳动者、维护社会公平这个中心。

(一)以弹性保护为原则构建网约车司机劳动权益保护的模式

面对劳动弹性化浪潮和经济发展的要求,对于网约车司机劳动权益的法

律保护而言,为了更准确地认定司机与平台间的劳动关系,增加劳动制度的灵活性不可避免。但需要注意的是,为了保护网约车司机的合法权益,我们应该选择一种既可以在一定程度上增加灵活性又可以增加安全性的方法。这就需要我们以弹性保护为原则,在坚持加大对网约车行业的立法规范化时,也要注意安全性保护。在二元格局下,要避免管理过严或过松。

在面对劳动弹性化浪潮时,世界各国都有基于本国国情的选择和实现灵活性与安全性平衡的方法。大陆法系国家选择放松管制,加强灵活性;而英美法系的美国则有引入成文法规的趋势,加强安全性。但概括来说,对于网约车司机劳动权益保护的立法方向,有以下三个:一是根据网约车用工关系法律规范的现状,以灵活性为本位进行劳动法律制度的完善;二是根据网约车司机的社会保险现状,以灵活性和安全性为本位建立适宜于网约车司机这一职业特点的社会保险政策或制度;三是以弹性保护为原则构建网约车司机劳动权益保护的模式和实现形式。

网约车司机劳动权益保护立法,对于内部,主要是为了能够切实明确网约车司机与平台的用工关系的认定标准,根据其用工关系的性质明确二者相应的义务和权利,平衡二者之间的利益关系。而对于外部,需要规范好乘客的义务和权利,同时,也需要增加平台的权利救助的相应条款。立法是为了更好地规范平台、网约车司机以及乘客的权利和义务,理清三者的关系,找到一条符合中国国情、能够实现灵活性与安全性相平衡的路径,从而更好地协调以促进网约车这一行业的健康良好发展,也能够较好地维护社会秩序。

(二)现行劳动法律规范的完善

如前文所述,我国当前较大一部分的网约车司机与其平台的关系更像是一种非雇佣式的合作关系,由于缺乏管理和约束,网约车司机的基本劳动权益也没有得到很好的保护。面对这一新型用工关系,近几年来,我国劳动立法也在不断发展,其所走的路径是既加强传统标准劳动的就业保护强度,又借助非标准劳动来缓解就业市场的压力。回顾我国劳动法的发展轨迹,1995 年的《劳动法》和 2008 年的《劳动合同法》的实施在劳动立法上具有里程碑意义。而从我国当前的劳动立法来看,针对劳动弹性化的发展趋势,我国坚定不移地选择了走继续加强规范化的道路。然而,我们认为,在现行法模式下,虽已经存在大量针对非标准劳动关系的法律规定,但网约车司机与平台公司的用工关系的认定依然是一个争议较大的问题。在劳动法学界,有学者提出建议,希望我国可以顺应时代的潮流,降低劳动法制的刚性。^① 这也不失为一种途径和方法。当然,降低劳动法制的刚性并不意味着"大换血",它可以是针对现行劳动立法存在的过于僵化的制度做出的微调,也可以将其看作是劳动法的完善性修补。例如《劳动合同法》第三十七条规定:"劳动者提前三十日以书面形式通知用人单位,可以解除劳动合同。劳动者在试用期内提前三日通知用人单位,可以解除劳动合同。"劳动者拥有的无条件预告解除合同的权利,虽然在一定程度上体现了保护劳动者合法权益的宗旨,但不分劳动工种和形式地规定所有劳动者预告解除合同的都要经过 30 天的预告期,这样"一刀切"的规定,不免显得有些僵化,如果能够根据劳动者的用工年限、用工形式等做出分层级的规定,相对来说就增加了灵活性。^②

此外,可以根据网约车平台的具体用工形式来对是否属于劳动关系给予认定,并为其采取适宜的用劳动法律规范或是民事法律规范来进行调整。

(三)根据网约车司机的社会保险现状,进行社会保险的立法改造

目前我国劳动制度现状具有对标准劳动关系的部分安全性有余而灵活性不足的特点,但对非标准劳动关系的部分虽然法条看起来严格,实际上却是灵活性有余而安全性不足。网约车司机的社会保险现状堪忧,当然不可以过分地增加灵活性。也就是说,加强类似于网约车司机等新型劳动者的安全性保障必不可少。

对于网约车司机,其社会保障需要进入合法的规制程序,相关的立法应该明确规定。网约车经营机构需要依据具体的工作时间、服务频率等情况,跟网约车司机签订符合实际的劳动合同或其他工作协议,切实保障网约车司机的社会保障权益。其中,要明确经营者有告知网约车司机相关合同事宜的义务。如果网约车司机与平台之间签订了劳动合同或形成了具有从属性的事实劳动关系,则网约车司机享有社会保险的权利。此外,对于签订其他工作协议的网约车司机,也需要详细给出是否缴纳部分或全部社会保险或参加商业保险的规定,使任何一种用工关系规范化,建立网约车司机社会保险立法的新机制。

四、小　结

通过对上述网约车司机劳动权益法律保护的专项调研所获得的数据和信

---

① 田野.非典型劳动关系的法律规制研究[M].北京:中国政法大学出版社,2014:280.
② 王小午.单方解除劳动合同制度存在的问题及完善建议[J].中国劳动,2017(11):25-29.

息进行整理、比较与研究,我们初步分析了网约车司机的个人特征、网约车司机和网约车平台的法律关系及适用、网约车司机劳动权益保护的现状,提出了有关加强网约车司机劳动权益保护的若干建议。当前,无论在学术界还是在司法实践中,对于网约车司机与网约车平台之间用工关系的性质认定仍存在较大分歧,导致了司法实践中网约车司机用工争议的"同案不同判"现象,对于这些问题我们将在本书后面的章节中作进一步探讨和研究。

第三节　网络主播劳动权益的法律保护的实证研究报告

近年来,随着互联网科技的不断发展,"互联网＋"各行业相互结合,为传统行业的创新与发展提供了更为广阔的平台,直播经济的兴起就是其中较为典型的代表。直播平台的产生为直播经济的兴起提供了必要的基础。如今各类直播 APP 层出不穷,并被广泛应用,这些应用为大众提供了方便快捷的直播平台,大大加快了直播经济的发展。虽然业界对于直播产业有不同的看法,有人认为这是泡沫经济,高热度只是短时间内的现象。但也有人对直播产业评价很高,认为它是内容营销的最后一个出路。[①] 近年来因大量资本进入直播行业,直播行业得到了前所未有的井喷式发展,迅速形成了一个规模庞大的新兴产业。在 2020 年"新冠"肺炎疫情期间,网络直播更是被各行各业广泛应用。在大量的投资带来了业内外关注的同时,也进一步提升了大众直播创业的热情。随着直播经济的不断发展,娱乐业也受到了影响,很多明星纷纷出现在各地的直播平台上,轻松获取了大量关注。除此之外,还有一批企业家也加入了网络直播的行列。各界人士的参与使得网络直播的关注度越来越高,网络直播已经不是简单的展示活动,随着品牌、产品等商业因素的注入,网络直播变成了目前最热门的营销手段之一。而根据定义,内容营销简单来说就是企业通过发布多种形式的媒体内容,来激发消费者行为的一种营销手段,其形式多样,企业自主创造的任何形式的体现品牌信息的作品都可以统称为内容。内容是信息本身,且有不同的表现形式和载体。所以,网络直播营销毫无疑问是内容营销的一种独特的形式。

回顾历次产业升级,生产方式的迭代都会带来社会生产力的提升和用工

---

① Park B. The research of live broadcast economic and live broadcast marketing [J]. The Journal of Media Economics,2017,3(1): 19-31.

方式的变革,继而引起法律对劳动关系调整的变化。网络主播与直播平台之间的用工关系就是在"互联网+"共享经济模式下催生出的新型劳动关系。据《第44次中国互联网络发展状况统计公报》,截至2019年6月,中国的网民规模已经达到8.54亿人次,其中,网络直播用户规模达到4.33亿,占我国网民总体的50.7%,而在网络直播中,观看游戏直播和真人秀直播的网民占使用网络直播用户的52.1%,约有2.21亿人。各直播平台近年来积极配合"互联网+"战略,实现直播与电竞、旅游、教育、综艺等产业相结合,构建多元化、差异化、高品质的直播生态体系,创造出了极大的经济价值和文化价值。[①]

直播行业的繁荣发展离不开行业的从业者——网络主播。网络主播诞生于新媒体技术的发展以及人们追求多样化娱乐的环境。一项对13000名"95后"高校在读生的调查显示,有高达54%的大学生将直播网红作为最向往的新兴职业之一。[②] 根据2019年第二季度的财报,直播平台的两大龙头公司——欢聚时代和虎牙直播的营收共计达到了70亿元人民币。新兴的网络直播行业在推动我国互联网经济发展的同时,也给我国现行劳动法体系带来了极大的挑战:网络主播与直播公司之间的用工关系法律性质该如何界定?双方在用工关系上的纠纷应该适用民法还是劳动法调整?现行劳动争议处理机制能否适用于这种新的用工模式?又或许应当顺应新的变化,开辟出一条全新的路径来调整这一新业态和新工种?上述问题亟须法律做出回应,以更好地保护网络主播和直播平台企业的合法权益。

一、网络直播行业契约劳动关系概述

(一)网络主播职业的特点

网络直播行业是"互联网+"环境下的产物,相比较于传统劳动关系,工作者拥有更多的自主性和独立性,用工方式也更为灵活自由,网络直播行业的用工特点主要有以下几个方面。

1.从业人员

根据调查,网络主播群体主要表现出低龄化、低学历化的特点。将网络主播作为职业的人,绝大多数是出生于1990—2000年的年轻人。在性别比例

---

① 第44次中国互联网络发展状况统计公报[EB/OL].[2020-02-10].http://www.cac.gov.cn/2019-08/30/c_1124938750.htm.

② QQ浏览器大数据:95后迷之就业观[EB/OL].[2020-01-16].http://b2b.toocle.com/detail-6345002.html.

上,泛娱乐主播呈现女性为主的特点,男性则会选择游戏直播领域。从学历上看,拥有高中、大专和初中学历的人群在网络主播中占比近80%。在地域分布上,仅有一成网络主播居住在一线城市,而居住在二、三线城市以下和农村地区的网络主播占据八成以上。[1]

2. 入职方式

成为职业网络主播的途径一般有三种:一是直播公司会在求职网站、自家平台上发布招聘信息,对投递简历的应聘人员进行筛选,经过面试等一系列考核,最终决定录用;二是直播公司对在自家或者其他直播平台上已经具有人气基础或者有潜力的主播发出邀请,表达签约的意愿;三是网络主播加入直播工会,经过这类工会的包装与培训,再由工会介绍给直播公司。

3. 签署协议

直播公司为了保证其直播平台的流量与热度,会与产出优质内容、吸引较多观众的主播签约,以期进行长期的合作。双方签署的协议中包含双方的权利与义务、合作期限、工作的时长(一般以月计)、薪水和提成、违约后果等。值得注意的是,直播公司与主播之间签署的绝大部分协议都不是劳动合同,而是"合作协议"甚至会在协议中特别标注双方不属于劳动关系,协议中并不包含社会保险和福利,直播公司无须为签约主播缴纳社保,主播在直播工作中产生的任何风险也需要由自己承担。

4. 管理模式

网络直播行业最大的特征就是灵活性和自由性。公司对劳动者的管理大部分通过网络进行。相较于传统劳动行业而言,网络直播行业的雇主对雇员的管理是比较松散的。在协议中,直播公司会要求签约的主播遵守规定,但直播公司并不会对主播进行严格的管理。主播工作的时间相对灵活,可以由主播自行安排,直播公司在每月直播的总时长上有一定的要求,但对直播的起始时间、直播的具体内容并没有严格要求。直播的地点往往并不由直播公司统一安排,而是主播在自己的家中或者户外进行直播工作,直播所使用的设备也通常由主播自己购置。

5. 薪酬计算

大多数主播的薪酬结构由底薪和礼物提成两部分组成,直播公司与主播之间并没有事先确定的报酬数额,或许协议中的条款会设置一个底薪,但实际

---

[1]　张大卫.我国网络直播行业现状分析[J].电视研究,2017(12):3.

能够获得多少报酬,决定因素在于主播自身。网络主播最主要的收入来自直播间粉丝在其平台上充值并购买虚拟礼物。能够创作出更多优质内容的主播自然会获得更多的人气,更多的人气意味着更多的打赏、更多的收入。直播平台会对观众送给主播的虚拟礼物按照约定的比例进行抽成,剩余的部分交给主播本人,或者让直播工会代为转交给主播。

(二)网络直播的主播与传统概念上的主持人的差异

在互联网时代到来之前,网络主播们的前身是广播电台主播和电视节目主持人,后者很多是播音与主持专业毕业的学院派。虽然二者在工作内容和工作性质等方面看似具有许多相同之处,但网络直播行业的主播与传统概念上的主持人存在着显著差异,主要体现在以下几点。

1.与用工单位之间从属性淡化

电台主播与电视节目主持人需要按时到公司上班考勤,遵从公司的管理制度,由公司安排工作的时间、地点、方式,体现出极强的组织从属性。一档节目向大众完整呈现前需要前期策划、彩排、演出、录制、后期剪辑等众多步骤,需要多方配合,主持人在工作中更多的是代表着整个节目组的意志,而非主持人自身意愿。而网络主播的工作环境则较为自由,往往自家就是工作地点,工作设备也由自己提供,不需要去公司上班考勤。主播自己就是所有工作的策划者和执行者,通常也不需要他人进行配合,一人身兼策划、表演、摄制、后期等全部工作。除了不能直播违法违规的内容,网络主播工作时几乎不会受到来自用人单位的干涉,其表演内容所呈现的效果是其个人意志的体现,并不代表用人单位的意志。

2.劳动合同混乱、不规范

在传统的媒体行业中,单位都会与电台主播、节目主持人签订劳动合同,双方的用工问题按照劳动法进行救济,在发生劳动纠纷时可以得到快速、准确的司法裁判。而在前文我们已经提到,直播公司与主播之间签署的协议并非全都是劳动合同,更多的是一些掺杂了劳动合同、劳务合同、居间合同等不同性质条款的"合作协议"。在新型用工关系的司法裁判尚未形成统一路径的情况下,这类模糊的协议给网络主播的劳动权益保护带来很大的不确定性。

3.入职门槛较低,收入不稳定

传统的播音员或主持人,在具备嗓音、外形等条件后,还需要经过长时间的培训学习,在熟练掌握业务技能后才能签署劳动合同,正式走上岗位,领取单位发放的薪酬,享受"五险一金"等社会保障和福利。而网络直播行业的入行门槛并不高,作为互联网经济在国内浪潮的典型缩影之一,网络直播为草根群体提供了一个相对公平的机会。不需要考虑年龄,没有学历要求,只要有一台能上网的设备,任何人都可以在直播平台注册一个账号,向他人展现自己的一技之长,"全民直播"已成为现实。[①] 然而,我们在调研中发现,与大众认知中"门槛低、收入高"等特点不同,仅有极少数头部主播可以拿到可观的收入,而绝大部分网络主播的收入仍处于较低的水平。若是全职主播,其除了这些收入就再无其他生存保障,所有的伤病风险都要自负,一旦发生意外,很有可能使生活难以为继。

二、网络主播劳动权益保护现状:基于调查样本的分析

(一)调查问卷的设计、发放和回收情况

网络主播是指在互联网节目或活动中,负责参与一系列策划、编辑、录制、制作、观众互动等工作,并由本人担当主持工作的人。现阶段网络主播大致可分为以下三类:一是淘宝电商平台的主播。此类主播负责网络销售和发放优惠券等,通过和电商平台的合作来赚取收益。二是电竞主播。此类主播通过展示自己对游戏的独到见解或者通过自己的游戏直播画面展示自己的游戏技术来吸引观众,主要面向电竞玩家和爱好者。三是星秀主播。此类主播在直播平台展示自己的舞蹈、歌唱等才艺,通过观众的打赏和热度来获取平台的分成。

本次调查问卷以网络主播的劳动权益保护情况为主题,分别从网络主播的协议类型、平台是否安排职业培训、社会保障、规定最低工资和最高工作时长,以及主播的工作性质和发生争议时主播采取救济的方式等方面调研网络主播的劳动者权益保护情况。

本次调查问卷以电子问卷形式发放,总计发放 109 份,回收 100 份,回收率为 91.7%。

(二)调查问卷数据分析

1.劳动协议形式

从调查数据可以看出,网络直播平台与主播签订的合同大多数不属于劳动合同、劳务合同、雇佣合同(见图 3-20)。从各平台的电子协议中也可以看

---

① 吴冰阳.网络直播热潮下的冷思考[J].学理论,2018(9):116.

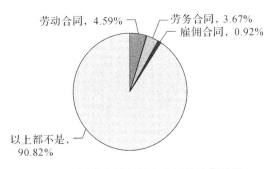

图 3-20　网络主播与平台签订的协议类型

出,平台不承认与主播之间存在任何的劳动、劳务或雇佣关系,平台在支付主播薪资的时候也不是依照传统劳动者的工资按月给付,而是选择以网络支付的形式给付报酬,双方之间不存在形式认定标准。除此以外,由于"互联网＋"模式下劳动者从属性的弱化,依照实质性的标准也难以确认,这就导致了主播在和平台发生纠纷时,无法确认主播是否受劳动法保护。

从平台与主播签订的合同形式来看,双方签订的是电子合同居多(见图 3-21),双方发生争议时劳动关系难以确定,致使劳动者权益难以得到维护。虽然劳动与社会保障部在 2005 年发布的《关于确立劳动关系有关事项的通知》对没有签订书面合同的劳动者如何确认劳动关系的有关事项做出了解释,但是,近年来新型劳动者大量产生,"互联网＋"模式下平台与劳动者不签订书面协议已成为常态。该通知发布的时间较早,对于新业态下的新型劳动关系并不能完全适用,这导致了法院在处理此类纠纷的时候仍然使用从属性标准来判断。

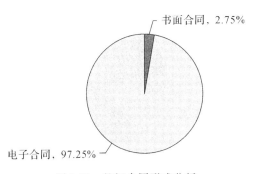

图 3-21　签订合同形式分析

综上所述,平台与劳动者之间若未签订书面劳动合同,那么主播在发生争议寻求救济时,极易被判定为不存在劳动关系,从而不受劳动法的保护,导致败诉,其应有的劳动权益无法得到保护。

2.职业培训

在本次调查中我们了解到,多数网络主播的学历偏低且只有极少数人接受了职业培训。我国《劳动法》第六十八条规定:"用人单位应当建立职业培训制度,按照国家规定提取和使用职业培训经费,根据本单位实际,有计划地对劳动者进行职业培训。从事技术工种的劳动者,上岗前必须经过培训。"通过职业培训提升劳动者的就业能力是用人单位的义务。英美法系国家也着重强调了劳动者终生接受职业培训的权利,确保劳动者在失业后能找到下一份工作。然而,我国的网络主播实际上能接受职业培训的少之又少(见图 3-22),而且多数主播的学历较低(见图 3-23),缺少职业素养,在求职的竞争中,无法满足企业的要求,在他们放弃网络直播工作后难以在短期内获得新工作。平台在主播离职后也不会为主播提供补偿金。如果主播轻易离开平台,其生活开支也难以为继。这导致网络主播虽然每月收入低于当地的最低工资标准,也只能依然选择继续直播,造成了劳动力的浪费。

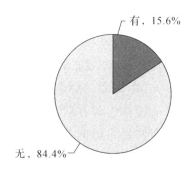

图 3-22　网络主播职业培训情况分析

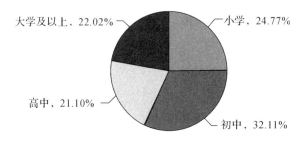

图 3-23　网络主播学历情况分析

3.最低工资和最高工作时长

(1)最低工资

我国《劳动法》第四十八条规定:"国家实行最低工资保障制度。最低工资的具体标准由省、自治区、直辖市人民政府规定,报国务院备案。用人单位支付劳动者的工资不得低于当地最低工资标准。"但是,在网络主播的直播协议中并没有明确规定网络主播的最低工资标准。在本次调查中,38.53%网络主播的工资在 3000～5000 元/月,33.03%网络主播的工资在 3000 元/月以下(见图 3-24),且平台为其发放的工资并没有剔除延长工作时间的工资,多数网络主播在法定节假日也会进行直播,日均收入不定,因此导致网络主播的最低工资无法进行准确计算,网络主播的工资是否高于该地区规定的最低工资标准也无法确定。

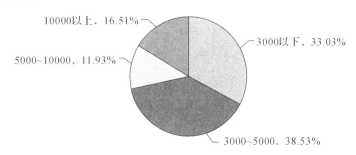

图 3-24　网络主播劳动报酬分析(单位:元/月)

(2)最高工作时长

在工作时长方面,我国《劳动法》规定了劳动者工作时间和休息放假方面的权益。例如,《劳动法》第三十六条规定:"国家实行劳动者每日工作时间不超过八小时、平均每周工作时间不超过四十四小时的工时制度。"《劳动法》第三十八条规定:"用人单位应当保证劳动者每周至少休息一日。"《劳动法》第四十条规定:"用人单位在下列节日期间应当依法安排劳动者休假:(一)元旦;(二)春节;(三)国际劳动节;(四)国庆节;(五)法律、法规规定的其他休假节日。"然而,大多数网络主播的直播协议中没有明确约定网络主播最高工作时长的问题。一般来说,劳动者的工作时间与报酬成正比,因此劳动者通常愿意用更长的劳动时间来换取更多的收益。这一现象在直播界尤其明显。虽然在调查问卷中 59.63%的人选择了平台规定了最高工作时长(见图 3-25),但是,在实际的工作中,平台并没有对网络主播的直播时间进行限制,网络主播完全可以根据自己的需求进行直播,而且平台根据热度和打赏来分配收益的制度使得更多的网络主播选择长时间直播来为自己提高热度和增加打赏收益,甚至在法定节假日也选择进行直播,更有许多"劳模"主播几乎全年无休在平台直播。由此看来,平台对于网络主播的最高工作时间限制也形同虚设。

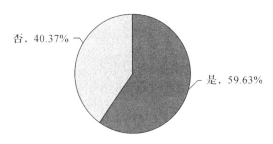

图 3-25　平台是否规定了主播最高工作时长

4.社会保险

社会保障是劳动者最为关心的问题之一,其中,社会保险是社会保障的重要内容。我国《劳动合同法》第十七条和《劳动法》第七十二条规定,社会保险是劳动者和用人单位必须缴纳的保险。但是,在新型劳动关系下,网络主播并不被认为是用人单位的适格劳动者,平台不为网络主播提供社会保险及福利。从本次调查的数据中可以看出,只有极少数平台为主播提供了社会保险(见图3-26),劳动者只能自行承担社会保险的费用。并且,当网络主播和平台发生劳动争议而请求平台赔偿社会保险费时,法院通常会认为双方之间存在权利义务关系,但是不属于签订劳动合同的合意,双方之间的合同不属于劳动合同的范围,网络主播的请求无法得到确认。

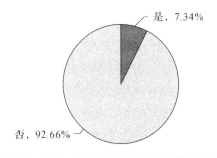

图 3-26　平台是否为主播提供社会保险分析

5.争议救济方式

在本次的问卷调查中,只有极少数的网络主播回答了救济方式的问题,且均选择提起诉讼来维护自身的权益。造成这种结果的原因有二:一是大多数网络主播对《劳动法》的了解知之甚少;二是大部分的网络主播合约不属于劳动法意义上的劳动合同,因此也不属于劳动仲裁的受案范围。在网络直播协议中可以看到,双方在发生争议时,首先采用协商解决的方式,但是协商解决缺少效力,难以实行。即使提请劳动争议仲裁,最终也有可能因平台与主播之间的用工关系不属于劳动法调整的劳动关系而被劳动仲裁委员会驳回,劳动仲裁无法维护主播的权益,最终主播只能采取诉讼的方式寻求救济。法院在此类案件的处理中,多数案例法院认定双方之间不存在劳动关系或对劳动关系的性质不做认定(见图 3-27),主播的权益无法得到劳动法的保护。

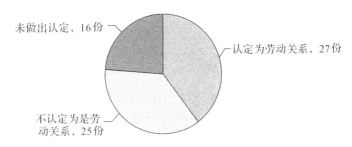

图 3-27　68 份文书中对网络主播与用工单位之间用工关系的认定分析

三、近年来网络主播用工争议案的司法判例分析

(一)样本概述

在中国裁判文书网上以"主播"和"劳动争议"设置为关键字进行检索,可以得到自 2012 年到 2019 年的共计 77 条结果,它们是 23 份判决书和 54 份裁定书。① 除去 9 份重复发布以及与劳动争议无实际关联的文书,对剩下的 68 份文书进行分析,可以得到如图 3-27 所示的统计数据。

在 68 份有关网络主播劳动争议的文书中,双方提供的证据并无实质性的差别,但各法院对双方用工关系认定的态度并不一致,也有数例在未增加新证据的情况下,再审做出了与原审截然不同的认定。下面以两个相似案件为例展开分析。

1. 杜新宇与徐州星梦公司劳动争议案

2017 年 4 月 14 日,徐州星梦文化传媒有限公司(下文简称星梦公司)与杜新宇(下文简称杜)签订了为期 3 年的《主播独家合作协议》,根据协议内容,杜在此期间成为星梦公司的独家主播,每日工作时间不得少于 5 小时,需要服从星梦公司的管理,遵守内部规定,星梦公司则为其支付工资薪水,缴纳社会保险。徐州市泉山区人民法院认为,双方签订的《主播独家合作协议》虽名为

① 参见中国裁判文书网. [2020-02-10]. http://wenshu. court. gov. cn/website/wenshu/181217BMTKHNT2W0/index. html? pageId = c2a1512d7efbd5e960f5a19a5c8ac61d&s21 = ％ E4％ B8％ BB％E6％92％AD.

合作协议,但该协议约定的内容已经包括了用人单位的名称、住所和法定代表人,劳动者的个人信息,工作的期限、内容、地点、时间等一般劳动合同应当具备的主要条款,故认为双方签订的协议应当认定为劳动合同,双方因为履行该协议发生的争议应当作为劳动争议处理,杜与星梦公司的用工关系属于劳动关系。①

2. 王慕霸与广州华多公司劳动争议案

2014年12月3日,王慕霸(下面简称王)与华多公司、仕丰公司签订了《虎牙直播独家合作协议》。协议约定王以虎牙直播为唯一指定直播平台,服从公司制定的管理规定,华多公司以及仕丰公司向王支付工资或者等值物,王在直播工作产生的作品权利属于华多公司。广东省高级法院在第一次裁定中认为:王依照《虎牙直播独家合作协议》在华多公司安排下进行直播工作,华多公司向王支付劳动报酬,王的工作内容是华多公司的业务组成部分,并由此认定王与华多公司在经济和人身上的从属性,王与华多公司之间是劳动关系。但一年后,法院在再审中认为,王作为个人,在华多公司指定的平台上进行直播工作,华多公司向其支付报酬,具有商事交易的性质,双方产生的并不是劳动关系。广东省高级人民法院在没有新证据出现的情况下做出了与原审完全相反的结论。②

以上两份裁定书分别于2017年的8月份和2017年的10月份做出,在此期间并没有相关法律法规的发布或修正,两个案件的案情十分相似,争议焦点都是对《虎牙直播独家合作协议》性质的认定,并由此确定主播与直播公司之间是否存在劳动关系。但是在各法院之间,甚至在广东省高级法院的内部也没有明确的成文标准,由此导致司法裁判上的混乱。

在"杜新宇案"中,徐州市泉山区法院认为《主播独家合作协议》的内容符合劳动合同应当的主要条款,虽然名为协议合同,实际上等同于劳动合同,因此认定杜新宇与星梦公司之间存在劳动关系。而在"王慕霸案"中,法院原审根据《虎牙直播独家合作协议》的内容,认为合同的内容符合从属性特征,但在再审时,广东省高级人民法院认为该合同本质上属于服务合同的范畴,继而否定了王慕霸与华多公司之间的劳动关系。

(二)司法裁判的思路

在处理劳动关系纠纷、认定劳动者身份的案件中,所有的法院都会将《关

---

① 参见(2017)苏0311民初4221号民事裁定书。
② 参见(2017)粤民再404号民事裁定书。

于确立劳动关系有关事项的通知》(劳社部发〔2005〕12号)中蕴涵的从属性作为处理此类案件的逻辑前提。[①]但该通知并未对劳动关系的内涵做出详细解释,从属性特征也只是基于该通知的文义做出的学理延伸。[②]"互联网＋"的商业模式改变了传统意义上的劳动关系,各个法院对该类协议中从属性的判断出现了分歧,司法机关对基于网络平台的新型用工形态无法寻找到一个较好的切入点进行分析,仅能由各地法院根据协议合同、工资流水等相关证据行使自由裁量权,使得同案不同判的情况频频发生,这也揭示出传统劳动关系认定标准在面对新型用工形态时捉襟见肘的裁判窘境。

1.不存在劳动关系的认定理由

(1)网络主播与直播平台之间无明显人格从属性

是否存在人格从属性,关键要看是否存在管理、考核、控制、评价等劳动关系中独有的行为。在判例的梳理中我们发现,在那些不存在劳动关系的判例中,直播平台往往都以二者之间不存在上述行为为理由,来证明二者之间并不具有人格从属性。在双方的工作期间,直播平台并不会为在其平台直播的主播缴纳"五险一金"等社会保险,也并不会对主播的直播形式、时长、时间以及工作场所等内容做过多的要求,只会对其直播内容是否合法、是否违规进行检测。[③]直播平台对于其平台内主播的各种限制性规则,同样是对外公开的,并不能将其视为公司的内部管理条例。有关数据显示,86.1%的主播可以不受约束地自由选择自己的直播场地,30.9%的主播无固定的直播场所,其余的主播则是在直播平台提供的场地中提供直播服务。[④]

直播平台与主播签约的主要目的在于成立互惠互利的合作关系,直播平台希望可以通过主播来进行市场推广,扩大平台的影响力,达到流量变现的目的[⑤],而主播在此期间也可以以自己独立的名义对外进行宣传,借助平台提供的机会与资源来提高自身人气,双方的知名度是互不干扰的,因此直播平台以及网络主播之间更多的是一种双赢的合作关系,并没有体现劳动关系的从属性。

---

① 《关于确立劳动关系有关事项的通知》(劳社部发〔2005〕12号)第一条规定:"用人单位招用劳动者未订立书面劳动合同,但同时具备下列情形的,劳动关系成立:(一)用人单位和劳动者符合法律、法规规定的主体资格;(二)用人单位依法制定的各项劳动规章制度适用于劳动者,劳动者受用人单位的劳动管理,从事用人单位安排的有报酬的劳动;(三)劳动者提供的劳动是用人单位业务的组成部分。"

② 王立明,邵辉.网络主播劳动者地位认定的困境、反思和出路[J].时代法学,2018(5):6.

③ 潘建青.网络直播用工关系的劳动法思考[J].中国劳动关系学院学报,2018(4):71.

④ 廉思.90后的集体记忆和时代标签——北京网络主播群体调查报告[J].中国青年研究,2018(4):9.

⑤ 余杰.反不正当竞争法视野下网络主播跳槽问题研究[J]..人民司法(应用),2018(10):32.

（2）直播平台与网络主播之间无明显的经济从属性

在现有判例中,直播平台和网络主播之间签署的协议,其名称中往往都带有"合作协议"的字眼,并都会在合同中表明,此项协议并不可以作为二者之间成立任何法律层面的劳动关系的依据。直播平台给网络主播提供直播分享服务,主播在进行直播活动时,可以凭借自身的人气、表演等,以个人名义接受来自其粉丝的具有经济价值的虚拟货币、礼物等,在此过程中,直播平台需要将主播收到的一定比例的赠予物收入作为二者的合作费用进行分成,这从一个方面说明了直播平台与网络主播之间并无明显的经济从属性,在演艺直播过程中,网络主播的直播收入取决于观看用户对主播"打赏"的多少,二者之间更多的属于合作关系。

2.存在劳动关系的认定理由

在我国,认定存在劳动关系有三点要求:一是主体资格要求,用人单位必须是在我国境内注册成立的,若是没有经过注册则无法成为劳动关系中的用人单位,即便是国家机关或者事业单位也一样如此。而劳动者必须是年满16周岁,且未到法定退休年龄,具有劳动能力,可以自行主张劳动权利,履行劳动义务的完全民事行为能力人。二是双方的关系要具有显著的从属性、隶属性。这是劳动关系与其他用工关系的最本质区别,只有在劳动关系中,劳动者才对用人单位有显著的从属性、隶属性,主要包括人身从属性和经济从属性[1],劳动者在实际履行合同期间,需要服从用人单位的调配、安排和监督,以此来获得相应的劳动报酬。[2] 三是工作内容以及报酬。劳动者所进行的劳动服务,必须是用人单位实际业务的组成部分之一,劳动者在进行劳动服务后,获得的报酬也具有一定的时间规律。[3] 在以上三点中,最重要的是第二点,从属性是判断劳动关系是否存在的关键,也是在裁判时的争议焦点,故下文将从人身从属性以及经济从属性两个角度来分析。

（1）网络主播与直播平台之间存在人身从属性

网络主播与直播平台之间存在人身从属性。这主要体现在两点:首先,直播平台往往会对主播工作时间的最低时长有所规定,此项规定即可视为用人单位对劳动者的考勤,主播若没有满足规定的最低时长则会扣除相应的劳动报酬。即便双方对于工作时间的约定有别于一般的用人单位和劳动者,但由

---

① 孙卫.劳动给付行为受用人单位支配是劳动关系的实质要件[J].人民司法,2009(20):33.

② 周湖勇,李勃,倪明雪.网络主播劳动关系层次化研究[J].前沿,2018(4):70.

③ 陈纯柱,刘娟.网络主播监管中的问题与制度构建[J].探索,2017(6):142.

于互联网行业的特殊性,且法律并无明文规定双方不可进行类似约定,故直播平台对于主播工作时间的最低时长限制,并不属于一种平等主体之间建立的合作关系,而应认定为用人单位对劳动者的一种管理。其次,直播平台内部存在着类似业绩考核的管理。在合同中直播平台通常会规定,在直播期间,主播应遵守平台的相关规定,例如应严格遵守平台的保密制度,承诺无限期保守平台的商业秘密,未经平台书面同意,主播不得在与签约平台存在竞争关系的其他直播平台及移动端应用程序以任何形式进行或参与直播,否则,将受到直播平台的惩罚。以上直播平台对主播的一系列限制符合用人单位对劳动者的管理模式。综上所述,直播平台通过一系列规章制度来管理、指导和安排网络主播,网络主播只有遵守平台规则,直播平台才会为其提供劳动条件和报酬,网络主播的工作也在直播平台的业务范围之内,网络主播在工作中使用的账户名和密码由直播平台提供。根据这些因素,应该认定网络主播和直播平台之间存在人身从属性。

(2)网络主播与直播平台之间存在经济从属性

网络主播的薪资结构大多都符合劳动报酬的形式。首先,通常直播平台与网络主播签订的合同会约定,薪资的计算将采取"底薪＋提成"的方式。[①]该方式与现有的许多用人单位的薪资模式大同小异。但其与劳务关系等平等民事主体之间建立的合同又并不完全相同,部分直播平台会每月支付给主播固定的薪水以维持双方的合同关系,且只要求形式上完成,并不会对主播的直播效益与结果有所要求,符合劳动报酬的特征。其次,直播平台给主播的薪资发放方式也同样符合劳动报酬的特征。在提成方面,双方按照合同约定的比例分配。然而对于观众在观看直播时送出的礼物等,尽管在名义上是赠予主播的,但观众在送出前需要先进行直播平台虚拟货币的充值,然后通过虚拟货币来购买一系列的礼物赠予主播,在此期间,虚拟货币是由平台进行管理的,之后虚拟货币由平台折算为货币支付给主播,故主播的收入实际仍由直播平台支付,应该认定双方存在经济上的从属性。

3.网络主播合约认定的关键

(1)劳动合同成立的认定

劳动关系可以分为事实劳动关系和劳动合同关系两类,而在网络主播和直播平台之间的劳动争议中,双方签订的劳动合同往往是争议焦点,故对于判断其劳动合同的有效性,合同是否成立便是关键。订立劳动合同需要满足三

---

① 杨召奎.网红主播是谁的员工?〔N〕.工人日报,2017-02-21(5).

个条件:订立劳动合同的双方当事人必须是完全民事行为能力人,或是年满16周岁且以自身的收入为主要生活来源的未成年人;当事人对于合同内的主要条款保持意见一致,不产生分歧;双方当事人签订合同必须是合理合法的,双方当事人各自享受其权利和义务,故签订合同的过程必须符合相关法律法规的规定,如果双方当事人在合同中约定违反法律、行政法规的要求,对于该合同法律是不予承认和保护的。在对知名平台斗鱼直播和虎牙直播与其平台的主播签约的合同进行查阅分析后发现,条款中清楚地注明了用人单位的名称、住所,劳动者的姓名、身份证号等个人信息,并且还设有专门的保密条款,还会让主播签订竞业协议,平台与主播之间签订的合同符合我国《劳动合同法》规定的劳动关系的构成要件,对于此类合约,应当认定主播与平台签订的是真实有效的劳动合同。

（2）法院对于人格从属性和经济从属性的认定

法院在对二者之间是否存在劳动关系进行判断时,往往会从二者之间是否存在明显的人格从属性与经济从属性入手。

双方在实际履行合同过程中,有无明显的人格从属性和经济从属性特征是法院认定直播平台与网络主播之间是否存在劳动关系的关键。在针对天津某文化传媒有限公司的一桩诉讼中,天津市宁河区人民法院基于双方之间没有明显的人格从属性和经济从属性,确定双方不存在劳动关系,虽然在合同中双方明确约定了"本合同为固定期限劳动合同",但依照我国现行的《劳动合同法》,此条款是无效的。在这种情况下,法院往往会由于平台可以将主播自由交易到其他平台,主播自身没有选择权利而认定二者之间缺乏明显的人格从属性,因为我国有关劳动的法律法规规定,用人单位只可进行劳动派遣,但不可随意将本单位的劳动者交易至其他用人单位。在实际履行合约期间,网络主播通常可以自行决定要直播何内容、以何种形式直播、在何处直播,直播平台不会对此进行限制,法院常常会以此为理由而认定二者之间无人格从属性、无劳动关系。而从经济属性的角度来看,法院对二者是否存在劳动关系的认定,是基于以下事实:如果直播平台与主播之间未约定基本工资,网络主播的收入取决于受众的馈赠,二者之间就没有直接的经济从属关系,故网络主播和直播平台之间没有劳动关系。

四、网络主播用工关系法律性质认定的反思

当前对网络直播用工合约的法律性质争议众多,其中不乏现行劳动法调整失灵的问题。我们不能一味依照传统劳动法的规则和思维看待新事物以及

伴随新事物产生的法律问题。通过调整现行劳动法来解决网络直播的合约定性,不仅是保障劳动者的基本劳动权益的现实需要,而且也对提高其他新兴行业的就业质量,以及解决其他新兴行业在发展过程中产生的问题有着积极意义。解决网络主播与直播平台之间的用工争议,不仅要解决网络直播用工关系的法律性质问题,还需要平衡好平台与主播双方的权益保障,在让直播平台从网络直播行业中获得的利益最大化的同时,满足网络主播在从业过程中的基本劳动权益和社会保障权益。为此,我们认为可以通过以下两种方式来解决网络主播与平台用工关系定性的问题:重构劳动法体系,通过对劳动法调整模式,革新思维,来达到扩大适用范围的目的,或者在不破坏现行法律法规稳定的基础上,有针对性地制定相关事项的下位法,来填充现行法律法规所不能涉及的缺失之处,以达到抽象标准具体化的目的。

(一)修改现行劳动法以顺应弹性化用工

在全球的市场化浪潮中,由于减少了国家对市场的干预,产生了弹性化用工,而网络直播用工只是众多的弹性化用工形态之一。[1] 为了明确网络主播的合约性质并保障网络主播的基本劳动权益,对弹性化用工的探讨是必不可少的。为了应对弹性化用工的趋势,许多国家首先就通过立法来改变劳动法的调整模式。

德国在劳动法立法之初,以工作的时间和空间为标准,来衡量劳动者与用人单位之间的从属程度。它包括三种调整模式:在劳动关系中对劳动者的倾斜保护,在独立劳动中双方的平等保护,对类似劳动者的不完全倾斜保护。[2] 该模型包括那些从属地位较弱但没有独立经济能力的成为类似劳动者的从业人员。类似的劳动者与用人单位之间的关系既受合同法的某些规定约束,并且还受劳动法律法规的保护。[3] 意大利在 19 世纪 70 年代增加了"准下属劳动"的概念,完成了从两分结构向三分结构的过渡。与德国一样,在意大利新的劳动关系属性被归纳到了劳动法的调整中,并采用了不完全等同于劳动关系的规定来保护具有非标准劳动关系的劳动者。[4]

而美国则是以工作内容为标准来判断劳动关系的。美国政府出台了《公平劳动标准法》,借助雇佣关系来表达劳动关系,通过联邦税务局的 20 要素标

---

① 谢德成.转型时期的劳动关系:趋势与思维嬗变[J].四川大学学报(哲学社会科学版),2016(6):76-84.

② 粟瑜,王全兴.我国灵活就业中自治性劳动的法律保护[J].东南学术,2016(3):104-113.

③ 王倩.德国法中劳动关系的认定[J].暨南大学学报(哲学社会科学版),2017(6):39.

④ 王全兴,粟瑜.意大利准从属性劳动制度剖析及其启示[J].法学杂志,2016(10):102-115.

准、劳工部门的 7 要素标准和加利福尼亚最高法院的 11 要素标准,共 38 条标准来定义劳动关系。[①]

三分结构的优点是利用从属性的强弱来区分和保护处于不同劳动关系中的劳动者。如果组织和人格的从属性很强,则倾向于保护劳动者。如果组织和人格的从属性较弱,但经济上的从属性很强,个人和单位之间在经济方面联系密切,个人的收入与单位的盈利等息息相关,则应该按照类似劳动者对待,并应认可部分劳动法律法规对其的调整。尽管美国对于劳动关系的认定不够严谨和具体,以工作内容为标准进行认定的方法十分抽象,但是,也有其优势,美国对于劳动法的调整模式,不用像德国与意大利一样,对现有的劳动法进行全面修改重建。

在我国,对劳动关系认定的方法与思想都十分死板,在劳动争议中,劳动者往往都承担着举证责任。若是我们采用美国对劳动关系的调整方式,虽然可以应对大多数的新型劳动关系问题,但是仍然不能保证能够合理、准确地解决新型用工关系的性质问题。对于我国来说,美国对劳动关系的调整模式存在着很难改变非典型劳动关系受劳动法调整的缺陷。以从抽象到具体为推理形式的裁判逻辑,仍然是我国司法准确适用法律的必然要求。因此,我们只有重构劳动法的调整方式,将单一制调整方式改为分类式,才能改变现行劳动法对网络直播用工的拒绝态度,从根本上解决网络直播用工的问题。具体的劳动关系调整模式可以参照德国和意大利的做法,分为劳动者、类似劳动者和独立劳动者。既要保证让传统劳动关系中的劳动者得到全面保护,又要保障其具有一定经济从属性,如网络主播、网约车司机以及其他可以被视为类似劳动者的新型用工关系中的劳动者的合法权益,劳动合同法中关于解除合同、职业病、服务期限、经济补偿金等以填补从属地位、享受社会保险待遇为目的的规定也均应适用。主播可以就其他与工作独立性有关的内容自行和直播平台合意。这样,既可以在经济从属性的影响下保护主播的基本劳动权益,还可以规范主播,使其遵守直播平台的管理协议,协调就业安全与用工自由的关系。

重构我国现行劳动法的调整模式,扩大劳动法的调整对象,不仅可以为陷入困境已久的网络主播的合约性质定性问题提供许多可靠的法律依据,还对解决当下在经济全球化发展、弹性化用工关系日益严峻的背景下劳动法失灵的问题具有重大意义。然而,若是没有对我国的经济基础做充分的调研评估,

---

① 杨云霞.分享经济中用工关系的中美法律比较及启示[J].西北大学学报(哲学社会科学版),2016(5):147-153.

并得出全面修法的必要性结论,则会引起不同利益集团的争议,也会动摇整个现行的劳动法律体系。此项方法的前期准备工程过于烦琐且消耗巨大。

(二)制定下位法以规范网络直播用工关系

想要解决网络直播用工关系法律定性的问题,在立法层面上,出台相应的法律法规也是必不可少的。与重构我国现行劳动法的调整模式来调整网络直播用工的方式相比,制定专门的下位法来调整网络直播用工的方式更为柔和。它不需要更改现有的劳动法体系,而只需通过颁布行政法规和部门规章来规范网络主播用工关系。我国现有的劳动法在调整此类新型用工关系时显得有些捉襟见肘,缺乏与其相适应的法律法规,存在立法空白。我国无明文的娱乐法,尽管在民法典、公司法、劳动法等其他法律法规中有着对娱乐行业的许多限制,但是由于人们日益增长的精神需求,越来越多的伴随娱乐行业的发展而生的问题则需要我们在立法层面上出台与其相适应的法律法规,或者司法解释。现行劳动法对于网络直播用工关系的定位模糊,同样的案情由不同的法官裁判,结果会有出入。这说明现行劳动法过于弹性化。我们应该针对性地出台专门的下位法来规范其行业发展,将司法判决中对于相关问题的处理统一起来,避免再出现同案不同判的情况。如果制定相关下位法的过程涉及其他部委管辖下的职权范围,则可以联合研究和起草,并重新制定有关网络直播活动的法规和其他规范性文件。

当然,在给予用工关系双方选择自由的同时,我们应避免掩盖劳动关系的问题。在现有网络主播与平台签订的合作协议中,存在许多否定二者之间劳动关系存在的条款。这些条款并不能成为当事方表达其真实意图的唯一依据。在判断用工关系时,我们仍应遵守实质性标准,根据从属性程度的不同,分别考虑。当组织从属性和人格从属性不如典型的劳动关系时,我们应着重考虑经济从属性。如果网络主播按照自己的意愿改变了提供直播服务的形式,直播平台以此为理由限制其收入并对其追责,这时,当然可以视为二者之间属于劳动关系。因此,我们不能仅通过双方协议的名称、协议中的某些术语以及其他表面因素来判断,而应该坚持实质性标准,判断是否存在从属关系,哪怕其从属性没有典型劳动关系那么明显。

我国在娱乐行业相关法律法规的空白亟须我们去解决。在现今社会,人们越发注重精神层次的享受,类似于网络主播等娱乐性质的职业会如雨后春笋般涌现。针对网络主播这一行业制定相关的下位法,对以后出现类似的职业而带来的一系列挑战,具有重要的借鉴意义,这也是未来各种新兴行业在国内蓬勃发展的基础法律保障。

五、小　结

通过对网络直播用工关系的问卷调查以及近年来的网络直播用工关系争议案件司法裁判的分析中可见,我国不同地方的法院对网络主播与直播平台之间的契约劳动关系认定各有不同,但出现这种不同并不意外。我国现行劳动法体系对于此类新型行业的用工情况,并无明文规定,存在立法层面的缺陷。再者,我国与欧美国家不同,我国不存在判例法,根据个案独立原则,各个法院之间的审判结果只可作为其他法院审判人员在判决时的参考,而不可作为审判依据。但在同省范围内,不同地区法院之间做出的判决结果存在着相当程度的相似性。

总而言之,法律界对网络直播用工合约性质的判定是十分严谨的。根据大多数法院的观点,只有在用人单位取得对劳动者劳动力的控制权,劳动者服从其命令、接受其管理、遵守用人单位的规章制度后,才可以视作二者建立了劳动关系。可以看出,大多数法院对存在劳动关系认定的标准十分严格,而网络主播作为一种新型用工关系,存在其特殊性,要满足如此严格的标准是极其困难的。

最后,我们认为,根据我国现行法律,劳动关系的认定过程还存在着许多缺陷,因此法院若是想当然地将所有的网络直播合约定性为劳动合同或非劳动合同都是不合理的。每个平台甚至同一平台与不同的主播之间可能存在多种法律关系。部分主播无底薪,其所有的收入来源全靠观众的"打赏",这类主播对平台无经济从属性。而另一部分主播,其收入则是直播平台按月发放的底薪以及提成[①],对于这一部分主播来说,法院应该肯定其与直播平台之间的经济从属性。法院不能以偏概全,而应灵活应变,视情况而定,针对特殊情况做出合理判断。在立法层面上,我国应加强对《劳动法》缺陷的填补,以应对日益增多的平台经济新业态而带来的挑战。

本章小结

共享经济背景下外卖骑手、网约车司机、网络主播等网络平台新型用工形态的出现,打破了传统标准劳动关系,使得劳动者与用人单位之间的法律关系

---

① 王立明,邵辉.网络主播劳动者地位认定的困境、反思和出路[J].时代法学,2018(16):9.

变得复杂,即劳动越发具有弹性,雇佣模式和管理模式日趋多样化。这给我国现行以调整传统标准劳动关系为主的法律和制度体系带来了极大的挑战和不适应。由此引发的诸如平台工作者的合法权益得不到保障的问题、劳资纠纷发生时责任承担的问题以及相关法律适用等问题,都值得我们关注和研究。虽然我国目前劳动法学界对这类新型用工关系已经有了初步的探索和研究,但是在面对复杂多样的平台新型契约劳动关系时,我们想要实现平台工作者劳动权益的法律保护这一愿望还是很难达成。

网络平台新型用工的兴起对劳动、劳务关系的认定提出了新的问题。针对网络送餐、网约车、网络直播这类快速发展的新兴产业,人们探讨最多的问题有两个:一是网络平台劳务提供者是否属于传统劳动关系中的劳动者,是否能够用从属性的关系来判定;二是网络平台用工合约的性质和法律适用问题。本章基于通过网络问卷的调研和对近年来网络平台用工合约典型司法判例的检索、整理、分析,归纳了外卖骑手、网约车司机、网络主播等网络平台用工模式的特点,对比了其与传统行业的差异,分析了网络平台新型用工模式的司法认定难点以及以外卖骑手、网约车司机、网络主播为代表的网约工群体争取其劳动权益中所遇到的阻碍。

我们认为,平台工作者和网络平台之间仍具有一定的组织从属性,但经济从属性和人格从属性都在削弱。平台工作者能否得到法律保护的实质要件是能否确认劳动关系,我国传统的劳动关系认定标准很难完全适用于平台工作者这一新型用工形态。在立法层面尚未出台进一步的规定之前,司法裁判机关对新型用工模式的认定也没有达成一致的判断意见,无法形成统一的裁判路径,这对平台合法利益的维护和网约工劳动权益的保护均造成了极大阻碍。对比国内外的相关劳动立法和司法判例,可以看出我国传统劳动关系的确定标准容易受到平台经济发展和网约工劳动权益保护二者平衡的制约,不能完全调整网约工与平台间的用工关系,我国的《劳动法》在外卖骑手、网约车司机、网络主播等新型用工关系方面存在较多的立法缺陷。故在本书后面的章节中,我们将借鉴外国立法的经验,结合我国实际,对未来的劳动立法、用工关系调整模式提出弹性保护的构想。通过对网络平台合约进行分类,使不同的合约性质分别适用民法和劳动法的调整,以从根本上解决网络平台的合约性质认定问题,在保障平台工作者应然的劳动权益同时,也不挫伤资本进入互联网新兴行业的积极性,实现网络工与平台之间的双赢局面,促进我国互联网经济健康发展。

附录一 外卖骑手劳动权益保障调查问卷

尊敬的外卖骑手：您好！

　　我们是浙江万里学院的老师和学生，为了了解您的劳动权益保障情况，为我们研究在线外卖行业的劳动权益保护现状提供数据支持，我们发起了这项调查。此份调研问卷将占用您 3 分钟左右的时间。您的回答无所谓对错，只要真实反映您的看法和情况，我们就达到了本次调研的目的。真诚希望能够得到您的合作和支持，我们将对您的回答完全保密。万分感谢！

一、基本情况

1.您的工作性质：

□全职送餐（专送骑手）　　　□兼职送餐（众包骑手）　　　□其他类型

2.您的性别：

□男　　　□女

3.您的年龄：

□20～25 岁　　　□26～35 岁　　　□36～45 岁　　　□46 岁以上

4.您的户籍是：

□本市城镇户口　　□本市农村户口　　□外市城镇户口　　□外市农村户口

5.您的文化程度：

□初中及以下　　　□高中或中专　　　□大专　　　□本科及以上

二、基本权益

（一）劳动合同签订的权利

6.单位是否与您签订了规范的书面合同？

□完全没有签订　　　　□签订了规范的书面合同

□签订了电子版协议　　□签订了集体合同

7.签订的合同类型？（已签订合同人员填写）

□劳动合同　　□雇佣合同　　□劳务合同

□工作协议　　□不清楚

8.劳动合同的签订方式为（已签订合同人员填写）：

□工会指导骑手签订　　　　　　　□单位拟定合同并与骑手协商签订

□单位单方拟定,不与骑手协商　　□其他方式_____

(二)取得劳动报酬的权利

9.您的月平均工资大致是:

□低于 2000 元　□2001～4000 元　□4001～6000 元　□6000 元以上

10.您的工资结算方式是:

□月支付　　□半月支付　　□日支付　　□小时支付

□按单结算　□其他方式_____

11.您的工资是否及时且足额发放?

□及时且足额　　□及时但有被恶意扣款　　□不及时但足额

□不及时有被恶意扣款

(三)休息休假的权利

12.您每周休息时间在:

□不到一天　　□一天　　□两天　　□三天以上

13.您平均每天工作时间:

□低于 8 小时　　□8～10 小时　　□10～12 小时　　□看情况

(四)享受社会保险和福利的权利

14.单位是否为您缴纳了社会保险?

□有　　　　　□没有　　　　　□不知道

15.【多选题】单位为您缴纳了哪些社会保险(已参保人员填写):

□养老保险　□工伤保险　□医疗保险　□失业保险

□其他_____

16.【多选题】单位为您缴纳了哪些商业保险等其他保险?(已参保人员填写)

□意外伤害保险　　□机动车/第三者责任保险　　□大病医疗保险

□其他_____

(五)劳动权益维护方面

17.【多选题】据您所知,您或者您身边同事发生劳动争议的情况有:

□工资报酬　　□工伤理赔问题　　□工作环境、工作条件或安全

□被单位开除、辞退　　□其他争议_____

18.【多选题】您认为在工作期间劳动权益受损的主要原因是什么?

□政府部门的消极行为　　□自身缺乏经验

□这方面的相关法律规范的缺失　　□社会不重视

□其他原因_____

19.【多选题】若发生劳动争议,您通常通过何种方式解决?

□直接照单位协商　　□寻求工会帮助　　□向劳动保障部门投诉

□申请仲裁或诉讼　　□不清楚有什么解决方式,选择忍耐

□找家人、朋友帮忙　□其他方式_____

20.【多选题】您希望以后为了保障广大外卖骑手群体的劳动权益,应该加强以下哪些方面?

□政府部门提供相关法律咨询与援助

□对招聘单位有无违法行为进行审查

□新闻媒体大力普及相关知识　　□其他方面_____

附录二　网约车司机劳动权益保障调查问卷

尊敬的网约车司机:您好!

　　我们是浙江万里学院的老师和学生,为了了解您的劳动权益保障情况,为我们研究网约车司机行业的劳动权益保护现状提供数据支持,我们发起了这项调查。此份调研问卷将占用您 3 分钟左右的时间。您的回答无所谓对错,只要真实反映您的看法和情况,我们就达到了本次调研的目的。真诚希望能够得到您的合作支持,我们将对您的回答完全保密。万分感谢!

1.您的性别是　　　　　　　　　　　　　　　　　　　　　（　　）

A.男　　　　　　　　　　　　　B.女

2.您的年龄在　　　　　　　　　　　　　　　　　　　　　（　　）

A.18～30 周岁　　　　　　　　　B.31～40 周岁

C.41～50 周岁　　　　　　　　　D.51 周岁及以上

3.您成为网约车司机多久了?　　　　　　　　　　　　　　（　　）

A.1 年以下　　　　　　　　　　B.1 年至 2 年

C.2 年至 3 年　　　　　　　　　D.3 年以上

4.您是专职网约车司机吗?　　　　　　　　　　　　　　　（　　）

A. 是　　　　　　B. 否

5.您目前注册的网约车平台为　　　　　　　　　　　　　　（　　）

A.滴滴出行　　　B.优步(Uber)　　C.神州专车　　　D.首汽约车

E.易到专车　　　F.曹操专车　　　　G.其他_____

6.您成为一名网约车司机的原因是？　　　　　　　　　　（　　）

A.工作时间自由,充分利用自己的空闲时间

B.网约车是新兴行业,盈利空间大

C.准入门槛低,对文化水平要求不高

D.其他原因_____

7.您做网约车司机所获得的月平均收入大概在　　　　　　（　　）

A.2000元以下　　　　　　　　　B.2001～5000元

C.5001～10000元　　　　　　　D.1万元以上

8.您是否与您所在的网约车平台签订了劳动合同？　　　　（　　）

A.是　　　　　　　B.否　　　　　　　C.不清楚

9.您所在的网约车平台是否为您和乘客提供了保险？　　　（　　）

A.都提供了保险　　　　　　　　B.只知道给我提供了保险

C.只知道给乘客提供了保险　　　D.都没提供保险

E.不清楚

10.近一年以来,关于网约车行业出现网约车安全隐患的相关社会事件,
您觉得您驾驶网约车是安全的吗？　　　　　　　　　　　（　　）

A.非常安全　　　　　　　　　　B.比较安全

C.一般　　　　　　　　　　　　D.比较不安全

E.不安全

11.您认为当下网约车发展的困难在哪里？　　　　　　　（　　）

A.网约车司机增多,行内竞争大

B.乘客数量减少

C.平台(租赁公司)收取回扣大,利润少

D.政府打压力度大,难以生存

E.异地牌照网约车长期驻点营运

F.对网约车司机权益的保护不到位

G.其他_____

12.您是否遭遇过顾客无缘无故的差评或心情不好的恶意投诉？（　　）

A.经常　　　　　　B.偶尔　　　　　　C.从来没有过

13.遇到上述情况时,平台的解决方案是　　　　　　　　　（　　）

A.平台解决规则偏向于乘客,部分申诉也不能通过,司机的权益并不能
得到保护

B.平台会根据实情进行调查,司机的权益可以得到保护

C. 平台解决规则偏向于司机,司机的权益得到充分保护

14. 在法律层面中,您希望在网约车平台争取到的权益是什么? (　　　)

A. 签订劳动合同,拥有合法从业资格,享受劳工合法权益

B. 遇到突发事件,与乘客产生纠纷,与网约车平台发生权益纠纷时,有相关法律来合理规划责任归属

C. 其他_____

附录三　网络主播劳动权益保障调查问卷

您好!我们是浙江万里学院的老师和学生,为了了解您的劳动权益保障情况,为我们研究网络主播行业的劳动权益保护现状提供数据支持,我们发起了这项调查。此份调研问卷将占用您 3 分钟左右的时间。您的回答无所谓对错,只要真实反映您的看法和情况,我们就达到了本次调研的目的。真诚希望能够得到您的合作支持,我们将对您的回答完全保密。万分感谢!

1. 请问您的年龄多大?

○18 岁以下　　　○18～25 岁　　　○25 岁以上

2. 请问您的学历是什么?

○小学　　　○初中　　　○高中　　　○大学及以上

3. 请问您与平台签订的是什么协议?

○劳动合同　　　○劳务合同　　　○雇佣合同　　　○以上都不是

4. 请问您从事目前工作的年限多长?

○1～2 年　　　○3～4 年　　　○5～6 年　　　○6 年以上

5. 请问您是兼职还是全职?

○兼职　　　○全职

6. 请问您的工资是什么制?

○日工时　　　○周工时　　　○月工时　　　○弹性工时

7. 请问平台是否提供社会保障?

○是　　　○否

8. 请问您的工作内容是否由平台安排?

○是　　　○否

9. 请问平台是否规定每日直播时长上限?

○是　　　○否

10. 请问您每月工资是多少？

○3000 元以下　　　　　　　　○3000～5000 元

○5001～10000 元　　　　　　 ○10000 元以上

11. 请问您的薪酬支付周期是什么？

○周支付　　　　　○月支付　　　　　○年支付

12. 请问您与平台签订的是书面合同还是电子合同？

○书面合同　　　　○电子合同

13. 请问您兼职几份工作？（若为全职,可不用填写）

○1～2 份　　　　　○3～5 份　　　　　○5 份以上

14. 请问平台是否组织过职业培训？

○是　　　　　　　○否

15. 请问您与平台发生争议时如何采取救济？（若无,可不填）

第四章　网络平台契约劳动关系
调整模式的国际比较

　　共享经济背景下网络平台契约劳动的兴起和发展是一个全球性的现象。这一新型用工形态的出现以其特有的经济模式和雇佣形态,不断冲击着传统的用工形态、传统的劳动法律法规以及劳动关系理论。网络平台与平台工作者之间是否存在传统意义上的劳动关系已成为全球法学界关注的热点问题,也是各国立法与司法部门亟须解决的难题。不同国家对此类新型用工关系的法律地位的界定也有不同的看法。通过观察大陆法系和英美法系主要国家的法律和相关司法判例,可以看出,为了适应这种共享经济带来的新型用工形态,这些国家均对传统法律做出了调整和改良。

　　各国的政治、经济、法律体系、社会历史文化传统等各有不同,由此也决定了很难从宏观的视角,在一个共时的框架内梳理出各国对新型契约劳动关系法律规制模式的共性脉络。然而,虽然各国对新型契约劳动关系的调整模式存在较大的差异性,但其仍有相似之处。这是因为,不同国家在遇到相同的问题时往往会采取相似的对策和解决方式,这显示了世界各国与各种文化之间的共性和全球化时代劳动力市场的趋同性。因此,从微观的角度对某个国家具体类型的网络平台契约劳动发展态势以及调整模式进行探究则是切实可行的。据此,我们选择大陆法系代表性国家——德国、日本,和英美法系代表性国家——美国、英国为研究样本,因为这些发达国家的共享经济、数字经济、平台经济等新经济形态发展得较为成熟,对共享经济时代的网络平台契约劳动形态调整的法律制度体系在某些方面具有趋势性的特征,通过对这些平台契约劳动的调整模式和司法裁判规则的比较研究,梳理和透视其内在的运作逻辑,继而提炼出某些具有共通性的规律,对我国立法、司法和劳动行政部门建立和完善对平台契约劳动关系调整的模式构建、制度建设和司法裁判具有一定的参考价值。此外,本章还将系统梳理国际劳工组织对新经济形态下新型雇佣关系法律调整所持的立场、见解和法律建议。

第一节　德国的情况

一、德国劳动法体系概述

德国是大陆法系的代表性国家,德国法与当代中国的法制有着特殊的关联。事实上中国大陆和台湾地区的法制是基于清末民国初期的法律改制发展而来。当时中国采纳了欧洲大陆法系的法制模式,而其中又以参考德国法律居多。不仅如此,20 世纪以来中国法制和法学的发展仍深受德国法制的影响,现今中国法制和法学的不少思路实际上都与德国法有关联。因而,我国法制建设和法学进步自然更容易从德国的法制与法学中获得启发,在劳动法领域也不例外。当代德国调整雇佣关系的法律体系在其发展过程中形成了本身独有的特色,其丰富成熟的法学理论与教条、司法实践,恰恰是当前我国劳动法学和法制建设所迫切需要的。

在德国,劳动法调整通过劳动合同建立的雇员(劳动者)和雇主之间的法律关系。劳动法是调整劳动关系的法律,并因此而属于特别债法的构成部分。劳动合同是《德国民法典》第 611 条①以下意义的指向于他人决定的劳动的雇佣合同。由于《德国民法典》中的雇佣合同法仅不完全考虑到了依附性劳动的特征,就此而言,学术界普遍认为《德国民法典》存在巨大漏洞,需要通过劳动法典来填补该漏洞。虽然长期以来,德国法一直在追求将劳动法编纂为一部劳动法典,但这一追求却一直没有实现。

(一)德国劳动法的结构

发端于 19 世纪的德国劳动法由三个部分组成:劳动关系法、集体劳动法、劳动保护法。

日益精密的劳动关系法(或称劳动合同法)形成于 20 世纪初,是当代德国劳动法发展的重点。劳动关系法包含在本质上属于私法的法律规范中,这些规范伴随着作为私法债权关系的劳动关系的始终:从通过缔结劳动合同建立劳动关系,到以双方的权利义务安排(给付义务和服从义务)劳动关系的内容

---

①　《德国民法典》第 611 条:"在雇佣合同的情形下的合同类型上的义务:(1)因雇佣合同、允诺劳务的一方有义务提供所约定的劳务,另一方有义务给予所约定的报酬;(2)雇佣合同的标的可以是任何种类的劳务。"

以及障碍(给付障碍、责任)直到劳动关系的终结(也即通过解除、期限届满以及达到年龄界限等)。其调整的方法和私法中的其他规范并无差异,也就是说人们可以不断使用特别是法律行为理论、债法总论以及债法分论的民法知识。劳动关系法只是承认了大量的背离一般民法规则的规则,这些规则要么基于特别的法律规定,例如《解雇保护法》《工资支付办法》、休息休假制度等,要么基于建立在法官法律续造基础上的原则。劳动法的特别之处正体现在这些背离的规则中。位于其背后的是法律关系超越给付交换的维度和该法律关系人法上的特征。

集体劳动法所涉及的范畴主要通过劳动者团体与雇主团体在缔结团体协议时的共同作用以及雇主和工会代表在工厂中的共同作用,使得劳动条件得以集体安排的规则,例如,《工厂组织法》《团体协议法》等。这样一来,就避免了单个劳动者必须与原则上在经济上居于其上的雇主就合同内容进行谈判。在集体劳动法中,劳动法的特殊属性体现得淋漓尽致。相对于劳动关系法具有民法特征、只是比一般民法显露出大量特别之处而言,集体劳动法在根本上是私法的独立领域,它既受私法原则又受公法原则的影响。

劳动保护法以国家监督和强制执行制定法规定为特征。劳动保护法遵循和劳动关系法不同的调整方式,通过行政处罚等规定保障劳动保护法的实施,例如,健康保护的《劳动保护法》、劳动时间保护的《劳动时间法》等属于行政法的范畴,具有公法属性。就其实质而言,劳动保护法是危险防范法,它原则上通过公法中秩序法上的手段来规制劳动生活。[1]

(二)德国劳动法的渊源

1. 制定法

德国劳动法的上述三个分支,表现在劳动法的法规范体系中主要有以下三种形式构成:①《德国民法典》第 611 条以下关于雇佣合同的规定构成了劳动法的基点;②单行法,例如《解雇保护法》《团体协议法》《工厂组织法》等;③其他民法规范。在劳动关系领域,一般民法规范,特别是民法总则中的规范和债法总则的规范,依然发挥着主要作用,例如,解雇保护的法律仅部分源于《解雇保护法》,特别解雇的事由和解雇期限等规则都规定在《德国民法典》和团体协议中。

2. 司法判例和学说

虽然德国作为大陆法系国家的代表在劳动法领域存在很多制定法,但是,

---

① [德]雷蒙德·瓦尔特曼.德国劳动法[M].沈建峰,译.北京:法律出版社,2014:21-24.

在劳动法的若干领域还缺乏成文法规范,仍然有不少重要的事项是通过联邦劳动法院的判例来调整的。相比较于其他法律领域而言,学术界和司法机关发挥着重要的法律续造和法律漏洞填补的功能,以弥补劳动法领域制定法规则的漏洞和缺失。对于制定法的规定在司法实践中的解释和适用中出现的疑问,联邦劳动法院的回答也具有非常高的权威性,往往能够超越个案对未来类似案件的审理产生事实上的拘束力。另外,德国劳动法的实务界和学术界之间有着良好的互动,联邦劳动法院在判决中经常援引学术界的代表性观点,而学术论著也追踪着司法实践的最新发展。

二、"劳动者"的判断基准

自 20 世纪末开始,与世界上大多数国家一样,德国的劳动力市场也发生了深刻的变化,其中最典型的情形就是非标准劳动关系的增长和发展。在劳动生活发生形态改变的背景下,德国学术界和司法界比以往任何时候更多致力于解决在哪些前提条件下存在的是劳动关系而不是"自主劳动"这一基本问题。在此期间,学说和司法判例通过对该主题的深入探讨形成了日渐清晰的劳动者的概念轮廓——准确地说是劳动关系的概念。但是,一如既往,在其界定上依然存在很大的裁量空间。这种界定在过去的 20 年中变得越来越重要。这不仅是因为劳动生活中的事实关系发生了改变,而且也是因为信息技术还一直在发展:劳动者与经营组织的捆绑开始减弱;工业化时代工作岗位完全位于工作单位空间的工厂劳动者早已不是依附劳动的典型形象;而且通过合同安排意图规避劳动法和社会法约束的背景下,这种界定既在劳动法中也在社会法中获得了现实意义。对于非标准劳动关系的法律调整的探讨主要涉及两个基本问题:第一,"劳动者"的身份界定问题;第二,"劳动关系"的界定问题。具体而言,这涉及劳动法中的保护规则(例如劳动保护、解雇保护、职业安全保护)是否适用问题。

(一)"劳动者"的判断基准

德国劳动法并未对"劳动者""劳动关系""劳动合同"的概念做出界定,对于本书研究的"契约劳动"的法律调整思路,可以从现行民法和劳动法对"类雇员(类似劳动者)"法律适用的法律规范、理论学说和司法案例的裁判思路中推导而来。

要界定雇主与雇员之间的关系是否属于劳动关系,首先要明确界定雇主和雇员这两个核心概念。雇主是相对于雇员而言的,雇主是聘用雇员的主体,而雇员则是被雇主聘用的主体。因此,只要确定雇员的概念即可确定雇主的概念。然而，在司法实践中，雇员的界定存在很多困难，因为德国法中没有关于雇员概念的明确定义。雇员的概念完全是由司法判例和学术理论发展形成的。现在德国通行的"雇员"概念，是指基于私法合同有义务为他人提供有偿劳动的、非独立的劳务的自然人。这一概念比较科学地揭示了雇员身份的三个基本特征：一是基于私法合同而产生；二是主体为他人提供有偿的劳务；三是主体提供的劳务并不是独立的。

《德国劳动法院法》第 5 条明确规定了该法所调整的雇员范围。该法意义上的雇员主要有以下几类：(1)工人与职员，即劳动法意义上狭义的"劳动者"。德国部分劳动法律法规将雇员称为工人和职员，这种区分在 19 世纪就已出现。区分工人和职员的标准通常是其从事的是体力劳动还是脑力劳动。但随着时代的发展，这种区分在德国劳动法中已失去了实践意义。(2)以职业培训为目的的受雇者。这是指出于职业培训的目的为雇主所聘用的人。培训者（雇主）与受培训人员通过签订职业培训合同建立职业培训关系。在德国，职业培训关系主要由《职业培训法》调整。根据德国劳动法，职业培训合同在培训者与受培训人员之间建立了一种特殊的劳动法律关系。职业培训合同与普通劳动合同的最大区别在于，前者主要出于职业培训目的订立的，而通过提供劳务获得报酬仅为次要目的。原则上，有关劳动合同的一切规定都适用于职业培训合同，只要该适用不与职业培训合同和职业培训法的意义相冲突。[①]
(3)在家中提供劳务的受雇者和与其相类似的人员。"家中受雇者"和与其相类似的人员属于德国劳动法中的"类雇员"。在德国，在家中提供劳务的受雇者主要由《家中受雇者法》调整。"家中受雇者"主要指那些基于经营者的委托在家中或其他选定的工作场所独自或与家庭成员共同工作并将劳动成果交给由经营者处置的人员。(4)类雇员。根据德国司法判例和主流观点，界定雇员的一个重要标准是雇员对雇主的人格从属性。劳动关系与一般的民事雇佣关系的区别即在于二者之间在提供劳务时表现出来的人格从属性的程度。与人格从属性相对应的概念是经济从属性，它不是合适的界定劳动关系的区分标准，因为一般的民事雇佣关系中也可能达到经济从属性的标准，例如某外卖骑手仅为一家送餐平台提供送餐服务，该骑手即对这家送餐平台公司具有经济从属性。德国劳动法中将那些在经济上依赖于企业，但在人身上不具有依赖性的人员称之为类雇员。(5)特定条件下收入较低的商事代理人和保险代理人。

---

① 参见德国《职业培训法》第 10 条第 2 款。

《德国劳动法院法》意义上的雇员符合劳动法中通行的雇员概念。该法第5条中规定的非雇员情形即能印证此点。该法第5条第1款第3句明确规定,法人企业或者人合企业中依据法律、企业章程或者合伙协议的规定担任法定代表人或企业代表机关成员的人员不是本法意义上的雇员。此外,该法第5条第2款规定,公务员不是该法意义上的雇员。

如上所述,由于德国法中没有关于雇员的法律定义,因此对某个当事人是否具有雇员身份的问题,往往需要劳动法院结合具体的案例的实际情况加以判断,因而劳动司法实践中往往面临不少困难。此外,关于劳动法院是否享有管辖权的问题,也须由第一审法院依职权主动审查。所以当起诉人以《德国劳动法院法》第1条第1款意义上的雇员身份提起诉讼,而此时其雇员身份又不确定时,劳动法院应当如何处理,对于确定劳动案件的专属管辖权是否成立具有重要的意义。

从对《德国劳动法院法》第5条的解读中可以看出,对雇员的身份认定,德国法采用了"三分法"结构,即按照从属性的强弱,将雇佣关系中的劳务提供者分为雇员(劳动者)、类雇员(类似劳动者)、自主劳动雇员(自主劳动者),分别适用劳动关系中倾斜保护雇员、不完全倾斜保护类雇员、自主劳动中平等保护双方三种调整模式。德国劳动法在承认"自主劳动者"的同时,也给予"类似劳动者"在法律上的保护。按照《团体协议法》第12条的表述,"类似劳动者"是指具有经济上的依附性,且相比较于劳动者也需要社会保护的人。[1] 因此对"类似劳动者"的法律保护,除了民法、商法以及经济法的一般规定外,劳动法的部分规则也应对其适用。与其相关的法律还有《联邦休假法》《公平对待法》,以及一些特别法如《家庭劳动法》的部分条款。有关诉讼可以走劳动法院的途径。[2]

在"三分法"结构下,本书研究的契约劳动者大多可归类于"类雇员"。"类雇员"又称为"类似劳动者""中间型劳动者"等。就类雇员与其委托人的法律

---

① 参见《德国团体协议法》第12条。

② 1979年德国《劳动法院法》第5条:(1)本法意义上的雇员包括工人、职员、以职业培训为目的的受雇者。本法中被视为雇员的还有家中受雇者和与其类似的人员以及其他因为经济从属性而被视为类雇员的人(1951年3月14日版的《家中受雇法》第1条)。法人企业或者人合企业中依据法律、企业章程或者合伙协议的规定担任法定代表人或企业代表机关成员的人员不是本法意义上的雇员。(2)公务员不是雇员。(3)如果商事代理人属于可以根据《商法典》第92a设定企业需支付的合同对价底限的人群,而且他们在合同关系的最后6个月(如果合同期短于6个月的,那么在合同期内)平均每个月基于合同获得的报酬加上日常花费的补贴不超过1000欧元,那么商事代理人可以被认定为本法意义上的雇员。联邦劳动与社会保障部和联邦司法部可以根据相应的工资和价格情况、在获得联邦经济与技术部的同意之后,通过法令确定和调整本条第1句所指的报酬底限,此法令无须获得联邦参议院的同意。——笔者注

关系而言,他是独立的,然而又存在一定的经济上的依附性,且相比较于劳动者,他也是需要社会保护的人。在法律适用上,除了民法、商法、经济法的一般规定外,因为他需要保护,所以《联邦休假法》《公平对待法》《家庭劳动法》等劳动法的部分规则也应对其适用。①

(二)契约劳动关系的判断基准及法律适用

劳动关系是劳动法适用的基点。劳动关系通过雇主和劳动者之间的劳动合同建立。根据劳动合同,劳动者承担在雇主领导和指挥下给付约定劳动的义务;雇主承担支付约定劳动报酬的义务。在德国,劳动合同和劳动关系的法律概念都没有立法界定。但无论如何,劳动关系的概念已经在 1969 年进入了《德国民法典》雇佣合同法中。从那时起,解雇规定中"劳动关系(《德国民法典》第 622 条)"和"非《德国民法典》第 622 条意义上劳动关系的雇佣关系(《德国民法典》第 621 条)"得以区分。② 其他以劳动关系为起点的条款也被添加进来。

与我国劳动关系的法律适用规则不同,在德国法上,劳动关系立足于民法体系之中。《德国民法典》是所有雇佣关系法律保护的基点,《德国民法典》第611 条到 630 条对劳动法意义上的雇佣合同做出了规定。此外,民法教义学

---

① [德]雷蒙德·瓦尔特曼.德国劳动法[M].沈建峰,译.北京:法律出版社,2014:130.

② 《德国民法典》第 622 条"劳动关系的通知终止期间"规定:"(1)劳动者或雇员(受雇人)的劳动关系,可以遵守 4 个星期的期间的情况下,以历月的第 15 日或月末为终止时间,通知终止。(2)就雇主所做出的通知终止劳动关系的意思表示而言,如果在营业或企业中:①劳动关系已存续两年,则通知终止期间为 1 个月,以历月的月末为终止时间;②劳动关系已存续 5 年中,则通知终止期间为 2 个月,以历月的月末为终止时间;③劳动关系已存续 8 年,则通知终止期间为 3 个月,以历月的月末为终止时间;④劳动关系已存续 10 年,则通知终止期间为 4 个月,以历月的月末为终止时间;⑤劳动关系已存续 12 年,则通知终止期间为 5 个月,以历月的月末为终止时间;⑥劳动关系已存续 15 年,则通知终止期间为 6 个月,以历月的月末为终止时间;⑦劳动关系已存续 20 年,则通知终止期间为 7 个月,以历月的月末为终止时间。在计算就业的持续时间时,受雇人满 25 岁以前的时间不予考虑。(3)在所约定的最长为 6 个月的试用期内,可以在遵守两个星期的通知终止期间的情况下,通知终止劳动关系。(4)不同于第 1 款至第 3 款的规定,可以以团体协议予以约定……(5)仅在下列情形时,才能以个别合约约定短于第 1 款所称通知终止期间的期间:①受雇系于临时帮忙而被雇佣的;劳动关系超过 3 个月的期间而被延续的,不适用本项的规定;②除为受雇人的职业培训而雇用的人员外,雇主在通常情况下雇佣不多于 20 名受雇人,且通知终止期间不短于 4 个星期的……(6)受雇人所做出的通知终止劳动关系的意思表示,不得约定比雇主所做出的通知终止劳动关系的意思表示的期间更长的时间。"《德国民法典》第 621 条"雇佣关系的通知终止期间"规定:"第 622 条意义上的劳动关系以外的雇佣关系:(1)按日计酬,准许每日以次日日末为终止时间,通知终止;(2)按星期计酬,准许最迟在一个星期的第一个工作日,以下个星期六的日末为终止时间,通知终止;(3)按月计酬,准许最迟在 1 个月的第 15 日,以历月的末了为终止时间,通知终止;(4)按季或更长的时期计酬的,准许在遵守 6 个星期的通知终止期间的情况下,以历季的末了为终止时间,通知终止;(5)报酬非按期计算的,准许随时通知终止;但在完全或主要地要求劳务给付义务人的从业活动的雇佣关系的情形下,必须遵守 2 个星期的通知终止时间。"

及其得到的验证的概念,相对于它公开在制定法中推动劳动法的特别发展而言,对解决劳动法中的问题发挥着重要的作用。在此基础上,劳动法意义上的雇佣合同还适用《非全日制用工和固定期限劳动合同法》《解雇保护法》《团体协议法》等劳动特别法。

在对劳动关系的认定上,也是由从20世纪初"以经济从属性为主",逐渐演变为现今"以人格从属性为主"的标准。为了进一步扩充"人格从属性"的概念,司法界和学术界总结出两大核心特征:雇员须融入雇主的生产组织,雇员须遵从雇主的指挥。之所以称之为核心特征,是因为在个案中,其他补充性特征并不具有足够的说服力,并由此确立了人格从属性在德国法中界定劳动关系标准的重要地位,只有"劳动者融入了用人单位的组织,在用人单位的指挥管理下工作"才真正具有人格从属性。[①]

在劳动关系的确认方面,德国是先确认雇员身份,再对雇主的身份进行确认。德国法院在司法实践中将劳动关系适用规则分为以下三要素:(1)私法合同的存在。劳动关系建立在私法性合同之上。据此,公务员、法官和士兵不是劳动者,他们处于受特别法(例如《联邦公务员法》《统一公务员法框架》)调整的公法性服务关系中。(2)劳动给付义务。通过私法性合同建立劳动关系,被允许的劳动给付必须依据指示来提供,人们称这种劳动给付为非自主性劳动。在法律上与此相对的是(自由)雇佣合同,它通常具有事务处理的特征,非基于劳动关系而工作的人,也就是基于雇佣合同或者承揽合同而提供劳动的人,为自主劳动者。例如,《德国商法典》第84条第1款规定了如何区分自主商事代理人与受雇(商事)代理人:自主代理人是指在实质上能够自由安排自己工作及自由确定工作时间的代理人。(3)人身依赖性要素。劳动者的人身从属性上,德国以雇员是否加入雇主的劳动组织中和雇员是否依照雇主的指示进行工作两个标准进行判断。在劳动合同的签订方面,德国的劳动合同法对劳动合同不作明确的规定,承认劳动合同的多样化形式,有效避免了因形式而产生的无效劳动合同,从而扩大了劳动法保护的范围。由此保护了劳动者的权益,平衡了劳资关系,减少了雇主和劳动者因为合同问题产生的纠纷,有利于构建和谐的劳动关系。

(三)劳动关系与社会保险法上的雇佣关系

在德国劳动法的起始时代,确定劳动关系的标准可以很好处理出现的案件形态,其作为劳动关系标志的指示权同时也作为社会保险法上的雇佣关系

---

① 王倩.德国法中劳动关系的认定[J].暨南大学学报(哲学社会科学版),2017(6):39.

的标志,在等级结构的时代完全适合为劳动法上的保护说明理由并构成社会保险法的连接点。然而从 20 世纪 80 年代开始,在德国法律上从属性(因为指示权)的案件和经济上依附性的案件的分别发展,经济上的从属性被置于劳动关系之外,而这两种案件以前被认为在根本上是重合的。同时,随着日益改变的通信手段、平面结构管理以及网络技术,劳动关系中的"他人决定"这一因素也因为种种原因而开始减弱。特别是在服务业领域,经常是只要控制劳动结果就足够了。

从这一意义上,在劳动法之外,特别是近 20 年来急剧增长的所谓新自主劳动者的领域,也存在着劳动法提供保护的理由。对依附性雇佣和自主劳动者的区分已经失去清晰的界限。出于种种原因,在实践中的许多案例中,小的自主劳动,特别是个体自主劳动,即没有雇员的自主劳动,代替了依附性劳动。在德国,自主劳动者的数量从 1991 年的 303 万人,增加到了 2010 年的 425 万人。这种长期增长主要源于个体自主劳动数量的提高。1991—2010 年,个体自主劳动的数量增加了 72.3%,在 2010 年达到 238 万人。① 由于个体自主劳动者数量的增长,原则上不能再期待新自主劳动者是经济上的独立者。一部分小的自主劳动者,大部分个体劳动者,不以市场为导向,而仅仅为一两个委托人工作,仅仅从法律的角度来看不依赖于指示,进而不在具有劳动法和社会法后果的劳动关系中工作。

依据《德国社会法典》,社会保险法上的保险义务首先与从事依附性劳动相联系。对适用劳动法而言,劳动关系是决定性的出发点;而适用社会保险法的出发点是雇佣关系。根据《德国社会法典》第 6 卷第 7 条,雇佣被界定为非自主性劳动,特别是在劳动关系中的劳动。据此,公法性社会保险关系与劳动法上的制度设计发生联系。"劳动者"概念本质上与劳动关系相一致,但又不完全同义。社会法中对自主劳动者原则上不存在自动缴费义务的强制性社会保险,自主劳动者必须根据个人意愿以及个人费用投保,而社会保险法对失业的保护不可被自愿保险所替代。从社会视角看,与试图规避劳动法和社会法约束的合同相伴的危险是在具体的案件中涉及表面独立(自主)劳动者。近年来出现的情况是,企业将劳动转移到与个体或者下属企业签订的承揽合同的基础上,从而降低人力成本。这些自主劳动者在与劳动者遵守雇主指示类似的程度上遵守他的委托人的指示。有学者认为,非常有必要将小的个体自主

---

① 参见德国联邦统计局:《职业状态与发展》,FS1R.4.1.1-2010,第 67、140 页。总体经济发展鉴定专家委员会:《2011—2012 年鉴定》2011 年版,第 316 页。

劳动者纳入法定养老保险的范畴。①

三、新型契约劳动的典型判例：联邦劳动法院对"类雇员"的管辖权②

本案系原被告双方对于是否能够走劳动法院的诉讼途径的争议。在该案的审理中，德国联邦劳动法院对于"类雇员"的身份确认提出了两个指导原则：第一，判断合同一方是雇员还是类雇员，应该看他对合同相对方是有人格从属性，还是人格上独立但是经济上有从属关系并且像雇员那样需要倾斜保护。第二，如果特许经营关系中被特许人受到特许经营关系中典型的束缚，那么这并不排除劳动关系的存在。

（一）案情概览

原告基于1993年的书面合同成为被告的特许经营体系的"营销伙伴"。在经过相关培训后，被告许可原告在特定区域内独家销售被告的产品，合同履行期限为5年。按照约定，原告在合同约定的区域内以自己的名义自主经营，但是必须使用被告的商标。原告从被告处以折扣价格购入冷冻食品，然后根据被告规定的价目表把这些冷冻食品卖给家庭等最终消费者。根据合同约定，"双方的合作应该遵循手册的最新版本，而该版本的手册将自动成为合同的组成部分"。该手册对于如何完成工作任务有许多细节规定，涉及处理货物、制定销售路线、安排每周的工作时间（包括每周一至周五的销售安排、周六作为储备工作日或者处理杂事的时间）、停放冷冻食品运输车辆等事项。根据合同，原告总共向被告支付了2万马克以及额外的流转税，作为使用被告产品商标、接受培训、传授相关知识以及购置初期装备的对价。同时，合同还对原告的合同权利转让和继承、原告另行雇用人手的可能性以及相关事项、原告在合同终止时有权主张补偿金作为他搭建销售网络的报酬，以及原告在合同终止以后的竞业限制义务等事项做出了约定。原告于1995年2月4日向被告发出书面的解除合同的通知，其中申明的合同终止时间为1995年2月28日。被告于1995年3月16日宣告立即解除合同。

原告向基层劳动法院提起诉讼，要求被告返还签订合同时的投资款项，主张搭建销售网络的补偿金以及竞业限制的补偿金。原告认为本案能够走劳动

---

① ［德］雷蒙德·瓦尔特曼.德国劳动法[M].沈建峰，译.北京：法律出版社，2014：53.
② 《劳动法司法实践》关于1979年《劳动法院法》第5条的第37号判决：联邦劳动法院1997年7月6日，文件号5AZB29/96.转引自：王倩，朱军.德国联邦劳动法院典型判例研究[M].北京：法律出版社，2015：241-244.

法院的诉讼途径。他主张自己是被告的雇员,不是以自雇者或者独立的经营的身份为被告服务,而是将自己所有的劳动力交由被告处理。被告对他如何完成工作任务做了非常详细的规定,以至于他没有自主经营的空间。无论如何,他对于被告都存在经济上的从属性,即使作为类雇员,他也可以向劳动法院提起诉讼。

被告认为本案不能走劳动法院的诉讼程序。原告作为特许经营的被特许人是独立的经营者。原告所列举的用来支撑他雇员身份的情况即被告对原告的各种指示和束缚,是特许经营体系的典型特征,不能证明他就是雇员。在特许经营体系中,为了保证被特许人以一致的面貌出现在市场上,保证重要质量指标得到遵循,也为保证经营体系的统一性和营利性,许可人有必要对相关事项提出建议并且规定被特许人的报告义务和特许人的监控权限。原告也不是类雇员。

基层劳动法院认为,本案可以走劳动法院的诉讼途径。而州劳动法院则认为,本案应该由一般的民事法院管辖,因此将案件移送至州法院。原告马上就此行为向联邦劳动法院提出抗告。联邦劳动法院认为,原告的抗告理由成立,本案可以走劳动法院的诉讼途径。

本案虽涉及劳动法院诉讼途径的争议,但是案件的重点是明确"类雇员"的判断标准。对于原告是否属于劳动法上的"类雇员",州劳动法院和联邦劳动法院做出了截然不同的判决。

州劳动法院认为,原告不是被告的雇员,判断雇员身份的关键在于存在人格从属性,而本案中原告对被告没有人格从属性。虽然被告为了业务的展开和经营的成功,通过合同约定以及作为合同组成部分的手册规定向原告提出了一些要求,制造了一些压力,但是这是特许经营合同的本质要求,其实就是经验丰富的合同一方帮助经验欠缺的合同相对方,给后者提供建议和指引。双方之间的合同并没有规定原告固定的工作时间,被特许人的报告义务和特许人的监控权限也都是特许经营体系的内在要求体现。从合同的其他约定中也不能推导出原告存在足以确认的劳动关系的人格从属性。此外,州劳动法院认为,原告也不是《劳动法院法》第5条第1款第2句意义上的类雇员,因为双方签订了特许经营合同,而特许经营关系中所特有的被特许人对特许人的典型的从属性已经排除了被特许人作为类雇员的可能性。

而联邦劳动法院则给出了不同于州劳动法院的判决理由。联邦劳动法院认为,从所谓的特许经营合同的本质中不能推导出原告肯定不是雇员的结论。判断法律关系性质时不能光看合同的名称,而是要看合同的实质。明确而详细的指导意见、被特许人的报告义务、特许人的监控权限,的确属于特许经营体系的特点,但是,在这样一个特许经营体系之中工作的人具体是雇员还是自雇者,则应该根据他是否要听从别人的指示、依附于别人,还是可以自行做出决策、自行寻求市场机会来判断。仅仅对合同类型进行典型化描述,不能解答雇员身份的判断问题。州劳动法院认为,特许经营合同本身就能排除被特许人的人格从属性,这种观点实际上是在循环论证:由于特许经营关系在某些方面或多或少体现出来被特许人融入特许人的组织、对特许人的服从,所以可以否定劳动关系的存在,因为双方之间是特许经营关系。这种观点与现行法不符。至于是否应该认定原告的雇员身份,在此做出最后的判断。由于原告对被告存在经济从属性,原告又像雇员一样需要倾斜保护,所以可以肯定原告是类雇员,因此本案可以走劳动法院的诉讼程序。

对于原告的"类雇员"身份的认定,联邦劳动法院认为,根据《劳动法院法》第 5 条第 1 款第 2 句,该法意义上的雇员也包括"其他由于经济上的不独立被视为类雇员的人"。《劳动法院法》本身并没有定义谁是类雇员,而是直接适用了这一概念。类雇员属于自雇者,他们和雇员的不同体现在对合同相对方的人格从属性的程度不同。相对于雇员,类雇员没有或者很少受到合同相对方的指示的束缚,没有或者几乎没有融入合同相对方的经营组织之中,所以对合同相对方没有或者只有很低的人格从属性。取而代之的是类雇员对合同相对方的经济从属性。另外,从他的整体社会地位来看,类雇员还和雇员一样需要倾斜保护,就此法官需要考虑社会普遍的交易观念,并结合个案的具体情况进行判断。按照这个判断标准,本案中原告即使不是雇员,也是类雇员。本案中,合同约定和履行从多方面体现出原告在经济上从属于被告。合同中的权利义务的安排导致原告基本上不能再从事别的经营活动。原告每个月从被告处获得"支付款项",表现出了强烈的经济从属性。原告只能出售被告提供的货物种类,原告的工作强度和工作时间也使得原告无法在市场上寻求别的营利机会。原告的收入也处于比较低的水平。原告像雇员那样需要倾斜保护,他作为被特许人有义务在指定的销售区域内亲自完成工作。原告没有自己的经营组织,他没有另外的雇佣帮手,用来运输冷冻食品的车辆也是从被告那里租来的。整体上看原告就像一个被雇佣的售货员那样工作。[①]

(二)联邦劳动法院的主流观点——类型化的确定

从以上典型案例的分析可见,在劳动法的适用中,首先必须将劳动关系和

---

① 王倩,朱军.德国联邦劳动法院典型判例研究[M].北京:法律出版社,2015:241-247.

自主劳动,也就是与自由雇佣合同或者承揽合同相区分。然而,这在实践中很难精确地界定。他人决定的劳动和自主决定的劳动的区分在实践中极其困难。例如,为建筑企业工作的建筑师根据合同安排,既可以是劳动者,也可以是自由雇员;保险代理人既可能是劳动者(受雇的外勤员工),也可能是自主劳动者(商事代理人)等。

对劳动关系而言,典型的"指示权"和传统的与非自主劳动相关联的"加入"到雇主组织中这一传统理论背景下,根据联邦劳动法院、联邦社会法院以及联邦最高法院的判决以及主流学说,劳动关系和委托人与自由劳动者之间法律关系的区别在于劳动给付义务人人身依附的不同程度。司法判决和主流理论在顾及交易观念的前提下,对个案中所有情况进行评价式总体评估;是否是劳动关系并不取决于当事人所使用的合同名称。据此,在每个案件中必须着眼于指示权和加入雇主组织,在评估所有情况的基础上探究人身依附性的程度。但在有疑问的情况下,这两个标准本身却只能提供有限的帮助。这样一来,法律解释和法律适用就遇到了一个重要的问题,对此司法判决和主流学说在评估性总体评价时采纳了所谓的类型化方法。是否是劳动关系取决于法律关系根据全部情况是否符合劳动关系的类型。劳动关系的类型并不是按照所有情况下都出现的标准来确定的,而是通过以确定方式依据标志构造成的外在形象来确定的。如果与现象有关的具有说服力的标志达到一定数量,则外在形象就已出现。对法律类型的归入要求在具体案件中评估和权衡所有作为指标反对或支持成为劳动关系或自主工作关系的标志。具体而言:

(1)根据司法判决和学者文献中的一般观点,如果合意与实际实施相矛盾,是否是劳动关系并不取决于当事人所选择的合同类型和它的名称,而是取决于考虑到个案中所有事实情况,法律关系是如何呈现的。

(2)雇主的指示权可以针对劳动的内容、实施、时间、期限以及地点等。在此司法判决和主流学说认为指示约束涉及劳动义务。但也有人建议,它也涉及企业主对市场活动的参与度。对司法判决和主流学说而言,决定性的是人身依附,而根本不涉及经济依附。这也可以解释指示约束涉及劳动义务这一点。自由劳动者也可以是经济依附者,如前所言,"类似劳动者"也被特别保护,但他们不是劳动者。在有疑问的案件中,如果人们将受指示约束标准与劳动义务相联系的话,该标准显得非常苍白。例如对于远程劳动者来说,与劳动义务有关的指示只发挥了很小的作用。

(3)原则上,劳动者已加入到雇主组织中。就人身依附性而言,指示和加入雇主组织在传统上具有非常密切的联系,但是,加入工厂并不总是具有决定性作用。如果工作大部分都在工厂之外完成,例如广播费受托人,就不能根据是否加入雇主组织来区分。①

第二节 日本的情况

日本长期以来以其具有高度雇佣安定性的长期雇佣制度或终身雇佣模式而著称。然而,20 世纪 90 年代初期的泡沫经济破产给日本长期雇佣模式和雇佣制度带来了巨大的挑战。在持续低迷的严峻的雇佣形态下,日本长期雇佣占主导地位的用工模式渐渐消退,全日制雇佣者数量开始减少,取而代之的是非全日制劳动者、以合同形式确定的契约劳动者、承包劳动者等公司外部劳动者显著增加。产业结构的变化、国际竞争的激化以及劳动者就业意识的转变,是促成日本雇佣就业形态多样化不断发展的经济和社会动因。一方面,作为劳动法适用对象的劳动者的雇佣、就业形态多样化,比如临时工、契约工、派遣工等形式不断增加;另一方面,在劳动法适用对象之外的非劳动者,比如承包工、家政从业者、志愿者等的就业形态也同时多样化。传统劳动法逐渐落后于新型劳动关系,劳动力的个性化和多样化发展促使日本政府对传统的劳动法进行改造。

一、"劳动者"的判断基准

(一)《劳动基准法》的规定

日本的劳动法是以《劳动基准法》为基础进行制定的,在确定劳动法意义上的"劳动者"时,其判断要件也与大陆法系其他国家一样,采用"从属性"标准,即"使用从属关系(时间、场所被拘束的指挥命令下的劳动)"。日本《劳动基准法》第 9 条将"劳动者"定义为"不论职业种类如何,在公司或者事务所被使用并被支付工资者"。可见,日本劳动法上的"劳动者"有两个判断基准:一是"被使用者";二是被支付工资者。然而与"被使用"相对,等价地支付了工资,所以如果相对于劳务提供的等价性存在,则被认为有"工资报酬性"。因此,在这里"被支付工资"已经不是判断劳动者性质的主要因素了②,实际上

---

① [德]雷蒙德·瓦尔特曼.德国劳动法[M].沈建峰,译.北京:法律出版社,2014:47-49.
② [日]青木宗也,片冈升.注解学会集 44 劳动基准法 I[M]青林书院,1994:112.转引自田思路,贾秀芬.契约劳动的研究——日本的理论与实践[M].北京:法律出版社,2007:67.

"被使用"的要件成了独立的判断要素。日本《劳动基准法》确立的"被使用"也称为"使用从属性""人的从属性",或者被称为"指挥监督性"或"指挥命令性",其内涵是指"在使用者的指挥监督下"劳动的意思。但是以前传统雇佣制度下形成的惯性思维,在适用于判断契约劳动等非典型劳动者时却变得极为抽象,丧失了其作为基准的机能,由此产生了许多困难和问题。例如,从事承包运输的司机在从事承运业务时,关于配送货物的种类、数量、时间、地点等的指示,都是运输业务上当然的指示。这些指示与正式司机提供的劳务是相同的,然而,他们在劳动过程中受到的时间、场所的约束比较少,自主性较强,则会成为"非劳动者化"的对象,使用从属性就很欠缺。就业形式的多样化、复杂化,带来很多在判断上的边际事例。一方面,作为劳动契约的独立要素的使用从属关系,实际上在承包、委托的情况下,依照发包方和委托人的指示和意图提供劳务的形态在一定程度上存在;另一方面,被认为是劳动者中的许多人,由于其职务内容和劳动形态的原因使其在从事劳动过程中不受限于具体的劳务指挥,拘束力降低,如研究人员、技术人员、演员、作家、远程劳动者等在劳动过程中有很大的自主空间。他们中的许多人,形式上是以承包、委托的形式签订契约、提供劳务的,因此在判断其是否是劳动契约或"劳动者"时就更加困难。

(二)行政解释的展开:1985 年报告

为此,日本劳动行政机关以此前积蓄的判例为参考,提出了"使用从属性"的判断要素。1985 年,作为当时劳动大臣咨询机构的劳动基准法研究会发表了题为《关于劳动基准法的"劳动者"判断标准》的研究报告(以下简称《1985年报告》)。

报告阐述了《劳动基准法》对"劳动者"判断基准的三个基本立场:(1)依"使用从属性"判断是否是《劳动基准法》规定的劳动者。"使用从属性"有两个基准:一是作为"指挥监督下的劳动"的劳务提供形态;二是作为"支付报酬"的报酬与劳务的对等性。根据二者的有无判断"使用从属性"的有无,进而判断"劳动者"性质的有无。(2)现实中根据上述基准难以判断时,应该考虑劳务提供者对使用者的"专属程度"和"收入额"等各种要素进行综合分析判断。(3)根据法律、制度的宗旨和目的进行共通的判断,并建立全国统一的行政监督机构以保证劳动基准关系法制的运行。

报告提出了"劳动者"性质的具体的判断基准。报告认为,不论契约形式如何,要通过实质的使用从属性来综合判断,为此明确提出了具体的判断基准:(1)对从事和依赖的工作的指示,是否有承诺的自由;(2)工作中有无指挥监督;(3)工作时间、地点有无拘束性;(3)有无劳务提供的代替性;(4)有无报酬与劳动的等价性。除了上述 5 个主要基准外,还提出了 3 个补充要素:(1)有无经营者的性质,具体来说是机器、用具的所有关系;(2)专属性的程度;(3)其他如选拔录用的过程、所得税的事前扣除、劳动保险、劳动管理规划、退休金制度等。报告认为,主要基准的前 3 项最为重要,同时要对各种要素进行综合分析,来决定劳动者性质的有无。

《1985 年报告》是在日本迄今为止关于判断劳动者性质有无的众多行政解释、判例、学说进行分析的基础上形成的体系化的判断基准,其中判断“使用从属性”的有无,提出了“工作中指挥监督的有无”“工作地点、时间的有无”两个重要因素。另一方面报告还提出了补充要素。为了对“使用从属性”的判断方法进行说明,报告以“佣车司机”为例进行说明:因为佣车司机拥有高额价值的货车,被推论为存在“经营者性质”,另外当与从事同样工作的正式员工相比收入过高的时候,也可以由此推论其“劳动者性质”较弱。最后,报告得出的结论是:“使用从属性”的程度被充分肯定,“经营者性质”如果存在,“劳动者性质”也被否定。在这里“使用从属性”未被承认或程度较低时,实质上“经营者的性质”也被否定了,因为这一因素在判断中没有指向意义。而这其中的因果关系该报告并没有明确说明。因此有学者认为只能理解为该报告将“使用从属性”中的两个判断要素,即“工作中指挥监督的有无”和“拘束性的有无”作为“劳动者性质”的基本要素了,而这也正说明该报告提出的“劳动者性质”判断基准的体系,是以典型劳动者为前提制定形成的。①

二、契约劳动关系的法律适用

(一)日本劳动法体系

同为大陆法系国家的日本,其雇佣关系调整的法律构架与德国类似,以民法保护为主。《日本民法典》规定了雇佣合同的内容。为适应劳动力市场不断变化的新形式,日本先后颁布了许多单行劳动立法来应对社会发展的需要。在日本一般所称的劳动法,从体系上来看,由三大部分所组成,即个别劳动关系法(雇佣关系法)、集体劳动关系法(劳资关系法)、劳动市场法(雇佣政策法)。个别劳动关系法主要有《劳动基准法》《最低工资法》《工资支付确保法》《劳动安全卫生法》《劳动者灾害补偿保险法》《男女雇佣机会均等法》《非全日制用工劳动法》《劳动契约法》等。集体劳动关系法主要有《工会法》和《劳动关系法》。劳动市场法主要有《雇佣对策法》《职业安定法》《劳动者派遣法》《雇佣

---

① 田思路,贾秀芬.契约劳动的研究——日本的理论与实践[M].北京:法律出版社,2007:84.

保险法》《高龄雇佣安定法》《残疾人雇佣促进法》《地方雇佣发展促进法》《职业能力促进法》。①

日本个别劳动关系法规范调整的是每个劳动者与使用者的关系,这一关系的基础是"劳动契约"又称雇佣契约(在我国称为劳动合同)。《日本民法典》第 623 条至第 631 条规定了雇佣合同,《劳动基准法》在第 13 条至第 23 条用专章规定了劳动合同,其后又于 2007 年制定了《劳动契约法》。2009 年 5 月 1 日,日本民法(债权法)修改研讨委员会公布的《债权法修改的基本方针》主张应将《日本民法典》中的雇佣合同规定统一合并到《劳动契约法》中而仅在民法典中保留雇佣合同的定义。② 然而,这个主张迄今为止尚未实现。2007 年起实施的《劳动契约法》将部分不属于标准劳动关系的契约劳动也纳入了其调整。依据日本学者对"契约劳动"学理上的概念界定,契约劳动是指依据雇佣契约(在我国称之为劳动合同)之外的契约形式,比如基于承包、委托等契约,劳动者为用人单位提供劳务和服务,与用人单位存在类似于雇佣关系的经济上的依存关系。③ 据此,日本法上的"契约劳动者"类似于德国法中的"类雇员"。

2005 年 4 月日本厚生劳动省成立了"关于今后劳动契约法制研究会",旨在研究如何为劳动者创造安定的劳动环境和建立良好的劳资关系,强化与劳动合同相关的法规法制。2006 年 9 月 15 日该研究会发表了《关于今后劳动契约法制的研究会报告书》(以下简称《报告书》)。《报告书》对《劳动契约法》的适用范围做了如下论述:《劳动基准法》规定的"劳动者"当然应该成为劳动契约法制的对象,同时为了解决劳动形态多样化产生的各种问题,有必要研究不属于《劳动基准法》的"劳动者"的就业者的劳动契约法制的适用对象问题。基于这样的认识,即使没有《劳动基准法》规定的"劳动者"所必需的使用从属关系,基于承包、委托契约提供劳务、获得报酬的特定的具有经济从属性者,因为与雇主之间存在获取信息的质、量的差异和交涉能力的差异,所以应作为劳动契约法制的对象予以一定的保护。《报告书》认为,不是《劳动基准法》规定的劳动者,要适用劳动契约法制必须满足以下要件:(1)个人;(2)基于承包、委托契约以及其他与之类似的契约提供劳务者;(3)与提供劳务相等价得到报酬;(5)与特定的雇主持续签约,用其收入的大部分来维持生活者。另外,根据

---

① ［日］荒木尚志.日本劳动法(增补版)[M].李坤刚,牛志奎,译.北京:北京大学出版社,2010:12.

② 参见[日]日本民法(债权法)改正检讨委员会编:《债权法改正的基本方针》,商事法务 2009 年版,第 389 页。

③ 田思路,贾秀芬.契约劳动的研究——日本的理论与实践[M].北京:法律出版社,2007:33.

具体情况灵活运用劳动契约法制的规定，以促进在审判中对《劳动基准法》上的"劳动者"以外的就业者类推适用劳动契约法制，这些政策应该加以研究。无论怎样，劳动契约法制的适用者，依什么样的规定加以适用，必须依照他们从事劳动的实际形态加以研讨。①

在雇佣、就业形态多样化的进程中，在承包、委托等劳动契约以外的劳务供给契约的形式以及向企业提供劳务的非雇佣的就业者不断增多的背景下，日本厚生劳动省的《报告书》认为《劳动契约法》的适用对象不仅包括《劳动基准法》规定的"劳动者"，还应扩大到《劳动基准法》定义的"劳动者"的意外者。对于这些"意外者"，《报告书》将其定义为"即使没有使用从属性，基于承包契约、委托契约等提供劳务，并从对方获取报酬的特定的经济从属者"。可见，《报告书》认为，即使没有使用从属性，由于与对方存在获取信息质、量的差异性和交涉能力上的差异，所以需要提供一定的保护，而这些需要保护者又有特定的经济从属性。这两点是非常值得肯定的，在国际上对劳动法适用范围积极展开研究的大背景下，日本在国内立法中对该问题的实质性探讨，对他国相关问题的立法和司法实践具有较大的借鉴意义。

（二）司法实践

上述以典型劳动契约形式区分劳动契约与承包、委托契约，在实践中还存在一些难以划分的边际事例。比如即使是劳动契约，《1985 年报告》提出的劳动者性质的三个重要判断基准（即对工作指示的承诺有无，工作指挥监督的有无，工作时间、地点的拘束性的有无）也有可能存在欠缺之处；而即使是承包或委托契约，上述三个基准却可能完整地存在。因此，在司法判例中，法官在进行具体案件的审判时在以劳动契约的性质——"人的从属性"为核心，依据上述三个基准进行判断时，对"程度"和"强度"与"劳动者性质"的质量变化进行探讨，对具体案件进行把握。

迄今为止，关于劳动者性质的诉讼案件的边际事例主要涉及以下人员：煤气公司在外收款员、专业钢琴家、专属推销员、外务调查员、收入提成制的货车司机、自家车的司机、临时讲师、基于委托契约从事做饭或洗衣者、从事鲜鱼的选别者、从事唱片或录音带的制作者、基于承包契约的招待员、电视制作公司的临时演员、经营顾问、不动产中介人、制作电脑编程便览手册者等。可见该类案件涉及的行业和职业非常广泛。法院在审理上述种种案例时，基本上是

---

①　参见日本厚生劳动省"关于今后劳动契约法制研究会"：《关于今后劳动契约法制的研究会报告书》，2006 年 9 月 15 日。

依据《1985年报告》关于劳动者性质的判断基准进行综合判断和实质分析的。

迄今为止,日本最高法院关于劳动者概念的审理判决已有不少。对于这些诉讼,最高法院只是列举多样的事实关系,通过综合分析判断,在具体案件中得出是否为"劳动者"的结论,但还没有对劳动者概念进行积极的定义,也没有明示其判断基准。然而行政机关和法院对这些特殊的雇佣形态引发的案例,逐一判断是否属于《劳动基准法》第9条规定的"劳动者"。由于《劳动基准法》第9条规定的"劳动者"定义是抽象的,所以法院大多也会以劳动行政部门发表的《1985年报告》提出的劳动者性质的判断基准要素作为参考。但是在司法实践中,法官不是机械性地运用这些准则,也并不是认定其中某个基准绝对重要,而是从总体上着眼,将这些基准看成是相互的补充来加以综合运用。

综上,"契约劳动"是日本对新型雇佣劳动关系的定义。尽管在其现存的劳动立法中并没有具体的关于契约劳动的规定,但契约劳动是日本劳动关系认定标准的重要组成部分,以契约劳动者[①]的概念对新型雇佣劳动的劳务提供者进行定义。日本判断是否是劳动法规定的劳动者的关键在于是否具有从属性,1985年劳动基准法研究会对此制订了详细的认定标准,在司法实践中则按照标准进行判断。

第三节　美国的情况

美国长期以来对就业领域持放松管制态度,使得"契约劳动"这一非典型性就业业态在美国发展得最为成熟和多元。但美国目前对于契约劳动的调整尚未突破传统民法的方法。由于美国处在零工经济发展的巨潮之中,有20%～33%的劳动力属于非传统雇员范畴,因此民众对现行法律进行改革的呼声很高,法律专家也认为有必要对契约劳动进行特殊的法律保护。

一、"劳动者"的判断基准

美国适用工资、工时法等劳动立法先以确认雇佣关系为基础。美国的法律对雇员和雇主做出了明确的定义,雇员是"受雇于雇主的任何人",雇主是"直接或间接为了与雇员相对应的雇佣方的利益而活动的任何人"。立法与司

---

① 镰田耕一在《契约劳动的研究》一文中对契约劳动者的定义是基于委托、承包契约依从用户企业的指示提供相应服务的人。

法实践中通常以认定雇员身份或者雇主身份来确定双方之间是否存在雇佣关系。

作为英美法系国家,美国在劳动立法和学理解释中并没有明确提出"从属性"的概念,他们在劳动关系认定的标准上通常是按照"控制说",即雇主(employer)是否具有对雇员(employee)行使有力的指挥,高度控制雇员工作内容的权力。

在确认雇主身份上,美国的《公平劳动标准法案》将"雇主"定义为"直接或间接地为了雇佣者的利益而活动的任何人"。在此法案下,雇主可以是自然人或者法人。但是,对于雇主身份的认定不能仅从该法条进行判断,最主要的认定标准是雇主是否对雇员拥有控制权。控制权不限于绝对控制,也可以是在雇佣劳动关系不脱离劳动法保护的情况下,该控制被限制或仅偶尔运用。法院在实际操作时通常以以下几个因素来考虑主体是否具有雇主身份:(1)是否享有雇佣和解雇雇员的权力;(2)是否可以对雇员的工作进行安排或监督;(3)是否支付工资;(4)是否具有雇佣记录。这些因素都蕴藏了雇主对雇员支配性的意味,若满足上述条件,就可以认定雇主与雇员之间存在劳动关系。但这也并不意味着单独具备以上一项就可以认定为"雇主",仍需依靠法院结合各种因素来做出判断。[①]

除了对雇主身份进行判断,雇员身份的认定也是确认劳动关系存在的重要条件。在确认雇员身份上,《公平劳动标准法案》规定,"雇员"是指"被雇主雇佣的任何人"。法院在确定雇员身份时,通过以下6个方面进行认定:(1)雇员的独立程度或雇主对雇员的控制程度;(2)雇员是否承担利润或分享损失;(3)雇员对生产工具是否有投资;(4)雇员与商业机构之间关系的持续性及持续时间;(5)雇员进行工作所需要的技术性程度;(6)雇员所提供的服务是否作为雇用实体不可分割的一部分。以上六大因素没有一个是具有决定性的,因此,美国在确认雇员身份时最重要的还是考虑雇主是否对雇员享有控制权。除此以外,美国在劳动立法中否定了一些人的雇员地位,例如"独立合同工(independent contractor)",因为他们依据协议,往往使用自己提供的工具,独立完成他人委托的工作并收取报酬。这类不能由雇主直接控制的劳务提供者,会被美国法律排除在"雇员"认定范围之外。

---

① 林晓云.美国劳动雇佣法[M].北京:法律出版社,2007:15.

二、劳动关系的认定标准

美国法对劳动关系的认定与我国类似,基本采用"劳动者/独立承包人"两分法结构,一旦一个雇工被认定为劳动者,就享受劳动法上的权利;反之,若不被认定为劳动者,就不能享受任何劳动法上的权利。此时,判断一个员工(泛指所有参加劳动的人,包括劳动法意义上的劳动者,也包括不构成劳动关系的其他用工形式的劳动者)是否是劳动者,具体有两种标准。

第一种认定标准是控制权。控制权标准来源于普通法代理制度中的雇主责任原则。控制权包含以下 10 个认定要素:控制的程度,即根据协议雇主控制员工的工作细节的程度;员工是否处于一个独特的职业和业务;这种职业是经常处于雇主的指挥下,还是由不受监督的专业技术人员来完成;特定职业所需的技能;由雇主还是员工提供仪器、工具以及从事工作的场地;员工被雇佣的时间;支付报酬的方式是按照时间还是按照工作本身;这份工作是否属于雇主常规业务的组成部分;双方是否认为他们正在建立主仆关系;委托是否在经营。

第二种标准是经济现实标准。如上所述,控制权来源于代理说,代理制度解决的是雇主责任的问题,而劳动法却要面对劳资双方经济地位的不平等。当一个员工经济上非常依赖雇主时,此时雇主不需要施加官僚性的控制或者设立严格的经济条款就可以实现对劳动者的控制。此时,经济现实标准开始出现,该标准主要侧重于员工在经济上对雇主的依赖性,弱化了雇主对雇员在组织上的控制权。具体来说,以下 6 个要素可以帮助判断一个员工是否属于劳动者:雇主对员工潜在控制的性质和程度;员工与潜在雇主的劳动关系的长期性;员工对设备、器材或者帮手的投资;工作所要求的技能、主动性、判断力或者深谋远虑的程度;员工的盈利或者亏损的机会;员工的工作作为潜在雇主的业务组成部分的程度。

需要注意的是,不同的法律采纳了不同的劳动关系认定标准。比如,规制工会事务的《劳动关系法》采纳的是控制权标准,而规制工时工资事务的《公平劳动标准法》采纳的是经济现实标准。[①]

(一)美国契约劳动者的认定标准:分歧、进展与启示

共享经济带来的非典型雇佣的迅猛发展对美国劳动法提出了重大挑战。不过美国劳动立法的回应却似乎并不积极。一方面,美国没有专门规范非典

---

① 柯振兴.美国网约工劳动关系认定标准:进展与启示[J].上海:工会理论研究,2019(6):58.

型劳动的特别立法；另一方面，现行的美国劳动法规能否适用于非典型劳动存在很大的分歧，这成为非典型劳动对美国劳动法提出的最大挑战。相关的主要劳动法令，包括《公平劳动标准法》《平等工资给付法》《民权法》《就业年龄歧视法》《家庭及医疗休假法》《职业安全卫生法》《劳工调整及再训练预告法》等，都面临对非典型雇佣能否适用的问题。其关键在于如何认定这些共享经济从业者的劳动者地位问题，因为要接受这些法律的调整与保障的前提是当事人之间必须有雇佣关系存在。虽然，如前文提及，美国劳动法上对雇员乃至雇主做出了各种定义，以作为决定某项法律是否适用的主要标尺，当事人必须符合这些法律所规范的雇主与雇员定义才能被纳入保护范围。如《公平劳动标准法》对雇员的定义是任何受雇于一位雇主的个人，对雇主的定义则是任何对应一位员工时直接或非直接享有雇主利益者。《家庭及医疗休假法》规定可以享受假期的员工必须满足下列条件：至少受雇 12 个月，在请假前 12 个月内已经提供了 1250 小时的劳动，工作场所内必须至少有 50 位以上劳动者是从 75 英里之内雇佣的。1988 年的《劳工调整及再训练预告法》要求其调整范围内的雇主必须是雇用劳动者数量在 100 名以上，并且不含部分时间劳动者，该 100 名劳动者参与集体作业的总工时每周至少 4000 小时以上。该法所保护的雇员必须是"可以合理期待在可能的闭厂或者解雇下将经历失业的劳动者"。①

在典型劳动模式下，劳动者/独立承包人（也有的翻译为独立承揽人、独立契约工、独立合同工等）"两分法"的认定标准，对劳动关系的鉴别十分容易，仅从员工对雇主组织上的从属性就可以判断，而共享经济中大量的非典型劳动的出现和发展使得雇员的鉴别标准变得模糊。如今美国存在大量的独立承包人，他们通过民事合同而非劳动合同与劳动力的使用方建立用工关系。与传统劳动者相比，他们独立性较强，不从属于合同相对方，双方形成的是一种民法上的对价关系，因此也无法获得美国劳动法上的各种保护。然而，现实的问题在于非典型劳工与独立承包人的区分，在美国非典型从业者到底是雇员还是独立承包人，判断起来非常困难。由于独立承包人在美国劳动法的规制范围之外，企业的自由度较大而且用工成本较低，一些不良雇主往往将实质上的非典型雇员归类于独立承包人，出现严重的将劳动者向独立承包人规避的现象，使得这些劳动者得不到劳动法的保护，引发了诸多问题和争议。

由于美国正处于共享经济的浪潮中，各类非典型劳动的从业者不断增加。民众和法律专家普遍认为，对于大量共享经济从业者来说，美国的劳动法实际

---

①　田野.非典型劳动关系的法律规制研究[M].北京：中国政法大学出版社，2014：147.

处于空缺的状态,并主张应变革劳动立法,扩大劳动法保护的劳动者范围。美国学术界对于共享经济的态度是,此种趋势不可避免,在未来的劳动力大军中,各类网约工等契约劳动者将占据半壁江山,因此应当对此类新型劳动者进行保护。① 学者们认为在对这类新型劳动者建立特殊保护之前,首先要确定传统产业劳动者与新型劳务提供者的本质区别。有些学者认为,应当用经济学理论来解释这种区别②;当然也有一些人提出了一些法学分析标准。③ 在对新型契约劳动者进行界定的基础上,有学者认为对"网约工"等新型契约劳动者进行保护的核心问题是,应当采用各种手段(包括契约手段、法律手段及技术手段),保证该类新型契约劳动者的劳动(劳务)报酬能够得到完整而及时的支付。④

为了呼应多方诉求,也不断有议员提出对于非典型劳动的立法建议。在联邦层面,早在 1993 年众议院议员提出部分工时与《暂时性劳工保护法草案》(*Part-Time and Temporary Workers Protection Act*),参议院议员曾提议制定《变动性劳动力公平法》(*Contingent Workforce Equity Act*)。2002 年众议院议员提出《自由职业作家与艺术家保护法案》(*Freelance Writers and Artists Protection Act of 2002*),主张在自由作家与自由艺术家以其作品与出版社进行交易时,法律应当给予其集体谈判的保护,其保护手段应当类似于《国家劳动关系法》所规定的雇员的集体谈判权。不过可惜的是,十多年过去了,该法案目前仍搁置在众议院司法委员会。此外,克林顿总统在位期间曾组织邓洛普未来劳资关系委员会(Dunlop Commission's Future of Worker-Management Relations)提出了劳资关系改革的建议,其中虽未直接建议劳动法改革,但的确对非典型劳动提出了通过行政手段加强规范的建议。在州层面,纽约州参议员于 2011 年提出议案主张根据独立承包人的相关规定修订劳动法(*An Act to Amend the Labor Law in Relation to Independent Contractors*,S. 4129D),民间戏称,为《自由职业者报酬保护法案》(*Freelancer Payment Protection Act*),用于解决契约委托人对契约劳动者拖

① Gartside S. Farley & Cantrell. trends reshaping the future of HR: the rise of the extended workforce[R]. Accenture Institute for High Performance,Mar. 1, 2013:3.

② Dyal-Chand. Regulating sharing: the sharing economy as an alternative capitalist system[J]. Tulane Law Review, 2015, 90: 263, 288-302.

③ Harned K M. Creating a workable legal standard for defining an independent contractor[J]. Journal of Business, Entrepreneurship & the Law, 2010, IV(I):93-116.

④ Miller. Getting paid in the naked economy[J]. Hofstra Labor & Employment Law Journal, 2015, 33:285-298.

欠或克扣劳动报酬的问题,其主要内容如下:要求契约委托人在合理时间内向契约劳动者支付劳动报酬;要求契约双方订立书面劳动合同便于解决争议;授权州劳工部根据书面合同对违反支付的行为进行制裁;规定对契约委托人违反本法的行为进行惩处。但该议案的命运与前文所述议案如出一辙,至今仍搁置在纽约州议会的劳动委员会。2015 年,纽约市议员也提出了类似议案,希望对从事自由职业的劳动者提供应有的保护,具体内容包括:规定金额超过200 美元的契约应当以书面方式订立,其中应订明付款方式及最后付款日期;规定如果契约劳动者通过诉讼途径请求报酬,并获胜诉,契约委托人要给予其双倍赔偿;规定纽约市消费者事务局有权进行调解并确定民事赔偿金额。2016 年 2 月 29 日,该议案提交审议,目前尚在修改阶段。综上,可以说目前美国官方虽努力对契约劳动者进行超于民法的保护,但此种努力尚未成功。

(二)加州 AB-5 法案

立法的最新进展来自于 2019 年 9 月 11 日美国加州立法机关通过的关于劳动关系认定的 Assembly Bill No.5 法案(以下简称 AB-5 法案)。该法案于2020 年 1 月 1 日开始实施。AB-5 法案旨在通过法律将此前加州最高法院在Dynamex Operations West, Inc. v. Superior Court of Los Angeles[1] 案(以下简称 Dynamex 案)中使用的劳动关系认定标准的"ABC 检验"以法典化的形式清晰地确定下来。根据 AB-5 法案,在适用有关劳动法律时,一般要认定通过劳动或服务换取报酬的人(被雇方)为劳动者而不是独立承包商,除非雇佣方能同时证明:A. 被雇方在有关工作绩效的方面不受雇佣方指挥和控制;B. 被雇方完成的工作不是雇佣方的主营业务;C. 被雇方通常以独立的形态参与交易、经营或者执业。上述 A、B、C 三项标准就是此前提到的"ABC 检验"。在 Dynamex 案中,法院通过"ABC 检验"方法认定了 Dynamex 雇佣的工人属于劳动者而不是独立承包商(independent contractor)。

根据 AB-5 法案,如果法院在裁判过程中认为"ABC 检验"无法适用,则应采取 S. G. Borello & Sons, Inc. v. Department of Industrial Relations(1989) 一案(以下简称 Borello 案)中的检验标准对劳动关系进行判定。AB-5法案同时也对一些特定职业适用"ABC 检验"标准进行了豁免(这些职业直接适用 Borello 案检验标准),包括持证的保险代理人、特定的持证医护人员、注册的证券经理人和投资顾问、直销人员、持证的房产中介、商业渔民、持证的美容美发人员以及其他一些专业人员和从事建筑分包工作的人员。

---

[1]　No. S222732(Cal. Sup. Ct. Apr. 30,2018)

根据 AB-5 法案,在加州的网约工等灵活用工群体更容易被认定为劳动法意义上的劳动者,并因此获得最低工资保护、工伤赔偿以及其他一系列基于劳动法的保障和福利。而由此带来的经营成本的提高是共享经济企业普遍反对这一立法的主要原因。Uber、Lyft、DoorDash 等共享经济企业一直以来都在极力反对该项立法,除了进行游说外,Uber 和 Lyft 还共同出资 6000 万美元在 2020 年 11 月发起了一项确保网约车司机身份为独立承包商的公投。Uber 总法律顾问 Tony West 表示,AB-5 并不会自动将网约车司机分类为劳动者,也不会直接向他们提供福利,同时也没有给予他们团结权,事实上这一法案并没有提及网约车司机。这一法案只是确定了一种严格的、已经在判例法中存在的劳动关系认定标准。

为应对 AB-5 法案,2019 年 10 月间,Uber、Lyft 以及 DoorDash 三家知名的共享经济平台公司提出了一个妥协方案"The Protect APP-based Drivers & Services Act"。这个方案的核心要点是,平台在保持网约车司机的独立承包人身份的基础上,提高他们的待遇,增加劳动保护,以此换取法律不认定他们与平台之间形成劳动关系。他们希望将这个方案纳入加州的 2020 年全民公决项目,由选民来决定是否支持这个方案,从而获得 AB-5 法案的豁免资格。方案一共分为 3 个部分:(1)基调部分。承诺这个方案将保持网约车司机的灵活性,包括可以控制自己的工作时间,选择何时和何地去工作、工作多久以及可以为多家平台工作。(2)工资和福利保障部分。首先是收入保障,公司将支付 120% 的小时最低工资(加州水平),并提供每英里 30 美分的费用补助(油费和维修费)。其次是健康保险,如果司机每周工作 15 小时以上,公司提供与 Affordable Care Act 要求相一致的医疗补贴。此外,平台公司提供职业伤害保险(occupational accident insurance)和交通事故险及责任险。最后,平台还将保障网约车司机免受歧视和性骚扰。(3)公共安全部分,包括平台对网约车司机反复的背景调查和强制性的安全培训,对酒精和毒品犯罪的零容忍,以及对网约车司机开车时长的封顶要求,以防止疲劳驾驶。方案还对收入保障做了补充说明,对于网约车司机的小时最低工资,计算时间为从接单开始到送达乘客为止,包括接单后去指定地点接乘客的时间。但是,如果网约车司机只是开着 APP 处于等待接单的状态,那么这个时间就不会被计入。此外,司机可以获得全部小费,并且公司在计算小时最低工资时不会用小费收入来抵最低工资。

而 AB-5 法案起草者 Lorena Gonzalez 在接受采访时回应说,相比 AB-5 法案对网约工的保护,平台公司方案所给予网约工的权利和工资要少得多。

首先,在这个方案中,小时最低工资支付的细节仍然不够清晰;其次,这个方案缺少工伤保险和失业保险。[①] 而积极推动这一立法的 Alt-Labor 组织 Gig Workers Rising 的成员则表示,AB-5 的通过只不过是刚刚开始而已,获得更多团结权是他们下一步的目标,建立工会尤为关键。

　　备受关注的加州 AB-5 法案已经于 2020 年 1 月 1 日开始实施。这个法案的内容是将劳动关系认定的"ABC 检验"法典化,使得网约工等灵活用工群体更容易被认定为劳动法意义上的劳动者,也因此引发了不少争议。

　　2019 年 10 月,加州的部分新闻业自由职业者与加州 AB-5 起草者之一的 Lorena Gonzalezzai 在 Twitter 上吵了一架,理由是 AB-5 法案限制了他们的灵活就业。[②] 根据 AB-5 法案,加州新闻业的自由职业者,也就是自由撰稿人,很有可能被认定为杂志社或者报社或者网站的具有劳动法意义的劳动者。理由是,根据"ABC 检验"中的 B 规则,自由撰稿人撰写稿件,其内容生产本身就是杂志社或者报社或者网站的主营业务。当杂志社无法否定 B 规则时,自然也无法否认这些自由职业者与他们建立了劳动关系。此外 AB-5 法案对新闻业自由职业者进行了有限的豁免,既希望保护一般意义上的新闻从业者,避免媒体将他们认定为独立承包人而使他们失去劳动法的保护,又希望将自由职业者排除出 AB-5 法案,不影响他们的灵活就业方式。该豁免条款的主要内容是,一年为媒体写稿 35 次以下的自由职业者不被认定为劳动者。为什么把数字定位 35 次呢? 立法者解释,一年写 35 次稿相当于每月写 3 次稿。如果超过这个频率,比如每个月写 4 次稿——就相当于给媒体写周末专栏的频率,媒体就应该雇佣他们。反之,如果达不到这个频率,那么可以认为是自由职业者,工作比较灵活和随性,不被纳入劳动法的保护范围。然后就出现了部分新闻业自由职业者在 Twitter 上对 AB-5 提案人进行批评和攻击。这些自由职业者的关注点是,在 AB-5 法案出台前,他们通过为报社写稿可获得不菲的收入,同时还能享受工作的自由性。如今,媒体公司为了避免与他们成立劳动关系,很可能会将一年的写稿量限制在 35 件以下,那么他们的收入肯定会下滑。2019 年 12 月,代表加州自由撰稿人和自由摄影师群体的 Pacific Legal Foundation 宣布起诉 AB-5 法案违反宪法。对一家媒体来说,一位自由撰稿

---

　　① Uber, Lyft, DoorDash launch a \$ 90-million fight against California labor law. https://www.latimes.com/california/story/2019-10-29/uber-lyft-doordash-fight-california-labor-law-ab5.

　　② Freelance journalists are mad about a new California law. Here's what's missing from the debate [EB/OL]. https://www.vox.com/identities/2019/10/21/209024781/freelance-journalists-writer-AB-5-california.

人在一年内只能在该媒体发表 35 篇作品,除非自由撰稿人成为该媒体的劳动者,才可以发表更多的作品。这个法案的初衷是促使媒体将自由撰稿人转为正式劳动者,否则无法继续大量采用他们的稿件。Pacific Legal Foundation 把这个事情上升为 AB-5 法案损害了受宪法保障的言论自由权,即法案变相压制了自由撰稿人的发表权利,特别是这些自由撰稿人很可能是这部法案的激烈批评者。Pacific Legal Foundation 提出的另一个论据是,和自由撰稿人工作性质类似的美术设计师群体得到了 AB-5 法案的豁免,可以继续以独立承包人的身份工作,而自由撰稿人和摄影师没有得到该法案的豁免,这种任意的武断的区别方式也涉嫌违反宪法第十四条修正案的平等保护原则。

还有几件比较震动的事件。一件是 2019 年 11 月份,加州卡车协会(California Trucking Association)向法院起诉,要求法院确认 AB-5 法案不适用于卡车行业。加州卡车协会认为,很多卡车司机自己拥有卡车,属于业主经营类型(owner-operator)。如今,即使这些卡车司机本身希望保留独立的地位,公司为了遵守 AB-5 法案,很可能将他们作为劳动者来对待,因此,这个法案事实上限制了卡车司机的选择权。另一件是 Vox 媒体的裁员事件。Vox媒体宣布,将裁去 200 多名为它旗下 SB Nation 板块写稿的自由撰稿人,转而雇佣 20 名全职或者兼职劳动者来负责。不过,《洛杉矶时报》的一篇报道也为 AB-5 辩护,并指 Vox 之前因为将一些劳动者转为独立合同工并少付了很多工资,已经被这些劳动者提起集体诉讼。《洛杉矶时报》援引 AB-5 起草者Lorena Gonzalez 的话说,正是因为存在 Vox 的这种变更劳动者的身份导致劳动者权益受损的行为,才会有 AB-5 法案去保护这些劳动者。另一件广受关注的事例是 AB-5 法案对音乐人和演员的工作形态的影响也很大。比如,在过去的歌剧演出中,歌唱家、乐器演奏家以及舞台设计人员等都是以独立合同工的身份加入剧组,剧组再结算报酬。如今,为了符合 AB-5 法案的要求,演出公司将考虑雇佣这些群体。以后,这些人的工资将更加有保障,但是对公司来说,成本上升压力也不小,一些规模较小的演出公司可能将面临生存危机。

2020 年 11 月,在加州举行了一项有关 Proposition 22 的议题(即 Uber 等公司是否获得 AB-5 法案的豁免)的州全民公决。为了获得选民对本项议题的支持,Uber、Lyft 以及 DoorDash 等平台公司先后投入了 2 亿美元的资金用于游说活动。Uber 等公司指出,AB-5 法案将使 Uber 司机失去工作的灵活性,而消费者也会受到影响——除了将承担更高的价格,网约车的服务区域也将受限。不过,虽然 Uber 公司维持了司机的独立合同工地位,但是也做出了妥协。根据 Uber 公司的承诺,Uber 司机将获得小时最低工资等额外待遇。

　　在该项州全民公决中,加州选民同意 Uber 等公司获得 AB-5 法案的豁免地位,这样 Uber 公司可以继续维持 Uber 司机的独立合同工的身份。对于AB-5 法案来说,这又是一个挫折,使得该法律覆盖的范围越来越小。此前在2020 年 9 月初修法时增加了自由撰稿人等群体作为法案的豁免对象,如今,网约车司机也成了法案的豁免对象,况且 AB-5 法案还面临其他诉讼,比如卡车司机已经在基层法院胜诉,法院宣布了一个临时禁止令,禁止加州将 AB-5法案适用于卡车司机行业。这个案子已经上诉到第九巡回法院。并且Proposition 22 让其他灵活用工行业看到了拿到豁免资格的希望。据统计,目前 AB-5 法案还影响着 400 多项灵活用工的种类,是否将来这些使用灵活用工的企业都考虑用这种方式来取得豁免资格,值得观察。①

　　(三)美国劳动部的意见书

　　2019 年 4 月,美国劳动部发表了一份意见书(opinion letter)。② 在该意见书中,美国劳动部倾向于认定网约工不属于劳动法意义上的劳动者,得出的结论与加州 AB-5 法案完全相反。

　　2019 年 4 月 29 日,美国劳工部发布了一封意见书(opinion letter)。意见书缘起于一家匿名的虚拟市场交易公司(virtual marketplace company)或者说是一家共享经济企业的律师向劳工部咨询企业网络平台下的网约工是否具有法律意义上的劳动者身份,而美国劳工部明确答复这些网约工不属于劳动者群体。③

　　意见书首先描述了网约工群体的特征,然后开始回顾美国的劳动关系认定标准。因为涉及的是《公平劳动标准法》,此时适用"经济现实标准(economic reality)"来识别劳动者身份。具体来说,以下 6 个要素可以帮助判断一个网约工是否属于劳动者:雇主对雇员的潜在控制的性质和程度;与潜在雇主的劳动关系的长期性;工人对于设备、器材或者帮手的投资数量;对于工人的工作所要求的技能、主动性、判断力或者深谋远虑的程度;工人的盈利或者亏损的机会;工人的工作作为潜在雇主的业务组成部分的程度。根据这6 项标准,意见书对网约工是否是法律意义上的劳动者这一问题做了具体的论述。明确答复这些网约服务提供者不是劳动法意义上的劳动者。具体理

---

　　①　Election day gave Uber and lyft a whole new road map[EB/OL]. [2020-11-22]. https://news.bloomberglaw. com/daily-labor-report/election-day-gave-uber-and-lyft-a-whole-new-road-map.

　　②　该意见书参见:https://www. dol. gov/whd/opinion/FLSA/2019/2019_04_29_06_FLSA. pdf. [2020-02-12].

　　③　https://www. dol. gov/whd/opinion/FLSA/2019/2019_04_29_06_FLSA. pdf. [2020-2-12].

由为：

(1)雇主的控制。首先,公司并没有对网约工施以任何职责,比如严格的换班、大的配额或者较长的工作时间。相反,公司提供了灵活性让网约工去选择何时、何地、如何以及为谁去工作,并且网约工通常为了他们自己的利润和个人利益去使用这种灵活性。其次,公司也允许自己平台上的网约工同时为竞争对手工作,而网约工为了个人利益最大化,日常中也确实这么做。最后,公司并没有检查网约工的工作质量,或者给网约工的工作表现打分。因此,在这个要素中,意见书倾向于认为网约工不具有劳动者身份。

(2)关系的长期性。首先,公司并没有与网约工建立长期性的雇佣关系,事实上,网约工对于退出公司有很高的自由度。最重要的是,公司也没有限制他们与竞争对手接触。其次,即使事实上网约工和公司保持了长期的关系,也是因为一个业务接着一个业务(project-by-project basis),并不意味着建立了长久的劳动关系。因此,在这个要素中,意见书也倾向于认为网约工不具有劳动者身份。

(3)投资问题。公司并没有以网约工的名义去投资任何的设备、器材或者帮手。相反,都是网约工自己购买工作必要的资源,而公司也不会对此提供报销。当然,公司投资了虚拟性的网络平台,但是单独的这项投资并不足以与网约工建立劳动关系,毕竟网约工可以同时使用其他网络平台。或者说,虽然网约工可以通过平台迅速找到工作,但是这种依赖仅仅轻微地降低了他们的独立性。因此,在这个要素中,意见书倾向于认为网约工不具有劳动者身份。

(4)工作技能问题。网约工,比如网约车司机,为了自身利益的最大化,会在不同的服务机会和对手的虚拟平台之间做出选择,并且行使自己管理上的自主权,因此显示了相对于公司的相当大的独立性。并且,公司也不对网约工进行强制性的技能培训。这也有别于典型的劳动者。

(5)利润或者亏损的机会。网约工并不从他们的工作中获得事先确定的报酬数额,相反,网约工自己控制利润或者亏损的决定因素。虽然公司设定了价格,但是允许网约工根据不同价格选择不同的工作种类,只要是合适的工作,网约工可以尽量多地去接单,并且也允许商讨工作的价格。网约工还可以通过选择对手的虚拟平台来控制自己的利润或者亏损。从这一点来看,意见书也倾向于认为网约工不属于劳动者群体。

(6)工作的组成部分。网约工并不属于公司网络平台指引业务的组成部分。网约工仅仅通过平台获得工作机会,并没有去发展、维护或者操作平台。意见书强调,公司的主要业务不是为终端市场的消费者提供服务,而是提供一项连接网约工和消费者的网络平台指引业务。

意见书以非常清晰的方式设立标准,企业通过这个标准的话,这个标准将在诉讼中帮助企业。虽然这个意见书并不特指任何一家网络平台,但是事实上,如果 Uber 等公司的商业模式与意见书中的虚拟市场交易公司的商业模式大规模重合的话,可以推定 Uber 司机属于独立承包人。当然需要提醒的是,首先该意见书出台时是共和党执政时期,劳工部自然会倾向于企业一方的利益。而反观以往民主党执政时期,劳工部出台的意见书会倾向于将网约工认定为劳动者。其次,这份文件仅仅是劳工部的意见书,法院是否采纳以及如何采纳也是未知数。

同样,2019 年 6 月美国劳动关系委员会总法律顾问办公室发布的建议备忘录[①]也认为 Uber 司机不属于劳动者,并说明了详细理由,要求劳动关系委员会的分支机构驳回要求确认其劳动者身份的起诉。

三、司法实践

共享经济从业者的劳动者地位问题,一直是美国立法和司法界关注的问题。由于立法困难重重,美国劳动法主要是通过法院判例的形式探索出了各种雇员的鉴定标准。在此,我们以共享经济中网络工的代表网约车司机为例,对美国契约劳动者的法律适用问题的司法判例做一梳理和评析。

相较于我国,美国的网约车平台公司兴起得更早,发展得更快。以 Uber 为例,它成立于 2009 年 3 月,经过近 10 年的发展,除了美国市场,Uber 的业务现已覆盖全球五大洲的 630 多个城市,市场规模巨大。与此同时,对于网约车平台下的网约车司机的身份的探讨,成了一个热门的话题。在众多的美国 Uber 专车案中,关于 Uber 公司与使用其预约平台提供专车服务的司机之间是否存在劳动关系的讨论成为备受瞩目的焦点。

在美国 Uber 案中,受到广泛关注的是加州劳工委员会做出裁定的 Barbara & Berwick 案以及该州北区地方法院做出的关于部分准予集体诉讼的 Douglas & Connor 案。两起案件的案由都是 Uber 司机要求确认与 Uber 公司的劳动关系。它们所引用的裁判依据类似,考察要素也主要是公司对劳动者劳动的控制力和业务内容的从属性。但判决的结果却截然相反。

在 Barbara & Berwick 案中,加州劳工委员会认定 Uber 通过手机应用程

---

① 该建议备忘录参见:http://www. nbrb. gov/news-publications/nlrb-memoranda/advice-memos [2019-10-09].

序控制司机 Berwick 的工作时间,监察其评分等级,且司机 Berwick 提供的服务是 Uber 业务的主要组成部分,最终判定 Berwick 为 Uber 员工而非独立合同工。

在 Douglas &Connor 案中,加州北区地方法院按照司法判例确定的劳动关系认定标准对 Uber 和参与集体诉讼的司机之间是否存在劳动关系进行了逐一分析。在这些认定标准下,法院将 Uber 是否拥有对司机工作细节的必要的控制权利作为主要判定因素,同时考察一定的次要因素,包括司机从事的是否为特定的职业或业务、司机所提供的服务是否属于 Uber 的日常经营业务范围。在考察前述认定标准时,法院一方面对部分因素的满足进行了确认,例如 Uber 单方面设定报酬标准而不与司机进行商定、Uber 要求司机参与评分并进行监察;但在另一方面,法院认定,司机可以自主决定工作日程、驾驶线路及区域,且 Uber 不禁止司机使用其他的第三方应用,这些事实又在一定程度上限制了法院做出 Uber 和司机之间存在劳动关系的裁决。①

有学者评价到,上述两个美国 Uber 案中,美国法院法官判断网约车司机与平台公司是否存在劳动关系主要有两个步骤:一是要由劳动者(即司机)提供证据证明其向接受劳务一方(即公司)提供了劳务,这样就能初步判断出二者存在劳动关系;二是随后举证责任倒置,由接受劳务一方提供证据证明该劳动者不是雇员而是独立合同工。法官进一步根据"Borello test 规则"的 11 项标准中的 3 条标准做出裁判:第一,雇主对雇员的工资、工作时间、工作条件享有控制权;第二,只有经雇主准许,雇员才能工作;第三,雇主对雇员实施了雇佣行为。②

从美国的 Uber 案中可以看出,加州普通法对劳动关系的认定标准与我国原劳动部《通知》第一条规定的"三要素"存在一定的相似之处,但较后者更为详尽、具体。

值得关注的是,并不是所有的出租车司机都愿意将自己认定为"劳动者"身份,雇主也持相同的立场。也就是说,无论是雇主还是雇员对员工的"劳动者"的身份确认也出现了分化。最近,美国《大西洋月刊》发表了一篇很有趣的文章,描述了加州的大麻运送司机由独立承包人专为劳动者身份的情况。可

① 姜俊禄,刘畅.从美国 Uber 案看我国专车预约平台模式下的劳动关系[EB/OL]. [2020-02-16]. https://www. kwm. com/zh/cn/knowledge/insights/examining-the-employment-relationship-in-online-car-reservation-system-in-china-20151029.
② 虞琦楠.共享经济背景下网约车用工模式劳动关系分析——以法院判决为切入点[J].上海市经济管理干部学院学报,2018(3):56-64.

以说,这是一场非常好的社会实践,有助于我们认识共享经济从业者情况的复杂性。从 2018 年 1 月 1 日开始,加州的大麻全面合法化。随之而来的是,根据加州最新的州法,运送大麻的司机的身份必须是劳动者,而不是独立合同工。理由是,加州要求药店对他们的商品负责,所以最好由受过训练的劳动者来处理。如果由独立合同工来处理的话,独立合同工可能同时运送多家药房的大麻,使得执法人员难以找到对此负责的药房。之后,药房就将原来负责递运大麻的司机从独立合同工转为劳动者身份。随之,司机一方出现了分化。据介绍,一半的司机仍然喜欢独立合同工的角色,并且果断辞职去寻找其他共享经济的岗位。另一些人离开岗位,是因为有些药房将司机定位于兼职劳动者,每周工作 30 小时以下,虽然他们可以得到最低工资,但是数额不高,因此这些司机也离开了岗位。不过也有很多人选择留下,并享受到了劳动者身份带来的福利,比如工作的稳定性、受保证的工作时间等。而雇主一方同样出现了分化,毕竟将司机从独立合同工转为劳动者,给企业增加了成本。有公司表示,身份转化后,用工成本提高了 12%～15%。当然,也不全部是坏事。比如,有些消费者特别是老客户对此表示欢迎,他们更喜欢与劳动者身份的司机打交道,因为这些司机非常了解产品,并且也能为消费者的问题负责。很多共享经济的企业已经从一开始就将从业人员定位为劳动者身份,并取得了良好的效果。但是对于 Uber 等企业来说,他们如果将从业者从独立承包人转为劳动者身份,会受到来自风险资本投资者等方面的压力,这种转换会更加困难。[①]

美国对于共享经济劳动者的立法和司法的探索给我们提供了一场非常值得观察的社会实验,也可以引发我们思考如何在保护劳动者和保持就业的灵活性之间保持平衡。没有法律是完美的,对于契约劳动的法律适用并不是简单地将契约劳动者定位为劳动者的问题,而是需要超越全日制劳动者—自由职业者的两分法,其关键是要在劳动者保护、灵活就业以及共享经济企业利益之间寻找一个平衡。企业(以及它们的客户)需要所有时间都时刻准备着的劳动力。但是为了得到这个,工人需要可移动的医疗保险(portable healthcare),一个基本收入,带薪假期和退休计划。公司和政府应该为可移动的福利项目提供资金支持,这是明智的做法,毕竟,公司的大部分利润来自一个灵活的、按需提供劳动的劳动力。伴随着综合性的普遍的福利,更多人可以

---

① 柯振兴.假如共享经济从业者被认定为劳动者身份[EB/OL].微信公众号"美国劳动法观察"(2018-09-24).

承受不再从事朝九晚五工作的风险。政府和公司可以使按需提供劳动的工作更加稳定,并提高生产力和全球经济增长率。另一方面,没有这些稳定的社会政策,我们会面临更多的金融不稳定、就业不足和社会不稳定的后患。

第四节　英国的情况

在过去的 30 年左右的时间里,通过放松管制,将非典型工作模式正常化,英国自雇者工作激增,劳动力市场日趋活跃。[①] 近年来出现的所谓零工经济(gig economy),可谓其中的典范。零工经济招募工人完成零散任务,任务的最终用户可能不尽相同,他们之间也不具有单一、包罗一切的契约关系。此类工作在英国激增,尤其在部分行业和群体,特别是年轻工人中。[②]

一、"劳动者"的判断基准

同为判例法的英国法与美国法在劳动关系认定方面非常相似,并且同样区分雇员与独立合同工的身份。在界定雇主与雇员的劳动关系上,英国法院也通常采取"控制性标准":如果雇主能够对雇员工作的方式、内容进行大量直接或间接的控制,就可以认定双方存在劳动关系。就目前来看,英美法系国家在劳动关系的认定上更依靠法官的自由裁量权,存在泛化劳动关系的情况。英国学者在对劳动法的研究中提出,普通法不能有效地对雇员身份进行鉴别,这就导致立法保护范围相对扩大。例如实习生、代理劳动者、学徒等,这些劳务提供者与其用工单位的从属关系与劳动法中规定的从属性是不相吻合的。所以,英国学者把这类劳动者命名为"准依赖劳动者"。劳动者、雇员在英国立法上是并存的,因此,英国的劳动合同划分比较细致,具体分为劳动合同、服务合同、客户业务合同等。在劳动者中还包括对应的雇员。非雇员一般属于自雇佣工人。

20 世纪以来,英国的劳动力结构发生了变化,由全职雇佣职工工作成为劳动力市场核心的模式转向新的多元模式,即兼职工、临时工作和家庭工作广泛存在,自营的人数在增多,处于受雇与自营之间的模糊状态的人数在增多。

---

① Davies, Freeland M R. Toward a flexible labour market: labour legislation and regulation since the 1990s[M]. Oxford: Oxford University Press, 2007.

② Prassl J. Humans as a service: the promise and perils of work in the gig economy[M]. Oxford: Oxford University Press, 2018.

由此,法院在实践过程中发展出了区分劳动合同和劳务合同的标准。但是,当雇员的技术要求高于雇主或雇主是团体组织时,该标准使用困难。基于此,法院提出了一个更为复杂的判断标准,即多重或混合标准。该标准考察的因素有两个:第一,雇主是否有足够的控制力使劳动者成为雇员;第二,双方签订的合同是否与劳动合同中应有的条款一致。由于该标准参考众多因素,所以其中任一因素都不具有决定性,在任何案件中所有的因素都必须得到考察,包括控制的程度、遭受损失的风险以及获利的概率、设备的提供、纳税的方式以及国家保险的支付和当事人的意图。法庭在裁判劳动案件的时候参考所有的因素,任一因素都不作为决定性的判断要件,每一因素的分量和侧重点都不同。正是这种多重或混合标准,对劳动者的判断更加严谨,对劳动者的权益能进行更好的保护。

二、劳动关系的认定标准

目前,就零工工作和共享经济实践立法者并未进行立法干预,也没有为此类雇佣关系设立特殊类别或覆盖范围,英国劳动法适用范围也未进行立法修改。在新的背景下理解雇佣关系的类别时更依靠法官的自由裁量权,这符合英国劳动法的一般做法。近年来,法院只能通过应用现有的类别和概念,对此类新型雇佣关系的出现做出回应。这样做的优点是具有灵活性,也可以充分分析案件的具体情况。然而,由于判例法也未产生或建议新的雇佣关系分类,对于共享经济或更广泛领域而言,判例法也只能被理解为仅是现有类别的普遍应用的潜在指南。例如,在涉及平台工作时,若其他平台的合同或工作安排在很大程度上与案件中考虑的安排有所不同,则无法保证其能以相同的方式做出判决。然而在平台经济中,合同安排经常发生变化,有时在做出判决时,其判决可能已经过时。对于有关公司来说也是如此,各方面都很重视此类事项上的合同义务,在英国更是如此。在大多数平台工作安排中,公司的工作都有一定程度的"外部化",其特点是合同尝试将工作描述为"独立承包商",或将平台作为代理撮合工人与最终用户之间的合同关系。但现有的判例法均质疑此类自我标签的做法是否可行。

2017 年,英国保守党政府发布了所谓的《泰勒评论》(*Taylor Review*)。①这是一份关于未来工作及其监管的报告和系列建议。报告并没有明确关注平台经济本身,也没有涉及使用这些平台所产生的技术问题,而是将平台工作作

---

① Taylor M. Good work: the Taylor report on modern working practices[R]. 2017.

为现代工作实践的中心案例,围绕平台的中心地位进行评论,提出了许多建议。该报告强调,由于缺乏明确背景,难以对此类技术安排下的工作者进行法律分类。报告提出了一些尖锐的建议,如不再需要亲自提供工作获得就业保护,以及基于"控制"的核心概念,用新的"从属承包商"取代现有的"工人"类别。总体来说,报告主张英国在面对新兴工业实践和工作形式时应继续保持"实用主义"态度。《泰勒评论》在广泛意义上认可了平台经济的新做法及其对企业和工人提供的"灵活性",并鼓励采用此种模式,包括那些不属于劳动法适用范围的模式,只要此类模式是当事人的真正"选择"。但迄今为止,很少有立法改革执行此类建议,也很少有立法明确甚至间接处理基于平台的工作模式。因此,劳动法、工业惯例和此类新技术之间的关系仍然由现有的法律框架进行解释,受其适用性支配。

三、司法实践

综上所述,虽然判例法很重要,但在每一种情况下,都必须将其理解为对个案中合同和经济安排的就事论事,而法院如何在法律框架的范围内应对劳动力市场中出现的新型雇佣形态。此部分探讨英国法院如何回应近期有关零工工作和平台经济的案件。以下与共享经济契约劳动相关的三个主要案例都与"工人身份"有关,即通过工作而获得有限就业保护的中间类型。

第一个案例是 Pimlico Plumbers 案。[①] 该案被提交至英国最高法院,影响力极大。案件涉及的问题是,一名能够选择接受或拒绝管道公司工作的水管工,是否享受《工作时间条例》的保护。该公司称其合同条款中规定了工人在某些有限情况下可以安排其他人代替自己工作,因此不能被视为私人提供的工作合同。法院对此并不认同,法院认为在此类情况下,应考虑尽管存在有限条件下的替代条款,但合同的主要目的仍由个人履行。该案件具有重要意义,因其创造了一种可能性——若做出了这样的合同安排,非典型性雇佣关系便能成为传统雇佣法类别的一部分。该具体案件未考虑该工人是否也可能是雇员,因为当事人双方都没有义务提供或接受工作。在未来的案件中,如果目的是在新经济背景下对该争议进行规范,则可能会考虑合同条款的"现实性"条款。以平台经济为例,因为在平台用工中,平台工作者如果拒绝工作往往会受到算法的制裁。

第二个案例与平台经济范式直接相关,案件涉及在 Uber 平台上工作的

---

① Pimlico Plumbers Ltd. and another V. Smith[2018]UKSC 29.

司机的身份问题。[①] 在这起案件中,两名 Uber 司机声称,他们应该被归为工人,应该有权享受国家最低工资和带薪假期的保障。上诉法院后多数意见认为,根据当时适用的合同条款,司机确实是工人。值得注意的是,法院认为,即使在合同中有明确措辞把司机归类为"个体经营者",但是如果合同交易的实际情况没有反映这一点,那么这一措辞根本无关紧要。

法院批准了一审判决,认为 Uber 使用合同是一种狡辩,未反映公司和司机之间存在的现实工作关系。更重要的是,法院发现原告对它们所履行的工作条款并无发言权,而且此项工作要求必须亲自履行。法院未详细考虑平台运作的具体细节,维持了一审判决。

值得注意的是,一审判决中一项重要意见被广泛引用。Uber 曾试图借助合同文件,并在合同中表明,所有司机实际上都是独立企业家,Uber 只是为其提供乘客的定位信息。但是就业法院发现,关于 Uber 的该案件及其所依据的书面条款与实际情况并不相符。如果把 Uber 想象成伦敦市连接 3 万家小型企业的共同平台,这听起来有些荒诞。在这一判决附带的推理中,我们看到了平台经济的判决以及与劳动法的相互作用。事实上,平台能够根据大致相同的条款和工作条件,协调司机并分配工作,给人的感觉是在为最终用户提供运输服务。这些情况本身实际上是非常有利的证据,证明它们与司机之间存在"工人"类别下所涵盖的雇佣关系。今后此类安排是否也可能被视为全面的就业合同还有待观察,但平台的协调职能也可以被理解为进行了必要的控制。

然而在许多此类案件中,由于缺少相互义务,从业人员似乎都没有被认定为雇员身份。但是,在裁判时法院尤其关注司机若不接受非连续性的工作任务,会在工作分配中受到平台惩罚。现实中关于司机缺勤的问题越来越引发质疑,这将是未来判决应该重点关注的情况。同样值得注意的是,针对 Uber 的判决,上诉法院法官 LJ 持反对态度,他认为该案件涉及在零工经济中通过平台对工人进行适当保护的问题,这本是政府和立法者的责任。因此,他拒绝案件中大多数人的意见,即通过合同条款审查条款内容。

第三个案例与外卖平台户户送有关。[②] 在该案件中,英国中央仲裁委员会(Central Arbitration Committee, CAC)正在回应请求,要求承认外卖骑手参加工会的法律地位。获得这一权利的前提是,外卖骑手必须证明自己是工

---

① Uber BV 诉 Aslam[2018]EWCA Civ 2748.
② 英国独立工会联合会(IGWB)和户户送(RooFoods Limited TA),中央仲裁委员会,2017-11-04.

人。英国中央仲裁委员会认为,他们并非工人而是自雇者,因为事实上户户送的骑手不必亲自完成服务,他们拥有自由的权利,可在交付服务中使用替代者。英国中央仲裁委员会特别指出,一些骑手利用这一合同权利,将交付服务分包给其他骑手,并从中获取部分费用。这是英国中央仲裁委员会而非法院的裁决,不会成为具有拘束力的先例。然而,它确实表明,在平台工作的实例中,雇佣法的一般原则可能会以完全不同的方式,应用于不同的平台及组织分配工作的方法中。虽然本判例法受到了极大关注,且在各方面都具有重要意义,但在此背景下,这仍然是一个非常有限的推理,特别是考虑到平台经济中工作的异质性。在某种程度上,司法上对平台工作性质的看法会被涉案件的偶然情况影响。许多问题尚未得到明确处理,特别是平台工作合同是否属于雇佣合同,以及从雇佣法的角度看,在不同情况下,平台及其运作方法会产生何种结果。同样,算法在平台工作分配和工作报酬中可能存在歧视问题,目前尚未任何案件。[①]

第五节　国际劳工组织的情况

随着经济全球化和信息技术的不断发展,劳动关系发生了根本性变化,各种有别于传统工业时代劳动形态的新型就业方式不断产生。其中,有的是对传统劳动模式的再发展,也有部分就业形式则是为了规避不断提高的劳动保护义务,从而使劳动者难以获得应有的权益。

数字商业模式以及与之相关的新就业形态的快速发展引起了各国以及国际劳工组织等国际组织的关注。国际劳工组织也一直关注并致力于认真研究劳动力市场规范与弹性化的互动关系。国际劳工组织在 2015 年发布的《未来的劳动世界》一文中提出了"新的力量正在改变劳动世界"的命题并对这一新的就业现象进行了广泛的调研。根据 2018 年国际劳工组织发布的《数据表征:非正规经济中的女性和男性》的数据,基于来自 100 多个国家的标准,全球就业人口中有一半从事非正规就业。在非洲这一比例为 85.5%,亚太地区为 68.2%,阿拉伯国家为 68.6%,美洲为 40%,欧洲和中亚为 25.1%。全球

---

① ［法］伊莎贝尔.道格林,［比］克里斯多夫.德格里斯,［比］菲利普.波谢.平台经济与劳动立法国际趋势［M］.涂伟,译.北京:中国工人出版社,2020:191-195.

93%的非正规就业来自新兴和发展中国家。[①] 而国际劳工组织的另一份报告《世界就业与社会前景（2019）》的数据显示，目前全球非正式雇佣就业人群约为 20 亿，占全球劳工比例高达 61%。在从这些数据中不难发现，非标准劳动关系在全球迅速发展，已成为与标准劳动关系并列的一种主要就业形式。面对这样的一种就业现象，各国政府不得不对现行调整标准劳动关系为主的劳动法体系做出相应的改良和完善。

一、国际劳工组织对于雇佣关系的定义

国际劳工组织在 2006 年第 95 届大会通过的《雇佣关系（报告 5）》中对雇佣关系做出了如下定义：不论在具体的国家具体的定义是什么，雇佣关系是一个总的概念，指的是一个人，称之为雇员（经常被称为工人），和另一个人，称之为雇主，与之建立的法律关系。雇员为获取报酬而根据一定条件向雇主提供服务。[②] 同时，在《雇佣关系（报告 2）》中提出了具体认定雇佣关系的指标：一是根据另一个人的指令和在另一个人的控制下进行工作；劳动者已完全融入企业的组织；完全或主要为另一个人的利益而工作；是在下达工作的人的指定或同意的场所或时间安排内，由劳动者亲自完成的工作；工作有一定的期限，有一定的延续性；或者劳动者随时待命。二是工具、材料和机器是由下达工作的人提供的。三是定期向劳动者支付报酬；这种报酬是劳动者唯一或主要收入来源；用食物、住所、交通工具或其他实物的形式计酬；对某些权利的承认，例如中间休息或年度休假等；下达工作的人资助劳动者的职业差旅费；或劳动者没有财政风险。[③]

二、国际劳工组织有关雇佣关系的公约和建议书

（一）《体面劳动议程》(*Decent Work Agenda*, 1999)

促进"体面劳动"一直处于贯穿国际劳工组织百年来工作和议程的核心地位。1999 年在国际劳工组织成立百年之际，在回顾塑造国际劳工组织历史的一些关键事件的基础上，首次提出《体面劳动议程》这一具有里程碑意义的建议。时任国际劳工组织总干事胡安·索马维亚在其向 1999 年国际劳工大会

---

① 国际劳工组织. 数据表征: 非正规经济中的女性和男性[EB/OL]. [2019-06-02]. http://www. ilo. org/global/publications/books/WCMS_626831/lang--en/index. htm.

② ILO. The employment relationship Report v(1)[R]. 2006.

③ 邓婕. 灵活就业: 数字经济浪潮下的人与社会[M]. 北京: 中国工人出版社, 2020: 175-176.

提交的报告中写道："今天,体面劳动是摆在全世界政治和商业领袖面前的一种全球性需求。我们共同的未来在很大程度上有赖于我们如何应对这一挑战。"体面劳动不仅仅是获得一份工作,它包括生产性工作机会、公平的收入、工作场所的安全和家庭的社会保护。它是社会凝聚力的基础——哪里缺乏体面劳动,哪里就会有贫困、不平等、社会紧张或直接的社会冲突。将人们陷入劳役或贫困或将人们暴露于危险、歧视或无保障的工作无法使个人或由他们组成的经济体提高并发挥他们的潜力。

《体面劳动议程》在 1999 年国际劳工组织报告中首次得到阐述,并在 2008 年作为《国际劳工组织关于争取公平全球化的社会正义宣言》的一部分获得正式通过。该议程明确指出,体面劳动是生产性、公平和包容性社会的基础。议程聚焦于四大战略目标:就业、社会保护、社会对话和工作中的权利。这些被一再证明对于实现包容性增长和社会和平不可或缺。具体包括:(1)促进和实施国际劳工标准、工作中的基本原则和权利;(2)为所有人创造更广泛的、体面的就业机会;(3)为所有人提供广泛而有效的社会保护;(4)加强三方性原则和社会对话。

国际劳工组织以及它将政府、工人和雇主代表聚集在一起的三方结构,使该组织处于倡导《体面劳动议程》的理想位置并通过体面劳动国别计划(DWCPs)积极帮助成员国将体面劳动作为国家发展战略的关键组成部分。"体面劳动"这一理念已经得到国际上的广泛接受,并且被纳入《联合国 2030 议程》。议程的第 8 项目标呼吁促进"包容和可持续的经济增长、就业和人人享有体面劳动"。

体面劳动是全体劳动者的共同诉求,这点并不分标准与非标准劳动关系。构建相应的法律体系,对所有劳动者的基本劳动权益和最低工作条件给予保障是国家、政府和社会的基本责任。国际劳工组织认为,体面劳动不仅仅针对标准劳动关系,对非标准劳动关系也应当帮助其实现体面劳动。在国际劳工组织制定的一系列针对非标准劳动关系的公约中,如《非全日工作公约》等,明确了与标准劳动关系的劳动者享有同等权利的原则。

(二)《雇佣关系的范围》和《雇佣关系建议书》

进入 21 世纪以来,劳动形态的不断变化促使国际劳工组织进一步重新思考劳动关系本身的内涵与外延,在经济全球化、数字经济、共享经济等新经济背景下需要做出与之相适应的规范。国际劳工组织为此制定了《雇佣关系的范围》和《雇佣关系建议书》两个公约和建议书。

1.《雇佣关系的范围》(*The Scope of the Employment*)

在 2003 年国际劳工组织第 91 届大会上发布的《雇佣关系的范围》的报告中,国际劳工组织提出了"在传统劳动关系的框架内,通过法律法规保护劳工"的命题,认为雇佣关系已经被证明是一个合理并且可靠的框架,工人从中能够得到主要的保护和权利。然而,作为一系列劳动法律法规基础的这一框架,正在受到巨大挑战。一些试图避开这个框架,以使得劳动者无法享受其权利的雇佣形态开始出现。这种趋势对以往的劳动关系调整模式是根本性的冲击,国际劳工组织需要顺应这一趋势时调整雇佣关系的框架。

在这份报告中国际劳工组织首次提出了隐蔽劳动的概念,认为隐蔽雇佣是指假造某种与事实不同的表面现象,从而达到限制或削弱法律所提供的保护的目的。因此,这是一种旨在隐藏和扭曲雇佣关系的行为,其手段包括以另一种法律外壳加以掩盖,或赋予另一种使工人获得更少保护的工作形式。[①]该报告还进一步将隐蔽雇佣分为两类:雇主身份的隐蔽和雇佣关系的隐蔽。雇主身份的隐蔽是指通过一系列安排将雇主身份隐藏起来。雇佣关系的隐蔽则是用其他民事合同包装劳动合同关系。

对于隐蔽雇佣的认定,国际劳工组织确立了"事实第一"的原则。确定一种雇佣关系的存在应当以事实为依据,不能根据双方对其赋予的名称或形式来决定,即一种雇佣关系的存在应取决于某些客观条件是否得到满足,而不是取决于一方或双方对这种关系进行怎样的描述。[②]

2.《雇佣关系建议书(第 198 号)》(*The Employment Relationship*)

2006 年,国际劳工组织第 95 届大会通过了《雇佣关系建议书(第 198号)》及雇佣关系的决议,并在大会提交的《雇佣关系(报告五)》中,提出了"三角雇佣关系"的概念。

国际劳工组织认为当某个企业(供给方)的雇主为第三方(使用方企业)提供劳动或服务,因此该企业的雇员亦同时为第三方的利益而工作时,三角雇佣关系即因此产生。三角雇佣关系可以以多种形式出现。传统标准劳动关系是一个雇主与一个雇员建立的关系;而三角雇佣关系是在雇员、雇主与第三方之间形成的关系。在三角雇佣关系中,雇员只有一名,同时至少存在一个或一个以上的雇主;也有可能劳动者没有一位法律上的雇主为其承担责任。而当这种传统雇佣关系转变为三角雇佣关系后,原有劳动法框架所确立的权利义务

---

① 国际劳工局.雇佣关系的范围[R].国际劳工大会,2003.

② 国际劳工局.雇佣关系:报告五(1)[R].国际劳工大会,2006.

体系变得不那么清晰。三角雇佣关系的主要特点是雇主分化,由传统雇佣关系定义的雇主,通过显性或隐性的契约关系使雇主分化为两个或多个,但劳动者在此过程中仅完成了一个行为,故而与传统雇佣关系相比,劳动者的权利没有增加,也不应该减少,而是由两个雇主加以分担。对于三角雇佣关系,国际劳工组织在公约里提出了三个问题:"谁是雇主?""工人的权利是什么?""谁来为工人的权利负责?"

三角雇佣关系也不同于隐蔽雇佣关系。隐蔽雇佣关系的雇主具有主观上的故意,将事实劳动关系伪装成其他合同关系,例如合作关系、劳务关系等,而三角雇佣关系并不一定具有逃避雇佣关系法律责任的故意,尽管三角雇佣关系中真实的用工主体可能不是法律上的雇主,而法律上的雇主也没有真正使用雇员。当然也不排除三角雇佣关系意图使劳动关系隐蔽,但二者并不等同。如劳务派遣等三角雇佣关系已被纳入劳动法调整的范畴,因此也不能将其认定为一种隐蔽雇佣关系。

国际劳工组织 2003 年以及 2006 年的公约和报告书具有以下意义:一是首先向各国政府提出了重新认识雇佣关系框架的理念;二是对雇佣关系提出了可供参考的定义和指标;三是呼吁各国政府与隐蔽劳动关系展开斗争;四是提出三角雇佣关系的概念。①

(三)《全球就业协定》(*Global Jobs Pact*)

为解决伴随着经济全球化而出现的社会问题,国际劳工组织建立了世界全球化社会问题委员会(World Commission on the Social Dimension of Globalization)。该委员会考察了经济全球化的社会影响并制定了一个适用于所有国家的发展日程。② 该委员会的报告认为全球化有潜在的好处,例如它可以促进社会与经济开放,以及自由的商品流通、知识与思想交流。但委员会还发现,在全球经济的运作中存在深层次并且持续存在的不平衡发展问题,而这一点"在道德上不可接受,在政治上不能持续发展"。③

经验表明,全球就业危机仍会持续存在。为此,国际劳工组织在 2009 年于日内瓦举行的第 98 届国际劳工大会上通过了《全球就业协定》。该协定的目标是,确保特别的经济刺激举措与其他的政府政策能更好地满足那些需要保护和就业的人民的需要,以加速经济与就业复苏的步伐。

---

① 邓婕.灵活就业:数字经济浪潮下的人与社会[M].北京:中国工人出版社,2020:175.
② A Fair Globalization:Greeting Opportunities for All,Geneva,2004. 该委员会的 26 名成员包括诺贝尔经济学奖获得者、立法者、社会和经济专家、商业界、劳工组织、学术界和公民社会的代表。
③ [比]罗杰.布兰潘.欧洲劳动法(第一册)[M].付欣,等译.北京:商务印书馆,2016:3.

该协定认为,全球经济危机的影响及其后果意味着各国会面临失业率上升、贫困加剧和不平等增加等可能性。而一些国家,仅仅恢复到经济危机之前的就业水平还不足以有力支持其强劲的经济发展势头,也不足以为所有人提供体面的工作。世界各国在这一方面必须做得更好。各国采取的应对措施应有助于建立公平的全球化、绿色经济及发展,它可以更有效地创造可持续发展的企业,尊重劳动者的权利,促进性别平等,保护弱势群体。各国政府、劳动者组织与雇主组织承诺共同为《全球就业协议》的成功实施做出贡献,国际劳工组织也应用"体面工作议程"所形成的框架措施作为回应。

本章小结

关于雇佣关系的认定标准,大陆法系的主要国家在劳动关系的认定标准上主要采用人格从属说,突出强调在劳动关系中雇主对雇工的支配地位。劳动关系一经确立,劳动者在经济上和人格上都从属于用工单位,双方形成一种明确的隶属关系。值得注意的是,虽然大陆法系国家的学者们都以从属性作为劳动关系认定的关键要素,但对"从属性"的具体内涵存在着不同观点,在人格从属性的基础上继续衍生出了"经济从属性""使用从属性"等概念。英美法系的主要国家在界定雇主与雇员的劳动关系时通常采取"控制性标准",如果雇主能够对雇员工作的方式、内容进行大量直接或间接的控制,就可以认定双方存在劳动关系。就目前来看,英美法系国家在劳动关系的认定上更依靠法官的自由裁量权,存在泛化劳动关系的情况。

对于网络平台契约劳动关系的法律适用和平台工作者的身份认定,大陆法系和英美法系国家虽然存在着不同的思路,但也呈现出"民法保护为主,劳动法保护为补充"的趋同之势,以及在司法考量时主张平台经济新型商业模式与劳动者之间的利益平衡的共性立场。此外,有一个有趣的现象,那就是在面对"劳动弹性化"带来的新问题时,原本劳动高度规范化的欧洲国家正在朝着放松管制的方向前进,而原本劳动用工高度自由的美国认识到对雇员权利保护引入成文法规范的必要性,有加强成文法规制的趋势。[①] 国际劳工组织致力于认真研究劳动力市场规范与弹性化的互动关系,以面对新经济形态对劳动法律带来的挑战。

---

① 田野.非典型劳动关系的法律规制研究[M].北京:中国政法大学出版社,2014:264-265.

　　为了刺激经济发展和提高就业,各国普遍接受经济和技术变革并有选择地放开对劳动力市场的管制。立法者审慎保守,法院开始发挥其在雇佣法中的传统作用。这些作用在过去也许被低估。考虑到数字经济、共享经济、平台经济的异质性,继续发展服务合同的核心要求,用以界定劳动法的适用范围和核心原则这种更为宽泛的方法可能比在单一定义中界定新工作形式更为合适,因为单一定义将很快被不断发展的行业实践所超越。目前的分类是否能适用于数字经济、共享经济、平台经济等新型商业模式还有待观察。当前的趋势是否会继续下去,将取决于法官的灵活度。

　　共享经济、数字经济、平台经济的出现在实践和知识层面都为各国劳动法立法带来了非常具体的挑战。然而,挑战与发展同时出现,其中一些与数字经济和技术有关,而另一些则与劳动力市场的灵活性和再就业趋势有关。经济数字化转型带来了许多严峻的社会问题,因其同时导致了就业形态的改变。在某种程度上,各国劳动法的应对显得捉襟见肘。劳动者自身对此过程的影响力在某种程度上也取决于这些问题。虽然社会动员和工业行动取决于社会权力和组织,但是集体谈判和采取集体行动的法律能力将极大地改善工人及工会在此方面的前景。然而,还有些国家,例如英国仍然对工作的集体监管持反对态度,更不用说在共享经济、数字经济、平台经济中实施集体监管。①

---

　　① 〔法〕伊莎贝尔.道格林,〔比〕克里斯多夫.德格里斯,〔比〕菲利普.波谢.平台经济与劳动立法国际趋势[M].涂伟,译.北京:中国工人出版社,2020:199.

第五章 网络平台用工合同的法律问题

　　网络平台用工合同的性质认定，是平台契约劳动关系法律适用的前提。与传统用工形式不同，在网络平台新型用工关系中网络平台虽然扮演着信息提供商的角色，但其在一定程度上对于平台工作者实施着相应的指示与管理。网络平台作为信息提供者介入了劳务需求方与劳务提供者之间，使得劳动关系、居间关系、承揽关系、劳务关系等一系列本质上截然不同的法律关系杂糅于网络平台用工模式中，这也导致了网络平台与平台工作者之间用工关系认定上的分歧。同时，网络平台与平台工作者之间究竟成立怎样的合同关系、网络平台用工的合同如何定性是当下处于争议中的焦点问题。由于网络平台用工的具体形式并不完全相同，司法实践中对网络平台用工合同性质的界定并不统一，形成了居间合同、劳动合同、劳务/雇佣合同等多种认定结果。因此，对于该问题的综合性研究具有迫切的现实意义。本章通过研究网络平台与平台工作者之间用工合同的权利义务关系和判断标准，厘清网络平台用工合同的类型和法律适用规则，解决当前司法裁判中的法律性质认定难题，以寻求平台经济的发展与平台工作者权益保障之间的平衡。

第一节 网络平台用工合同性质认定的现状与分歧

一、我国网络平台用工合同性质认定的司法实践概况

　　在"互联网＋"时代下催生的网络平台用工形式中，劳动者以自己的生产资料和技能完成工作，而平台仅通过提供业务信息和结算支持就可以获得相等劳动力实现生产作业。相较于依托固定时空的传统标准劳动关系，劳动者可以将剩余劳动投入多重劳动关系中，提高劳动力的利用率，与此同时，平台对员工的控制减弱，平台的责任承担也相对放宽。这种新型用工方式实现了

"业务信息、工作指令、资金结算及市场评价的数据化和信息化"[1]，从而使平台和劳动者之间实现双赢。

新型用工关系的迅猛发展使得法律法规滞后于当前的新经济形态。有关网络平台用工合同的概念多分散于各行业规范中，涉及合同定性问题时则含糊其辞。例如，2016 年 11 月 1 日起施行的《网络预约出租汽车经营服务管理暂行办法》第十八条规定"网约车平台与驾驶员根据工作时长、服务频次等特点签订多种形式的劳动合同或协议"，这对网约车平台合同进行了笼统定义，但规避了合同的定性问题。同年国家网信办在 11 月 4 日发布的《互联网直播服务管理规定》第十三条中也规定了互联网直播服务提供者应与互联网直播服务使用者签订服务协议，但也没有明确服务协议的性质。2019 年 1 月 1 日起施行的《电子商务法》第四十七条规定对电子商务合同的订立和履行"适用本章和《中华人民共和国民法总则》《中华人民共和国合同法》《中华人民共和国电子签名法》等法律"，但并未指明电子商务平台经营者与平台之间的合同类型。

网络平台用工合同的本质是实现劳务交易，因此可以用"劳务提供者与平台之间合意订立的、以劳务交易为标的的合同"来定义网络平台用工合同。然而，尽管网络平台用工合同的概念可以笼统定义，但其性质定义却不可一概而论。合同性质定义立法模糊导致司法实践出现分歧。合同的定性往往是平台工作者请求确认劳动关系存在时法院认定事实的必经之路，又因为法律关系的性质决定合同性质，从而影响后续社会保险和侵权赔偿等责任承担的实现。从本书第三章对网络平台用工争议的典型司法判例的实证研究中可以发现，法院在劳动关系确认判决中更趋于消极认定，只有少数判例认定双方存在劳动合同关系，大多数平台工作者被排除在劳动法的保护范围之外。此外，部分案例一、二审判决结果截然相反，类似案例地方法院之间的判决意见不一。法院对平台工作者与网络平台之间的劳动关系进行认定并不仅因平台工作者在自身遭受损害时诉请法院认定劳动关系以获得工伤救济等劳动权益保障，还包括工作者在履行劳务途中造成第三人损害，法院为归责之需而进行认定的侵权之诉中。判决存在分歧的原因就在于司法实务中没有固定的判断标准适用，导致法院在判决书中对网络平台用工合同认定标准众说纷纭。统计梳理发现，当前法院就网络平台与平台工作者之间的用工合同关系主要形成了两类判决。

---

[1] 陆敬波,史庆.中国分享经济平台典型劳资正义司法案例研究[J].劳动法制,2018(4):70.

　　第一类,基于平台工作者将网络平台诉至法院,要求认定二者之间的劳动关系,以获得相对应的劳动法的倾斜保护的判决。针对该类诉求,法院均依据原劳动和社会保障部发布的《关于确立劳动关系有关事项的通知》中的第一条:"用人单位招用劳动者未订立书面劳动合同,但同时具备下列情形的,劳动关系成立:(一)用人单位和劳动者符合法律、法规规定的主体资格;(二)用人单位依法制定的各项劳动规章制度适用于劳动者,劳动者受用人单位的劳动管理,从事用人单位安排的有报酬的劳动;(三)劳动者提供的劳动是用人单位业务的组成部分"作为判断标准予以裁判。以网约车司机为例,法院认为网约车司机没有固定的工作场所且工作时间灵活,其工作所得不属于劳动报酬,并非按月领取;网络平台对司机并无支配、管理与强制性约束;仅凭工牌、工作服等证据尚不足以确认双方具有劳动关系。[①] 因此平台无须承担劳动法上用人单位应承担的法定义务。同时,一些法院在该类案件中对网络平台与劳务提供者间签订的合同的性质做了分析。在部分案件中,法院认为网络平台是以提供信息的方式在提供着居间服务,平台与平台工作者之间应属于居间合同关系。这一类案件数量较多,似乎在一定程度上统一了裁判标准,但在第二类案件的判决中,司法实践的分歧开始显现。

　　第二类,基于平台工作者在履行劳务过程中造成了事故而形成的判决,如网约车司机在驾驶过程中造成了交通事故而形成的判决。若依据第一类判决的裁判思路,由于网络平台与劳务提供者不构成劳动关系,应由网约车司机承担赔偿责任;反之,则司机的行为属于职务行为,应由平台公司承担事故赔偿责任。在这一类判决中,不同法院对网络平台与平台工作者之间合同关系的定性分别做出了几种认定结果,即劳动关系、劳务关系、雇佣关系等。此外,也有法院未对二者间的关系予以定性,而使用"执行职务""职务行为"等描述判决由平台企业承担赔偿责任。在该类判决中,不论法院最终做出了何种关系认定的结果,其裁判逻辑都是一致的,体现为:网约车司机与平台企业有雇佣关系→驾车为职务行为→平台企业承担赔偿责任;或者网约车司机与平台企业有管理关系→驾车为被管理行为→平台企业承担赔偿责任。[②] 这一裁判逻辑与我国《民法典》第一千一百九十一条第一款规定的"用人单位的工作人员因执行工作任务造成他人损害的,由用人单位承担侵权责任。用人单位承担

---

　　① 参见北京市石景山区人民法院(2013)石民初字第 7471 号民事判决书、北京市第一中级人民法院(2017)一中民终字第 176 号民事判决书、北京市石景山区人民法院(2014)石民初字第 367 号民事判决书、北京市石景山区人民法院(2016)京 0107 民初 4021 号民事判决书。

　　② 王全兴,王茜.我国"网约工"的劳动关系认定及权益保护[J].法学,2018(4):64.

侵权责任后,可以向有故意或者重大过失的工作人员追偿"所表达的法律逻辑一致。

"同案不同判"现象归根结底是因审判中价值取向的侧重点不同而导致的。在第一类判决中,法院看重的是网络平台的经济利益与稳定发展;而在第二类判决中,侧重点在于被侵权人的利益与交通秩序的稳定。但这也显示出目前对于网络平台用工的合同关系缺乏相应理论体系的支撑与规制,导致司法裁判中法院无法形成对这一问题的共识。

二、网络平台用工模式和用工合同的类型

网络平台用工是互联网技术发展下的创新型用工模式,它的出现虽对现行法律制度产生了一定冲击,但其本质上依旧属于一类提供劳务的交易形态。这一新型用工模式的特点是依托网络平台将线上交易与线下给付分离,但相应的劳务给付仍是在线下的现实场景中进行的。新兴事物的出现并不意味着对传统机制体制彻底的变革,同理,网络平台用工也存在着常规部分与创新部分的划分。如前文所述,法院在各类判决中运用了劳动合同、居间合同、劳务合同等民法合同法理论中有名合同的概念尝试对网络平台用工的合同性质问题进行定性,虽未形成统一的结论,但也说明了平台用工合同并未跳脱现有合同分类体系,并非到达了现有理论体系无法加以解释的程度,某些情况下其形式仍在有名合同的类别中有迹可循。网络平台存在着多样的模式,对于网络平台用工的常规部分在不同类别的平台模式中寻找相应的有名合同予以适用具有合理性与可行性;而对于平台用工中的创新部分,我们也可以从民法、合同法以及无名合同的理论和实践中找到适用的规则和路径。基于此,我们应在现有合同类型和理论实践上发现不同模式平台的"通用公式"。

在互联网平台迅猛发展的今天,平台类型多种多样,不同平台的商业模式和用工形式也不尽相同。有学者认为,网络平台根据其提供的业务和事实实施的管理程度,可分为"自治型平台"和"组织型平台","组织型平台"根据其是否与平台工作者建立劳动关系,又可细分为"平台自营模式""业务外包模式""零工就业模式"三种模式。[①] 不同种类的平台与平台工作者之间订立的合同对双方权利义务的要求也不甚相同。

(一)"自治型平台"中的居间合同

"自治型平台"下的平台仅为平台提供劳务供需双方的桥梁作用,劳务需

---

① 王天玉.互联网平台用工的合同定性及法律适用[J].法学,2019(10):168-171.

求者发布工作任务和报酬等要求,平台劳务提供者选择任务,平台不参与定价和缔约的交易过程,但在交易成功后收取一定的"过桥费"。此种情形下平台不使用平台工作者所提供的劳务,不构成对平台工作者的控制和管理,平台劳务提供者和平台签订的合同符合《民法典》第九百六十一条规定的"中介人向委托人报告订立合同的机会或者提供订立合同的媒介服务,委托人支付报酬",构成居间合同(中介合同),权利义务由《民法典》的合同编约束。

(二)"组织型平台"中的合同类型

1. "平台自营模式"中的劳动合同

"组织型平台"虽也有提供信息的义务,但同时存在实质意义上平台工作者对平台的从属性,具体表现为工作时间、地点、技术和方式等由平台进行规定。此模式下,平台直接与平台工作者签订劳动合同,接到服务需求的订单后,安排劳动者前往提供服务。此时平台企业与传统企业并无二致。一些平台企业将订立劳动关系作为一种奖励机制,特别是当劳动者需要一定的技能时,平台企业为了留住这部分业务骨干会采用此类用工模式。该模式下用工合同定性明确,其合同归入劳动法进行保护。

2. "业务外包模式"中的劳务派遣合同

"平台自营模式"固然具有劳动者数量稳定、对劳动力配置能力强、便于管理等优点,但相对而言其经营成本较高。随着平台经济的发展,基于降低劳动成本和法律风险的考虑,平台往往凭借其优势地位,在维护当前运营的前提下,将一定区域的业务外包给某个外包企业。外包企业的类型多种多样,有营销管理公司、电子商务公司、科技有限公司、餐饮管理公司等,再由该外包企业招聘、雇佣劳务提供者,并由该外包企业与平台劳务提供者订立劳动合同,形成用人单位和用工单位分离、劳动关系和劳务关系分割的"业务外包模式"。

在此种用工模式中,存在着两对法律关系,即网络平台与代理商之间的外包合同关系、代理商与平台工作者之间的劳动合同关系。但对于平台工作者的身份界定而言,与"平台自营模式"并无区别,其与合同相对方之间均签订了劳动合同,构成劳动合同关系。因此,对于"业务外包模式"下的平台用工而言,司法实践应当将其认定为《劳动合同法》调整的劳务派遣关系,运用劳动法相关规则予以调整。

在"业务外包型"用工争议的司法处理中多涉及四方主体,表现为第三人将平台、代理商、平台工作者全部列为被告,要求承担损害赔偿,处理方式与一般劳动关系所生争议无异。代理商(用人单位)不承认其与平台工作者的劳动合同关系,此时法院适用传统劳动关系的判断标准要素对其指挥权的行使以及从属性进行认定,判断是否存在劳动关系,也可依民法典侵权责任编第一千一百九十一条第二款"劳务派遣期间,被派遣的工作人员因执行工作任务造成他人损害的,由接受劳务派遣的用工单位承担侵权责任;劳务派遣单位有过错的,承担相应的责任"判定由平台承担侵权责任,因该模式处理方式属现行劳动法中劳务派遣用工关系,且有丰富的司法经验借鉴,因此不做赘述。

3."零工就业模式"下的用工合同

"零工就业模式"采取与传统用工模式不同的用工形式,平台和平台工作者呈现合作特征,但平台工作者在一定程度上仍接受平台规则的管理。该模式是当下最常见的网络平台经营模式,此种模式从某种意义上来说是最具典型的共享经济意义上的平台用工模式。日常生活中所使用的 APP 软件基本采用该模式。平台工作者在 APP 上进行注册并接单,在是否提供服务、如何提供服务、提供服务的时间和地点的选择上具有高度的自主权和灵活性。与传统劳动法意义上的劳动者相比,此类平台工作者自主性更强,从属性更弱。平台工作者在向网络平台提供相关身份信息和资质信息后经审批即可完成注册,平台通过 APP 进行派单,平台工作者确认接单后即开始工作。[①] 该模式具有一定的代表性,其体现了共享经济背景下的劳动参与方式,是以互联网为载体整合与利用社会中的闲置劳动力,其中部分参与者已开始向零工就业形态转化。[②]

"零工就业模式"因其数据、算法等方面贴合共享经济浪潮下的发展而逐渐兴盛,部分人群以平台工作作为生活的主要来源,其劳务行为构成了平台业务的组成部分,但在工作时间、工作地点、工作工具等方面具有高于传统劳动关系的自由度,而导致其难以被认定为劳动法上的劳动者,进而无法得到劳动法对于劳动者这一身份的特殊保护。此类平台工作者类似于大陆法系劳动者身份"三分法"国家的中间型劳动者,如德国的"类似劳动者"。关于"零工就业模式"下平台用工合同的具体问题,将在本章第四节进行探讨。

---

① 吴清军,李贞.分享经济下的劳动控制与工作自主性——关于网约车司机工作的混合研究[J].社会学研究,2018(4):14.

② Aloisi A. Commoditized Workers, Case Study Research on Labour Law Issues Arising from a Set of "On-Demanded/Gig Economy" Platforms[J]. Comparative Labor Law & Policy Journal, 2016, 37: 654.

第二节　传统合同法理论对不同类型
平台用工合同的规范作用

　　网络平台用工是互联网技术发展下的创新型用工模式,它的出现虽对现行法律制度产生了一定冲击,但其本质上依旧属于一类提供劳务的交易形态。这一新型用工模式的特点是依托网络平台将线上交易与线下给付予以分离,但相应的劳务给付仍是在线下的现实场景中进行的。新兴事物的出现并不意味着彻底的变革,同理,网络平台用工也存在着常规部分与创新部分的划分。如前文所述,法院在各类判决中运用了劳动合同、居间合同、劳务合同等合同法理论中有名合同的概念尝试对网络平台用工的合同性质问题予以定性,虽未形成统一的结论,但也说明了平台用工并未跳脱现有民法合同分类体系,并非到达了现有理论体系无法加以解释的程度,某些情况下其形式仍在有名合同的类别中有迹可循。此外,网络平台存在着多样的模式,在不同类别的平台模式中寻找相应的合同法规则和理论予以适用具有合理性与可行性。

一、有名合同对网络平台用工的规制意义与片面之处

　　从理论上说,有名合同具有广义和狭义之分。广义上讲,法律、行政法规和司法解释所确定的有名合同都属于有名合同,而不仅指《合同法》所确定的15类基本合同类型。此处所指的是广义上的有名合同。通过对现今较典型的几种网络平台的类型分析,网络平台用工并非如想象中那般"不接地气",经过具体的解构与归类,可以发现其与非平台化的传统用工形式仍具有较大共性,刨去"互联网""大数据""线上交易平台""线下给付"等共享经济下的创新因子,网络平台用工并未对既有用工模式产生彻底性的变革,至少在自治型平台,以及组织型平台的"平台自营模式"和"业务外包模式"中,平台对劳务的配置依旧遵循劳动、居间等常规手段。作为新兴用工形式的网络平台用工,与传统用工形式相比,宏观来看可分为常规部分与创新部分,在平台与平台工作者间的合同关系认定中需要割裂地看待这两部分内容,切忌以创新部分掩盖常规部分,以偏概全。有名合同所对应的就是网络平台用工中的常规部分,可对其进行调整。但若认为有名合同可适用于全部类型的平台用工,同样混淆了常规部分与创新部分,在法律适用中显得过于片面。当前学术界与司法实务中的普遍认知是将网络平台视作一个整体,凡是基于互联网平台的用工模式

均属于平台用工,试图以统一的规则进行调整,用某一类特定的有名合同定性所有的网络平台用工合同,继而引入该种有名合同的法律规则进行解释。不论是"居间合同说"还是"劳动合同说",司法判决中均意图覆盖所有的网络平台用工模式,未对具体情况做类型化区分。这也是司法实践分歧产生的原因,进而造成了"同案不同判"现象。

关于平台用工合同性质的认定,并不是非此即彼的关系。若认为"平台自治模式""平台自营模式""业务外包模式"对应的是网络平台用工与传统用工模式对比中的常规部分,那么"零工就业模式"则是创新部分的体现。相较于前两种模式,"零工就业模式"中平台与平台工作者的关系难以被认定。平台并不控制工作时间与地点,也不指挥任务的执行,平台工作者自主性程度高,依据自身情况进行接单,灵活性强,远未达到人格从属性标准。但另一方面,这类劳务提供者鲜有其他主业,大多专职从事平台服务。① 对这类人来说,从事平台服务所获得的收入是其主要经济来源,具有较强的经济从属性。这类在"零工就业模式"中经济从属性较强而人格从属性较弱的平台工作者很难被界定为劳动者,对这类人的身份认定是当前学术界与司法实务界探讨的热点问题。

网络平台经营模式的多样性使得其很难被某种统一的概念所定义,其中的某几类形式固然具备了居间、劳动等特征,但无法在整体上被归类为某一特定的有名合同,对于网络平台用工合同性质的定义须以平台分类的角度为出发点。合同法奉行合同自由原则,在不违反社会公德和社会公共利益以及强行性规范的前提下,允许当事人订立任何内容的合同。但当事人往往不是法学家,所拟合同不周全、未达利益平衡系常有之事。有名合同对网络平台用工的规制意义在于立法者就实际存在的具有成熟性和典型性的交易形式,斟酌当事人的利益状态和各种冲突的可能性,以主给付义务为出发点所做的规定,一般都体现公平正义,符合当事人的利益。同时,有名合同规范中的强行性规范也能够在利益失衡时予以矫正,从而维护当事人的合法权益。总体而言,网络平台用工法律关系的核心理念在于维系互联网平台经济的发展与平台工作者权益保护之间的平衡。若均以劳动合同来定义平台用工的合同性质,则会大幅增加平台企业的用工成本,不利于平台经济的总体发展;若均以居间合同、劳务合同甚至承揽合同来调整相关法律关系,则劳务提供者的社会权益难

① 于莹.共享经济用工关系的认定及其法律规制——以认识当前"共享经济"的语域为起点[J].华东政法大学学报,2018(3):57.

以得到有力保护。法律对平台用工规制的目标应是确立不同类型合同之间的竞争秩序①,应当根据各类平台的自身特点对相关法律关系的规制进行类型化区分,在这之中,有名合同便能起到一定的规制意义。

二、"零工就业模式"中的无名合同及其法律适用

"零工就业模式"是真正意义上的共享经济背景下的网络平台用工模式,该模式在当下具有一定的代表性,也是网络平台用工比较于传统用工模式创新之处的主要体现。平台仅控制平台工作者完成工作任务的过程,其他时间由平台工作者自我管理,控制管理呈现出碎片化特征,同时工作任务与工作时间也较为碎片化,自主程度较高。虽说其属于科技发展所促成的新兴就业形式,但近年来这一模式吸引了大量劳动力参与其中,已成为具有普遍性和社会性的用工方式。有名合同作为法律上或者经济生活习惯上按其类型已确定了一定名称的合同,是维护社会日常交易秩序的一种保障,传统劳动用工形式在有名合同中一般都能找到相应的法律定位。但"零工就业模式"并不属于任何一类有名合同,对现有合同类型体系产生了较大冲击,该模式在现有法律框架中难以找到合适的定位。面对这一创新型用工模式,无名合同或可进行应对。无名合同是有名合同的对应概念。由于经济活动复杂,难以在法律上对可能发生的所有合同一一命名,故对于有名合同之外的合同,只要原则上不违背国家立法精神与社会公共利益,也承认其具有法律效力。其作为有名合同的一种补充,在对"零工就业模式"平台的法律规制中具有特殊价值。

(一)"零工就业模式"在无名合同分类中当属混合合同

关于无名合同的分类,学者们基于不同的角度和认识形成了不同的观点。当前学术界广泛使用的是王泽鉴的分类方式。王泽鉴将无名合同分为纯粹非典型契约、契约联立、混合契约三类,同时又将混合契约细分为典型契约附其他种类的从给付、类型结合契约、双重典型契约、类型融合契约四类。其中,纯粹非典型合同是指以法律全无规定的事项为内容,即其内容不符合任何典型合同要件的合同;契约联立是指数个合同具有互相结合的关系;混合合同是指由数个合同的部分而构成的合同,它在性质上属于一个合同。②

"零工就业模式"下平台与平台工作者间的合同不属于纯粹非典型合同或合同联立,而应属于混合合同的范畴。首先,"零工就业模式"中的合同并非以

---

① 王天玉.互联网平台用工的合同定性及法律适用[J].法学,2019(10):175.
② 王泽鉴.债法原理[M].北京:北京大学出版社,2013:139-142.

法律全无规定的事项为内容,其归根结底是一种劳务类合同,具有某些有名合同的要素,故不属于纯粹非典型合同;其次,在平台与平台工作者的合同关系中,双方当事人间并不存在两个以上独立的合同,二者间只有关于一个内容的意思表示及合意,只存在一个合同关系,故不属于合同联立。

"零工就业模式"中的合同具有承揽合同的部分特征,但并不是承揽合同。平台工作者基于平台的指定完成特定工作任务,并由平台支付其劳动报酬,与承揽合同的"交付成果""自备技术、劳力、设备完成工作"等特征相符。但平台工作者受到网络平台一定程度上的管理与控制,如穿着佩戴统一的工作服、工牌,使得平台工作者并不具备承揽合同中承揽人的独立性,故不属于承揽合同。此外,该种合同具有劳动合同的部分特征,但并不是劳动合同。平台工作者应服从平台对其工作任务的安排和相应的管理,该项主给付义务具有劳动合同法律关系上的"自然人一方处于依附从属地位且受另一方管理"的特征。但二者间远未达到人格从属性的判断标准,故并不属于劳动合同。可见,"零工就业模式"下平台与平台工作者间的合同具备了承揽合同和劳动合同的要件,符合在同一合同中具备不同有名合同构成内容的特征,属于混合合同。

(二)"零工就业模式"在混合合同中的法律适用

在无名合同分类中,混合合同能够被细分为四个类别,以"零工经济模式"为视角,与之较为契合的有"典型合同附其他种类的从给付"和"类型融合合同"两类。"典型合同附其他种类的从给付",指双方当事人所提出的给付符合典型合同,但另一方当事人尚附带负有其他种类的从给付义务。以单个"零工就业模式"下网络平台用工的订单来看,首先由平台将工作任务的信息发送给平台工作者,平台工作者在接到平台指派后履行相应劳务,任务完成后由平台进行评定并支付劳务报酬,这一流程符合承揽合同的特征。同时,平台工作者接受平台的管理与控制,具备劳动合同特征,属承揽合同与劳动合同的混合。在这一合同关系中,承揽合同所对应的履行劳务的内容显然为主给付义务,劳动合同对应的接受平台监督管理的内容为从给付义务,属于"承揽合同附劳动合同的从给付"。对这类合同,原则上仅适用主要部分的合同规范,非主要部分被主要部分吸收。

但从另一角度看,平台工作者的工作模式主要是从平台持续接单并提供相应的劳务,其交易具有时间上的连续性。随着时间与工作的累积,多数平台会对劳务提供者采用特定的评分机制,评分的高低影响劳务提供者订单的收取与薪酬的标准,对劳务提供者具有较大影响力。这一机制的存在,使得二者合同中劳动合同所对应从给付义务的影响力显著增加,使其与承揽合同对应的主给付义务相比处于相当的地位,符合"类型融合合同"的模型。这一类型的混合合同指一个合同中所含构成部分同时属于不同的合同类型的合同。"类型融合合同"的法律适用,原则上应适用此两种类型的相关规定,因此,对于"零工就业模式"下的平台用工,应分别适用《民法典》合同编中关于承揽合同的规定和劳动合同法中关于劳动合同的规定。

司法实践中,在部分平台用工裁判中,法院在一定程度上也进行了混合合同理论的运用。例如在"7名厨师诉上海乐快信息技术有限公司劳动争议案"中[①],尽管法院在劳动关系是否成立的问题上适用了劳动法关于事实劳动关系的认定标准,确认劳动关系成立,判决用人单位支付解除劳动合同的经济补偿金,但在双方给付义务的分配中,考虑到了双方签订的《合作协议》的承揽合同属性,对原告主张但在《合作协议》中没有约定的"未签书面合同的工资差额、加班费、社会保险费"等劳动法下的用人单位的法定义务未予支持,依据的是合同法意思自治原则。再如,在前文的第二类判决中,即使法院在用工关系的认定上不认定双方成立劳动关系,也裁决平台企业对第三人承担损害赔偿责任,在损害责任的分配上,未适用《民法典》侵权责任编的归责原则,而部分适用了工伤保险的理念、制度和规则。[②]

第三节　传统劳动关系理论对平台用工合同认定的价值与弊端

要对网络平台用工合同的法律性质做出定义,除了从民法、合同法理论找到"入口"外,还须从传统劳动关系判定基准入手展开讨论。讨论劳动关系必然涉及劳动过程、劳动主体以及从属性。对于劳动关系关注的侧重点不同,对劳动关系的定义也不同,而从属性是劳动关系区别于其他人身关系和财产关系的本质特征。在前文多次提及的我国原劳动和社会保障部2005年的《关于确立劳动关系有关事项的通知》对事实劳动关系以构成要件的方式进行条文约束,通过规定劳动者适用用人单位的各项劳动规章制度,劳动者受用人单位管理、从事用人单位有报酬的劳动,劳动是用人单位业务的组成部分等法定基准,得出劳动关系的确定公式,即人身从属性、经济从属性和组织从属性。该

---

① 参见北京市第三中级人民法院(2019)京03民终11769号民事判决书。
② 应梵,翟云岭.网络平台用工关系中的合同性质认定研究[J].现代经济探索,2020(12):131.

认定标准是大陆法系国家根据成文法的特性演绎的标准,结合具体国情和司法实践,各自有着不同延伸和解释。而英美法系则以其判例法的习惯,提出"控制标准""经济现实标准"等判断方法,通过司法实践监督法律适用。

一、"从属性"认定标准

(一)大陆法系国家的从属性标准

从属性理论是大陆法系国家认定劳动关系的主流学说,对于从属性判断标准的构成,具体主要包括人身从属性、经济从属性、组织从属性,国内外学界对其含义以及是否应包括在从属性标准中仍存在争议。

《德国民法典》2017年的最新修订版本中对劳动关系进行了首次界定,其第611a1条提出,劳动关系应具备私法合同、劳动给付、依附性劳动三类特征,在这其中的依附性劳动也被称为人格从属性劳动。[①] 德国学理认为,劳动关系与委托、承揽等劳务给付关系的区别在于"劳动给付义务人人身依附的不同程度"。[②] 人身依附性标准包括劳务提供者服从劳务受领者指令、薪酬给付和计算方法、工作场所与工具由劳务受领者提供等具体要求,其实质为以人格从属性为核心,将组织从属性和经济从属性涵摄于人格从属性进行适用。

"使用从属性"一词在日本最早是在1985年劳动大臣咨询机构的劳动基准法研究会发表的《关于劳动基准法的"劳动者"判断基准》研究报告中提出的,依据"指挥监督下的劳动"的劳务提供形态,以及作为"支付报酬"的报酬与劳务的对等性的有无来判断"使用从属性"的有无,进而得出"劳动者"的性质有无。其具体基准包括有无承诺工作指示的自由、有无工作上的指挥监督、有无工作地点和时间的拘束等。对于"使用从属性"的判断要结合劳务的具体内容、工作时间、地点来判断是否构成指挥监督的关系。例如在"横滨南劳基署长(旭纸业)事件"的一系列判决中,一审横滨地方法院和二审东京高等法院做出了相反的判决,三审最高法院认为佣车司机自己拥有货车、自行负担燃料等费用,佣车司机"使用自己所有的货车,基于他人的依赖、命令从事货物运输",虽然公司对出发时间或到达时间、运输路线、运送方式等做出了具体要求和管理,但出于汽车运输合同目的的达成而进行适当的拘束是必要的,不可一味认为存在拘束就存在指挥监督的关系。公司对佣车司机的工作指示的拘束性程

---

① 叶嘉敏,李少军.共享经济视域下网约车平台用工劳动关系从属性认定标准研究——以"权重位序法"为核心进路[J].河北法学,2020(11):189.

② [德]雷蒙德·瓦尔特曼.德国劳动法[M].沈建峰,译.北京:法律出版社,2014:45-46.

度低,对其时间和场所上的拘束性较弱,"使用从属性"达到了被否定的程度,因而不认可其劳动者的身份,不予支付劳灾补偿。[①] 结合法案的基准规范和司法实践的适用可以看出,在判断劳动关系的存在与否时日本法院以人格从属性为主要要素,由此可以得出日本与德国是以人格从属性为主要判定指标,同时综合其他要素进行综合分析的从属性标准。

(二)英美法系国家的从属性标准

因其判例法的特征,英美法系国家在长期的司法实践中形成了"控制标准"和"经济现实标准"的从属性认定标准。英国早在 1881 年便根据司法实践归纳出"控制标准",认为劳动关系存在的可能性与雇员工作受控制程度正相关,该标准同时赋予雇主指挥监督雇员的权利,认为雇员对雇主应为服从关系。

美国 1935 年出台的《国家劳动关系法》将控制标准进一步细化为依据雇主对工作细节、工作的时间、报酬的支付方式的控制程度,雇员从事的职业和业务是否特定,劳务的种类及其所需技能,工具的提供方,工作是否为雇主常规业务的组成部门来判定劳动关系的存在与否,即劳动关系的认定须综合考虑所有要素,其中雇主的控制程度是核心考量标准。"经济现实标准"则是美国在 1938 年出台的《公平劳动标准法案》中提出的。美国法院在适用"经济现实标准"来判定劳动关系成立时,通常会考虑以下 6 个因素:(1)在工作的过程中,雇员相对于"雇主"的独立程度或服从于"雇主"控制的程度;(2)雇员分享利润或承担损失的机会;(3)雇员对商业机构的设备和器材是否有投资;(4)雇员与商业机构之间关系的持续性及持续的时间;(5)雇员进行工作所必需的技术的程度;(6)雇员所提供的服务作为雇佣实体不可分割的一部分的程度。以上的因素中没有哪一项可以单独决定雇员与"雇主"之间是否存在劳动关系,而确定关系的核心就在于与控制有关的因素。

综上分析可知,"经济现实标准"与"控制标准"在劳动关系从属性的判断中类似,即法院根据具体案情对标准中所涉及的所有要素进行综合考量,区别在于"经济现实标准"较之"控制标准"更注重经济上的依赖程度要求。

(三)"从属性"理论的现实适用

虽然两大法系的侧重点不同,大陆法系为以人格从属性为核心,综合其他进行判断,而英美法系将各项因素均作为考量的着重所在,但无论是大陆法系

---

① 田思路,贾秀芬.契约劳动的研究——日本的理论与实践[M].北京:法律出版社,2007:93-95.

的人格从属性、经济从属性、组织从属性的三要件判断标准还是英美法系的控制判断标准,其本质均为对劳动者与用人单位之间的各项依赖控制关系进行细化和综合考量后判断劳动关系是否存在。

从司法实践来看,英美法系的"经济现实标准"与"控制标准"和大陆法系的"从属性"理论,均对劳动关系的具体判断提出要求,都强调个案中要综合考量各项因素。英美法系强调任意因素不可单独决定劳动关系的成立,劳动关系的判定结果受制于多个因素的程度和指标认定,而各项具体标准又存在很强的主观判断色彩,各标准的位序和重要程度的模糊适用容易导致劳动关系的认定存在不确定性,劳动关系认定复杂,裁判不统一。但也正是由于其笼统适用、综合判断的特征,其概念和理论本身具有很大的弹性和包容性,面对日新月异的劳动用工形式,法官仍可以在司法实践中不断完善和发展。而大陆法系的以人格从属性为主、其余因素综合判断的标准得出的判决结果更加稳定,但根据该标准去处理平台经济形式下的用工合同则多出现消极判决,不利于平台新型用工形式下的劳动者权益保护。

然而,虽然传统劳动关系理论在互联网平台用工背景下遭遇了巨大挑战,但传统劳动关系概念和判断标准并非全都被时代摒弃,其综合判断的核心以及各标准的具体规范仍可包容网络平台用工合同,结合网络平台用工关系的新特点和各国对于平台经济争议的积极处理经验,在传统劳动关系的基础上进行改良,得出我定义网络平台用工合同的性质和处理网络平台用工争议的特色方式。

二、我国传统劳动关系的认定标准

劳动关系概念的确定是认定劳动关系问题的逻辑起点。我国曾在《劳动合同法〈草案〉》[①]中给劳动关系下过定义,但是后来因为争议过大,在 2008 年《劳动合同法》正式颁布时删去了劳动关系的概念。从现行立法来看,我国仍然未对劳动关系这一概念给出一个明确具体的定义。在学术界,有不少学者对劳动关系的概念进行界定,其中较有代表性的是王全兴的观点。他认为,劳动法调整的劳动关系是指劳动力所有者(劳动者)与劳动力使用者(用人单位)之间,为实现劳动过程而发生的一方有偿提供劳动力由另一方用于同其生产资料相结合的社会关系。[②] 其主要特征有两个:一是主体特定。劳动关系的

---

① 《劳动合同法〈草案〉》第 3 条:本法所称劳动关系,是指用人单位招用劳动者为其成员,劳动者在单位管理下提供有报酬的劳动而产生的权利义务关系。

② 王全兴.劳动法[M].第 3 版.北京:法律出版社,2008:29.

双方主体特定,劳动关系的主体为一方是劳动者,另一方是用人单位。二是具有从属性。劳动关系中最本质的特征就是从属性,用人单位为了自己生产经营的需要,往往会对劳动者进行一定的约束。例如要求劳动者在指定的地点、规定的时间范围内完成工作任务。而劳动者为了能够获取报酬也会接受用人单位的管理与监督。双方虽然是形式上平等的法律主体地位,但这种从属性的存在使得双方实质上处在一种并不平等的地位上,劳动者听从用人单位的命令、管理,付出劳动后等价获得报酬,且工作风险由用人单位承担。所以一旦被认定为是劳动关系,就应当对劳动者提供倾斜保护。在我国,从属性的存在与否是劳动关系是否成立的主要认定标准,并且从属性理论一般被分为人格从属性、组织从属性和经济从属性三个方面。

(一)主体适格

从我国立法来看,尽管在 1994 年出台《劳动法》后,又于 2008 年出台了《劳动合同法》,但遗憾的是两部法律都未对劳动关系这一概念给出一个明确的定义。针对劳动关系的主体"劳动者""用人单位"我国立法也没能给出定义,而是采用了列举式的方式尽可能囊括所有的劳动法主体,然而,列举式的方式难免挂一漏万,总有些应当被认定为劳动法主体的群体被遗漏。

1. 劳动者

我国现行法体系下的"劳动者"的内涵,通常在两个层面上使用:第一层面的劳动者是指作为主体资格的劳动者;第二层面的劳动者是指作为劳动合同法律关系中的劳动者。这两个层面的内涵和法律意义并不完全相同。

(1)作为主体资格的劳动者

劳动者资格条件是指劳动者作为劳动法律关系主体必须具备的条件,即必须具有劳动权利能力和劳动行为能力。所谓劳动权利能力,是指依法享有劳动权利和承担劳动义务的资格或能力。所谓劳动行为能力,是指以自己的行为依法行使劳动权利和履行劳动义务的能力。只有同时具有劳动权利能力和劳动行为能力的劳动者,才能充当劳动法律关系主体。因此,劳动权利能力和劳动行为能力是构成劳动者作为劳动法律关系主体的前提条件。

作为主体资格的劳动者,主要解决的是一个自然人在法律上能否参与具体劳动法律关系的问题,其法律意义在于保护劳动者的就业权、职业安全权、休息权、健康权等劳动权,这是宪法赋予公民的基本人权。保护公民的劳动权不受侵犯,是政府的主要义务,也是一项国家责任。但享有这些劳动权的范围仅限于处于法定劳动年龄阶段、具备职业资格条件的劳动者。这一层面的劳动者所享有的权利具有平等性质,主要体现在就业权利的实现上,该项权利实现的主要依据是宪法和就业促进法。是否赋予公民以劳动者主体资格是宪法、就业促进法等公法规范确定的。作为主体资格的劳动者,是形成劳动法律关系,享有具体劳动权利、劳动义务的前提,其劳动权受宪法、就业促进法等公法规范的保护,但并不必然产生具体的劳动权利义务关系,也不当然受劳动合同法、社会保险法等劳动和社会保障法律规范的保护。

一般而言,这一层面劳动者的资格条件主要通过以下几个要素来衡量:①年龄。达到法定就业年龄,在我国为年满 16 周岁。②健康,即应具有健全的身体和精神状态。③智力,包括文化条件、从业条件等。④支配自由,即能否自由支配自己的劳动力。若人身自由被限制或剥夺的,就不能成为法律意义上的劳动者。⑤就业意愿。在我国,自愿就业是一个长期被忽视的资格要素。诚然,我国宪法既赋予公民劳动的权利,又赋予公民劳动的义务,但是从理论上分析,劳动义务仅为道义义务,不应成为法律义务,任何组织和个人,都禁止使用一切形式的强迫劳动。⑥其他要素。

(2)作为劳动合同法律关系中的劳动者

劳动法和劳动合同法意义上的劳动者,是指劳动关系成立后,在具体的劳动合同中享受劳动权利和承担劳动义务、具有从属性质的主体,即用人单位的职工、职员。这种用工关系下的劳动,具有从属性、职业性、契约性和有偿性特征。作为这一层面的劳动者所享有的劳动者权利,往往体现了从属性关系下劳动法的具体的价值目标。因此,如果一个公民具有了第一个层面的劳动者主体资格,并不意味就是劳动法意义上的劳动者,只有通过与所在单位签订劳动合同,并与之建立具体劳动的权利义务关系,才由一般意义的劳动者转变为具有从属性质的劳动者。反过来,如果一个公民在具体的劳动法律关系中依法享受权利和承担义务,他(她)也一定具备缔结劳动合同的主体资格和相应的平等就业权利,包括具备相应的劳动权利能力和劳动行为能力。①

综上分析可见,受劳动法保护的平台工作者,除应具备第一层面的劳动者主体资格条件,还必须具备第二层面的劳动者的条件,即与所在平台通过劳动合同建立劳动关系,享受劳动权利、承担劳动义务。

2.用人单位

在我国,用人单位是指招收录用劳动者,使用劳动者的劳动能力,并按照劳动者提供的劳动量支付工资和其他待遇的一方主体。我国立法采用列举式

---

① 《劳动与社会保障法学》编写组.劳动与社会保障法学[M].第 2 版.北京:高等教育出版社,2018:32.

的方法对用人单位进行了列举、囊括。我国起初在《劳动法》第二条中列举了五种用人单位:"在中华人民共和国境内的企业、个体经济组织(以下统称用人单位)和与之形成劳动关系的劳动者,适用本法。国家机关、事业组织、社会团体和与之建立劳动合同关系的劳动者,依照本法执行。"后又在《劳动合同法》和《劳动合同法实施条例》等其他立法中不断补充、完善。2008年1月1日开始实施的《劳动合同法》将民办非企业单位产生的劳动关系也纳入劳动法的专门适用范围。① 2008年9月3日开始实施的《劳动合同法实施条例》将会计师事务所、律师事务所等合作组织和基金会视为劳动法上的用人单位。②

目前我国劳动法的适用范围以法定用工主体为标准确定,具体主要有6类:(1)企业,包括经依法核准登记设立的各种不同类型的企业。(2)个体经济组织。依法核准登记并取得营业执照的个体工商户招用劳动者形成的劳动关系。(3)民办非企业单位。根据《民办非企业单位登记管理暂行条例》的规定,民办非企业单位主要有各类民办的学校、医院、科研院所、文艺团体等组织。(4)事业单位。我国事业单位在实行聘用制用工制度改革前,参照公务员人事关系管理。而在聘用制改革后,依据《劳动合同法》第九十六条规定,属于劳动法的适用范围。③ (5)国家机关和社会团体。国家机关和社会团体在《公务员法》适用范围之外采用劳动合同制形式招聘工勤人员或非公务员编制岗位劳动者所建立的劳动关系,属于劳动法的适用范围。(6)会计师事务所等合伙组织和基金会。根据《劳动合同法实施条例》第三条的规定,依法成立的会计师事务所、律师事务所等合作组织和基金会,属于劳动合同法规定的用人单位。

根据上述劳动法律规范的规定,我国劳动法"用人单位"主体的外延范围包括企业、个体经济组织、民办非企业单位、国家机关、事业单位、社会团体等。相比较于大陆法系和英美法系其他国家对劳动关系中用工主体资格的界定,我国"用人单位"的外延范围比较狭窄,目前尚未包括其他组织,更未涵盖自然人雇主。"用人单位"这一称谓是我国劳动法所特有的用词,其他国家一般采用雇主、用工方、用人者等表述。有学者认为,考虑到具体国情,目前我国劳动

① 《劳动合同法》第二条:"中华人民共和国境内的企业、个体经济组织、民办非企业单位等组织(以下称用人单位)与劳动者建立劳动关系,订立、履行、变更、解除或者终止劳动合同,适用本法。国家机关、事业单位、社会团体和与其建立劳动关系的劳动者,订立、履行、变更、解除或者终止劳动合同,依照本法执行。"
② 《劳动合同法实施条例》第三条:"依法成立的会计师事务所、律师事务所等合伙组织和基金会,属于劳动合同法规定的用人单位。"
③ 《劳动合同法》第九十六条:"事业单位与实行聘用制的工作人员订立、履行、变更、解除或者终止劳动合同,法律、行政法规或者国务院另有规定的,依照其规定;未作规定的,依照本法有关规定执行。"

法直接采用国际上通行的"雇主"概念尚有一定难度。不过鉴于"用人单位"一词存在较大的局限性（例如将个人雇主先天性地排除在外），建议以"用人主体"这一覆盖面更广的表述来替代"用人单位"的表述。[①]

（二）我国的从属性标准

在我国，从属性的存在与否是劳动关系是否成立的主要认定标准。从学理上来看，从属性是劳动关系的最大特色，并且从属性理论一般被分为人格从属性、组织从属性和经济从属性三个方面。人格从属性主要是指劳动者向用人单位提供劳动时，将其人身在一定限度内交给了用人单位。经济从属性表现在劳动者通过劳动换取生活资料，体现出劳动力与劳动报酬的交换关系。组织从属性是指劳动关系建立之后、解除之前，劳动者始终作为用人单位组织中的一员而存在，受用工单位的指挥与控制。从属性可以通过某些特定的形式外化。一般来说，用人单位向劳动者直接支付报酬，劳动者付出的劳动是用人单位业务的组成部分，用人单位发放工作证或服务证等身份证件、允许劳动者以用人单位员工的名义工作，劳动者实际接受用人单位的管理约束，则双方构成劳动关系。

从司法实践上来看，从属性是考量是否构成劳动关系或者是否属于事实劳动关系的根本标准。对劳动关系的认定方法主要有两种：第一种是根据双方签订的合同来具体分析是否符合劳动关系的成立；第二种是双方并未签订劳动合同，则根据原劳动和社会保障部的 2005 年颁布的《关于确立劳动关系有关事项的通知》来认定是否构成事实劳动关系。故在司法实践中，确认劳动关系纠纷案的裁判思路通常为，先审查双方当事人是否符合法律规定的主体条件，再着力审查双方间的权利义务关系是否符合劳动关系的特征，此即法定劳动关系的裁判思路。但无论采用哪种方式，从属性作为劳动关系的本质属性，仍然是确认劳动关系案件的审查重点。从属性的判断标准主要有：(1)服从营业组织中的工作规则；(2)服从雇主的指示；(3)接受检查的义务，即劳动者有义务接受考察与检查；(4)接受制裁的义务，即劳动者应对错误行为负责。劳动关系主要的识别标准有：(1)生产组织体系属雇主所有；(2)生产工具或器械由雇主提供；(3)原材料由雇主供应；(4)责任与危险负担由雇主负责；(5)工作报酬由雇主发放。后者的最直接特征是雇主决定劳动者的工资发放。

（三）我国从属性认定标准的弊端

法定劳动关系思路从劳动关系的从属性本质出发，确定了确立劳动关系

---

① 林嘉.劳动法和社会保障法[M].第 4 版.北京:中国人民大学出版社,2016:67.

人身从属性和经济从属性的标准,是确认劳动关系案件的基本裁判思路。该裁判思路适用于所有确认劳动关系的案件。正是因为"从属劳动"这一有别于传统民法精神概念的存在,劳动法的理念、制度和规范才得以展开。劳动关系的从属性本质决定了识别劳动关系的具体标准和依据,当然也决定了裁判思路要正本清源,回归到劳动关系的本质上来。因此,人民法院在裁判确认劳动关系纠纷时,自然地选择了法定劳动关系的裁判思路。该思路更接近司法权的本质,更符合司法权行使的目标,更契合内因决定外因的辩证法。

然而,由于现实生活中提供劳务的方式层出不穷,而且在立法上又没有具体、准确定义劳动关系的概念,无论是德国的"从属性理论",还是美国的"控制标准"或"经济现实标准",不仅仅其概念本身模糊不清,相应的认定要件更是复杂多样。我国立法上虽然原劳动和社会保障部的《关于确立劳动关系有关事项的通知》对从属性的认定标准进行了规定,但该通知中的规定也大都为原则性规定,在实际操作中若完全依据该通知来进行判断就显得较为困难;而且该通知在表述上比较笼统简单,不够明确,这样就导致法官的自由裁量权较大,从而可能因为法官的私人观点而左右最后的裁判结果,产生了不少"同案不同判"的现象。

目前无论是学术界还是司法实务部门对网络平台这一新型用工形式法律关系的性质认定尚存在较大争议。立法上,我国的《劳动法》《劳动合同法》《民事诉讼法》等都直接使用了"劳动关系"一词,但均没有对劳动关系进行明确定义。判断劳动关系的标准只在原劳动和社会保障部的那份通知中做了规定,但该通知发布的时间距今已比较久远,已经不适合用来应对当下日益多元的互联网平台用工关系。只有同时具备该通知第一条中的三种情形:(1)用人单位和劳动者符合法律、法规规定的主体资格;(2)用人单位依法制定的各项劳动规章制度适用于劳动者,劳动者受用人单位的劳动管理,从事用人单位安排的有报酬的劳动;(3)劳动者提供的劳动是用人单位业务的组成部分,才能认定劳动关系成立。该通知规定的劳动关系认定三要素比较僵化,对于网络平台等新型用工关系来说,要求同时具备人格从属性、组织从属性、经济从属性会比较苛刻。故目前的网络平台普遍主张其与平台劳务提供者不存在劳动法调整的劳动关系,其与劳务提供者之间是民法所调整的合作、承揽等关系,以此来回避因建立劳动关系带来的最低工资、休息休假、社会保险等用人单位责任。

第四节　我国网络平台用工合同法律调整的思路

一、雇佣合同与劳动合同的关系以及相关学说

平台用工关系的法律定性是其法律适用的逻辑起点。雇佣关系和劳动关系之间的发展关系问题一直是学者们争论的焦点,劳动法和民法学者多次就它们之间的关系争论不休。在我国现行法体系下,若将平台用工关系定性为雇佣关系,则归属民法调整;若将其定性为具有从属性的劳动关系,则平台工作者受到劳动法的倾斜保护。

(一)关于雇佣关系与劳动关系的基本共识

自劳动关系和雇佣关系发展以来,我国学者对二者的关系问题也达成了部分共识,即劳动关系的发展起源于雇佣关系,是对雇佣关系的深化与改革。谢增毅认为:"劳动契约源于雇佣契约,但超越劳动契约。"[①]郑尚元认为:"一般意义上,先有雇佣关系的民法调整,后有劳动关系的劳动法规制。"[②]两位学者非常一致地认识到二者之间的紧密联系,并对二者的立法产生先后有着共同的观点,即先有雇佣关系立法,再有劳动关系立法。

1.劳动关系"继承"雇佣关系

在产业化雇佣刚兴起时,彼时的雇佣关系是平等的民事法律关系,双方具有平等的民事主体地位,其本质上是劳务与报酬的等价兑换,即雇员付出劳动,雇主给予相应的报酬。从发展历程上来说,是先出现了雇佣关系,而后在其基础上进一步发展为劳动关系,二者在产生的时间上有先后顺序。在我国,有关雇佣关系和劳动关系的相关立法存在一些空白,并不是由雇佣关系向劳动关系的自然过渡,时至今日,我国《民法典》合同编中仍然没有明确确立雇佣合同的有名合同的地位。即便如此,我们也不能否认雇佣关系和劳动关系发展的先后顺序。

虽然在劳动关系的发展过程中增加了雇佣关系所不具备的从属性,这也是它与雇佣关系的根本区别,但我们同样无法否认劳动关系是以雇佣关系为前提和基础的。例如,劳动关系同样也是以双方主体地位平等为基本前提的,

---

① 谢增毅.劳动关系的内涵及雇员和雇主身份之认定[J].比较法研究,2009(6):75.
② 郑尚元.雇员关系调整的法律分界[J].中国法学,2005(3):82.

雇佣关系中的意思自治、诚信原则皆在劳动关系中得到体现。[①] 域外立法同样也直接或间接地印证着二者的一致性。在一些以德国法和英国法为代表的大陆法系和英美法系国家中，劳动立法并未明确区分劳动关系和雇佣关系，而是以雇佣关系为总的概念主导这二者。

2. 劳动关系"超越"雇佣关系

受人类思想解放运动的影响，原本完全依附于雇主的雇员的从属性逐渐消失。在这一时期，人格独立、自由平等的思想不断冲击着雇员的固有想法，雇佣关系中的从属性渐渐淡化，契约自由的理念渗入到债权要素中，不少大陆法系国家（以德国、瑞士为代表）以成文法的形式将雇佣关系确定在债法中。

（二）雇佣关系与劳动关系的学术分歧

虽然"劳动关系'继承'雇佣关系但又'超越'雇佣关系"这一观点成为学者们的基本共识，但这只是对于二者发展的先后进行概括，并没有完全解决二者如何分界、如何进行调整等问题。

在中华人民共和国成立以来的民事立法进程中，我国雇佣合同的制度和理论规则被废止，仅有劳动合同的立法和理论存续，雇佣合同至今未被现行立法所确认，也没有相应的制度实践。雇佣关系（雇佣合同）、劳动关系（劳动合同）的概念及二者之间的关系缺乏认定，《民法典》合同编的有名合同中也缺少对雇佣合同的定义与详细适用，无法通过雇佣合同的规定明确平台契约劳动关系者中平台工作者与雇主之间的权利义务关系。实践中，合同双方大都选择以签订承揽合同或委托合同的方式明确双方的主体地位和权利义务，而我国现行的劳动法又难以认定这一具有高度自由用工形式下的劳动者身份，一旦合同被认定为委托或承揽合同，劳务提供者所能获得的民事合同保护远低于劳动法的特殊保护。我国司法机关在确认劳动关系纠纷案件中亦并未区分雇佣合同和劳动合同，二者常常混淆使用。法院一般会根据从属性标准确认存在雇佣关系，做出认可劳动关系的判决。

雇佣合同与劳动合同的概念及二者的关系仍是我国劳动立法中没有厘清的基本问题。大陆法系相关国家的立法和学说或许能给予我们一定的借鉴与启发。《德国民法典》第 611 条规定，因雇佣合同，允诺劳务的一方有义务提供给所约定的劳务，另一方有义务给予所约定的报酬。雇佣合同的标的可以是

---

① 《劳动合同法》第三条："订立劳动合同，应当遵循合法、公平、平等自愿、协商一致、诚实信用的原则。"

任何种类的劳务。① 雇佣合同的标的为"任何种类的劳务",与以劳务的结果为标的的承揽、委托合同形成区别。该法条对于雇佣合同的定义仅强调劳务和报酬的关系,对当事人双方关系和地位并未做出解释,进而否认了雇佣合同的人身从属性。对于与雇佣关系相对的劳动合同,雇主对雇员构成领导与指挥关系时,认可雇员的劳动者身份,其劳务为"从属性"劳动,此时合同为劳动合同。该观点的核心在于,认定劳动合同的标的为"具有从属性的劳务",此时劳动合同的标的为雇佣合同所包含,劳动合同为特种雇佣合同,也称从属性的雇佣合同。"通过私法性合同建立劳动关系,被允诺的劳动给付必须依据指示来提供,人们称其为非自主性劳动,在法律上与此相对的是(自由)雇佣合同。"② 即雇佣合同分为自由雇佣合同和从属性的雇佣合同(劳动合同)。

不同于德国对于这一关系的明确认定,我国和日本学术界关于雇佣合同(雇佣关系)和劳动合同(劳动关系)之间的关系有"同质说"和"异质说"两大学说。③

1."同质说"观点

"民法上的雇佣,是约定'服从的劳务'和'获取报酬'的契约关系,这无非是资本主义社会租赁劳动关系的法的表现。所以把劳动契约与作为契约类型的雇佣契约作同一理解是正确的。"④ 契约类型的雇佣与以劳务给付的结果为目的的承包不同,其目的在于实现劳务交易,同时在指挥监督的程度和方式上,与受托人视自己情形而定工作的委托和承包也不相同。对此日本学者大胆提出无论是否订立劳动契约,为了保护劳动者,可以变通理解具有劳动契约性质的雇佣、委托、承包的劳务提供者为劳动法上的劳动者。近代民法中发展出从属性雇佣和独立雇佣,在法律演变的过程中逐渐剥离其独立性。独立雇佣由民法中的委托、承包合同等进行规范,而留存的从属性雇佣承载着平等和公平的双重理念,在公权力的介入下进入社会法的调整领域,成为现代意义的劳动合同。雇佣关系和劳动关系在性质上其内涵和外延相同,本质并无区别。

2."异质说"观点

雇佣关系发展到近代成为劳动合同,其中融入了公权力的社会属性,与民法雇佣合同的双方合意订立存在区别,当事人意思自治程度受到国家公力的

---

① 德国民法典[M].第4版.陈卫佐,译.北京:法律出版社,2015:64-70.
② [德]雷蒙德·瓦尔特曼.德国劳动法[M].沈建峰,译.北京:法律出版社,2014:44.
③ 胡大武.比较与借鉴:家政工人劳动权益法律保障研究[M].北京:中国政法大学出版社,2012:122.
④ 田思路,贾秀芬.契约劳动的研究——日本的理论与实践[M].北京:法律出版社,2007:64.

干预和制约,但二者受国家干预的程度不同。劳动合同存在保护特殊弱势群体利益的立法追求,因而一方主体须存在对另一方主体的一定程度的依附关系,主体地位和适用法律也存在区别。雇佣合同与劳动合同在约束主体、意思自治程度、立法追求等方面存在差异,因而做出不同合同性质的认定。

结合我国国情,在现阶段将雇佣合同与劳动合同做出严格区分的意义不大。雇佣合同发展为劳动合同,其间固然渗入了公权力干预的存在,但其本质并无明显区别。雇佣合同原本为调整劳务交易实现的合同,随着资本主义发展和工业化兴起,雇主的工业规模变大,雇员的弱势地位逐渐凸显,当事人由原来的个体变为群体。尽管为了保护这一庞大群体的合法利益而由国家介入给予劳动者法律方面的保障和补偿,但其本质仍为确保劳务交易实现的劳务—报酬的自然人之间的合同,与既有自然人又有法人的委托、承揽合同构成区别。有学者引用《德国民法典》的从属性区分理论作为异质说的学理印证,认为雇佣合同与劳动合同之间存在本质的从属性差异。但同质说并未否认这一区别。德国民法上的雇佣分为自由雇佣和从属性雇佣,可见自由雇佣合同与同质说的独立雇佣合同相同,均指自主性较强的劳务提供形式,在我国和日本的民事立法中归入委托和承揽合同进行制约。"今日大部分之雇佣关系,均属于劳动法上意义之劳动关系。"[①]因此,雇佣合同(从属性雇佣)与近代劳动合同同义。

(三)我国网络平台用工合同的法律调整现状

如前所述,在组织型平台的三种用工模式中,"自营模式""业务外包模式"都能在现行劳动法律框架下找到依据和解决路径。而由于"零工就业模式"是平台经济的创新部分,理论界对于这一特殊用工形式下平台工作者的保护有劳动法和民法两种调整模式。[②]

1.劳动法调整模式

"零工就业模式"下的平台工作者由于其从属性弱化,在实践认定中具有一定的困难,因而有学者建议在劳动法中适当增设"第三类劳动者",即中间类型劳动主体,以解决司法中的认定问题。例如前述《意大利民法典》中设定的"连续和协作的合同关系"以及日本的《家内劳动法》中以家内劳动者为对象实现了这种"第三范畴"的保护。也有学者认为,可以通过调整劳动者的适用范

---

① 史尚宽.债法各论[M].北京:中国政法大学出版社,2000:294.
② 战东升.民法典编纂背景下劳动法与民法的立法关系——"以类似劳动者型劳务提供人"的保护为切入点[J].法学,2018(10):97-99.

围,采用概括和列举的方式对劳动法对于劳动者的主体范围进行相应的补充,即"凡是以平台打零工为主要生活来源之人,其工作方式及工作内容均为劳动法的保护对象"①,但此调整模式下劳动者的适用范围极度扩张,进而影响民事劳务合同在平台用工的适用,过分强调平台与平台工作者之间的劳动关系属性,矫枉过正,不利于平台用工形式的多样性发展。

2.民法调整模式

实践中平台多以委托和承揽为名与平台工作者订立合同,因为一旦合同法律关系被定性为委托或承揽合同法律关系,平台工作者则由相应的民法典中对应有名合同的法律规范进行约束。民法约束的是地位平等的双方当事人的法律关系,而不强调对弱势当事人的保护。例如在承揽合同中,取得报酬的条件是"完成工作",雇主可以此为理由拒绝或延付报酬以及要求承揽人对于定作物的妥善保管义务。② 又如根据《民法典》规定,承揽合同和委托合同的定作人或委托人享有任意解除权,仅需承担赔偿损失的后果。③ 除此之外,对于承揽合同或是委托合同,平台工作者也不能享有劳动法对于劳动者的工资工时、休息休假、个别情形的单方解除权、平等就业等方面的保护,此时平台工作者所能请求的权利减少,企业承担的义务减弱,不利于平台用工的健康发展。

"零工就业模式"在劳动密集型的服务消费领域发展迅猛,在实际案例中表现为网约车、外卖配送、家政服务等生活消费服务行业。因而有学者建议,民法典将服务合同有名化,并以列举、概括的方式得出服务合同的特殊规定和一般原则。④ 然而服务合同的本质为消费合同,相较于劳动法对当事人不平等的倾斜保护,服务合同更趋向于平等的民事消费关系,此时由服务合同进行调整,容易陷入以偏概全的错误中。

在此基础上,有学者提出采用雇佣合同调整模式,将雇佣合同纳入《民法典》,用雇佣合同帮助处理网络平台用工合同的性质认定,在此模式下,劳动关系为雇佣关系的特殊形式。⑤ "零工就业模式"下平台工作者介于劳动者与个

---

① 王天玉.互联网平台用工的合同定性及法律适用[J].法学,2019(10):174.

② 《民法典》第七百八十二条规定:"定作人应当在承揽人交付工作成果时支付;工作成果部分交付的,定作人应当相应支付。"《民法典》第七百八十四条规定:"承揽人应当妥善保管定作人提供的材料以及完成的工作成果。"

③ 《民法典》第七百八十七条规定:"定作人可以随时解除承揽合同,造成承揽人损失的,应当赔偿损失。"《民法典》第九百三十三条规定:"委托人或者受托人可以随时解除委托合同。"

④ 周江洪.服务合同在我国民法典中的定位及其制度构建[J].法学,2008(1):132.

⑤ 谢增毅.民法典编纂与雇佣(劳动)合同规则[J].中国法学,2016(4):97-99.

体经营者之间,平台工作者处于多重劳动关系下,其从属性低于劳动者,较个体经营者又受平台的指挥、控制,此时通过调整雇佣规则和劳动法的关系,合理配置《民法典》中的雇佣合同与劳动合同规则,在雇佣合同的立法体例上注重雇佣合同的人身属性的同时,体现劳动法对劳动者基于特殊保护的理念和精神,给予适当的劳动者保护措施。

在实际判决中法院多以雇佣合同关系认定劳动关系成立,进而认定平台工作者的劳动者身份,对其做出适用劳动法进行保护的处理。参照实际判决和上述理论分析,我国对于"零工就业模式",应当优先对其主体进行认定,若劳动者符合从属性要件的构成,则可获得劳动法的全面保护,只有在劳动法没有规定时,才使用《民法典》合同编或民法的规则。现阶段应着眼于雇佣合同的制度和立法体例建设,调整雇佣合同对于"零工就业模式"中民法特质的保护,使其作为衔接民法调整和劳动法调整之间的纽带。然而现阶段,我国劳动法适用范围狭窄,劳动立法还不够精细,雇佣合同又不属于《民法典》调整的有名合同,我国网络平台用工合同的法律适用实质上体现了我国劳动法和民法立法上的矛盾和缺陷,选择何种法律保护模式需在厘清雇佣合同与劳动合同关系的基础上、结合他国的积极经验和我国的具体国情做出协调和选择。

二、比较法视野下的网络平台用工关系的归类考察

比较法视角下各国对于网络平台用工关系有着不同的归类方式,在法律上并未出现相对统一的界定方式。下面我们以大陆法系的德国、意大利和日本的相关制度为例展开分析。

(一)德国的类似劳动者制度

分析德国1974年的《集体合同法》的第12a条第一款可知,"类似劳动者"具有经济从属性和一定的组织从属性,不同于自雇就业者与受劳动法保护的雇员。"类似劳动者"受中间类型主体理论影响,由劳动法赋予其休假权、集体劳动权、平等权等部分典型劳动者所享有权利的特殊主体。平台经济日新月异,这一新主体的设立给劳动者提供了更加弹性的解释范围,弱化了德国这一大陆法系国家以人格从属性为主的僵化思路,优化了传统二元论的劳动者主体资格判断方式。

有德国学者指出,自雇就业者与雇员的本质区别在于自雇者自己筹措资金以及自招员工经营,直接参与市场竞争,并对经营结果自负盈亏。"类似劳动者"作为自雇就业者与雇员的中间主体,承担着一定的经营风险,因此原本因为人格从属性的欠缺而在从属性标准下无法认定为劳动关系的平台用工法

171

律关系,可以通过承担经营风险标准(承担的经营风险越高,对雇主的人身依赖性越低)进行辅助判断。然而,经营风险标准具有抽象性,实践中依赖于司法工作者自由裁量,因此必须通过具体的要素规范才具有实用价值。

(二)意大利的准从属性劳动制度

《意大利民事诉讼法典》第 409 条第 3 项将原为从属性劳动标准的"劳动诉讼"扩大至适用于"代理关系、商业代表关系以及其他合作关系,这里的'合作'具体表现为一种即便不具有从属性,但主要由本人完成的、持续与协同的工作给付",打破了原有的"从属性劳动与自治性劳动"的二元传统保护逻辑。此后这种"准从属性制度"逐渐丰富、修正,由"统一构成要件并单一归类阶段(持续协同合作)"发展为"项目劳动+特定非项目式持续协同合作"。

前述的"准从属性制度"主要由持续性、协同性和给付的高度人格性构成。持续性是指劳务受领方的利益取得是否具有稳定性,而非劳务取得即宣告满足。协同性要件是指平台劳务提供者给付的劳务须为劳务受领者的业务组成。而给付的高度人格性则与人格从属性挂钩,在涉及合作代理案件中还应适当考虑合作者业务在组织管理中发挥的作用。综合以上三个标准,给予单方解除权的限制、违反竞业限制的赔偿等方面适当的倾斜保护。为有针对性地提高保护水平,立法者建立了"项目劳动",对准从属性劳动的不同主体、岗位给予不同程度的保护措施和保护力度。"项目劳动"除以上三个构成要件外,还必须存在书面形式确认的项目活动和给付期限,否则为无固定期限从属性劳动,不享有普通劳动者的保护待遇。

准从属性劳动制度拓宽了劳动者保护的范围,细化并增多了劳动者保护的分类,在扩大保护范围的同时,针对不同需求的项目进行不同的力度与措施的调整,对于我国蓬勃发展的平台经济用工关系定性具有重要借鉴意义。"零工就业模式"展现了平台用工的多样性,在我国"独立劳动—从属劳动"二元保护框架下,民法和劳动法的调整机制保障程度和措施差别巨大,要解决"零工就业模式",就应吸取同为大陆法系国家的立法和司法经验。然而,我国理论对于雇佣合同和劳动合同基本概念的界定缺失,对其适用法律没有建立成熟的制度,立法与司法解释还须对这方面进行严格的区分和说明。

(三)日本的契约劳动者制度

同为大陆法系国家的日本对雇佣关系调整的法律构架与德国类似。值得一提的是,日本 2007 年起实施的《劳动契约法》对不属于劳动关系的"契约劳动"关系予以单行法调整。依据日本学者对"契约劳动"学理上的概念界定,

"契约劳动"是指在雇佣契约(在我国称之为劳动合同)之外的契约形式,比如基于承包、委托等契约劳动者为用人单位提供劳务和服务,与用人单位存在类似于雇佣关系的经济上的依存关系。[①] 据此,日本法上的"契约劳动者"类似于德国法中的"类似劳动者"。

三、我国网络平台用工合同法律调整的思路和路径

综上对"零工经济模式"下平台用工合同的分析可见,平台新型用工合同属于民事合同与劳动合同的"类型融合契约",在选择法律适用方法时,应区分平台与平台工作者的合同属性,协调适用民事合同规则与劳动合同的劳动法规定。

此外,要得出平台与平台工作者的合同属性,须明确其合同的权利义务关系是否构成劳动关系。主体适格是目前我国劳动关系认定的基本条件。劳动者身份的认定伴随着从属性基准的适用。传统理论中以人格从属性为主的劳动关系判断标准已不适应多变的平台用工形式。以我国网约车平台用工为例,网约车平台用工较之传统用工具有以下特点:(1)入职和离职手续更为宽松,司机仅须符合岗位要求,在平台要求的 APP 中注册或注销,无须经进一步筛选,规避了烦琐的招聘和离职手续;(2)工作自主性强,平台发布任务,由司机自主决定是否接单,工作时间和工作地点意思自治;(3)乘客与平台共同形成对司机的管理和监督,乘客通过平台的反馈系统进行工作成效的评价,评价间接通过平台的奖惩机制实现控制;(4)司机在提供短期服务后,即获得报酬,不同于传统的定期酬劳制度;(5)司机可与多个平台建立劳务提供关系,不排斥多重劳动关系;(6)平台从乘客给付司机的报酬中抽成以实现盈利。结合前文对从属性的研究理论,若还坚持人格从属性为主的判断标准,司机明显与平台之间构成居间关系。但从组织从属性和经济从属性角度去分析,司机所提供的劳务为平台业务的组成部分,且司机所获的报酬亦系其经济来源,因而判断网约车平台的劳动关系从属性时,应以组织从属性为主,经济从属性为辅,组织从属性下属要素并未完全肯定其劳动关系时,补充经济从属性则仍可认定劳动者身份。得出劳动者身份后,即认定为劳动关系,优先适用劳动法进行保护,否定劳动关系的存在时,适用民法规则进行约束。

然而,在现行制度下各项从属性判断要素权重与位序无统一标准,当组织从属性不足,补之经济从属性仍无法达成明确的劳动关系认定时,只可归入承

---

① 田思路,贾秀芬.契约劳动的研究——日本的理论与实践[M].北京:法律出版社,2007:1-2.

揽、委托合同民法规则进行约束,实为不妥,因而仍须进行一定的制度优化。

(一)明确各模式下从属性要素的权重和位序

如前所述,平台合同分为自治型和组织型,组织型又可分为"平台自营""业务外包""零工就业"三种类型。以送餐平台用工合同为例,平台与劳务提供者之间的关系也可分为三种模式,分别对应组织性平台的三种情形,即"自营骑手"用工模式、"代理商骑手"用工模式、"APP 众包骑手"用工模式。

在"自营骑手"模式下,平台与骑手签订劳动合同,通过骑手平台指示完成工作并获取报酬。平台与骑手之间符合原劳动和社会保障部《关于确立劳动关系有关事项的通知》中成立事实劳动关系的要件,属于传统劳动关系。

在"代理商骑手"模式下,代理商与平台公司建立合作关系,平台将送餐业务外包给作为代理商的第三方劳务公司,骑手与代理商签订劳动合同,骑手与代理商之间形成了劳务派遣关系,此为业务外包模式。在司法实践中这种模式多牵涉四方主体,但其本质还是一般劳动关系,可认定代理商与骑手之间存在劳务派遣关系,或依《关于确立劳动关系有关事项的通知》进行传统从属性要件认定,或直接依据《民法典》的侵权责任编判定责任承担主体,此模式不涉及从属性要素取舍。

在"APP 众包骑手"模式下,任何人通过 APP 接单进行配送服务,就可以成为平台的众包骑手,平台整合社会闲散资源进行高效分配,实现各方受益。此模式即为"零工就业模式"。在实践中,尽管在线外卖平台对众包骑手的劳动过程制定有一系列的规章制度,并且外卖骑手的劳动行为是否符合标准将直接影响到其薪酬的发放,但实际上其控制力度还是相对弱的,骑手是否接单、什么时间开始接单、接单的方式是自动派单还是自己抢单都有很大的自由选择度。① 而且在大部分情况下,众包骑手在进行外卖配送时所需的交通工具、配送保温箱以及工作服等都是自行准备的。此模式具有部分劳动关系属性特征,因而需要了解各要素在积极认定劳动关系时的权重,从而确定适用的位序。有学者提出,对于认定"零工就业模式"下的劳动关系,将组织从属性根据整体和细节控制程度划分为三个层级、第一层级为组织从属性的基本条件(整体控制、收入来源和时长);第二层级为影响基本条件的要素(更高程度的细节控制);第三阶层为非专属于组织从属性的辅助要素。若组织从属性满足一、二层级所有特征,此时认可劳动关系,若一、二层级存在要素残缺,此时要求经济从属性的特征全面满足,作为该劳动关系认定的补充。

---

① 徐文红.浅议互联网+下劳动关系认定问题治理模式[J].法制博览,2017(9 上):17.

(二)"事实第一"的认定原则

从本书第三章的实证调研中可见,实践中只有较少一部分的平台工作者与平台或代理商签订了劳动合同,大多数平台工作者仅与平台或代理商签订了某种协议,这些协议成为互联网平台或代理商否认劳动关系的重要理由之一,但这些平台工作者中相当一部分与平台建立了事实劳动关系。如何认定这类用工关系的性质成为各地法院亟须解决的问题。

国际劳工组织在第 198 号建议书《关于雇佣关系的建议书》中确立了"事实第一原则"。该建议书第 9 条明确指出:"就保护雇佣关系中的劳动者的国家政策而言,确定此种关系的存在,应主要以与劳动者从事劳务并获得报酬相关的事实作指导,而不论在各方当事人之间可能商定的任何契约性或其他性质的相反安排中的关系特点。"2015 年我国最高人民法院在题为《关于当前民事审判工作中的若干具体问题》的文件中也做出了类似规定,强调要准确界定劳动关系和劳务关系的界限,切忌脱离法律规定和客观实际将劳动关系泛化。[①] 在司法实践的过程中应当避免一刀切,在不泛化劳动关系的基础上,根据个案具体情况具体分析,认定事实劳动关系,在保障平台工作者合法权益和互联网平台企业发展之间寻求平衡点,保护双方利益。

平台用工合同中从属性的认定标准是从平台的角度出发建立的,而平台工作者作为劳务提供者,无论在信息获取还是资料支配方面都处于弱势地位,因此在平台用工合同的性质认定时,应建立"事实为主"的认定原则,抛开合同现有条款去判定双方关系的真实性,即使双方合意签订委托、承揽、合作、服务合同等合同外观,只要双方的关系符合从属性的要件构成,就认定为劳动关系,认定合同性质为劳动合同,同时在判定时,还应倾斜保护劳动者权益。

(三)通过引入民法雇佣合同规则建立"自雇型"平台工作者的保护制度

雇佣关系作为兼具民事一般规则和劳动法特殊保护的理论精神的用工关系,其存在对于网络平台用工合同的法律调整具有现实价值。基于雇佣关系与劳动关系同质说,我国对于雇佣关系与劳动关系的性质区分意义不大,今日劳动关系之认定亦是雇佣关系之判断认定,通过引入雇佣合同规则和民法社

---

① 《最高人民法院关于当前民事审判工作中的若干具体问题》指出:"在关于劳动争议案件的审理问题中规定,要整体理解和把握法律、司法解释规定,避免因对法条的孤立、片面理解而产生法律适用错误。要依法维护劳动用工制度改革成果,准确界定劳动关系和劳务关系的界限,切忌脱离法律规定和客观实际将劳动关系泛化。"

会化的原则建立"自雇型"平台工作者的保护制度,是新型平台经济的当务之举。如上述"APP 众包骑手"模式,若经济从属性无法补足组织从属性进行劳动关系认定,该用工关系无法认定为劳动关系,适用委托、承揽合同又不利于平台工作者的权益保护,则可认定为雇佣合同,纳入民法进行保护。因此,应引入雇佣合同规则,并从民法社会性原理出发,对不同权利义务的主体和岗位的零工就业平台工作者给予不同程度的就业权、劳动基准权、社会保险权的保护措施和保护力度,为劳动关系适用合同法和民法规则提供通道,以避免因简单适用民法的有名合同规则而带来的不公,为新形态用工形式提供更为全面、细致的保障制度。

本章小结

网络平台用工作为共享经济背景下的新兴用工形式,对我国社会经济产生了深远影响。作为网络交易大国,我国对平台经济领域的劳动法与民法的法律规范尚须及时跟进,这对现行的民法和劳动法法律体制提出了挑战。司法实践中对于网络平台用工合同定性问题出现了"同案不同判"现象。但这并不意味着传统劳动关系理论和传统民法雇佣关系理论已经过时,其依旧具有灵活性与适应性以调整网络平台用工关系。当前司法实践分歧的主要原因在于将不同类型的平台的用工行为均以"网络平台用工"这一概念进行覆盖,未考虑网络平台用工模式的多样性以及不同平台的具体用工特点。网络平台用工合同性质问题的解决要避免以偏概全,应在对平台进行类型化分析的基础上,寻找现行法律制度中适当的合同规则予以调整。不同类型平台的用工模式存在着较大差异,无论是居间合同、劳动合同还是承揽合同,其或许契合某一类平台用工合同的属性,但难以用一类合同规则去规制所有的平台用工争议,需要综合考虑个案事实进行具体分析。由于网络平台用工的复杂性与多样性,本章基于现有理论基础与法律规则尝试对司法实践中存在的问题提出了解决方案,以寻求互联网平台经济的发展与平台劳务提供者权益保障之间的平衡。

第六章　网络平台工作者的集体权利和社会保障法律问题

　　本章着重讨论网络平台工作者的劳动权益法律保护问题,主要涉及平台工作者的集体协商和社会保险两个方面。集体协商和社会保险是保障网络平台工作者获得报酬、体面生活、化解职业风险重要的法律制度,也是公民劳动权实现的基本保障制度。平台工作者的劳动报酬权、工作安全权和社会保障权不仅是维持其个人生存和家庭生活最重要的保障,也是社会对其劳动的承认和评价,更是保障其人格尊严和体面劳动的主要权利。我国现行法律规范中劳动者的集体协商、集体合同与工会制度,以及社会保险制度都是以劳动者与用人单位之间存在劳动关系为基础构建的,劳动者的多数集体劳动权利和社会保障权利的实现以劳动关系的存续为前提,其义务主体主要为用人单位。因此,在现行法背景下大部分的平台工作者因为不能被认定为劳动法意义上的"劳动者"而被排除在养老、医疗、失业、工伤等法定的社会保险项目之外,也不能依托于集体组织——工会来行使与平台企业就劳动报酬、劳动条件、职业安全等问题展开平等协商、签订集体合同来争取其集体权利。随着共享经济的不断发展,平台契约劳动等新业态就业群体不断扩大,此类新型就业群体基本劳动条件保障和社会保险权利缺失的问题已成为一个普遍的社会性问题,保护共享经济下平台工作者等新型契约劳动者的集体劳动权利和社会保险权利,特别是特殊工种平台工作者(如外卖骑手、网约车司机等)的职业安全和社会保险的问题亟待解决。

第一节　劳动权概述

一、劳动权的产生和发展

人权理论与人权运动的冲击是现代劳动立法得以产生和发展的重要原因之一,而劳动立法在一定意义上是对人权理论的落实。因此,欲认识平台工作者基本劳动权益的社会保障权,首先必须探究人权保障的历史以及宪法的基本人权体系。

从权利产生的历史来看,人权最初源自"自由权",因此,自由权也被称为第一代人权。1689 年英国议会就颁布了《权利法案》,提出了自然权利的主张。1976 年美国的《独立宣言》规定:"人人享有上帝赋予的某些不可让与的权利,其中包括生命权、自由权和追求幸福的权利。"1789 年法国的《人权宣言》规定:"人之出生及生存,有自由及平等的权利。社会之差别,除了公共利益所必要外,不得认许之。"直到 18 世纪末,基于自然权利的思想而形成的人权观念,在近代立宪主义的思潮之下,通过宪法的制定才真正提升为"权利"。而基于自由主义和个人主义而形成的自由权的重要含义在于"国家不得随意干预",因此,形成了所有权绝对、契约自由以及过错责任这三大私法基本原则。然而,随着工业革命的进行,资本主义进入高度发展时期,资本的集中导致社会贫富悬殊,劳动者阶级饱受资本家的剥削,甚至连中、小企业及自营业者,也因为价格与市场的垄断,任由资本家宰割,导致社会的大多数人只能争夺一小部分社会资源,沦为弱势阶层,工人运动此起彼伏。因此,自由人权成为"画饼",人们开始要求国家落实人权保障,不仅仅是消极不作为,而应积极作为,确保人民实质的"自由平等",也就是"社会权"的人权保障。至此宪法的基本权利体系形成了自由基本权与社会基本权的二元构架。对于劳动者阶层的关注以及工人运动高涨是社会权得以产生的动力之源,劳动权也是社会权的主要组成部分。①

1919 年德国的《魏玛宪法》率先将劳动权正式规定为宪法基本权。《魏玛宪法》第 151 条规定,经济生活秩序必须与社会正义原则及维持人类生存的目的相适应。第 157 条规定:"劳力,受国家特别保护。"第 163 条规定:"德国人

---

① 林嘉.劳动法和社会保障法[M].第 4 版.北京:中国人民大学出版社,2016:21

民应有可能的机会从事经济劳动,以维持生计。无相当劳动机会时,其必须生活应筹划及之。"因此,作为公民生存权的重要组成部分,国家不仅仅应该通过保障公民的劳动权来维持其基本生存,而且要使其能够体面地生活,能够充分实现人的价值,使人有尊严地生活。

二、劳动权的体系

劳动权是宪法所确立的基本人权,劳动权并非单个权利,而是权利束,包括多个具体的权利。一方面,各个权利的属性可能存在重叠;另一方面,随着社会经济的发展,劳动权的内容不断扩张,劳动权的体系似乎也因此难以确定。

国内外学者尝试着从不同视角对劳动权的体系进行学术上的界定。挪威学者德泽维奇以"与工作有关的权利"作为总概念来统领"工作权和工作中的权利",并将"工作权和工作中的权利"分为4类:(1)与就业有关的权利;(2)由此派生出来的自由和权利;(3)非歧视和平等待遇的权利;(4)与工作有关的权利中的辅助性权利。① 我国台湾地区学者黄越钦从宪法基本权的角度来界定劳动权的体系,将劳动权与财产权作为生存权的两大支柱,并以劳动者进入劳动关系的时间来对劳动权的体系进行划分:劳动者进入劳动关系前,主要是政府对人民的就业辅导义务,即就业服务、职业训练和失业保险等。而劳动者建立劳动关系之后,上述劳动者与政府间的关系继续存在,但内容有所区别,此外,还包括劳动者与雇主之间的关系,也就是团结权、团体交涉权、争议权。②

我国学者林嘉认为,劳动权得以存在的基本前提是"法定之力",即劳动权中各个权利是基于法律规定而产生的,进行劳动权体系的构建不能脱离劳动法的体系,因此,劳动权的体系应该包括宪法中的劳动权和劳动法中的劳动权两个部分。

(一)宪法中的劳动权

劳动权是宪法所确立的基本人权,宪法中的劳动权又分为个体劳动权与集体劳动权。个别劳动权的权利主体是公民个体。我国宪法规定,个体劳动权主要有自主择业权、平等就业权以及劳动保护权。其中自由择业权是劳动权的自由权属性的具体体现,即要求国家和用工主体不得强迫劳动;平等就业

---

① [挪]克里斯托弗·德泽维.工作权和工作中的权利[M].//国际人权教材(第1卷).北京:中国政法大学出版社,2002:301-302.
② 黄越钦.劳动法新论[M].北京:中国政法大学出版社,2003:23.

权体现了劳动权的社会权属性,督促国家营造公平的就业环境,实现公民不分性别、年龄、民族、身份、财产等而平等地享有就业权,并通过立法限制就业歧视等影响平等就业的行为;劳动保护权是指公民享有的获得基本生存保障的权利,国家应积极作为,适当限制用人单位的经营自由,以维护劳动者的基本生存保障,体现在最低工资、休息休假以及工作环境等诸多方面。集体劳动权主要由劳动者团体所享有的权利,包括团结权、团体协商权以及争议权,这三项权利又被称为"劳动三权"。这三者之间具有密切的联系,其中团体协商权是核心,团结权是前提,而争议权是保障。个别劳动权和集体劳动权具有密切联系,劳动关系的本质是劳动者与用人单位之间的法律关系,因此,劳动权的核心是个别劳动权,而集体劳动权是作为实现个别劳动权的保障手段存在。

(二)劳动法中的劳动权

劳动法中的劳动权是宪法中的劳动权的具体化,由宪法中的劳动权衍生而来,因此,劳动法中的劳动权与宪法中的劳动权并非一一对应,往往根据宪法中劳动权的某个权利形成多个具体的权利。宪法中的劳动权与劳动法中的劳动权二者既密切联系又相互区别。一方面,二者之间存在权利的位阶关系,宪法作为根本法,其关于劳动权的规定是劳动法中的部门法制定的宪法依据,也是劳动法中劳动权的权威性来源;而劳动法中的劳动权是宪法的劳动权的具体体现,其实际地调整劳动关系,有助于国家宪法目的的实现。另一方面,劳动法中的劳动权利主要是劳动者针对用人单位所享有的私权。多数权利以劳动关系的存续为前提。其义务主体主要为用人单位。宪法中的劳动权是人们基于"公民"的身份针对国家所享有的,不以劳动关系的存续为基础,其义务主体主要为国家。[①] 我国劳动法中的劳动权集中体现在《劳动法》第三条:"劳动者享有平等就业和选择职业的权利、取得劳动报酬的权利、休息休假的权利、获得劳动安全卫生保护的权利、接受职业技能培训的权利、享受社会保险和福利的权利、提请劳动争议处理的权利以及法律规定的其他劳动权利。"

三、我国保障公民劳动权的法律规范

(一)我国宪法中的劳动权的法律效力

我国《宪法》中有关劳动权的规定主要包括第四十二条、第四十三条和第四十五条,其中第四十二条规定:"中华人民共和国公民有劳动的权利和义务。

[①] 林嘉.劳动法和社会保障法[M].第4版.北京:中国人民大学出版社,2016:23-25.

国家通过各种途径,创造劳动就业条件,加强劳动保护,改善劳动条件,并在发展生产的基础上,提高劳动报酬和福利待遇。劳动是一切有劳动能力的公民的光荣职责。国有企业和城乡集体经济组织的劳动者都应当以国家主人翁的态度对待自己的劳动。国家提倡社会主义劳动竞赛,奖励劳动模范和先进工作者。国家提倡公民从事义务劳动。国家对就业前的公民进行必要的劳动就业训练。"第四十三条规定:"中华人民共和国劳动者有休息的权利。国家发展劳动者休息和休养的设施,规定职工的工作时间和休假制度。"第四十五条规定:"中华人民共和国公民在年老、疾病或者丧失劳动能力的情况下,有从国家和社会获得物质帮助的权利。国家发展为公民享受这些权利所需要的社会保险、社会救济和医疗卫生事业。国家和社会保障残废军人的生活,抚恤烈士家属,优待军人家属。国家和社会帮助安排盲、聋、哑和其他有残疾的公民的劳动、生活和教育。"

上述宪法规范的内容较为确定,其实质是宪法所确定的保护公民劳动权的国家目标,因此,包括国家立法机关在内的国家权力机关,应该积极作为,采取多种措施,促进公民劳动权的实现以及使公民享有尊严的劳动条件。而宪法的目标,必须通过立法者来实现。因此所谓"国家"应该暗含了对于立法机关的立法委托,即通过立宪制在宪法内规定由立法者有所作为的指示。因为宪法不可能将所有事务事无巨细地全部规定,而是赋予立法者以立法权来制定法律以实现相关的规定。[①] 因此立法机关应该制定和完善相关劳动法律,这对立法者来说不仅是权力,也是一种义务。然而,作为一项社会权利,劳动权的实现往往与社会经济的发展密切相关,并且其内容会随着社会的发展而发展,对于立法机关基于劳动权的宪法委托而承担的义务,公民不能因为立法不作为而提起相关的诉讼,公民并不享有要求国家积极制定保障劳动权的法律的具体请求权。

(二)劳动法和社会保障法的劳动权保障功能

劳动法和社会保障法本身就是对公民劳动权和社会保障权这两项基本人权的保障,同时也是对公民其他基本人权的主要保障。

1.劳动法的保障功能

劳动法的目的在于保障公民的基本劳动权利。劳动者通过出卖劳动力获得生存来源,劳动是公民获得生存来源的重要途径。我国宪法第四十二条明

---

① 陈新民.德国公法学基础理论(上册)[M].济南:山东人民出版社,2001:139.

确了公民的劳动权。为落实国家对于公民劳动权的保障,国家制定了一系列劳动法律法规,建立起了相应的劳动权利保障机制。如建立职业安全卫生制度,为劳动者的职业安全权提供基本保障;建立最低工资制度、工资支付制度、欠薪保障制度,为劳动者劳动报酬权的实现提供保障;建立工作时间和休息休假制度,为劳动者休息权的实现提供保障等。

职业安全健康制度是实现劳动者职业安全权利的重要保障。国家有责任通过立法建立职业安全保障标准,保障劳动者生命安全和身体健康权利的实现。这一制度表现为用人单位对国家的法定义务,具有公法的特性;同时,由于劳动关系的人身属性,派生了用人单位对劳动者的保护义务,又具有私法的特点。职业安全健康制度的核心是制订职业安全健康标准,职业安全健康标准是劳动基准的重要组成部分,对于保障劳动者基本人权,实现劳动者体面劳动目标具有重大意义。我国《劳动法》专章规定了劳动安全卫生,2001年通过了《职业病防治法》、2002年通过了《安全生产法》等劳动安全健康专门立法。此外,《社会保险法》、《民法典》侵权责任编、《女职工劳动保护特别规定》、《未成年工特别保护规定》等也有不少职业安全卫生方面的规范。

2.社会保障法的保障功能

社会保障法的目的在于实现公民的生存保障,通过相应的社会保障待遇的给付,化解劳动社会化所带来的风险,保障公民的基本权利。我国《宪法》第四十五条规定,公民在年老、疾病或者丧失劳动能力的情况下,有从国家和社会获得物质帮助的权利。国家发展为公民享受这些权利所需要的社会保险、社会救济和医疗卫生事业。因此,国家建立各项社会保障法律制度,实现国家对公民的保护、照顾义务,保障公民的基本人权。我国《社会保险法》开宗明义地规定了国家对公民的社会保障的基本义务,第一条规定立法的目的是"为了规范社会保险关系,维护公民参加社会保险和享受社会保险待遇的合法权益,使公民共享发展成果,促进社会和谐稳定"。第二条规定了具体的保障范围是"国家建立基本养老保险、基本医疗保险、工伤保险、失业保险、生育保险等社会保险制度,保障公民在年老、疾病、工伤、失业、生育等情况下依法从国家和社会获得物质帮助的权利"。第三条规定:"社会保险制度坚持广覆盖、保基本、多层次、可持续的方针,社会保险水平应当与经济社会发展水平相适应。"

作为保障公民劳动权实现的基本法律规范,劳动法是为保障劳动者劳动权的实现,社会保障法是为全体国民提供基本的生存保障,二者都有利于保护劳动力,而劳动力是市场经济的重要生产要素,劳动力市场也是整个市场机制中的主要组成部分,因此,劳动法和社会保障法所规范的内容与市场经济有密切的联系,劳动法和社会保障法的建立与完善有利于维护中国特色社会主义市场经济秩序。劳动者基本劳动条件的保障和社会保险是社会的安全网,在市场经济的条件下,在保障社会成员生存权、保护劳动者体面劳动、维护社会公平正义方面具有重要功能。社会保障法律制度以实现公民的社会保障权为核心,强化国家责任,规范社会保障关系,形成社会保障体系。而以国家责任为核心要素的现代社会保障法律制度并非一蹴而就,而是需要顺应经济社会的发展不断地在探索和实践过程中构建和完善。

第二节　网络平台工作者的团体协议自治与工会构建

一、团体协议自治

团体协议自治制度是产业革命以后随着工人运动的发展,特别是工会的兴起而产生和发展起来的。自 18 世纪末开始,英美等国出现了工人和雇主进行谈判达成协议的现象。以英国为榜样,工会尝试向雇主争取较好的劳动条件,人们为分层的报酬规则而谈判,该规则写进双方协会或单个雇主之间的总体劳动合同中。起初雇主根据自己的优势地位尽可能地单方确定单个劳动合同的内容,而通过团体协议,逐渐发展出了合同形式、由力量大致平等的当事人谈判形成的规则。

团体协议制度之所以盛行于各国,并在劳动法体系中与劳动合同制度并重,甚至比具有劳动合同制度更为重要的地位,是因为其在保护劳动者权益、协调劳动关系和促进社会和谐共生方面可起到劳动法和劳动合同所无法取代的作用。我国台湾地区学者黄越钦认为:"在经济社会尚为单纯的社会中,契约之成立以个人对个人为原则,契约双方当事人之一方为多数人之情形,在法律上呈例外现象,但在经济社会生活发生急速变化、内容错综复杂之今日,原来的原则例外关系即不复明显,劳动法之团体协议即是此种社会关系的产物。早期的劳动契约之效力只能使缔约双方负有义务,令其成员在缔结劳动契约时,不逾越团体协议合意之范围,但此种义务强制效力薄弱,无法在社会生活中发挥其应有的功能,因为单独的雇主或受雇人,只要不参加联盟,则联盟之团体协议对之即无拘束力。为使联盟间之协议发生广泛的拘束力,于是团体协议于法律认可后,在法源体系中由契约规范之效力,上升至法律规范之地位,成为独立的法源,具有如同法律应具有之效力。"①

(一)团体协议的概念和类型

团体协议,又称集体合同、集体协议或劳资合约。国际劳工组织第 91 号建议书《集体合同建议书》第 2 条第 1 款规定:"以一个雇主或一群雇主,或者一个或几个雇主组织为一方,一个或几个有代表性的工人组织为另一方,如果没有这样的工人组织,则根据国家法律或法规由工人选举并授权的代表为另一方,上述各方之间缔结的关于劳动条件或就业条件的一切书面协议,称为集体合同。"据此,团体协议在概念上被概括为有团体协议能力的当事人之间调整双方权利和义务以及规范性地调整劳动条件和经济条件的合同。

团体协议主要有两种表现形式:(1)社团团体协议或企业团体协议,雇主一方的当事人可以是协会或单个雇主。在第一种情况下,该团体协议被称为社团团体协议,在第二种情况下被称为公司或企业团体协议。(2)框架团体协议、一揽子团体协议与工资团体协议。一般劳动条件,例如工作时间、工资或薪酬群组、休假、解雇期限及解雇原因等经常在长期的一揽子团体协议或框架团体协议中确定。框架团体协议根据抽象标准将不同工作分为特定的工资群组。一揽子团体协议规定其他劳动条件,例如劳动时间、休假、加班和解雇期限等。具有较短期限的工资协议调整的是具体报酬规则的额度。②

(二)团体协议的功能

团体协议具有多重功能。首先,它具有保护劳动者的功能。团体协议自治通过集体讨价还价均衡单个劳动者在缔结劳动合同时结构性的力量弱小,从而使得力量近乎均衡的对工资条件和劳动条件的谈判得以可能。其次,团体协议自治还对依附性劳动生活领域具有秩序功能。团体协议所创设的条款(也包括通过劳动合同中对团体协议的参引条款)不仅是劳动生活事实上的实质性框架,而且发挥着使劳动关系典型化的功能。最后,团体协议具有维系和发展和谐劳动关系的和平功能,团体协议自治的目标不仅在于缔结集体合同,还要为劳资双方提供一种利益交换的日常性沟通交流平台,并使劳资冲突的缓和得以制度化,其不仅能够有效缓解劳资矛盾,还有利于经济发展和社会稳定。

---

① 黄越钦.劳动法新论[M].北京:中国政法大学出版社,2003:299.
② [德]雷蒙德·瓦尔特曼.德国劳动法[M].沈建峰,译.北京:法律出版社,2014:395.

（三）我国的集体协商和集体合同制度

1.集体协商制度

通过集体谈判达成团体协议自治实现了劳资意思自治力量的对等性，是改善劳动者的劳动条件和福利待遇的重要手段，也是当今大多数市场经济国家调整劳动关系的重要途径。不同于国际通用的"集体谈判"的称谓，我国现行劳动法律法规和政策采用的是"集体协商"的表述。我国《工会法》第六条规定了集体协商制度："维护职工合法权益是工会的基本职责。工会在维护全国人民总体利益的同时，代表和维护职工的合法权益。工会通过平等协商和集体合同制度，协调劳动关系，维护企业职工劳动权益。工会依照法律规定通过职工代表大会或者其他形式，组织职工参与本单位的民主决策、民主管理和民主监督。工会必须密切联系职工，听取和反映职工的意见和要求，关心职工的生活，帮助职工解决困难，全心全意为职工服务。"《劳动合同法》第六条规定："工会应当帮助、指导劳动者与用人单位依法订立和履行劳动合同，并与用人单位建立集体协商机制，维护劳动者的合法权益。"

根据上述法律规范，并参照我国劳动和社会保障部于 2000 年 11 月 8 日发布的《工资集体协商试行办法》第三条的规定，可以将集体协商定义为：职工代表与企业代表依法就劳动报酬、工作时间、休息休假、劳动安全卫生、保险福利等事项进行平等协商，在协商一致的基础上签订集体协议的行为。我国使用"集体协商"的概念更多在于强调劳动关系的协调性而非对抗性。在实践中，集体协商与集体谈判一般被混同使用。然而，集体协商与集体谈判在文义内涵上还是有明显区别的。有学者认为，集体谈判强调的是谈判双方的平等关系，达成集体合同的过程是谈判，谈判的前提是双方都享有产业行动的权利，即用人单位可以闭厂，工人可以罢工。集体协商是工人与用人单位共同讨论在集体谈判中没有涉及的一些问题。在集体协商中，工人只有建议权，用人单位有最终的决定权。集体谈判以斗争为前提，协商则以合作或同意为前提。[①]

2.我国现行法框架下的集体合同制度

我国《劳动法》第三十三条规定："企业职工一方与企业可以就劳动报酬、工作时间、休息休假、劳动安全卫生、保险福利等事项，签订集体合同。集体合

---

① 谢玉华，张媚，陈佳.集体协商功能及影响因素：中外文献比较与启示［J］.中国劳动关系学院学报，2012(5)：28

同草案应当提交职工代表大会或者全体职工讨论通过。集体合同由工会代表职工与企业签订；没有建立工会的企业，由职工推举的代表与企业签订。"《工会法》第六条规定："工会通过平等协商和集体合同制度，协调劳动关系，维护企业职工劳动权益。"《劳动合同法》第五十一条规定："企业职工一方与用人单位通过平等协商，可以就劳动报酬、工作时间、休息休假、劳动安全卫生、保险福利等事项订立集体合同。集体合同草案应当提交职工代表大会或者全体职工讨论通过。集体合同由工会代表企业职工一方与用人单位订立；尚未建立工会的用人单位，由上级工会指导劳动者推举的代表与用人单位订立。"根据上述法律规范，我国现行法意义上的集体合同是指劳动者团体与用人单位或用人单位团体为规范劳动关系而订立的，以全体劳动者的共同利益为中心内容的书面协议。

由于集体合同在很大程度上决定了劳动条件，对于劳动关系产生规范性影响，在受集体合同约束的用人单位与劳动者之间产生直接的、强制性的效力。《劳动合同法》第五十四条规定："依法订立的集体合同对用人单位和劳动者具有约束力。行业性、区域性集体合同对当地本行业、本区域的用人单位和劳动者具有约束力。"第五十五条规定："集体合同中劳动报酬和劳动条件等标准不得低于当地人民政府规定的最低标准；用人单位与劳动者订立的劳动合同中劳动报酬和劳动条件等标准不得低于集体合同规定的标准。"第五十六条规定："用人单位违反集体合同，侵犯职工劳动权益的，工会可以依法要求用人单位承担责任；因履行集体合同发生争议，经协商解决不成的，工会可以依法申请仲裁、提起诉讼。"据此，集体合同可被视为能够产生具有拘束力的法律规则。

根据上述法律规定，具有法律渊源效力的集体合同主要包括两类：第一类是用人单位工会与用人单位行政之间签订的，对本单位职工和单位行政具有法律效力的集体合同；第二类是全国性、区域性、行业性集体合同，区域性、行业性集体合同对本行业、本区域内的企业和个人具有拘束力。前者的优点主要有：第一，它能够从各企业的实际情况出发，对劳动关系做出具体规定，因而可以适应本单位的特殊需要，可以使劳动者权益获得更缜密的保护，同时也可以使劳动合同内容更加简化。第二，因其涉及范围较小，易于协商和达成一致，签订时的争议也易于解决，即使发生极端事件，对社会的影响也相对较小。但这类集体合同也有不少缺点：第一，集体合同双方当事人的力量不均衡，单位内部工会相对于单位行政处于明显的弱势地位，因而，仅有企业内部集体合同，劳动者权益保护和劳动关系协调的状况难免出现宏观上的不平衡，在劳动者方和工会实力不强的企业,企业内部集体合同仍不足以使劳动者摆脱不利地位。第二,此类集体合同需要劳动行政部门进行审查和协调,因而管理工作量也较大。全国性、区域性、行业性集体合同的优点主要有:第一,它能够在本行业、地方乃至全国范围内对劳动关系进行规范,便于实现劳动权保护和劳动关系协调的宏观平衡。第二,在许多国家的司法实践中,该类集体合同被视为劳动法的法律渊源,它对劳动者和用人单位的拘束力不仅受到国家强制力的保护,而且受到全国性、行业性、地方性、职业性工会组织和用人单位团体的保障,因而具有准规范的性质。第三,它数量少、覆盖面广,便于行政机关审查和管理。不过,全国性、区域性、行业性集体合同也有缺点:第一,其内容大多为纲领性、原则性或轮廓性条款,不宜与各种类型企业的特殊需要相吻合。第二,其涉及面广,一旦发生争议,对社会影响大,甚至有可能影响社会稳定。

集体合同不仅是个别劳动合同的补充,还在劳动力市场和整个国民经济的运行中发挥着重要的调解与缓和冲突的作用。依私法自治原则,劳动(雇佣)合同的主要内容诸如工资、工时、工作岗位、工作场所、休息休假等劳动条件,均应依当事人协商一致而形成。然而,由于劳动关系的从属性、附和性特性,双方当事人的权力、地位并不对等,作为劳动者一方根本无法对抗用人单位一方的优越地位,而处于被迫订约状态,逐条磋商合同内容达成具有等价关系的合意事实上并不多见。因此,在劳动合同的思考上,不但应强调当事人之间的合意的"主观平等性",更应重视合同内容"客观上的妥当性"。因此,集体协商与集体合同是我国为劳动合同内容客观妥当性维护所采用的重要机制,以此协调劳动关系,维护企业职工的劳动权益。

二、网络平台工作者团结权的新选择

(一)我国工会制度概述

团结权是劳动者的基本劳动权利。工会是将劳动者团结起来,与雇主方展开平等对话的重要组织形式。作为集体劳动关系中的基本主体,工会享有代表劳动者开展集体协商和缔结集体合同的权利。对工会及其会员的保护经过各国劳工运动的推动和长期的司法实践,已经形成一套较为完善的法律体系。这些内容体现在以工会法和集体合同法为代表的劳动法律中,对工会和会员的权利保护存在一定的交叉性。

依据《中华人民共和国工会法》(以下简称《工会法》)等相关法律规范的规定,工会主要享有以下权利:(1)保障职工依法行使民主管理的权利;(2)帮助、指导职工的权利;(3)代表职工进行平等协商,签订集体合同的权利;(4)提出意见、建议和交涉的权利;(5)调查和监督的权利;(6)参与管理国家事务、经济文化事务和社会事务的权利;(7)参与解决劳动争议的权利;(8)获得运行安全保障的权利;(9)争议提请救济的权利。

我国的工会会员的权利规定在《中国工会章程》第三条,主要有以下权利:(1)选举权、被选举权和表决权;(2)对工会工作进行监督,提出意见和建议,要求撤换或者罢免不称职的工会工作人员;(3)对国家和社会生活问题及本单位工作提出批评与建议,要求工会组织向有关方面如实反映;(4)在合法权益受到侵犯时,要求工会给予保护;(5)工会提供的文化、教育、体育、旅游、疗休养、互助保障、生活救助、法律服务、就业服务等优惠待遇;工会给予的各种奖励;(6)在工会会议和工会媒体上,参加关于工会工作和职工关心问题的讨论。

(二)我国平台工作者的团结权现状

根据《中国工会章程》第一条"凡在中国境内的企业、事业单位、机关和其他社会组织中,以工资收入为主要生活来源或者与用人单位建立劳动关系的体力劳动者和脑力劳动者,不分民族、种族、性别、职业、宗教信仰、教育程度,承认工会章程,都可以加入工会为会员",第二条"职工加入工会,由本人自愿申请,经工会基层委员会批准并发给会员证"的规定,我国目前的工会和会员资格以及权利保障体系是以劳动者与用人单位之间存在劳动关系为基础建立的。

在我国现行劳动法规范体系下,"身份"和"契约"成为平台工作者获得最低工作条件和职业风险等基本劳动权益保障的制度障碍。从大多数平台服务合同的内容来看,平台工作者没有定价权和决定劳动条件的权利,特别是有关平台工作者提起诉讼背景下工作条件的声明都显示了在平台方设定的管理规则中存在巨大的不平等或者一定的经济依赖关系,以至于重建权力平衡的唯一办法只能是就劳动条件展开谈判。工会是集体合同中劳动者团体一方的利益代表,也是启动集体协商的谈判、推动劳资双方集体劳动关系发展的重要因素。要提升集体协商在网络平台新型用工关系中的地位,最关键的措施是完善工会制度,赋予平台工作者以一定的团结权。

对于平台工作者而言,工会制度又存在着特殊的困境。在劳动关系二分法的制度格局下,平台用工"去雇主"、工作任务化、碎片化的特点使其很难适用现行的工会制度来保护其集体权利的实现。我国现行的工会制度是以传统标准劳动关系而设计的。由全国总工会、地方工会和企业工会构成的纵向工会组织加上产业(行业)工会(受地方工会和全国总工会领导)的一元工会组织体系,这套工会体制具有类似行政层级的特点,是以机关、事业单位、国有企业等正规就业部门为主要参照对象设计的。而面对相对灵活松散、流动性强的网络平台新型用工,传统的工会体制暴露出很多的不适应性。创新工会制度以适应新型业态劳动者基本劳动权益保障的需要是我国工会制度改革发展中的一项时代使命。从劳动和社会保障法的社会法属性出发,工会行动应突破传统劳动关系法的边界,以行业性或地区性工会为依托,将平台工作者组织起来,就其最低劳动条件的保障、劳动报酬及社会保险等问题展开平等对话和集体协商,以确保平台经济中各方势力保持平衡,成为共享经济背景下我国工会制度改良和社会政策的选择。

(三)平台工作者团结权的新路径:替代性工会组织——非传统劳工公会

自 20 世纪 80 年代开始,随着各国经济形式的转型,团体协议对劳动者和雇主的约束日渐减弱。雇主经常宁愿选择不受团体协议约束的会员身份。而在劳动者一方,从工业经济向服务经济的转变也导致了组织程度的改变。在服务产业中,平均组织程度比较低;而传统的工会会员几乎都是全日制雇佣者和专业工人。在当代,几乎没有值得一提的能实现团体协议自治的领域。在低收入部门,人们贴切地指出了团体协议自治功能的失灵。[1] 为面对共享经济下出现的平台工作者等新业态群体的集体劳动权的缺失,各国都开始探索有利于此种新就业形态劳动者的基本劳动权利保障的集体协商和结社机制,其中最具代表性的是各类非传统工会性质的专业性、行业性的劳动联盟——非传统劳工公会(Alphabet Workers Union 简称"Alt-Labor")[2]的蓬勃发展。该组织将该行业内的新用工形态从业者吸收为其成员,并作为他们的利益代表与雇主展开平等对话和协商,以重建劳动者与雇主之间的利益平衡。

1.非传统劳工公会概述

(1)非传统劳工公会的缘起

非传统劳工公会是一种非传统工会的工人公会组织或运动,泛指不属于工会的,以改善任何类型劳动者工作条件为目的工作者团结组织或运动。随着传统工会的日渐式微和新工作形态的普及,以往以工会为核心的劳动者团结形态正在发生变化,各类非传统、非结盟的劳工组织成了劳动者团结的新选择。

---

① [德]雷蒙德·瓦尔特曼.德国劳动法[M].沈建峰,译.北京:法律出版社,2014:395.

② Compa L. Careful what you wish for: A critical appraisal of proposals to rebuild the labor movement[J]. New Labor Forum,2015,24(3):11-16.

　　非传统劳工公会在零工经济较为发达的美国发展得较为多元和成熟。在美国,工会传统上一直是劳动者团结的主要形态,也是领导劳工运动的主要力量。但随着美国共享经济的发展,自 20 世纪 70 年代开始至今一直处于整体上的下降趋势,近几年更是达到了最低值。据美国劳工统计局的数据,在美国的有薪劳动者中,工会参会率从 1983 年的 20％持续下降至 2019 年的 10.3％,并且有进一步走低的趋势。① 造成工会参会率下降的原因多种多样。其中既有工会组织自身的问题,而经济变化引起的雇佣、工作形态的变化则被认为是根本原因。一方面,美国产业格局的变化使得传统工会基于集体劳动而形成的团结规模丧失了原动力。从 20 世纪 50 年代开始,美国的服务业逐渐取代了制造业成为 GDP 占比最大的部类,服务业占比超过了 80％。而较之于第二产业行业,服务业普遍存在工会参与率低的特点。根据美国劳工局的数据,2019 年,建筑业和制造业的工会参会率分别为 12.6％和 8.6％,而金融业、商业服务和其他服务业的参会比例只有 4.1％、1.9％、2.2％和 2.8％。② 另一方面,随着共享经济带来的灵活用工形态的兴起,越来越多的美国劳动者不再与公司形成劳动法意义上的雇佣关系,他们成为网约车司机或在亚马逊等众包平台接单。这些新的工作形态赋予劳动者相对灵活的工作安排,但由于其身份不再是传统劳动法意义上的雇员,当遭遇平台压迫或价格底线竞争等问题,由于传统劳动法的限制,工会不能直接作为他们的代表,也无法为他们的利益发起集体谈判或组织罢工。

　　与传统工会面临的双重困境对应的是全体劳动者的团结权的困境。对于与企业有雇佣关系的劳动者来说,多数行业天然存在团结困难和雇主对工会组织的抵触态度,使得他们无法或不易参与到工会代表的集体劳动关系中去。而对于共享经济中的新形态劳动者来说,由于美国现行劳动法普遍采用的雇员(劳动者)/独立承包人(非劳动者)"两分法"认定模式,在被认定为劳动法意义上的雇员之前,他们并没有法律认可的建立或参与工会的资格。然而,无论产业结构如何调整,工作形态如何变化,劳动者期望联合力量改善工作条件、提高谈判能力的天然诉求并不会消极。随着这种团结能力和团结诉求间隙的日益扩大,劳动者选择和发展了传统工会的替代方案——非传统劳工公会或非结盟劳工组织(Alt-Labor)。

---

① ［2020-05-20］. https://www.bls.gov/.
② ［2020-05-28］. http://www.bls.gov/data/.

(2)非传统劳工公会的定义和类型

与工会组织不同,由于总体上是自发形成的,非传统劳工公会并没有劳动法上的严格定义。就目前 Alt-Labor 组织或运动在美国的发展实践来看,任何不属于工会的、以改善任何类型劳动者工作条件为目的或主要目的的工作者团结组织或运动,在理论上都可归类于 Alt-Labor。

由于定义广泛,构成 Alt-Labor 的组织或运动多种多样,形态各异,其中既有长期为传统劳动者争取团结权而形成的"类工会"或"准工会组织(这类组织通常被称为 Worker Union 工人中心)",也有类似于独立司机公会等一开始便是为了团结权意义上的"独立承包人"或者说是"非劳动者"而成立的组织。除了相对固定的组织外,更有像为"15 美元斗争"[①]这类为推动具体的劳工保护议题,如最低工资方法而形成的团结运动。按照团结对象在劳动法上身份的不同,Alt-Labor 可以分为以下两种类型:

①雇员联合会。雇员联合会以工人中心(Works Centers)为代表,由于不受法律对工会的形式约束,工人中心形态同样也多种多样,有工人联合(Coalitions)、独立的非营利组织甚至是工会联盟等组成形式。工人中心并不是工会,大多数工人中心成立的背景都是在某些行业内或者特大型企业内,劳动者建立或加入正式工会遭遇障碍,为了在没有工会的情况下获得团结力量,争取改善劳动条件和促进工会的建立而成立的替代性组织。雇员联合组织除了无法根据法律行使工会的权利(如发起集体谈判等)外,无论组织目标还是行动与传统工会都非常接近。由于手段和诉求与传统工会非常接近,工人中心的行动通常受到传统工会的直接或间接支持,或由传统工会领导设立。

②非雇员联合类。在共享经济蓬勃发展的背景下,非雇员联合是 Alt-Labor 中增长最快的类型。例如,独立司机工会正是在 2016 年与 Uber 的交涉中崭露头角,成为网约车领域最具代表性的 Alt-Labor 组织之一。尽管不能强制收取会费、发动集体谈判和罢工,但由于受到的法律限制也很少,这类组织在形式上更加灵活,团结权也更大,多个组织还存在交叉覆盖,能够有效利用互联网扩大影响。与工人中心不同,这类组织和运动很多时候不再以建立传统工会为目标,更多的是关注劳动者工作条件的直接改善、工作收入的直接提高、扩大社保的覆盖以及其他的经济诉求。

(二)非传统劳工公会的发展趋势

作为替代性的工会组织,非传统劳工公会在很大程度上满足了共享经济

[①] [2020-05-28]. http://fightfor15.org/about-us/.

背景下劳动者当下的团结诉求,是传统工会的有效补充和替代。一方面,它给那些无法加入工会的雇员有力支持,协助他们建立工会或推动那些普遍改善他们待遇的立法;另一方面,它也满足了劳动法意义上非雇员的团结诉求,提高了他们在面对发包商或者互联网平台时的议价能力,从而在一定程度上改善了他们的工作条件。非传统劳工公会在获得代表权及诉求上的灵活性特点更适应今天和未来的经济环境和工作形态,这使得该类组织在各国蓬勃发展。

1. 美国谷歌公司的 Alphabet 工人工会(Alphabet Workers Union)

在美国,工会面临的最大障碍是在新政中创建的劳动法律法规体系不再有效运转。公司对劳动法制度的操纵已经使竞争环境极大地向支持公司的方向倾斜,以至于赢得私营企业的工会选举几乎不可能。政府和学术界普遍认为,工会运动需要将新经济组织的劳动者组织起来,代表他们的集体劳动权利,以再次将工会和雇主置于一个更为平等的地位,这将有助于为摆脱新经济形态下平台企业与平台工作者经济不平等的局面提供路径。

2021 年 1 月 4 日,部分谷歌员工宣布成立名为 Alphabet Workers Union(Alphabet 工人工会)的工会组织。Alphabet 工人工会是在美国通信工作者工会(Communications Workers of America,CWA)的支持下成立的,面向所有谷歌母公司 Alphabet 旗下的劳动者和独立承包人,目前已有超过 200 位成员加入。根据 Alphabet 工人工会的创立声明,Alphabet 工人工会将对 Alphabet 的所有员工(含法律意义上的非劳动者)敞开大门,不论他们的岗位和级别。Alphabet 工人工会的这种设置在美国科技巨头中是独一无二的,属于历史性的创举。

与传统工会设置不同,Alphabet 工人工会不寻求与公司进行集体协商并签署覆盖所有雇员的集体合同。他们实行自愿参与制,将代表所有自愿加入的 Alphabet 工作人员,包括在法律上没有集体谈判资格的临时工、外包工和独立承包人(TVC)。Alphabet 工人工会将收取入会会员年收入的 1% 作为工会会费,用以支付日常开支、法律费用、工会工作人员的费用以及罢工补偿基金(strike fund)。

与传统的科技行业工会不同,Alphabet 工人工会在不寻求签订集体合同的同时,纳入了那些传统劳动法意义上的非劳动者(临时工、外包工和独立承包人,TVC),这种差异化的设置使得 Alphabet 工人工会具有了 Alt-labor 组织的特点。这种做法放弃了传统劳动法基于劳动者身份赋予的权利,转而获得代表范围上的灵活性,某种程度上将会给共享经济时代美国的工会改革和

Alt-labor 组织的发展带来新的思路。[①]

2. 比利时的艺术家工作联合会(Sociie Mutulle des Artistes,SMarT)

在关于平台工作者的集体劳动权利的讨论中,人们常常提及比利时的特色工会组织——SMarT。这是一个具有合作性质的组织,随着越来越多的平台工作者正进入自雇者阵营,该组织致力于为自雇者提供保护。SMarT 成立于 20 世纪 90 年代末,当时艺术工作者们在管理自身雇佣身份和活动方面遇到了困难,SMarT 由此应运而生。该组织的宗旨是提供解决方案,让临时工作者也能受益于一套法律框架,以确保获得更高水平的社会保障。目前,SMart 在欧洲 8 个国家开展活动,并根据数字平台特别是送货上门平台(Take-Eat-Easy、户户送、优步外卖等)所产生的新情况而对自身提供的服务进行调整。在该组织的帮助下,自由职业者能摆脱耗时而又复杂的行政手续。在不影响对自雇者自我保护的前提下,该组织还针对受众的需求提供定制化服务,为应对风险而建立后备机制。这些劳动者中有的在传统企业工作,在共享经济环境下发展自己的事业,有记者、教练、手工艺者、网络管理员、快递员、咨询师、城市农民工等,他们以 SMarT 雇员的身份从事自己的事业,没有作为自雇者的种种风险。SMarT 组织的目标是成为欧洲最大的劳动者合作组织。

然而,SMarT 与比利时各大工会的关系并不和谐。在 SMarT 看来,传统工会没有针对新就业形态和数字经济催生的工作调整自己的组织和服务。而在工会看来,当前的风险在于 SMarT 的所作所为无异于让灰色地带的工作合法化,扶持临时性、收入微薄、没有严格定义身份、缺乏稳定职业生涯的自由职业工作,用这类工作代替了稳定且薪酬体面的传统工作。总而言之,双方紧张关系的根源在于对劳动力市场的看法大相径庭。在传统工会看来。劳动者身份只有两种,要么是雇员,要么是自雇者。在 SMarT 看来,劳动者可以存在第三种身份,其介于传统雇员与真正的自由职业者之间。[②]

3. 意大利的"草根"工会

随着共享经济的发展,意大利国内发生了多起平台工作者的群体性事件。例如,意大利的外卖骑手已经组织过多种形式的公开抗议活动(罢工、集体下线、快闪、请愿等)。外卖骑手们利用社交网络联络,协调集体争议者的行动。2016 年 10 月,都灵掀起了一场抵制运动,抗议 Foodora(一家外卖

① 饶溪. 谷歌员工宣布成立工会[EB/OL]. 微信公众号:美国劳动法观察,2021-01-05.
② [法]伊莎贝尔.道格林,[比]克里斯多夫.德格里斯,[比]菲利普·波谢.平台经济与劳动立法国际趋势[M].涂伟,译.北京:中国工人出版社,2020:66.

平台)决定按配送单支付酬金(按件计酬)并将骑手列为下属工作者。2017年7月米兰也爆发了一场相似的罢工活动,抗议户户送引入极简酬金。平台对这些集体行动的应对方式各不相同,Foodra辞退了参加抗议活动的骑手(拒绝与他们签订劳务合同),而户户送决定雇佣更多骑手,以降低罢工带来的影响。

鉴于国内爆发的众多集体行动这一严峻形势,意大利当局和工会开始出手干预,以确保平台工作者享有一定的社会权利。近几年涌现了一批"草根"工会,例如博洛尼亚多家送餐平台的骑手们组织了属于自己的"骑手工会",传统工会也开始与这些"草根"工会一起被动员起来。2018年7月,由意大利三大工会组织:意大利总工会下属运输工人联盟(Fit Cgil)、意大利工人工会联盟下属运输业联盟(Fit Cisl)和Uiltrasporti运输业联盟共同签署的全国物流行业集体协议将"骑手"列入了职业分类,认定骑手为从属性劳动者。然而这份集体协议并非对所有平台都有拘束力。实际上,在意大利只有当雇主也签署了集体协议时,才受该协议的约束。2019年5月,餐饮配送公司Laconsegna与Fit Cgil、Fit Cisl和Uiltrasporti签署了一份集体协议。这也是首次意大利企业签署的集体协议,规定骑手身份是从属性劳动者,即雇员身份。根据这份协议,骑手的雇佣合同受全国物流行业集体协议规范。因此,骑手的薪酬应根据工作时间计算,他们享有赋予雇员的所有社会保障权益。另外,Laconsegna公司的雇员成立了工人委员会,这也是意大利平台经济中成立的首个工人委员会。①

4.荷兰的FNY Flex工会

在荷兰,"从事灵活工作的员工"可以组织,甚至已经建立了自己的工会——FNY Flex。但是,该工会主要面向具有固定期限劳动合同或临时派遣合同的员工。就在最近,户户送骑手自己组建了协会,即骑手联盟,并得到了荷兰工会联盟的支持。但仍然不能确定此类联盟是否属于工会,因为根据荷兰法律,工会是雇员的协会。若骑手不属于雇员,则无权在法律意义上建立工会。

尽管如此,依据荷兰的《集体协议法》,确实存在将集体协议扩展到委托合同和公司合同的可能性。但无论如何,代表雇员的工会可将代表自雇者作为下一步目标纳入章程。荷兰工会联盟HORECA开始与自由职业者平台

---

① [法]伊莎贝尔·道格林,[比]克里斯多夫·德格里斯,[比]菲利普·波谢.平台经济与劳动立法国际趋势[M].涂伟,译.北京:中国工人出版社,2020:107-108.

Temper 进行谈判,以期改善该部门的工作条件。最直接的结果是,工人不必再向平台支付费用,因此其收入增加了。未来谈判的重点会关注某些集体利益,如培训权、残疾保险和第三方责任保险。①

(三)Alt-Labor 在我国的实践

虽然平台新业态劳动者的劳动权益保护遇到的制度性障碍还很多,如劳动关系不确定、每天穿梭在路上的交通风险,他们的诸多权益还没有得到有效维护,然而从新中国成立七十周年天安门广场阅兵游行队伍里的网约送餐小哥队伍,到人社部新增职业中出现的"网约配送员",我们也越来越感受到这一群体得到越来越多的政府和社会的认可和接纳。例如,《上海市职工保障互助会灵活就业群体工会会员专享基本保障(2019 年版)》扩大了其保障对象的范围。该文件的第二条"保障对象"规定,同时符合下列三项条件的人员可以在其缴纳会费后由其所在的行业工会或街道(园区)工会组织团体参保:(1)本市从事快递物流、网约送餐、房屋中介、护工护理、货运驾驶、物业管理、商场信息、家政服务等服务行业中的灵活就业群体工会会员,且未满 60 周岁;(2)不享受上海市基本医疗保险待遇;(3)自愿加入工会,按规定缴纳会费。该规定第八条"保障责任"中规定,各项保障金累计最高限额为 80800 元,其中住院天数最高保障金为 10800 元;特种重病保障金 10000 元;意外伤害、重残最高保障金为 60000 元。

2018 年 1 月 4 日,我国第一个全国网约送餐员地区工会——上海市普陀区网约送餐行业工会联合会在上海成立。目前上海普陀区已成立网约送餐员联合工会 5 家,共吸纳 400 余名网约送餐员加入工会。据上海市普陀区总工会的工作人员介绍,今后总工会将以订餐平台总部建会为突破口,向第三方配送公司推进,再将工会建到各送餐站点。②

2019 年 9 月,安徽省蚌埠市签订了全国第一个网约送餐员行业集体合同。蚌埠市网约送餐行业工会联合会覆盖包括万捷、儒鑫、锐研在内的三家网约送餐配送公司的 800 余名员工,三家公司共有 9 个配送站点,承担着市区 85％以上的网约送餐业务。早在 2018 年 10 月,万捷配送公司劳资双方率先签订了安徽省首份网约送餐企业集体合同,实现了蚌埠市"三新"行业企业集体协商建制的零突破。在此基础上,蚌埠市总工会积极争取企业支持,将集体

---

① 〔法〕伊莎贝尔.道格林,〔比〕克里斯多夫.德格里斯,〔比〕菲利普·波谢.平台经济与劳动立法国际趋势[M].涂伟,译.北京:中国工人出版社,2020:126.
② 中新网:上海成立首家网约送餐行业工会[EB/OL].(2018-01-04).https://www.chinanews.com/sh/2018/01-04/8416637.shtml/

协商工作向纵深推进,进一步提升了协商质量和保障水平,为市区 800 余名网约送餐骑手搭起了劳动权益保障墙。[①]

第三节　网络平台工作者的社会保障法律问题

根据社会保障法定原则,《中华人民共和国社会保险法》(以下简称《社会保险法》)规定的城镇职工基本养老、基本医疗、失业、工伤、生育五大法定保险项目的适用与劳动关系进行"绑定",仅适用于劳动法意义上的劳动者,将大多数属于非劳动法意义上劳动者的网络平台工作者排除在其适用对象之外。伴随着劳动关系的不确定,这个巨大的就业群体的社会保障问题也再次凸显出来。在共享经济时代,"身份"与"契约"再次成为他们获得保障的制度性障碍。尽管"社会保障全覆盖"已经多次写进了相关政策文件,然而我国市场化转型后依靠劳动关系纳入国家社会保障体系的解决路径,在共享经济的不确定雇佣关系中失效了。"身份"的无法改变和"契约"的无法认定,导致这个群体在社会保险体系中处于真空状态。社会保险缺失不仅给他们自身带来不可控的风险,对最终要承担托底保障责任的国家来说,一个千万量级的人群被排除在社会保险之外也是一个巨大的系统性的潜在风险。本章着重探讨将共享经济下网络平台工作者等新业态劳动者纳入社会保障体系的可行路径。

一、我国网络平台工作者的社会保障现状

(一)我国《社会保险法》概况

社会保险是国家为预防和分担公民年老、失业、疾病等社会风险,实现社会安全而强制社会多数成员参加的,社会保险具有所得重新分配功能的非营利性的社会安全机制。与商业保险相比,社会保险具有社会性、保险性、强制性的特点。其社会性表现在:一是社会保险对象的社会性,社会保险是以全体社会成员为保险对象的,而非针对某特定的个体;二是保险经费来源的社会性,社会保险是一种基于缴费而形成的社会福利给付,经费来源具有多元性,通常由作为被保险人的劳动者及其用人单位承担缴费义务,政府为社会保险基金承担补充责任;三是社会保险管理运行的社会性,社会保险经办机构作为

---

① 安徽网:蚌埠市签订全国首份网约送餐行业集体合同[EB/OL].(2019-09-20). http://bb. ahwang. cn/bbnews/20190920/1937073. html.

事业单位负责社会保险管理并提供相关服务,此外还包括参与社会保险运行的医疗服务机构等辅助机构。其保险性表现为:一是社会保险费用与被保险人承担的社会风险相关联,风险发生概率低,保险费率也低;二是社会保险制度建立的基础是风险分担,被保险人通过参加社会保险,形成风险公担团体,以满足社会风险所造成的经济需求。社会保险的社会性决定了社会保险制度的强制性,因为社会保险制度建立的目的是预防社会风险,实现社会安全。因此,作为社会成员的个体自治,也应该为了社会整体成员的利益而承担相应的社会强制。社会保险关系的强制性,主要体现在社会保险的经办机构、社会保险的项目以及内容、缴费基数及待遇给付的强制性。①

《中华人民共和国社会保险法》于 2010 年 10 月 28 日经第十一届全国人民代表大会常务委员会第十七次会议通过,于 2011 年 7 月 1 日正式生效实施。该法的实施结束了新中国成立以来我国只有社保制度和社保政策而无法律的历史,改变了我国公民社会保障制度各自为政、地区部门分割的碎片化状态,是继《劳动合同法》《就业促进法》《劳动争议调解仲裁法》之后,在社会保障和改善民生领域的又一部支架性法律。《社会保险法》构建了较为完整的适应市场经济发展需要的社会保险法律框架体系,实现了社会保障制度的全覆盖;强化了用人单位和政府的责任,切实保障公民合法的权益;坚持以人为本的价值理念,凸显了法律的人性化色彩。然而,自 2011 年《社会保险法》实施以来,我国的经济社会发展和劳动力市场又出现了许多新的情势,特别是共享经济、数字经济和平台经济的产生和发展,《社会保险法》的不适应性日益显现:城乡有别的制度设计有损制度的公平性;社会保险征收主体不明确,影响制度的顺利实施;授权性条款过多而刚性权利义务条款不足,导致制度的操作性大打折扣;重要概念的使用混乱甚至相互冲突,影响了法律的威严性。

按照《社会保险法》的规定,城镇职工基本养老保险、基本医疗保险、失业保险、工伤保险和生育保险实施的对象主要是劳动法意义上的劳动者,即与用人单位建立了劳动关系,有稳定收入来源的劳动者。由于社会保障与劳动关系"绑定",而平台工作者与网络平台之间的用工关系难以认定,故他们在社会保险方面得到的保障非常薄弱,甚至根本得不到相关职业风险方面的权益保障。虽然,《社会保险法》将灵活就业人员纳入了社会保险的范畴之内,根据《社会保险法》第十条:"职工应当参加基本养老保险,由用人单位和职工共同缴纳基本养老保险费。无雇工的个体工商户、未在用人单位参加基本养老保

---

① 林嘉.劳动法和社会保障法[M].第 4 版.北京:中国人民大学出版社,2016:293.

险的非全日制从业人员以及其他灵活就业人员可以参加基本养老保险,由个人缴纳基本养老保险费。"第二十三条:"职工应当参加职工基本医疗保险,由用人单位和职工按照国家规定共同缴纳基本医疗保险费。无雇工的个体工商户、未在用人单位参加职工基本医疗保险的非全日制从业人员以及其他灵活就业人员可以参加职工基本医疗保险,由个人按照国家规定缴纳基本医疗保险费。"依据上述规定,未在用人单位参加基本养老保险、基本医疗保险的非全日制从业人员以及其他灵活就业人员可以参加基本养老保险、基本医疗保险,由个人按照国家规定缴纳相关保险费。这样的规定免除了用工方的社会保险责任,加重了个人承担社会保险的缴费负担。此外,相当数量的网络平台新业态劳动者因为申请程序、户籍地等相关问题的限制,仍无法依法参加基本养老保险、基本医疗保险,游离在社会保险制度之外。在目前尚未参加基本养老保险和基本医疗保险的人员中,相当一部分为网络平台工作者等灵活就业群体。至于灵活就业人员的工伤保险、失业保险、生育保险等劳动者的职业保险目前尚无在全国范围统一适用的法律法规或行政规范性文件出台,仅有部分地区将灵活就业人员纳入范围,大部分灵活用工的各项社会保险权益难以保障。由于我国目前的社会保险关系与劳动关系是"绑定"适用的,劳动关系的存在与否带来了劳动者参加社会保险的诸多不同(见表6-1),大部分平台工作者的社会保险权益很难得到实现。

表 6-1 劳动关系对就业者社会保险的影响

是否劳动关系	是	否
参保身份	职工	灵活就业人员
参加性质	强制	自愿
社会保险范围	基本养老保险、基本医疗保险、工伤保险、失业保险、生育保险	基本养老保险、基本医疗保险
缴费主体	用人单位和职工	个人
缴费方式	用人单位代扣代缴	直接向社会保险费征收机构缴纳
缴费基数	本人上年度工资收入总额的月平均数	本省全口径城镇单位就业人员平均工资的 60%～300%

(二)平台工作者社会保险权实现的法律障碍

现行法律对劳动关系的认定不明确、相关劳动保障体制欠缺、司法实践过程中互联网平台企业推脱责任、劳动者维权意识匮乏等问题成为保障平台工作者合法劳动权益的"绊脚石"。目前我国平台工作者社会保险权实现的法律障碍主要有以下几点。

1. 劳动关系的认定不明确

劳动关系的认定是保障平台工作者劳动权益的重要前提。现有劳动关系是依据传统用工模式的特点来认定的。与传统用工模式不同,平台用工模式下的平台工作者有其独特的特点。平台工作具有极强的自主性,平台工作者可以自由选择时间、地点以及工作方式,有的是平台直接用工,还有一些是通过第三方外包公司与平台产生用工联系,不需要按照平台企业的意愿工作,按不定期分成式获得劳动报酬。他们与平台之间依附性薄弱,不具有强有力的经济从属性以及组织从属性。从前面我们对平台用工关系的分析可知,关于平台用工关系的确认一直存在争议。有学者认为,网络平台与平台工作者并不存在雇佣关系,只是业务承揽关系或者合作关系。也有学者认为,平台和劳动者本质上是雇佣关系。①

在司法实践过程中,对于平台工作者等灵活就业人员请求认定劳动关系,要求平台企业补缴社会保险的请求,有些法院会以不属于人民法院审理劳动争议案件的范围为由,不予审理;而社会保险经办机构却认为补缴社会保险争议属劳动争议,应当由劳动仲裁、法院处理,平台工作者的这一诉求难以实现。

2. 社会保障制度供给欠缺

关于"五险一金"的保险待遇需满足劳动关系的前提才能够被实现。因为平台工作者及与平台企业之间的用工关系无法明确,平台工作者无法像传统劳动者那样得到劳动权益保障。现行《社会保险法》只规定灵活就业人员可以自行缴纳医疗保险以及养老保险,但因自行缴纳的参保费用中个人承担比例高,所以参保率低,平台工作者的实际合法权益仍然缺乏保障。不仅如此,参保过程中对非本地户籍人口的限制、办理申报手续的繁杂、缴纳费率较高等,也都降低了网约工的参保意愿。关于工伤保险和失业保险平台工作者应该如何参保也并没有详细规定。也有部分平台企业希望通过商业保险解决平台工作者群体缺保的现状,但保障范围有限,不同平台之间规定差异大,执行困难,采用这种方式也难以保障平台工作者的劳动权益。

3. 平台工作者维权意识匮乏,维权能力差

大多数平台工作者缺乏对社会保障相关法律法规的知识,在与平台签订合同时常常忽略有关社会保障权益的事项,在实际生活中并不知道该通过哪

---

① 刘瑞华.共享经济背景下劳动关系变化及协调对策[J].人力资源,2020(10).144-145.

些途径来维护自己的合法权益。此外,平台工作者没有固定的工作空间,流动性大,缺乏直接的交流渠道,无法自发形成工会来维护自己的劳动权益。在实际工作中,平台工作者的工作并不稳定,因此对参加集体组织的积极性并不高。当产生社会保障纠纷时,劳动者首先依靠自己的能力来解决问题,然后考虑借助工会的力量,最后才会走上法律维权的道路。然而以劳动关系为前提的劳动仲裁并不能将平台工作者纳入其适用范围中,而司法诉讼的成本高、消耗大,一般平台工作者难以支撑诉讼负担,很有可能会选择放弃维权,使得平台工作者成为社会保障过程中的弱势群体。

4.网络平台推脱社会保险义务

在企业发展用工中,尤其是劳动力密集型产业对劳动用工需求量大,社会保险金支付成为用工成本中支出比例较高的一部分。一方面,在当前经济下行的压力下,企业经营困难,高额的社会保险金进一步加剧了企业经营的困境;另一方面,劳动法制定的相关规定虽然更多地保障了劳动者的权益,降低了劳动者的失业风险,但也随之增加了企业的解雇成本。为了减轻社会保险支付的负担,平台企业常常以签订商务合同或合作合同等形式来减少社会保险金的支出。[①] 有的平台企业在招聘公告中主动提到为员工缴纳社会保险,但实际操作中却以意外伤害险来代替社会保险,使得平台工作者的社会保障权益在事实上被悬空了。

二、完善我国网络平台工作者社会保险制度的现实路径

党的十九大报告提出了"全面建成覆盖全民多层次社会保障体系"的原则和要求。报告指出:"按照兜底线、织密网、建机制的要求,全面建成覆盖全民、城乡统筹、权责清晰、保障适度、可持续的多层次社会保障体系。全面实施全民参保计划。完善城镇职工基本养老保险和城乡居民基本养老保险,尽快实现养老保险全国统筹。完善统一的城乡居民基本医疗保险制度和大病保险制度,完善失业、工伤保险制度。建立全国统一的社会保险公共服务平台。"普遍性是社会保障的重要原则。《世界人权宣言》和《经济、社会、文化权利国际公约》均规定了人人有权享受社会保障权。这一理念应被体现在两个方面:一是制度覆盖度;二是应当在制度的覆盖框架内,推进所有人参保。对于平台工作者等新就业形态的社会保险,自然也需要遵循普遍性原则,将其纳入其中。

---

① 郑朔,刘晓晖,徐可.劳动保护、激励与企业风险承担水平[J].财会月刊,2019(22):51-60.

（一）平台工作者社会保险的综合调整路径

1. 扩大《社会保险法》的适用范围

我国《社会保险法》所构建的社会保险体系，包括城镇职工社会保险、城镇居民社会保险、公务员社会保险和新型农村保险四个类别，其中，城镇职工社会保险包括法定的养老保险、医疗保险、失业保险、工伤保险和生育保险，仅适用于与用人单位建立劳动关系的职工，具有强制性；而城镇居民社保和新型农村保险，按个人自愿的原则缴费，保险项目也仅有养老保险和医疗保险，而没有失业保险、工伤保险等。《社会保险法》的"全覆盖"系统在平台工作者等新就业形态从业者保障方面已面临挑战，与标准劳动关系的劳动者相比，他们只能参加基本养老、基本医疗等人身保险，而且缴费由个人承担，没有工伤、失业等职业性保险。对一般的无就业需求的居民来说，职业性保险可能缺失不需要，但对于平台工作者来说，职业保险，特别是工伤保险对于他们职业安全的保障不可或缺。《工伤保险条例》只适用于城镇职工，平台工作者工伤保障的缺失，成为我国社会保险全覆盖体系中的一个盲点。

综上所述，在制度设计层面，只有具有标准劳动关系的城镇职工才享有职业保障的权利，显然已不能适应我国经济社会的发展需要。从上文的实证研究看，平台工作者群体在大部分的劳动关系确认之诉中被认定为不属于劳动关系，因而也被排除在城镇职工社会保险之外。尽管平台工作者可以选择缴纳城镇居民保险或新农保，但无法享受失业、工伤等职业保险，这与"应保尽保"的宗旨相背离。从实证研究结果看，新就业形态从业者是意外事故的高发人群，他们对工伤保险的参保意愿非常强烈，从完善我国社会保障全覆盖的角度看，应将其纳入其中。鉴于平台工作者等非劳动关系型劳动者的特殊工作性质，扩大社会保险的保障对象是实现对这一类劳动者劳动权益保护的重要举措，也是降低社会风险和减少社会问题出现的有效方式，应大社会保险的保障对象，将新就业形态下的灵活就业人员划入社会保障体系，解决此类新型用工难以适用社会保险制度的问题。

2. 社会保险关系与劳动关系"解绑"适用

基本养老保险、基本医疗保险、失业保险、生育保险、工伤保险等均是劳动者的基本劳动权益，而这些社会保险和劳动关系绑定在一起。例如，在我国，未建立劳动关系的劳动者不得享受由用人单位进行缴费的工伤保险，这是对平台工作者社会保险权益的忽视，也不符合权利义务相一致原则。正是因为我国社会保险关系与劳动关系绑定，所以处于劳动关系管辖灰色地带的平台工作者群体社会保险才难以落实。因此,将社会保险关系与劳动关系"解绑"对于解决我国平台工作者等灵活就业人员的合法权益得不到保障的问题尤为重要。在现阶段,比起通过将平台工作者等新业态劳动者全面纳入《劳动法》《劳动合同法》的保护范围,也许将劳动关系保护和社会保险分离考虑,直接扩大灵活就业人员的社会保险范围更容易操作。

3.设立弹性化的职业保险制度,选择性适用并降低保护标准

我国《劳动法》对于劳动关系的认定实行"劳动关系"与"非劳动关系"的二分法,受《劳动法》全面的倾斜保护和不受《劳动法》保护之间存在鸿沟。若为保护平台工作者劳动者权益而拓宽劳动关系的认定标准,将平台契约劳动关系全面纳入劳动关系,会过于加重互联网平台企业的负担,并妨碍共享经济的发展。共享经济的发展和新业态劳动者权益的保护同等重要。因此,可以借鉴相关国家的经验,给予平台工作者以部分劳动权与社会保险权的保护,也符合社会保险社会性和保障性的价值目标。在设立的过程中,平台契约劳动关系中人格从属性和组织从属性减弱并难以设置固定标准,主要可以从经济从属性考虑,这可能在实践中更容易操作。网约平台用工作为新型的用工方式,传统劳动者的劳动保护不一定适用或是对互联网企业负担较重,应选择性适用劳动保护。另一方面,网络平台工作者与传统的劳动者相比,其有多种权利上的自由,于此考虑,设立弹性化的劳动保护应适当降低保护的标准,这也符合权利义务的一致性。

4.提高对灵活用工人员的保障水平

目前我国的《社会保险法》仅规定了灵活就业人员可以参加基本养老保险和基本医疗保险,但伴随着网络平台用工越来越普遍,平台工作者社会保险权益缺少的弊端不断暴露,特别是用工过程中的意外事故暴露了灵活就业人员工伤保险权益缺失的问题。虽然在实际平台用工过程中,部分互联网平台或代理商为旗下的平台工作者购买了商业保险,但商业保险的保护力度较弱,面对职业伤害问题其保护力度难以适应保障劳动者权益的需要。扩大灵活就业人员社会保险范围,特别是将灵活就业人员纳入工伤保险的范围,有其必要性。虽然各地有进行平台工作者等职业伤害保险等的探索,出台了地方性法规,但毕竟都是地方性法规,面对目前互联网时代下流动性极强的网络平台新业态劳动者,将其直接纳入社会保险的范围,统筹的层次更高,这样才能更好地保障广大平台工作者的社会保障权益。

(二)域外经验:平台工作者替代性社会保险方案

共享经济下新就业形态劳动者的社会保障问题是个世界性的问题,各国都给予了充分关注,但解决的方案和模式并不相同。发达国家应对平台工作者等非正规就业人员的社会保障问题主要有两种途径:一是逐步扩大现有社会保障制度的覆盖面,有些国家在养老和医疗方面实现了全面保险,如英国、芬兰、葡萄牙等国;二是有些国家的主要劳动力参加除第一层全民保险之外的工薪人员社会保险体系,其家庭成员都可享受到同样的保险待遇,如法国、奥地利、比利时等国。通过这种手段可以缓解非正规就业人员社会保障制度建设的紧迫性。另外还有一些国家制定了专门针对非正规就业人员的规章制度,通过新的社会保障计划将以前未纳入覆盖范围的人群纳入,如德国通过对《社会保险法》的修改将更多的非正规就业人员纳入失业保险的范围之内,将自雇人员和农业部门的帮工纳入养老保险的范围之内,并对农业部门的工伤保险进行补贴。①

平台经济形态与现行社会保障制度的冲突是各国学者和立法部门普遍关注与着力解决的一个重大社会问题。各国的冲突形式各不相同,解决的路径和方案也各不相同。下面我们以美国和法国对于平台工作者的新社会保障方案展开分析。

1.美国的多平台用工的社保方案构想

多平台用工指的是平台劳务提供者为多家平台提供劳务而形成的用工关系。在美国,网约车司机一般使用 Uber 公司的 APP 提供服务,但有时候也会使用另一款叫车软件 Lyft。或者,他们在一周的前五天当网约车司机,周末两天当起外卖小哥。这里的问题是,假设这些平台愿意提供部分社会保险和其他福利(带薪休假等),各个平台之间如何分配责任。美国学术界和智库对这个问题展开了广泛的思考。现在美国学术界讨论比较多的方案就是"可移动的利益(portable benefit)"。这个讨论更深层次的意义在于,如果美国规定了这个制度,即使雇主为了规避社保责任而使用兼职工、临时工、网约工等不具备劳动关系的用工形式,雇主仍然应该承担按比例分配下来的社保责任。

(1)"可移动的利益"方案

在美国,与全日制工作捆绑的可分享的社会安全网曾经对中产阶级的建立和维持至关重要,但现在已经不再像从前那样重要了。除了受制于经济和

---

① 田野.非典型劳动关系的法律规制研究[M].北京:中国政法大学出版社,2014:309.

政治潮流所引发的裁员的持续性威胁之外,它还忽略了美国数百万的工人,包括独立合同工和许多兼职雇员。在现行劳动法律法规之下,如果公司向工人提供福利,这是一个表明该工人必须被归类为雇员的因素。虽然许多按需平台都已经声明其愿意为非劳动者的工人提供福利(其中一些工人是合法的独立承包人,另一些人可能被认为是法院错误归类的受害者),但自相矛盾的是,现行法规并不鼓励这一支持工人的行为。为应对这一现实困境,2015 年 11月,一个跨政治谱系的个人和组织的合作成果提出,无论工人被归入何种雇佣类别,都应确保所有工人能进入社会安全网,以使他们在生病、受伤和退休时受到保护。在社会安全网中将需要新的模式和可能的授权性法律法规来填补这些空缺。其呼吁建立"可移动的利益"制度,作为一种新的形式为被社会安全网所遗漏的现代工人服务,以适应共享经济中灵活的雇佣关系。

虽然目前关于这一制度结构的问题多于答案,但大多数对于该体系的设想都包含了三个核心原则。一是可移动原则。工人的福利与任何特定的工作或公司无关,他们拥有自己的利益。传统上,福利被捆绑在一个特定的工作岗位上。但是,在当今的经济社会中,这与许多人的工作现实不符。他们可能同时从多种来源获得收入,或者可能定期更换工作或雇主。工人每年都应当能够选择并维护他们的福利,对于他们的保护不应当取决于其目前使用的APP。二是按比例分配原则(pro-rated)。每家公司根据工人工作或收入的多少,以固定的比例为其支付社保和福利。人们从各种来源赚取收入,因此任何"可移动的利益"模型都应当支持公司提供保险,这些保险可以根据工人所赚取的美元、完成的工作或工作的时间按比例分配,其范围涵盖不同的雇主或平台下新的微型工作(micro-working)方式。三是普遍原则。福利涵盖独立的工人,而不仅仅是传统的雇员。所有工人都必须普遍获得其所需的关键利益。如今,独立工人很难,甚至不可能获得诸如残疾或工伤保险之类的关键保护。其他雇佣福利,例如带薪休假和失业保险,对独立工人而言根本不存在。任何适用于新经济的可行的福利制度都必须涵盖在传统雇佣关系之外工作的个人。

虽然"可移动的利益"制度是针对无法负担起福利的工人(即独立合同工和兼职工人)设计的,但其可以适用于任何类型的工人。该制度至少应提供劳工赔偿(或类似的功能,如伤残保险)、医疗保险和退休金的核心内容,但也可以扩展至涵盖保险中的选择项目(例如视力、牙科、人寿等)、带薪休假、教育和培训,甚至可能是新兴的产品,例如收益平滑(income-smoothing)的工具或工资保险。在大部分私营行业的工人日益难以进行传统集体谈判的时代,它也可以构成有效且有资源的工人组织的基础，以此为工人发声。①

（2）个人保障账户（individual security accounts，ISA）

基于上述"可移动的利益"的基本原则的设想，美国学者 Steven Hill 对于该方案提出了的一个比较具体的多平台用工的社保方案的构想，即个人保障账户（individual security accounts）。该构想的核心观点是，当一个人同时为多个平台工作时，平台除了支付报酬，还必须向个人保障账户注资（根据工人工作的小时数按比例分配）。个人保障账户的资金将用于支付社保等费用。②这就是所谓的"多雇主计划（multiemployer plan）"。这是一项由多个雇主参与的雇员福利计划。多雇主计划的运作就像保险计划一样，它们通过风险汇合（pooling of risk）和规模经济（economies of scale）为计划所涵盖的雇员提供福利。至关重要的是，多雇主计划允许移动工作者（mobile workers）赚取并保留他们的福利，即使他们从该雇主转移到其他雇主或从该工作转移到其他工作，这种可移植性有助于避免覆盖范围的中断。

多雇主安全网模型可以用以下方式实施：当 Uber 等平台企业或其他任何企业正在雇佣合同工和自由职业者时，除了支付工资之外，也应当每小时额外支付几美元，这笔钱被投资到"个人保险账户"以构建每个工人的安全网。任何企业向 ISA 支付的金额将根据该企业雇佣的工人工作的小时数按比例分配（如果工资不是按每小时计算的，而是基于完成的工作量，比如对于 Uber 的驾驶员而言，公司会将该工作总工资的一定百分比拨入该工人的 ISA 中）。构建的这些账户将通过工薪扣款支付给现有的州和联邦的安全网计划——社会保险、医疗保险、失业保险和工伤赔偿——以及其他安全网组成部分，例如卫生保健和带薪病假、假期和假日（工人也将被扣除一些工资，就像现在日常雇佣的劳动者在社会保险、医疗保险等方面做的那样）。每个工人的 ISA 和其中的资金都将通过个人 ID 号（例如社会保险号）来追踪。

可移动的个人保险账户方案是解决平台工作者社会保障问题的简要方法，因为该方案不必争论该工人实际上是该公司的雇员还是独立承包商。因为无论以哪种方式，雇主都会分配必要的财务资源，以此为每个雇员的安全网预留资金，根据该雇员为雇主工作的小时数，或根据工作所支付的工人工资总

---

① Rolf D, Clark S, Bryant C W. Portable benefits in the 21st century: Shaping a new system of benefits for independent workers[R]. Washington, DC:Aspen Institute, 2016.

② Hill S. New economy, new social contract:A plan for a safety net in a multiemployer world[EB/OL]. [2021-05-28]. New Economy, Social Contract_UpdatedFinal. 34c973248e6946d0af17116fbd6bb79e. pdf.

额的百分比按比例分配。①

2.法国的《埃尔霍姆里法案》(EI Khomri Act)

为应对平台经济迅猛发展对现行社会保障制度的冲击,法国于 2016 年 8 月 8 日出台了针对平台工作者社会保障专门立法——《埃尔霍姆里法案》。法国也因此成为全球首个专门立法规范平台经济就业的国家。新法案是由众多因素促成的,包括法律环境对"优步化"的影响范围(针对优步模式的法律法规尚未完全稳定)以及"优步化"劳动者的集体权益。

以前,我们在讨论平台工作者的社会保障方案时一般会扩大劳动法的适用范围。而这一新的社会保障立法,以组织(平台)的社会责任而非雇主的法定责任为立法基础,尤其是颠覆了由商业保险理赔工伤事故和职业疾病的观念。最重要的是,它取消了平台工作者为预防工伤和职业病而购买私人保险的种种要求。在劳动法方面,该法案将平台工作者放在了与自雇者同等的地位,并首次明确了其享有与雇员相似的集体权益。不论个人是否为自雇,结社自由是一项人权,平台工作者都可以建立自己的工会。

虽然实际上该法案对于平台经济的研究还未形成稳定的结论。尽管如此,这些适用于平台工作者的法律条文为劳动和社会保障立法带来了全新的变化。2016 年,法国立法者发现可以用企业社会责任这一理念,保证平台得以延续使用自雇劳动者的商业模式,同时以此换取平台承认劳动者的个人和集体责任。这一做法的目的是要避免滥用,也减少因重新认定雇佣关系性质而产生的法律纠纷。

(三)我国平台工作者社会保险方案的构建思路与实现路径

对于解决平台工作者等灵活就业人员的社会保险,我国学术界主要有两种不同的看法:一种是把平台工作者等灵活就业人员纳入行城镇职工社会保险体系中,努力实现制度对接;另一种观点认为,应当建立一套适合共享经济下平台工作者特点且成本较小的社会保险模式。我们认为,第二种模式更具有现实性。因为网络平台新就业形态与传统就业形态在多个方面有很大的不同,共享经济背景下新就业形态的特殊性是现实存在的,与现行适用于标准劳动关系的社会保险制度并不兼容。虽然可以通过对现行制度的修补以在一定程度上减轻其不适应性,然而这是一项"牵一发而动全身"的浩大工程,涉及现

---

① Hill S. New economy, new social contract: A plan for a safety net in a multiemployer world[EB/OL]. [2021-05-28]. New Economy, Social Contract_UpdatedFinal. 34c973248e6946d0af17116fbd6bb79e. pdf.

行劳动法和社会保险法体系的重构与改良,操作起来有很大的难度,且难免受到原有制度的桎梏。在当前要全面改革我国现行社会保险制度既不现实也不可行,因此,需要建立一个适应网络平台用工特点的更具灵活性、普惠性的社会保险制度。

上述两个国家针对平台工作者的社保方案和专门立法对我国具有较大的借鉴价值。从法律规范视角看,在劳动关系的认定上,美国、法国与我国的劳动法一致,一直是"劳动者(雇员)/非劳动者(自雇者)"二元结构,即劳动者要么是劳动者(雇员),要么不是劳动者(自雇者),与其他大陆法系国家(德国、意大利、西班牙等)相比,立法机构从未设置过一个介于雇员和自雇者之间的准劳动者分类。事实上,按传统从属性标准来判断,很多平台劳动其实更接近于自雇劳动,若将其纳入劳动法调整,会产生劳动关系泛化的不利后果。因此,上述两个国家针对平台工作者的社会保险方案的实施不以劳动关系的成立为前提,在现实中具有很强的操作性,也利于平台企业与平台工作者的利益平衡。

因此,根据我国基本国情和立法现状,在现行社会保险法的框架下,可以在以用人单位为主的城镇职工社会保险与以个人为主的城镇居民保险之间,建立一个针对自雇就业者的险种,既包括基本养老、医疗等人身需求,也涵盖工伤、失业等职业需求,以解决因当前劳动关系与社会保险法捆绑适用而导致的平台工作者等灵活人员社会保险权缺失的法律困境。具体的方案设计必须基于共享经济平台工作者就业灵活性的特点,使得社会保险方案也相应具有灵活性。

1. 参保制度的弹性化设置

标准劳动关系的社会保险的资金来源主要是用人单位和职工个人共同缴纳的费用,其中养老、医疗、失业保险由双方共同交缴,工伤和生育保险由用人单位单方交缴。这种传统的缴费模式应根据网络平台工作者等灵活就业人员的特点进行机制创新,如改变缴费基数和缴费比例等。(1)关于缴费基数:可适当降低缴费基数的标准,如规定最低缴费基数不低于所在地区职工的最低工资,以减轻平台工作者的缴费负担。(2)关于缴费比例:目前的社会保险费率较高,部分收入较低的平台工作者难以承受。费率高是平台工作者参加社会保险的障碍,对于平台工作者的缴费费率可区别对待,允许他们以较低的费率参加保险。

2. 强制性与自愿性原则相结合

社会保险的原则之一是强制性,但在平台工作者等非正规就业人员社保制度建立初期,可以变通这一原则,适度降低社会保险立法的刚性。很多国家非正规就业人员加入社会保障的路径也是从开始被排除在制度之外,到自愿参加社会保障,然后再到原则上强制加入。例如对于那些收入较高、工作稳定又易于管理的平台工作者可以强制参保,但对于收入明显偏低、工作流动过于频繁者,强制性可弱一些,例如允许这部分平台工作者按照其工资待遇、工作强度与工作量以及工作时间的长短等比例的不同,自愿参保,自愿缴费。

3.允许平台工作者对具体制度进行选择

由于平台工作者的人员结构复杂,各类人员的从业环境千差万别,对所有人员都统一、严格、不加区别的社会保险方案不仅缺乏可行性,同时也会产生一些不利影响。如果制度设计(险种、缴费主体、缴费比例、缴费方式、享受待遇等)具有一定的可选择性,就可大大推进这一群体加入社会保险制度的进程。例如在医疗保险项目上,可设计基本医疗保险加大病救助、住院统筹加大病统筹、大病救助三种模式,供参保人员选择。缴费方式可自主决定,可按月、按季或按年缴纳,可以向医保机构或税务部门缴费,也可向托管机构或街道社区劳动保障服务机构缴费。

4.提高个人社会保险账户的可移动性

由于平台工作者工作的流动性强,从推进平台经济就业发展的角度来看,有必要提高社会保险账户的统筹层次,在更大的统筹区域内实现制度运行的统一和基金的统筹安排使用,取消现行人员流动后社会保险转移的户籍、工龄确认,审批许可等条件限制,以较好地解决个人社保账户转移接续困难的问题,同时也有利于消除平台工作者跨地区流动的障碍。

5.建立部分平台工种的职业伤害保险制度

鉴于当前外卖骑手、网约车司机的职业伤害事件频发,因此首先要构建这类平台工作者的职业伤害保险制度,设立独立运作的平台工作者工伤保险基金。从本质上看,我国现行工伤保险制度建立的基础是标准劳动关系,是雇主主导的劳动关系。而平台契约劳动的一个主要特点是"去雇主化"[①],在平台经济下,劳动者依赖平台自主就业的比例不断提高。我国工伤保险制度需要根据经济社会发展带来的就业形态的改变而顺势改良,以保障劳动者就业安全权的实现。接受工伤保险制度"积极保障劳工权利"的理念,自主就业劳动者加入工伤保险,以顺应数字经济和弹性就业发展的发展趋势。在具体的方

---

① 邱婕.灵活就业——数字经济浪潮下的人与社会[M].北京:中国工人出版社,2020:149.

案设计中,可以设计一个单独的职业伤害险,允许平台工作者自行参保,根据平台工作者的工资待遇、工作强度与工作量、工作时间的长短等因素,按不同比例进行自愿缴费。

6.以企业的社会责任出发,赋予平台企业一定的社会保险义务

平台企业与传统企业的盈利模式有较大的区别,传统企业的盈利模式是:对产品和服务完全控制,通过买入和卖出,依靠转卖得到差价。而平台企业仅提供买方与卖方桥梁(平台),不完全控制产品和服务,交易是否实现依赖于卖方与买方的共同意愿,平台型企业从二者的交易中获取的是平台管理、服务、推广的收入。平台经济正在创造巨大的财富,这些财富是参与平台经济的劳务提供者和使用者共同创造的,理应与平台经济市场的劳务提供者与使用者分享这些财富。因此,从企业社会责任出发,网络平台应当对为其工作的劳动者承担起作为雇主的一定的社会责任。这种做法也并不背离民法社会化的现代民法发展趋势,即民法以社会为中心,在以抽象的自由、平等及个体权利为前提下,侧重于实质的平等与权利所应承担的社会义务,在利益结构上,当个人利益与社会利益重合时,强调以个人利益为出发点与归宿,进而认为国家与社会对私权在一定程度内的干预是私权的内在要求。①

7.强化社会保障供给中的政府责任

政府应通过多元化的公共服务项目供给机制,从体制上消除平台工作者参加社会保险的制度性障碍。平台工作者社会保险缴费中存在的问题与传统用工形式中出现的问题有相似之处,需要加强政府部门对实际操作的监督和指导。政府部门应与有关社会组织积极合作,监督平台企业承担相应的社会责任,设定和健全平台企业用工规范,规范平台行为,特别是对其费用结算、用工管理以及资金监管等方面的监督与指导。同时,应该更加重视预防工伤问题,做好事前防范工作。政府还应该通过多渠道向平台工作者宣传社会保险知识和信息,增强其参保意识,简化参保程序,利用"互联网+政务"使得他们能以更便捷的方式参与到这种类型的社会保障中。

本章小结

随着共享经济网络平台工作者的快速增长,其劳动权益保护方面存在的

---

① 李石山.私法社会化研究——民法现代化理论的思考[D].武汉:武汉大学,2002:46.

很多问题也随之凸显出来。在这些新的就业形态面前,各国劳动法的根基再一次被动摇。各国应对这一现实的方法很多,主要以传统劳动者和新型劳动者的基本劳动权益保护可以互相兼容为出发点,按照现实情况适当扩大劳动法的集体劳动权利的适用范围,其中规定所有工作中受制于人的劳动者都应享有的基本权利,包括结社自由、采取集体行动的权利和集体谈判权。

劳动者的结社权是保障新业态劳动者的基本劳动权益实现的基本前提。而传统以标准劳动关系为基础建立的工会制度在面对新型用工形态时出现了许多不适应,不再有效运转。作为替代性的工人组织,非传统劳工公会(Alt-Labor)在很大程度上满足了共享经济背景下劳动者当下的团结诉求,是传统工会的有效补充和替代。一方面,它给予那些无法加入工会的劳动者有力的支持,协助他们建立工会或推动那些普遍改善他们待遇的立法;另一方面,它也满足非劳动法意义上劳动者的团结诉求,提高了他们在面对发包商或者互联网平台时的议价能力,从而在一定程度上改善了他们的工作条件。其在获得代表权及诉求上的灵活性特点弥补了缺少平台工作者等新业态劳动者的集体协商权和签订集体合同权利的不足,这些特点更适应今天和未来的经济环境和工作形态。

社会保障的全民化是重要的趋势,千万数量级就业规模的新就业形态从业者不能成为盲区。从国家战略的高度看,数千万数量级的人被排除在社会保险体系之外必将构成对国家整体社会保险系统的威胁和重大社会风险。研究、健全、完善这部分新型就业群体的社会保险,特别是工伤保险制度,以实现其最基本的社会保障权是亟待解决的重大现实问题。网络平台新型用工关系以其灵活化、多样化的特点见长,所以我们的社会保障立法也应当去适应其此类新型用工形态的特点,在制度上给予回应。法律制度的设计应适当降低法律规范的刚性,特别是针对不同类别的平台工作者应给予不同的保护。因此,在今后的制度构建中,立法和司法部门应在平衡平台和平台工作者利益的基础上,适当考虑以保护劳动者权益为核心的理念和思路,灵活运用劳动和社会保障法律规范,参考国外立法和社会政策的有益经验和司法判例,对于网络平台工作者等新业态劳动者的基本劳动权益进行保护。

第七章　网络平台工作者权利保护的正当程序机制

　　本章研究网络平台契约劳动背景下平台工作者权利保护的正当程序机制。平台工作者在为平台提供服务的过程中，可能涉及现有权利或将来权益受到侵害，其有权得到正当程序机制的保护。假如单个平台工作者与平台订立的合同所载的现实权利受损，该单个主体有权得到个别争议解决机制的救济。从平台与平台工作者实体关系来看，如果双方之间属于普通民事关系，则双方应向人民法院或仲裁机构（如果双方订有仲裁契约）请求争议处理；如果双方之间属于劳动关系，则双方应依劳动争议处理机制的规定，可以先行劳动调解，亦可不经调解而直接申请劳动仲裁。若对劳动仲裁的裁决不服，则在符合法定条件的基础上，向人民法院诉讼。假如多名平台工作者认为平台应当给予其更好的就业待遇和就业条件，则属于将来的权益发生争议，然而在现有制度下该多名平台工作者并不能得到未来权益争议的正当程序保障。本章阐述我国当前民事争议解决机制与劳动争议解决机制的主要类型、组织机构和具体程序，提出契约劳动中平台与平台工作者之间的现实权利争议，则应当依照已有的法定程序性规定予以解决；平台与平台工作者之间的未来利益争议，应当通过赋权平台工作者结社权、集体协商权和民主参与权的方式予以解决。

第一节　网络平台工作者
个别权利保护的正当程序机制

　　如前章节所述，网络平台契约劳动是二元化就业模式，部分平台工作者与平台之间属于民事关系，包括劳务关系、雇佣关系、合作关系、承揽关系等各种类型关系，部分平台工作者与平台之间属于劳动关系。如果平台与平台工作者之间的关系属于民事关系，那么其争议属于民事争议，则应当通过和解、调解、仲裁和诉讼等民事争议解决机制予以处理。如果平台与平台工作者之间的关系属于劳动关系,则应当通过劳动和解、劳动调解、劳动仲裁和劳动诉讼等劳动争议解决机制予以处理。

一、民事争议解决机制现状

民事争议是平等主体之间发生的以民事权利和义务为内容的社会纠纷。民事争议有以下特征:第一,争议主体具有平等性。民事争议是平等民事主体之间发生的纠纷,纠纷双方在民事活动中法律地位平等,彼此之间不存在命令与服从的管理关系。第二,争议内容具有可处分性。民事争议的内容是民事权利与民事义务,并非行政权力与行政义务,依私法自治理念,民事主体有权对争议内容进行自由处分,可以放弃全部或部分权利,也可以承诺并实际履行全部或部分义务。基于民事争议的特征,我国现行法为其设置多元化解决机制,具体包括诉讼机制和非诉讼机制,其中诉讼机制即民事诉讼,非诉讼机制又称 ADR,即替代性纠纷解决机制,主要类型包括和解、调解和仲裁。

(一)和解

和解,也称为协商,是争议双方参与的旨在互相说服的纠纷解决方式。这是最常见的争议解决方式。由于这种方式无须借助第三方或依托专门组织机构,故成本较低,运用简易。和解方式适用领域广泛,几乎在各类民事纠纷中,争议主体均可使用和解,但和解时必须确保和解过程与结果不得违反法律的强制性规定。和解与诉讼相比较,具有以下特征:第一,和解方式无须依靠第三方居中主持,由当事人双方自行磋商,而诉讼则由法院作为第三方居中裁断。第二,和解方式的采用以当事人自愿为基础,而采用诉讼方式时,即使一方当事人不情愿,法院依然具有裁决的权力。第三,和解结果不具有国家强制性,不能产生强制执行的效力,而诉讼结果具有国家强制性,在当事人不履行时能够得到强制执行。第四,和解方式具有特殊的程序价值,包括灵活性、廉价性、保密性等,而诉讼方式则相反,具有阶段性、昂贵性、公开性等程序特点。平台与平台工作者之间的民事争议若能通过和解予以解决,无疑是最经济、最便利的,实务中绝大多数的平台契约劳动争议都是通过和解解决的。

(二)调解

调解是指争议双方在第三方的协调下,自主协商互相说服的纠纷解决方式。调解是和解的延伸,二者的区别在于是否有第三方居中协调。调解与诉讼相比较,具有以下特征:第一,调解的主持者范围较广,而诉讼的主持者仅限于法官。从我国当前的实务看,担任调解人的主体可以是国家机关①、社会组织②、专门机构③的成员,也可以是公民个人④,而按照《民事诉讼法》的规定,民事诉讼裁判者只能是法官,不能是任何其他主体。第二,调解方式的采用以当事人自愿为基础,而采用诉讼方式不以当事人自愿为前提。第三,调解结果通常不具有国家强制性,不能产生强制执行的效力,但需要特别说明,人民调解协议如果经司法确认,可以获得执行力,这属于例外情形。对比而言,诉讼结果具有国家强制性,能够产生强制执行的效力。需要特别说明的是,法院主持的调解,不属于本项范围内的调解,严格来说,法院调解是民事诉讼的一个特别内容,在性质上属于诉讼,不属于调解,故法院调解书或调解笔录具有强制执行力。第四,调解方式具有特殊的程序价值,包括灵活性、廉价性、保密性等,而诉讼方式则相反,具有阶段性、昂贵性、公开性等程序特点。调解具有灵活性,是指调解的启动、进行、结束均无严格的程序要求,当事人和调解员可以自由决定调解的进程;而诉讼不具有灵活性,指诉讼必须严格依阶段进行。调解具有廉价性,通常情况下调解组织和调解员对于调解活动不得收费⑤;而诉讼相对而言较为昂贵,当事人进行诉讼时必须依据国务院《诉讼费用交纳办法》支付各项费用。调解具有保密性,调解过程与结果属于当事人自治范围,各方有权不向社会公开;但诉讼不具有保密性,通常情况下裁判过程与结果均应向社会公开。如果是涉及国家秘密、个人隐私、商业秘密及离婚的事项,尽管裁判过程不公开,但裁判结果依然应当向社会公开。实务中,平台与单个平台工作者之间的争议有很大一部分是通过调解解决的,因为我国的调解机构比较普遍,包括人民调解委员会、街镇调解机构、法院的诉前调解等,调解在我

---

① 《道路交通安全法》第七十四条:"对交通事故损害赔偿的争议,当事人可以请求公安机关交通管理部门调解,也可以直接向人民法院提起民事诉讼。经公安机关交通管理部门调解,当事人未达成协议或者调解书生效后不履行的,当事人可以向人民法院提起民事诉讼。"根据此条,交通警察作为交通管理部门的公职人员可以担任交通事故损害赔偿案件(侵权案件)的调解员。

② 《人民调解法》第二条:"本法所称人民调解,是指人民调解委员会通过说服、疏导等方法,促使当事人在平等协商基础上自愿达成调解协议,解决民间纠纷的活动。"第七条:"人民调解委员会是依法设立的调解民间纠纷的群众性组织。"第十三条:"人民调解员由人民调解委员会委员和人民调解委员会聘任的人员担任。"根据此三条,人民调解员作为人民调解委员会成员可以担任民间纠纷的调解员。

③ 《劳动争议调解仲裁法》第十条:"发生劳动争议,当事人可以到下列调解组织申请调解:(一)企业劳动争议调解委员会;(二)依法设立的基层人民调解组织;(三)在乡镇、街道设立的具有劳动争议调解职能的组织。"此条中的(一)与(三)项即劳动争议的专门调解机构,这两类专门机构中的调解员有权针对劳动争议进行调解。

④ 目前我国并无法律对公民个人的调解员身份进行明确授权。但从我国生产生活实践中,我们可以发现,当人们发生争议时,往往会出现热心群众对争议事项进行协调,劝说争议主体化干戈为玉帛。这类热心群众就是"无冕"调解员。

⑤ 例如《人民调解法》第四条、《海事调解管理办法》第五条等。

国属于较易获得的纠纷解决手段。

(三)仲裁

仲裁,是指当事人根据仲裁契约将民事纠纷交由仲裁机构或仲裁员予以处理的争议解决方式。从国际上看,仲裁按仲裁主体是否具有组织性可以分为机构仲裁和临时仲裁,但我国《仲裁法》只肯定了机构仲裁。仲裁方式与调解方式相似又不同。二者的相似之处在于,都由居中的第三方处理争议;不同之处在于,争议解决结果的法律效力不同,前者具有强制执行效力,而后者不具有强制执行效力。这种区别的本质原因在于法律授予其不同效力。仲裁与诉讼十分相似,但亦具有独特之处:第一,仲裁的主持者是仲裁员,诉讼的主持者是法官,二者虽然均居中裁断,但身份全然不同,仲裁员身份的取得须符合《中华人民共和国仲裁法》(以下简称《仲裁法》)第十三条[①]的规定,法官身份的取得须符合《中华人民共和国法官法》(以下简称《法官法》)第十二条[②]的规定。第二,仲裁裁决的事项有局限性,往往是财产纠纷或与财产相关的纠纷,但诉讼审理的事项既包括财产纠纷也包括人身纠纷。第三,仲裁裁决的效力与诉讼裁判不同。仲裁裁决的效力具有一裁终局性,但诉讼裁判可以获得两审终审的效果。仲裁裁决是作为民间机构的仲裁机构所做的结论,受到法院较为严格的司法审查,而诉讼裁判是作为国家机构的人民法院所做的结论,在两审终审之后所受的审查较少。在国际案件中,仲裁裁决可以依据《纽约公约》在全球范围内得到较为广泛的承认与执行,而诉讼裁判则较难得到外国的承认与执行。第四,仲裁具有灵活、保密的程序价值,而诉讼则较为严格,并具有阶段性,同时也必须遵守公开审判的要求。

平台与平台工作者之间的法律关系,有时属于承揽关系、合作关系。根据

---

① 《仲裁法》第十三条:"仲裁员应当符合下列条件之一:(一)通过国家统一法律职业资格考试取得法律职业资格,从事仲裁工作满八年的;(二)从事律师工作满八年的;(三)曾任法官满八年的;(四)从事法律研究、教学工作并具有高级职称的;(五)具有法律知识、从事经济贸易等专业工作并具有高级职称或者具有同等专业水平的。"

② 《法官法》第十二条:"担任法官必须具备下列条件:(一)具有中华人民共和国国籍;(二)拥护中华人民共和国宪法,拥护中国共产党领导和社会主义制度;(三)具有良好的政治、业务素质和道德品行;(四)具有正常履行职责的身体条件;(五)具备普通高等学校法学类本科学历并获得学士及以上学位;或者普通高等学校非法学类本科及以上学历并获得法律硕士、法学硕士及以上学位;或者普通高等学校非法学类本科及以上学历,获得其他相应学位,并具有法律专业知识;(六)从事法律工作满五年。其中获得法律硕士、法学硕士学位,或者获得法学博士学位的,从事法律工作的年限可以分别放宽至四年、三年;(七)初任法官应当通过国家统一法律职业资格考试取得法律职业资格。适用前款第五项规定的学历条件确有困难的地方,经最高人民法院审核确定,在一定期限内,可以将担任法官的学历条件放宽为高等学校本科毕业。"

我国仲裁法的规定,这些关系可以由双方约定交由民间仲裁机构予以仲裁。但当前运用仲裁解决平台契约劳动争议的情形比较少,主要原因在于仲裁收费相对较高,平台工作者经济承受能力较弱。

(四)诉讼

诉讼,是指通过国家公权力来解决民事纠纷的争议处理机制,即由国家设置的专门机构人民法院代表国家行使审判权,通过法定程序查明事实,分清是非,对纠纷各方的实体权利义务关系做出终局性裁判,并在一方当事人不履行生效裁判确定的义务时,经对方当事人申请行使国家公权力强制其履行义务的争议解决机制。其与非诉讼争议解决机制相比,具有以下特点:第一,国家公权性。审判权是国家公权力的组成部分,法院作为国家审判机关,代表国家行使审判权,故民事诉讼具有国家公权性。这一点使诉讼在本质上与仲裁、调解、和解区分开来,后三者不具有国家公权性,仅具有民间私权性。第二,程序严格性。通过民事诉讼解决纠纷时,法院、当事人及其他诉讼参与人都必须严格遵守法定的程序和方式,否则其行为不能产生法律上的效力,甚至有可能受到程序性制裁。但仲裁、调解、和解则没有严格的程序与方式的制约,当事人的行为相对随意。第三,强制性、权威性和终局性。一方面,民事诉讼以国家强制力为后盾,当事人不能以其他非诉讼纠纷解决途径处理争议时,可以强制对方进入民事诉讼以求定分止争。民事裁判是法院依据国家法律解决民事纠纷的结果,无论当事人是否赞同,都必须接受该结果,故该结果具有权威性。另一方面,民事诉讼是解决民事纠纷的最后方法,民事裁判做出后便具有终局性,当事人不得再求诸其他争议解决方式。

我国平台与单个平台工作者之间的纠纷提交法院处理的情形比较普遍。因为平台契约劳动是一种复合型的关系,人们对于其性质的认定具有很大争议。有时平台工作者认为自己是劳动者,向仲裁委员会提出申请,但仲裁委员会并不认同,从而不予处理,平台工作者则必须向法院提起诉讼。由于司法是争议解决的最后途径,故许多平台契约劳动争议最终由法院解决。

二、劳动争议解决机制现状

平台与平台工作者之间如果构成劳动关系,则互相之间发生的争议为劳动争议,应通过劳动争议解决程序予以处理。现实生活中,平台与平台工作者之间不乏构成劳动关系者,如自营平台与外卖骑手、网约车司机、网络主播等工作者之间的关系。这类关系所生争议,即应当按照劳动争议对待。劳动争议解决机制是解决劳动争议的组织机制和程序机制的总和。解决劳动争议的组织包括调解机构、仲裁机构和审判机构。解决劳动争议的程序包括和解程序、调解程序、仲裁程序和诉讼程序。

(一)劳动争议

劳动争议是指劳动法律关系当事人关于劳动权利与劳动义务的争议。在理论上和实务中，人们认为劳动争议与一般民事争议的本质不同，一般民事争议的主体是平等的，而劳动争议的主体形式上平等但实质上并不平等——在订立合同时，用人单位与劳动者之间尽管在法律地位上平等，但在经济实力、社会地位上并不完全平等；在履行合同时，劳动者必须服从用人单位的管理，双方存在较强的人身隶属关系。

劳动争议主体即劳动法律关系当事人，包括劳动者与用人单位。一般情况下，劳动争议中的劳动者是指个别劳动者，但在某些特殊情况下，工会作为劳动者代表也可以成为劳动争议主体，例如我国集体协商与集体合同制度赋予工会享有集体协商的主体资格，也享有订立集体合同的主体资格。劳动争议中的用人单位包括企业、个体经济组织、民办非企业单位[1]、事业单位、国家机关和社会团体[2]、会计师事务所、律师事务所等合伙组织和基金会。[3]

2008年5月施行的《劳动争议调解仲裁法》规定，我国劳动争议包括：因确认劳动关系发生的争议；因订立、履行、变更、解除和终止劳动合同发生的争议；因除名[4]、辞退和辞职、离职发生的争议；因工作时间、休息休假、社会保险、福利、培训以及劳动保护发生的争议；因劳动报酬、工伤医疗费、经济补偿或者赔偿金等发生的争议；法律、法规规定的其他劳动争议。

2021年施行的《最高人民法院关于审理劳动争议案件适用法律问题的解释(一)》指出，下列争议亦属劳动争议：劳动者与用人单位在履行劳动合同过程中发生的纠纷；劳动者与用人单位之间没有订立书面劳动合同，但已形成劳动关系后发生的纠纷；劳动者与用人单位因劳动关系是否已经解除或者终止，以及应否支付解除或者终止劳动关系经济补偿金发生的纠纷；劳动者与用人单位解除或者终止劳动关系后，请求用人单位返还其收取的劳动合同定金、保证金、抵押金、抵押物发生的纠纷，或者办理劳动者的人事档案、社会保险关系等移转手续发生的纠纷；劳动者以用人单位未为其办理社会保险手续，且社会

---

[1] 《劳动合同法》第二条第一款。
[2] 《劳动合同法》第二条第二款。
[3] 《劳动合同法实施条例》第三条。
[4] 除名，为《企业职工奖惩条例》所规定，然而该项法规已于2008年1月被《国务院关于废止部分行政法规的决定》废止，因此尽管法条中存在除名争议，但实务中已经不存在因除名发生的劳动争议。

保险经办机构不能补办导致其无法享受社会保险待遇为由,要求用人单位赔偿损失发生的纠纷;劳动者退休后,与尚未参加社会保险统筹的原用人单位因追索养老金、医疗费、工伤保险待遇和其他社会保险待遇而发生的纠纷;劳动者因为工伤、职业病,请求用人单位依法给予工伤保险待遇发生的纠纷;劳动者依据劳动合同法第八十五条规定,要求用人单位支付加付赔偿金发生的纠纷;因企业自主进行改制发生的纠纷。

该司法解释还指出,下列争议不属于劳动争议:劳动者请求社会保险经办机构发放社会保险金的纠纷;劳动者与用人单位因住房制度改革产生的公有住房转让纠纷;劳动者对劳动能力鉴定委员会的伤残等级鉴定结论或者对职业病诊断鉴定委员会的职业病诊断鉴定结论的异议纠纷;家庭或者个人与家政服务人员之间的纠纷;个体工匠与帮工、学徒之间的纠纷;农村承包经营户与受雇人之间的纠纷。

按照争议内容不同,劳动争议可分为权利争议与利益争议。权利争议又称既定权利争议,是指用人单位与劳动者的权利义务已由劳动法律法规或劳动合同予以确定,双方因执行劳动法律法规或履行劳动合同而发生的争议。例如,劳动法律法规要求实行最低工资制度,而用人单位拒不执行而发生的争议。又如,劳动合同约定劳动者有权享受用人单位提供的带薪婚假 5 日,而用人单位拒绝履行而发生的争议。利益争议又称将来权利争议,是指用人单位或劳动者在集体谈判中主张某种权利义务,而该主张所涉内容既未经现行劳动法律法规规定,亦未经双方劳动合同约定,双方因此而发生的争议。例如,在集体谈判中,劳动者要求用人单位每年加薪 10%,而用人单位拒不同意,因此发生的争议即利益争议。权利争议与利益争议的区别主要在于:权利争议是对既定权利义务是否执行或履行发生纠纷,其本质在于法律与合同是否被遵守;而利益争议是对将来权利义务是否可以实现发生争议,其本质在于新的合意能否形成、新的合同能否订立。由于两类争议在本质上不同,因此争议解决程序亦有不同规定:对于前者,可以通过司法途径最终解决;而对于后者,只能通过双方协商方式解决。

按照争议主体不同,劳动争议可以分为个别劳动争议和集体劳动争议。个别劳动争议是指单个或多名劳动者与用人单位发生的劳动争议,其中 10 名以上劳动者与用人单位发生的争议还可被称为"群体劳动争议"。集体劳动争议是指工会与用人单位或用人单位团体就集体合同、集体劳动权利义务而发生的争议,包括签订集体合同发生的争议和履行集体合同发生的争议等。根据我国现行法律,个别劳动争议与集体劳动争议的处理程序有所不同。对于个别劳动争议,法律要求争议当事人先行向劳动争议仲裁委员会申请仲裁,对仲裁裁决不服者,再向人民法院提起民事诉讼;如果涉及群体劳动争议,则法律对具体程序还有一些特别规定,例如《劳动争议调解仲裁法》第七条指出,发生争议的劳动者一方在 10 人以上,并有共同请求的,可以推荐代表参加争议解决。对于集体劳动争议,如果双方因履行集体合同发生争议,与个别争议一样,先仲裁后诉讼,但是程序略复杂于个别劳动争议;如果双方因签订集体合同发生争议,则由双方协商解决,协商不成按《劳动法》第八十四条规定,由当地劳动部门协调解决。

(二)劳动争议处理机构

"各国的劳动争议处理机构,大致可分为三种类型,即调解(调停)机构、仲裁机构和司法机构。"①我国亦不例外。根据现行法律,我国劳动争议处理机构主要包括企业劳动争议调解委员会、基层人民调解组织、在乡镇或街道设立的具有劳动争议调解职能的组织、劳动争议仲裁委员会和人民法院。

1.企业劳动争议调解委员会

企业劳动争议调解委员会是企业内部解决劳动纠纷的机构。1993 年国务院《企业劳动争议处理条例》②第七条规定,企业可以设立劳动争议调解委员会以调解本企业内部的劳动纠纷;第七至九条还具体规定了企业劳动争议调解委员会的成员组成和任职资格。1995 年施行的《劳动法》第八十条对此予以确认,规定用人单位内部可以设立劳动争议调解委员会,负责调解本单位发生的劳动争议。2008 年《劳动争议调解仲裁法》第十条规定:企业劳动争议调解委员会由职工代表和企业代表组成;职工代表由工会成员担任或者由全体职工推举产生,企业代表由企业负责人指定;企业劳动争议调解委员会主任由工会成员或者双方推举的人员担任。由于该法内容与国务院《企业劳动争议处理条例》的内容有冲突之处,故 2011 年国务院废止了《企业劳动争议处理条例》。2011 年人力资源与社会保障部制定的《企业劳动争议协商调解规定》对企业劳动争议调解委员会的组织体系做了明细规定。目前,企业劳动争议调解委员会的机构设置、组织架构、工作事项、调解员职责、任职要求等内容均需满足《劳动争议调解仲裁法》和《企业劳动争议协商调解规定》的要求。

根据人力资源与社会保障部的上述规定,大中型企业应当依法设立调解委员会,并配备专职或者兼职工作人员。有分公司、分店、分厂的企业,可以根

---

① 王全兴.劳动法[M].北京:法律出版社,2008:426.
② 已为《国务院关于废止和修改部分行政法规的决定》(2011 年 1 月 8 日)所废止。

据需要在分支机构中设立调解委员会。总部调解委员会指导分支机构调解委员会开展劳动争议预防调解工作。调解委员会可以根据需要在车间、工段、班组设立调解小组。小微型企业可以设立调解委员会，也可以由劳动者和企业共同推举人员，开展调解工作。企业应当支持调解委员会开展调解工作，提供办公场所，保障工作经费。企业未依法成立调解委员会，劳动争议或者群体性事件频发，影响劳动关系和谐，造成重大社会影响的，由县级以上人力资源和社会保障行政部门予以通报；违反法律法规规定的，依法予以处理。

企业劳动争议调解委员会由劳动者代表和企业代表组成，人数由双方协商确定，双方人数应当对等。劳动者代表由工会委员会成员担任或者由全体劳动者推举产生，企业代表由企业负责人指定。调解委员会主任由工会委员会成员或者双方推举的人员担任。

调解委员会履行下列职责：宣传劳动保障法律、法规和政策；对本企业发生的劳动争议进行调解；监督和解协议、调解协议的履行；聘任、解聘和管理调解员；参与协调履行劳动合同、集体合同、执行企业劳动规章制度等方面出现的问题；参与研究涉及劳动者切身利益的重大方案；协助企业建立劳动争议预防预警机制。调解委员会应当建立健全调解登记、调解记录、督促履行、档案管理、业务培训、统计报告、工作考评等制度。

由企业劳动争议调解委员会调解本企业内部争议，有许多有利之处。首先，调解主持方均是本企业内部人员，对企业的运营情况、规章制度、人员状况等争议事实有更为深入的了解，有助于劳动争议的解决。其次，调解主持方均是用人单位、劳动者所熟悉的、有号召力的人员，有利于开展说服影响工作，推动劳动争议的解决。再次，企业内部调解对于未发生争议的其他劳动者起到普法宣传作用，鼓励员工运用理性、积极的手段维护自身合法权益，而非以滥用司法资源的手段进行维权。整体上，企业劳动争议调解委员会开展调解工作，有利于争议双方劳动关系的持续维系，有利于人员稳定、企业和谐、定纷息争。

2.基层人民调解组织

基层人民调解组织指人民调解委员会，是我国解决民间纠纷的组织。早在苏维埃政权时期、抗日战争时期和解放战争时期，我党已经制定政策文件，以发挥人民调解组织解决民间纠纷的作用。新中国成立后，1954 年 2 月政务院颁布了《人民调解委员会暂行组织通则》，规定"人民调解委员会是群众性的调解组织"。① 同年 12 月,《城市居民委员会组织条例》规定在居民委员会中设立人民调解委员会。② 1982 年《宪法》明确规定居民委员会、村民委员会设人民调解委员会,调解民间纠纷。1989 年国务院制定《人民调解委员会组织条例》,对人民调解制度进一步加以完善,使人民调解成为解决社会矛盾、维护社会稳定的有力手段。2002 年司法部颁布《人民调解工作若干规定》,指出除居民委员会、村民委员会之外,乡镇、街道可以设立人民调解委员会,企业事业单位根据需要可以设立人民调解委员会,另外,根据需要社会还可以设立区域性、行业性的人民调解委员会。进入 21 世纪后,为了完善人民调解制度,规范人民调解活动,及时解决民间纠纷,维护社会和谐稳定,全国人大常委会于2010 年通过《人民调解法》,进一步明确了人民调解委员会的功能和作用。

《人民调解法》第二十条规定,人民调解委员会调解的民间纠纷,包括发生在公民与公民之间、公民与法人和其他社会组织之间涉及民事权利义务争议的各种纠纷。劳动争议属于民间纠纷,是发生在劳动者(公民)与用人单位(法人或其他社会组织)之间的涉及民事权利义务争议的纠纷,故人民调解委员会对此类案件享有调解权限。

根据全国总工会发布的文件,我国当前企业劳动争议调解委员会数量减少和非公有制企业建立劳动争议调解组织困难。③ 为了解决劳动争议调解力量不足问题,运用人民调解委员会从事劳动争议调解活动显然十分必要。《劳动争议调解仲裁法》充分利用现有资源,节约成本,规定发生劳动争议的当事人可以向基层人民调解委员会申请调解。实务中,基层人民调解委员会对劳动案件进行调解的情形也十分常见。

3. 在乡镇、街道设立的具有劳动争议调解职能的组织

在乡镇、街道设立劳动争议调解组织,是一些经济发达地区为了解决劳动争议的实际需要而设立的区域性调解组织。区域性劳动调解组织一般由地方政府部门或地方工会参与,调解员与企业没有利害关系,调解性质更为中立,调解成效更加明显。"目前,在乡镇、街道设立的具有劳动争议调解职能的组织主要有两种模式:一种是依托乡镇劳动服务站的调解组织,另一种是依托于地方工会的劳动调解组织。"④但当前并没有明确的法律对区域性劳动调解组

---

① 范愉.非诉讼程序(ADR)教程[M].第 3 版.北京:中国人民大学出版社,2016:182.

② 范愉.非诉讼程序(ADR)教程[M].第 3 版.北京:中国人民大学出版社,2016:182.

③ 参见《中华全国总工会关于进一步加强劳动争议调解工作的若干意见》(总工发〔2007〕23 号)第(六)点.

④ 信春鹰.中华人民共和国劳动争议调解仲裁法释义[M].北京:法律出版社,2008:41.

织和活动进行规制,因此组织形式不太严谨,活动内容不太规范。

近年来,一些地方工会还会同人民法院依托各类现有组织形式积极探索劳动争议多元化解新模式,取得显著成效。如广州、佛山等地充分发挥律师专业优势,在法院诉讼服务中心和职工之家设立律师调解工作室,协调律所派驻值班律师,为劳动者提供法律咨询、风险预警、诉讼代理等服务,妥善化解了大量重大敏感纠纷;四川成都、广元等地积极争取党政支持,由党委、政法委牵头,法院、人社、司法行政、工会、工商联、企业联合会企业家协会等单位参加,建立劳动争议"一站式"联调机制,将纠纷解决端口前移,通过协商、调解,有效减少了进入诉讼的劳动争议案件数量。①

4.劳动争议仲裁委员会

1993 年国务院《企业劳动争议处理条例》②第十二条规定,县、市、市辖区应当设立劳动争议仲裁委员会;1993 年劳动部《〈中华人民共和国企业劳动争议处理条例〉若干问题解释》③指出,省、自治区、直辖市是否设立劳动争议仲裁委员会,由省、自治区、直辖市人民政府根据实际情况自行决定。2008 年《劳动争议调解仲裁法》第十七条规定:劳动争议仲裁委员会按照统筹规划、合理布局和适应实际需要的原则设立。省、自治区人民政府可以决定在市、县设立;直辖市人民政府可以决定在区、县设立。直辖市、设区的市也可以设立一个或者若干个劳动争议仲裁委员会。劳动争议仲裁委员会不按行政区划层层设立。上述立法历史反映了我国劳动争议仲裁委员会从早年的依行政区划层层设立发展到当前依现实需要设立的过程。立法者认为,劳动争议仲裁委员会的设立应当体现精简、效率的原则,应当有利于方便劳动者参加仲裁、有利于化解劳动纠纷于基层、有利于及时处理劳动争议;层层设立劳动争议仲裁委员会,强调级别管辖,不符合精简、效率原则。

劳动争议仲裁委员会由劳动行政部门代表、工会代表和企业方面代表组成。这种组织形式体现了劳动关系的三方原则,即政府、雇主组织和工会组织通过一定的协作机制共同处理涉及劳动关系重要问题的原则,有助于三方利益通过理性手段实现动态平衡。劳动争议仲裁委员会的组成人员应当是单数,按照少数服从多数的原则进行表决。

劳动争议仲裁委员会依法履行下列职责:聘任、解聘专职或者兼职仲裁

---

① 《最高人民法院司改办负责人就劳动争议多元化解试点工作答记者问》(2020 年 3 月 4 日)。
② 已为《国务院关于废止和修改部分行政法规的决定》(2011 年 1 月 8 日)所废止。
③ 已失效。

员;受理劳动争议案件;讨论重大或者疑难的劳动争议案件;对仲裁活动进行监督。劳动争议仲裁委员会下设办事机构,负责办理劳动争议仲裁委员会的日常工作。

劳动争议仲裁委员会裁决劳动争议案件实行仲裁庭制度。仲裁庭由三名仲裁员组成,设首席仲裁员。对于简单劳动争议案件,仲裁委员会可以指定一名仲裁员处理。裁决应当按照多数仲裁员的意见做出,少数仲裁员的不同意见应当记入笔录。仲裁庭不能形成多数意见时,裁决应当按照首席仲裁员的意见做出。

5. 人民法院

当事人对劳动争议仲裁委员会的裁决不服,除一裁终局的案件外,可以向人民法院提起民事诉讼,因此人民法院也是解决劳动争议的法定机构。人民法院的机构组织由《人民法院组织法》等宪法性规范予以确定。

(三)个别劳动争议解决机制

我国民事争议处理机制包括和解、调解、仲裁和诉讼等,劳动争议作为民事争议的特殊类型,也通过上述机制解决。对此,《劳动法》第七十七条第一款规定:"用人单位与劳动者发生劳动争议,当事人可以依法申请调解、仲裁、提起诉讼,也可以协商解决。"第七十九条规定:"劳动争议发生后,当事人可以向本单位劳动争议调解委员会申请调解;调解不成,当事人一方要求仲裁的,可以向劳动争议仲裁委员会申请仲裁。当事人一方也可以直接向劳动争议仲裁委员会申请仲裁。对仲裁裁决不服的,可以向人民法院提起诉讼。"但是需要指出的是,由于个别劳动争议与集体劳动争议的所涉人数与性质均有差异,故其争议处理方式并不相同,因此对这两种劳动争议的处理形式作分别论述。

个别劳动争议的处理形式具体包括和解、调解、仲裁和诉讼共 4 种形式。

1. 和解

和解,即协商,是指用人单位与劳动者在无第三方参与的情形下,对发生的争议自行处理的纠纷解决方式。由于协商无固定程序,因此在一般情况下,劳动争议发生后,用人单位或劳动者均会与对方进行协商,只有在协商不成时,才会寻求第三方的帮助,因而可以说,和解是劳动争议的最初处理形式。

2. 调解

调解,是指用人单位与劳动者在第三方的主持下,对发生的争议进行处理的纠纷解决方式。调解根据第三方主体资格的不同,可以分为企业劳动争议调解委员会的调解,基层人民调解组织的调解,在乡镇、街道设立的具有劳动争议调解职能组织的调解,劳动争议仲裁委员会的调解和人民法院的调解。由于后两类调解本质上属于仲裁或诉讼的一部分,故此处调解仅指前三类调解。

(1)企业劳动争议调解委员会的调解

企业劳动争议调解委员会处理劳动争议必须遵守特定规范、符合特定程序。对此,人力资源与社会保障部2011年制定的《企业劳动争议协商调解规定》有明确规定。

调解的启动:发生劳动争议后,当事人可以口头或者书面形式向调解委员会提出调解申请。申请内容应当包括申请人基本情况、调解请求、事实与理由。口头申请的,调解委员会应当场记录。调解委员会接到调解申请后,对属于劳动争议受理范围且双方当事人同意调解的,应当在三个工作日内受理。对不属于劳动争议受理范围或者一方当事人不同意调解的,应当做好记录,并书面通知申请人。发生劳动争议,当事人没有提出调解申请,调解委员会可以在征得双方当事人同意后主动调解。

调解的进行:调解委员会根据案件情况指定调解员或者调解小组进行调解,在征得当事人同意后,也可以邀请有关单位和个人协助调解。调解员应当全面听取双方当事人的陈述,采取灵活多样的方式方法,开展耐心、细致的说服疏导工作,帮助当事人自愿达成调解协议。调解委员会调解劳动争议一般不公开进行。但是,双方当事人要求公开调解的除外。

调解的结束:调解结束的原因有两个,其一,经调解达成调解协议的;其二,经调解未达成调解协议。

如果争议双方达成调解协议,那么调解委员会制作调解协议书,调解结束。调解协议书应当写明双方当事人的基本情况、调解请求事项、调解的结果和协议履行期限、履行方式等,由双方当事人签名或者盖章,经调解员签名并加盖调解委员会印章后生效。调解协议书一式三份,双方当事人和调解委员会各执一份。生效的调解协议对双方当事人具有约束力,当事人应当履行。双方当事人可以自调解协议生效之日起十五日内共同向仲裁委员会提出仲裁审查申请。仲裁委员会受理后,应当对调解协议进行审查,并根据2017年施行的《劳动人事争议仲裁办案规则》第七十七条规定,对形式和内容合法有效的调解协议,出具调解书。双方当事人未按前条规定提出仲裁审查申请,一方当事人在约定的期限内不履行调解协议的,另一方当事人可以依法申请仲裁。仲裁委员会受理仲裁申请后,应当对调解协议进行审查,调解协议合法有效且不损害公共利益或者第三人合法利益的,在没有新证据出现的情况下,仲裁委员会可以依据调解协议做出仲裁裁决。

如果争议双方未达成调解协议,那么调解不成,调解亦结束。调解委员会调解劳动争议,应当自受理调解申请之日起十五日内结束。但是,双方当事人同意延期的,可以延长,如果在延长期限内未达成调解协议的,视为调解不成。

总的来说,当事人不愿调解、调解不成或者达成调解协议后,一方当事人在约定的期限内不履行调解协议的,调解委员会应当做好记录,由双方当事人签名或者盖章,并书面告知当事人可以向仲裁委员会申请仲裁。

(2)基层人民调解组织的调解

基层人民调解组织即人民调解委员会在处理劳动争议时必须遵守《人民调解法》的程序性规定。

调解的启动:发生劳动争议后,当事人可以向人民调解委员会提出调解申请;人民调解委员会也可以主动调解;但当事人一方明确拒绝调解的,人民调解委员会不得调解。

调解的进行:人民调解委员会根据调解劳动争议的具体情况,可以指定一名或者数名人民调解员进行调解,也可以由当事人选择一名或者数名人民调解员进行调解。在调解过程中,人民调解委员会征得当事人同意后,可以邀请当事人的亲属、邻里、同事等参与调解,也可以邀请具有专门知识、特定经验的人员或者有关社会组织的人员参与调解。人民调解员调解劳动纠纷,应当坚持原则,明法析理,主持公道;应当及时、就地进行,防止矛盾激化。人民调解员调解时,应当充分听取当事人的陈述,讲解有关法律、法规和国家政策,耐心疏导,在当事人平等协商、互谅互让的基础上提出纠纷解决方案,帮助当事人自愿达成调解协议。

当事人在人民调解活动中享有下列权利:选择或者接受人民调解员;接受调解、拒绝调解或者要求终止调解;要求调解公开进行或者不公开进行;自主表达意愿、自愿达成调解协议。当事人在人民调解活动中履行下列义务:如实陈述纠纷事实;遵守调解现场秩序,尊重人民调解员;尊重对方当事人行使权利。

调解的结束:人民调解员调解纠纷,调解不成的,应当终止调解,并依据有关法律、法规的规定,告知当事人可以依法通过仲裁、行政、司法等途径维护自己的权利。经人民调解委员会调解达成调解协议的,可以制作调解协议书。当事人认为无须制作调解协议书的,可以采取口头协议方式,人民调解员应当记录协议内容。

调解协议书可以载明下列事项:当事人的基本情况;纠纷的主要事实、争议事项以及各方当事人的责任；当事人达成调解协议的内容，履行的方式、期限。调解协议书自各方当事人签名、盖章或者按指印，人民调解员签名并加盖人民调解委员会印章之日起生效。调解协议书由双方当事人各执一份，人民调解委员会留存一份。口头调解协议自各方当事人达成协议之日起生效。经人民调解委员会调解达成调解协议后，当事人之间就调解协议的履行或者调解协议的内容发生争议的，一方当事人可以向人民法院提起诉讼。经人民调解委员会调解达成调解协议后，双方当事人认为有必要的，可以自调解协议生效之日起三十日内共同向人民法院申请司法确认，人民法院应当及时对调解协议进行审查，依法确认调解协议的效力。

（3）乡镇、街道设立的具有劳动争议调解职能的组织的调解

乡镇、街道设立的具有劳动争议调解职能的组织，亦被称为"街镇劳动调解组织"。当前，国家层面的法律、行政法规、部门规章对街镇劳动调解组织的调解程序未作规定，各地往往各行其是，自行决定调解程序。例如 2012 年四川省人力资源与社会保障厅曾颁布《四川省乡镇（街道）劳动争议调解工作规定》（川人社办发〔2012〕228 号）[①]，2016 年福建省泉州市政府颁布《泉州市乡镇（街道）、村（居）劳动争议调解工作规则》（泉政文〔2016〕46 号）[②]等。需要指出的是该两个法律文件均已失效，但不影响我们对街镇劳动调解程序的分析。从上述地方性规定看，四川和福建泉州的街镇劳动调解程序包括调解启动、调解进行和调解结束三个阶段。

四川规定：在调解启动阶段，当事人发生劳动争议，可以依法向街镇劳动调解委员会申请调解。当事人口头申请调解的，调解委员会应当场填写《劳动争议调解申请登记表》。当事人以书面形式申请调解的，由申请人填写《劳动争议调解申请书》。当事人向调解委员会申请调解后，还可以自行和解。调解委员会对当事人没有申请调解，但符合受理条件的案件，可以在征得双方当事人同意后，主动调解。调解委员会收到当事人调解申请后，应审核是否符合受理条件。对符合受理条件的申请，应及时征求对方当事人的意见，对方当事人同意调解的，应及时填写《劳动争议调解立案审批表》，在三个工作日内做出受理决定，制发《劳动争议调解受理通知书》，连同《参加劳动争议调解通知书》《授权委托书》《法定代表人（或主要负责人）身份证明书》一并送达双方当事人。对不属于劳动争议受理范围或者一方当事人不同意调解的，应做好记录，

[①] 已于 2017 年被废止。

[②] 目前已经失效，因为文件第二十三条规定"本工作规则实施至 2020 年 12 月 31 日"。

在三个工作日内做出《劳动争议调解不予受理通知书》,并送达当事人。调解委员会收到劳动争议仲裁委员会建议调解或者委托调解的案件,应当受理。

在调解进行阶段,调解劳动争议应充分体现方便、快捷、灵活的特点,按照就地、就近、方便当事人的原则选择调解场所,可设在发生争议的用人单位,也可设在乡镇(街道)办公地点等场所。调解委员会调解劳动争议一般不公开进行。但是,双方当事人要求公开调解的除外。调解委员会一般可以按下列程序进行调解:对于简单劳动争议,可以指定一至两名调解员进行调解,或组成调解小组进行调解。遇有复杂疑难的争议,应充分发挥劳动关系三方协调机制作用,由调解委员会主任主持召开由争议双方当事人参加的调解会议,在征得当事人同意后,还可邀请有关单位和个人协助调解;调解员认为有必要的,可以对争议事项进行全面调查核实,调查应做调查笔录,并由调查人和被调查人共同签名或盖章;调解员调解劳动争议时,应充分听取双方当事人对争议事实和理由的陈述,在查明事实、分清责任的基础上,采取灵活多样的方式方法,开展耐心、细致的说服疏导工作,促使当事人自愿达成调解协议。召开调解会议一般按照以下议程进行:会议主持人宣布会议开始,书记员向主持人报告到会人员情况;主持人宣布调解目的和调解须知,告知当事人应有的权利和义务,并宣布申请人请求调解的争议事项;申请人宣读申请书或口头陈述申请事实和理由,随后由对方当事人宣读答辩书或口头陈述;主持人出示双方提交的证据,听取双方对所提交证据的说明;当事人双方对宣布的事实和对方提交的证据发表意见;主持人宣讲与争议有关的法规政策;调解委员会依据查明的事实,提出调解建议,征求双方当事人意见;如双方当事人均表示接受调解建议,即可达成调解协议。调解会议结束后,应当场作好会议记录,并由申请人、被申请人、调解员签字。发生劳动争议的劳动者一方在 10 人以上,并有共同请求的,可以推举 3~5 名代表申请和参加调解。代表人参加调解的行为对其所代表的当事人发生效力。

在调解结束阶段,调解委员会调解劳动争议,应自受理申请之日起十五日内结束,逾期未完成调解的,视为调解不成,调解员应及时填写《结束劳动争议调解审批表》,制作《调解终止书》并送达双方当事人。当事人经调解达成协议的,应当制作《劳动争议调解协议书》,其中应当写明双方当事人的基本情况、调解请求事项、调解的结果和协议履行期限、履行方式等。调解协议书由双方当事人签名或者盖章,经调解员签名并加盖调解委员会印章后生效。

就调解协议的效力而言,第一,经调解达成协议后,一方当事人在协议约定期限内不履行调解协议的,调解委员会应当督促其履行,对经督促仍不履行调解协议的,应当告知另一方当事人可以依法申请仲裁,符合《劳动争议调解仲裁法》第十六条规定情形的,应告知劳动者可以持调解协议书依法向人民法院申请支付令。第二,达成调解协议后,经双方当事人同意,可以自调解协议生效之日起十五日内向当地劳动人事争议仲裁委员会提出仲裁审查申请,由双方当事人共同填写《劳动争议调解协议置换申请书》,交调解委员会,连同调解协议书和本案其他材料,一并提交劳动争议仲裁委员会。经审查确认,由劳动人事争议仲裁委员会依法出具仲裁调解书,送达之日起即具有法律效力。当事人达成调解协议并已经实际履行的,直接由调解委员会结案,不再移送审查。第三,调解不成的,调解委员会应做好记录,制作《调解终止书》,并告知当事人可以依法向劳动人事争议仲裁委员会申请仲裁。第四,下列调解协议无效或者部分无效:以欺诈、胁迫的手段或者乘人之危,使发生争议的双方当事人在违背真实意愿的情况下达成调解协议的;损害国家、集体或者第三人利益,损害社会公共利益的;违反法律、法规、规章强制性规定的。

　　泉州规定:在调解启动阶段,当事人以书面方式向调解委员会请求调解劳动争议,符合受理条件的,调委会应在三日内受理。调委会可以当即审理,当即调解。调解委员会在调解前应当以口头或者书面形式告知当事人调解的性质、原则和效力,以及当事人在调解活动中享有的权利和承担的义务。不符合受理条件的,应当向当事人说明理由,告知当事人按照法律、法规规定提请有关机关处理或者向人民法院起诉。在调解委员会调解期间,仲裁申请时效中断。在调解进行阶段,调解委员会调解劳动争议,根据需要指定两名以上调解员参加调解,其中一人为调解主持人。当事人对调解主持人提出回避申请,经审查符合回避条件的,调解委员会应当予以调换。调解委员会调解劳动争议,应当了解申请人的要求及理由,分别向双方当事人询问劳动争议的事实和情节,制作调查笔录或调解笔录,并由调查人、被调查人签名。调解委员会应当在查明事实的基础上,充分说理,耐心疏导,消除隔阂,帮助当事人达成协议。在调解结束阶段,调解委员会应当自当事人申请调解之日起 15 日内结案,到期未结案的,视为调解不成,应当及时告知当事人向县(市、区)劳动人事争议仲裁委员会申请仲裁,并移送相关证据材料、调查笔录等案卷材料。经调解委员会调解解决的劳动争议,有劳动权利义务内容的,或者当事人要求制作书面调解协议的,应当制作调解协议书。调解协议书应当载明下列事项:劳动争议双方当事人基本情况;劳动争议事项;需确认的事实;协议内容及履行的方式、地点、期限。调解协议书由双方当事人签字或盖章,经调解员签名并加盖调解组织印章后生效,对双方当事人具有合同约束力,当事人应当履行。

就调解协议的效力而言,首先,经调解委员会调解达成调解协议后,当事人请求履行调解协议、请求变更、撤销调解协议或者请求确认调解协议无效的,可以向人民法院提起诉讼。其次,经调解委员会调解达成调解协议后,双方当事人可以不经仲裁程序,直接向有管辖权的人民法院申请确认调解协议的效力,人民法院不予确认的,当事人可以向劳动人事争议仲裁委员会申请仲裁。再次,自调解委员会收到调解申请之日起十五日内未达成调解协议的,当事人可以依法申请仲裁。

四川与泉州的街镇劳动调解程序基本一致,均包括调解启动、进行和结束三个阶段,但两地对调解协议效力的看法既有相同之处,亦有相左之处。

第一,对于未达成调解协议的情形,两地都认为当事人可以依法向劳动人事争议仲裁委员会申请仲裁。这种做法符合现行上位法《劳动争议调解仲裁法》的规定,毋庸赘述。

第二,对已经达成的调解协议,两地都认为当事人应当履行,但如果一方当事人不履行,四川指出守约方可以向仲裁委员会申请仲裁,符合民事诉讼法支付令程序要求的,还可以向法院申请支付令,而泉州则指出当事人请求履行调解协议的,可以向人民法院提起诉讼。这说明在泉州,案件经过街镇劳动调解,具有飞越仲裁程序的作用。

我们认为,两地的做法各有合理之处。就四川而言,其做法有上位法依据。2020年《最高人民法院关于审理劳动争议案件适用法律问题的解释(一)》第五十条指出:当事人在调解仲裁法第十条规定的调解组织主持下仅就劳动报酬争议达成调解协议,用人单位不履行调解协议确定的给付义务,劳动者直接提起诉讼的,人民法院可以按照普通民事纠纷受理;但对于劳动报酬以外的其他争议达成调解协议不履行的,该司法解释未提到劳动者可以直接起诉。这说明在最高院看来,对调解协议不履行的行为,仍属劳动争议,应当仲裁前置。但泉州的做法也有其合理性。一方面,泉州的做法也有上位法依据。2002年《最高人民法院关于审理涉及人民调解协议的民事案件的若干规定》①第一条指出:经人民调解委员会调解达成的、有民事权利义务内容,并由双方当事人签字或者盖章的调解协议,具有民事合同性质。当事人应当按照约定履行自己的义务,不得擅自变更或者解除调解协议。依此规定,当事人之间的

---

① 尽管该司法解释已为2019年《最高人民法院关于废止部分司法解释(第十三批)的决定》(法释〔2019〕11号)所废止,但2011年《人民调解法》第三十一条重申了该司法解释第一条的精神。《人民调解法》第三十一条规定:"经人民调解委员会调解达成的调解协议,具有法律约束力,当事人应当按照约定履行。"

原争议因达成人民调解协议而消灭；一方当事人不履行人民调解协议的行为引发新争议——新争议为违约争议。同样，经过街镇调解而达成调解协议的劳动争议也归于消灭，如果调解协议一方不履行协议内容则构成违约，另一方应当直接向人民法院起诉其违约。另一方面，泉州的做法飞越仲裁程序，减轻双方当事人的程序负担，有利于更加快速地解决纠纷。两地做法的核心认知差别在于，经人民调解或街镇调解而达成的调解协议属于一般民事合同还是劳动合同，如果属于一般民事合同，则当事人可以直接起诉，如果属于劳动合同，则当事人必须先申请劳动仲裁。对此类调解协议的定性问题，不能泛泛而谈，还应认真斟酌。

第三，对已经达成的调解协议，泉州认为当事人可以请求法院予以司法确认，如果法院"不予以确认"（此处应为"确认无效"）①，则当事人可以向劳动人事争议仲裁委员会申请仲裁，但四川并无相应规定。对此，我们认为泉州的规定与《人民调解法》《民事诉讼法》保持一致，殊值肯定。

第四，对已经达成的调解协议，四川在调解协议审查制度的基础上进行了机制创新——建立了劳动争议调解协议置换制度。从文件文本内容可见，双方当事人在街镇调解达成协议后，可以共同向当地劳动争议仲裁委员会申请将调解协议置换为仲裁调解书，仲裁调解书送达生效。此项置换制度盘活了现有的调解协议审查制度，赋予调解协议以仲裁调解书的效力，使调解协议所确定的实体内容能够得到法院的强制执行，在根本上终结了双方的争议程序，提高了劳动纠纷解决效率。

总的来说，街镇劳动调解与其他劳动争议调解机制一样使用了一定的社会资源，我们应当使其具有较为有效的纠纷解决效果，因此各地应当充分研究，设计合法合理的街镇劳动调解程序，使其与劳动人事争议仲裁程序、民事诉讼程序相衔接、相协调。

3. 仲裁

由于劳动争议不可采用民间仲裁方式，故此处所述的仲裁，仅指劳动争议仲裁委员会的仲裁，简称"劳动争议仲裁"。劳动争议仲裁具有一定的特点：首先，劳动争议仲裁属于强制仲裁。仲裁依性质不同，可分为自愿仲裁与强制仲裁。普通民事纠纷须双方就仲裁达成合意，故为自愿仲裁。劳动争议无须双方达成仲裁协议，法律直接规定由劳动争议仲裁委员会进行仲裁，故为强制仲

---

①　当事人向人民法院申请司法确认，根据《人民调解法》第三十三条的规定，人民法院只有两种处理结果——确认有效和确认无效，并无"不予以确认"这一处理结果。

裁。其次,劳动争议采用仲裁前置程序,其仲裁裁决通常不具终局性。在我
国,普通民事争议发生时,双方当事人可以直接向人民法院起诉;而劳动争议
发生时,双方当事人必须先向劳动争议仲裁委员会提起仲裁,对仲裁裁决不
服,才可以向人民法院提起民事诉讼,此为仲裁前置。通常情况下劳动争议的
仲裁裁决是可诉的,并非终局裁决,但《劳动争议调解仲裁法》第四十七条规定
了两类案件一裁终局。

(1)劳动争议仲裁程序

劳动争议仲裁时效期间为一年,从当事人知道或者应当知道其权利被侵
害之日起计算。劳动争议由劳动合同履行地或者用人单位所在地的劳动争议
仲裁委员会管辖。当事人向仲裁委员会申请仲裁,应当提交书面仲裁申请,并
按照被申请人人数提交副本。劳动争议仲裁委员会收到仲裁申请之日起五日
内,认为符合受理条件的,应当受理,并通知申请人;认为不符合受理条件的,
应当书面通知申请人不予受理,并说明理由。对劳动争议仲裁委员会不予受
理或者逾期未做出决定的,申请人可以就该劳动争议事项向人民法院提起诉
讼。仲裁委员会受理案件后,发现不应当受理的,除管辖错误(应当移送有管
辖权的仲裁委员会)外,应当撤销案件。

劳动争议仲裁委员会裁决劳动争议案件实行仲裁庭制。仲裁庭由三名仲
裁员组成,设首席仲裁员;简单劳动争议案件可以由一名仲裁员独任仲裁。劳
动争议仲裁委员会应当在案件受理之日起五日内将仲裁庭的组成情况书面通
知当事人。如果出现仲裁员应当回避的情形,当事人有权以口头或者书面方
式提出回避申请。仲裁庭应当在开庭五日前,将开庭日期、地点书面通知双方
当事人。申请人在举证期限届满前可以提出增加或者变更仲裁请求。

开庭审理时,由仲裁员宣布开庭、案由和仲裁员、记录人员名单,核对当事
人,告知当事人有关的权利义务,询问当事人是否提出回避申请。开庭审理
中,仲裁员应当听取申请人的陈述和被申请人的答辩,主持庭审调查、质证和
辩论、征询当事人最后意见,并进行调解。仲裁庭的裁决应当按照多数仲裁员
的意见做出,少数仲裁员的不同意见应当记入笔录。仲裁庭不能形成多数意
见时,裁决应当按照首席仲裁员的意见做出。仲裁庭裁决案件时,其中一部分
事实已经清楚的,可以就该部分先行裁决。

仲裁庭裁决案件,应当自仲裁委员会受理仲裁申请之日起四十五日内结
束。案情复杂需要延期的,经仲裁委员会主任或者其委托的仲裁委员会负责
人书面批准,可以延期,并书面通知当事人,但延长期限不得超过十五日。

对于简易劳动案件,仲裁委员会可以采用简易处理的方式解决争议。对

于事实清楚、权利义务关系明确、争议不大的；或标的额不超过本省、自治区、直辖市上年度职工年平均工资的；或双方当事人同意简易处理的案件，仲裁委员会可以决定简易处理。简易处理的案件，仲裁委员会可以指定一名仲裁员独任仲裁，并应当告知当事人；经与被申请人协商同意，仲裁庭可以缩短或者取消答辩期；仲裁庭可以用电话、短信、传真、电子邮件等简便方式送达仲裁文书，但送达调解书、裁决书除外；以简便方式送达的开庭通知，未经当事人确认或者没有其他证据证明当事人已经收到的，仲裁庭不得按撤回仲裁申请处理或者缺席裁决；仲裁庭可以根据案件情况确定举证期限、开庭日期、审理程序、文书制作等事项，但应当保障当事人陈述意见的权利。

（2）对调解协议的仲裁审查

经调解组织调解达成调解协议的，双方当事人可以自调解协议生效之日起十五日内，共同向有管辖权的仲裁委员会提出仲裁审查申请。当事人申请审查调解协议时，应当向仲裁委员会提交仲裁审查申请书、调解协议和身份证明、资格证明以及其他与调解协议相关的证明材料，并提供双方当事人的送达地址、电话号码等联系方式。

仲裁委员会收到当事人的仲裁审查申请后，应当及时决定是否受理。决定受理的，应当出具受理通知书。有下列情形之一的，仲裁委员会不予受理：不属于仲裁委员会受理争议范围的；不属于本仲裁委员会管辖的；超出规定的仲裁审查申请期间的；确认劳动关系的；调解协议已经得到人民法院司法确认的。

仲裁委员会审查调解协议，应当自受理仲裁审查申请之日起五日内结束。因特殊情况需要延期的，经仲裁委员会主任或者其委托的仲裁院负责人批准，可以延长五日。调解书送达前，一方或者双方当事人撤回仲裁审查申请的，仲裁委员会应当准许。

仲裁委员会受理仲裁审查申请后，应当指定仲裁员对调解协议进行审查。仲裁委员会经审查认为调解协议的形式和内容合法有效的，应当制作调解书。调解书的内容应当与调解协议的内容相一致。调解书经双方当事人签收后，发生法律效力。

调解协议具有下列情形之一的，仲裁委员会不予制作调解书：违反法律、行政法规强制性规定的；损害国家利益、社会公共利益或者公民、法人、其他组织合法权益的；当事人提供证据材料有弄虚作假嫌疑的；违反自愿原则的；内容不明确的；其他不能制作调解书的情形。仲裁委员会决定不予制作调解书的，应当书面通知当事人。当事人撤回仲裁审查申请或者仲裁委员会决定不予制作调解书的,应当终止仲裁审查。

（3）仲裁法律文书的效力

①仲裁调解书的效力

在仲裁过程中,当事人经调解达成协议的,仲裁庭应当制作调解书。调解书应当写明仲裁请求和当事人协议的结果,由仲裁员签名,加盖劳动争议仲裁委员会印章,送达双方当事人。调解书经双方当事人签收后,发生法律效力。调解不成或者调解书送达前,一方当事人反悔的,仲裁庭应当及时做出裁决。当事人对发生法律效力的调解书、裁决书,应当依照规定的期限履行。一方当事人逾期不履行的,另一方当事人可以依照民事诉讼法的有关规定向人民法院申请执行。受理申请的人民法院应当依法执行。

②仲裁裁决的效力

仲裁裁决分为终局裁决和非终局裁决。仲裁庭裁决案件时,对于追索劳动报酬、工伤医疗费、经济补偿或者赔偿金,如果仲裁裁决涉及数项,对单项裁决数额不超过当地月最低工资标准十二个月金额的事项,对于因执行国家的劳动标准在工作时间、休息休假、社会保险等方面发生的争议,应当适用终局裁决;对于其他争议,适用非终局裁决。

对于非终局裁决,当事人不服的,可以自收到仲裁裁决书之日起十五日内向人民法院提起诉讼,期满不起诉的,裁决书发生法律效力。对于终局裁决,劳动者不服的,可以自收到仲裁裁决书之日起十五日内向人民法院提起诉讼,但对于劳动者以外的主体,该终局裁决自做出之日起发生法律效力,换言之,用人单位无权向人民法院提起诉讼。

对于终局裁决,由于用人单位被剥夺了起诉救济权,故《劳动争议调解仲裁法》特别规定,如果用人单位有证据证明有下列情形之一,可以自收到仲裁裁决书之日起三十日内向劳动争议仲裁委员会所在地的中级人民法院申请撤销裁决:适用法律、法规确有错误的;劳动争议仲裁委员会无管辖权的;违反法定程序的;裁决所根据的证据是伪造的;对方当事人隐瞒了足以影响公正裁决的证据的;仲裁员在仲裁该案时有索贿受贿、徇私舞弊、枉法裁决行为的。人民法院经组成合议庭审查核实裁决有前款规定情形之一的,应当裁定撤销。仲裁裁决被人民法院裁定撤销的,当事人可以自收到裁定书之日起十五日内就该劳动争议事项向人民法院提起诉讼。此撤销仲裁裁决制度给予用人单位一定程度的弥补性保护。

由于终局裁决与非终局裁决的法律效果大相径庭,故仲裁庭裁决案件时,如果裁决内容同时涉及终局裁决和非终局裁决的,应当分别制作裁决书,并告知当事人相应的救济权利。

③生效仲裁调解书和仲裁裁决书的履行与强制执行

对于发生法律效力的调解书和裁决书,当事人应当在调解书和裁决书所载期限内履行;如果一方当事人逾期不履行,另一方当事人可以依照民事诉讼法的规定向人民法院申请强制执行,受理申请的人民法院应当依法执行。

4. 诉讼

我国《劳动法》《劳动争议调解仲裁法》对劳动争议的诉讼程序做了粗线条的规定。2020 年最高人民法院颁布的《最高人民法院关于审理劳动争议案件适用法律问题的解释(一)》对劳动争议的诉讼程序做了更为清晰的规定。总的来说,由于劳动案件属于民事案件的范畴,因此劳动案件的处理应当适用一般民事诉讼程序。但劳动案件采用强制仲裁、仲裁前置的制度设置,且劳动争议与一般民事争议有许多不同之处,故劳动争议的诉讼程序有许多不同于一般民事诉讼的特点。

(1)诉讼时效

一般民事纠纷发生时,当事人起诉的时限应当遵从民事实体法规定的诉讼时效,例如《民法典》规定的三年诉讼时效;而在劳动案件中,当事人对仲裁裁决不服的,应当自收到裁决书之日起十五日内向人民法院起诉,换言之,劳动案件的诉讼时效为收到仲裁裁决书之日起十五日。

(2)管辖

民事案件管辖法院主要由级别管辖制度与地域管辖制度确定,劳动案件作为民事案件的一类也不例外。但在具体管辖法院确定过程中,劳动案件有其自身的特色。《最高人民法院关于审理劳动争议案件适用法律问题的解释(一)》第 3 条规定:"劳动争议案件由用人单位所在地或者劳动合同履行地的基层人民法院管辖。劳动合同履行地不明确的,由用人单位所在地的基层人民法院管辖。法律另有规定的,依照其规定。"就级别管辖而言,一般民事案件根据性质、影响力等因素的不同,分别由四级人民法院管辖;而劳动案件仅基层人民法院有管辖权。就地域管辖而言,一般民事合同案件,由被告住所地与合同履行地法院管辖;而劳动案件由用人单位所在地或者劳动合同履行地法院管辖。也就是说,不管用人单位是被告还是原告,以用人单位作为确定管辖的因素,这与一般民事诉讼管辖制度中的"原告就被告"原则有很大的差异。

(3)举证责任的分配

对于一般民事案件的举证责任分配,2020 年《最高人民法院关于适用〈中华人民共和国民事诉讼法〉的解释》表述得十分清楚,"当事人对自己提出的诉讼请求所依据的事实或者反驳对方诉讼请求所依据的事实,应当提供证据加以证明,但法律另有规定的除外",即事实的主张者对事实负举证责任。

绝大多数劳动案件发生后,举证责任分配与一般民事案件一样:当事人应当对自己主张的事实提供证据,否则就要承担不利后果。但是对于某些特殊事项,我国现行法采用特殊举证责任分配方法。《最高人民法院关于审理劳动争议案件适用法律问题的解释(一)》第44条规定:"因用人单位做出的开除、除名、辞退、解除劳动合同、减少劳动报酬、计算劳动者工作年限等决定而发生的劳动争议,用人单位负举证责任。"也就是说,因开除、除名、辞退、解除劳动合同、减少劳动报酬、计算劳动者工作年限等决定而发生的劳动争议,不管事实的主张者是用人单位还是劳动者,均由用人单位对此负举证责任。第42条规定:"劳动者主张加班费的,应当就加班事实的存在承担举证责任。但劳动者有证据证明用人单位掌握加班事实存在的证据,用人单位不提供的,由用人单位承担不利后果。"就加班费事项,原则上由劳动者承担举证责任,但如果劳动者无法提供证据,则由用人单位证明劳动者未从事加班活动,因为通常加班统计信息往往保存在用人单位手中,用人单位提供此项证据比较便捷,假如用人单位拒不提供,则可推定劳动者存在加班事由。

(4)调解与诉讼的衔接

劳动者和用人单位在调解仲裁法规定的调解组织主持下仅就劳动报酬争议达成调解协议,用人单位不履行调解协议确定的给付义务,劳动者直接提起诉讼的,人民法院可以按照普通民事纠纷受理。

劳动者和用人单位在调解仲裁法规定的调解组织主持下达成的其他具有劳动权利义务内容的调解协议,具有劳动合同的约束力,可以作为人民法院裁判的根据。如果当事人对调解协议不服,应当向劳动争议仲裁委员会申请仲裁,不得直接向法院提起诉讼。

劳动者和用人单位在人民调解委员会主持下仅就给付义务达成的调解协议,双方认为有必要的,可以共同向人民调解委员会所在地的基层人民法院申请司法确认。对经过确认的人民调解协议,劳动者和用人单位可以申请强制执行。

(四)集体劳动争议解决机制

我国将劳动争议分为个别劳动争议与集体劳动争议。个别劳动争议按人数与请求的不同,可分为单个劳动争议和群体劳动争议,其中个别劳动者一方人数在10人以上且有共同请求的,为群体劳动争议。集体劳动争议按性质不同,可以分为签订集体合同发生的争议、履行集体合同发生的争议和履行劳动合同发生的争议。对于群体劳动争议,我国《劳动争议调解仲裁法》规定,其适用个别劳动争议解决机制,但同时也规定,发生群体劳动争议的劳动者可以推举代表参加调解、仲裁或者诉讼活动——这与《民事诉讼法》中的代表人诉讼制度高度相似。对于集体劳动争议,我国《劳动法》规定[①],因签订集体合同发生争议,当事人协商解决不成的,由当地劳动部门协调处理;因履行集体合同发生争议,当事人协商解决不成的,可以申请劳动仲裁;对仲裁裁决不服的,可以向法院提起诉讼。这说明两类集体合同的争议解决机制并不相同,签订争议只能通过协调予以解决,而履行争议则可通过和解、调解和诉讼等多元方式予以解决。由于集体劳动争议中签订集体合同争议的性质特殊,《集体合同规定》对其解决做了明确规定。由于集体劳动争议中履行集体合同争议的性质特殊,个别劳动争议中群体争议涉及人数较多,《劳动人事争议仲裁办案规则》对该两类纠纷的解决做了不同于单个个别劳动争议的特殊规定。

1. 签订集体合同所发生劳动争议的处理

签订集体合同发生的争议,又称集体协商争议。由于其性质特殊,对集体协商争议我国法律规定只能采用协调处理的争议解决方法。通常情况下,协调即和解,并无固定程式,但 2004 年施行的劳动与社会保障部《集体合同规定》对集体协商争议的协调处理规定了严格的组织机构和法律程序。

劳动与社会保障行政部门是集体协商争议协调处理的主管部门。根据《集体合同规定》,劳动保障行政部门应当组织同级工会和企业组织等三方面的人员,共同协调处理集体协商争议。

协调处理可以依当事人的书面申请和依劳动与社会保障部门的职权而发生。根据《集体合同规定》,双方当事人在集体协商过程中发生争议,不能协商解决的,当事人一方或双方可以书面向劳动保障行政部门提出协调处理申请,未提出申请的,劳动保障行政部门认为必要时也可以进行协调处理。

集体协商争议的协调处理实行属地管辖,具体管辖范围由省级劳动保障行政部门规定。中央管辖的企业以及跨省、自治区、直辖市用人单位因集体协商发生的争议,由劳动保障部指定的省级劳动保障行政部门组织同级工会和企业组织等三方面的人员协调处理,必要时,劳动保障部也可以组织有关方面协调处理。

根据《集体合同规定》,我国协调处理集体协商争议应当按照以下程序进行:受理协调处理申请;调查了解争议的情况;研究制定协调处理争议的方案;

---

① 《劳动法》第八十四条。

对争议进行协调处理;制作《协调处理协议书》。其中《协调处理协议书》应当载明:协调处理申请、争议的事实和协调结果;双方当事人不能达成一致的、应将继续协商的某些事项。《协调处理协议书》由协调处理人员和争议双方首席代表签字盖章后生效;对于生效的《协调处理协议书》,争议双方均应严格遵守。

劳动保障行政部门协调处理集体协商争议,应当自受理协调处理申请之日起三十日内结束。期满未结束的,可以适当延长协调期限,但延长期限不得超过十五日。

2.履行集体合同所发生劳动争议的处理和群体劳动争议的处理

履行集体合同发生的争议,是指用人单位与该单位劳动者因履行集体合同中规定的权利义务而发生的争议。对此,《集体合同规定》指出,如果当事人协商不成,可向当地劳动争议仲裁委员会申请仲裁。可见此类争议与个别劳动争议的处理方式是一致的,包括和解、调解、仲裁。群体劳动争议,是指个别劳动者一方人数在10人以上且有共同请求的劳动争议。对此,《劳动争议调解仲裁法》规定,劳动者可以选任代表人进行仲裁。

对于上述两类争议,《劳动人事争议仲裁办案规则》专设"集体劳动人事争议处理"一节予以规定,指出如果这两类争议采用仲裁方式解决,则应适用特别仲裁程序。具体包括以下内容:

集体合同履行争议的当事人是用人单位和该单位的工会或劳动者代表。《劳动人事争议仲裁办案规则》规定,集体争议因履行集体合同发生的劳动争议,经协商解决不成的,工会可以依法申请仲裁;尚未建立工会的,由上级工会指导劳动者推举产生的代表依法申请仲裁。这与集体合同的主体并不一致。然而根据《集体合同规定》,集体合同当事人是用人单位和该单位劳动者,工会或该单位劳动者代表只是集体合同的谈判代表。可见,在此类纠纷中,《劳动人事争议仲裁办案规则》确定的程序当事人并非实体权利义务关系的当事人。

群体劳动争议的当事人是10人以上的个别劳动者和用人单位。其中劳动者一方可以推举三至五名代表参加仲裁活动;代表人参加仲裁的行为对其所代表的当事人发生效力,但代表人变更、放弃仲裁请求或者承认对方当事人的仲裁请求,进行和解,必须经被代表的当事人同意。与《民事诉讼法》的规定一致,代表人既具有当事人的地位,亦具有委托诉讼代理人的地位,其所获得的代理权限为一般代理权限。

仲裁委员会应当自收到仲裁申请之日起五日内做出受理或者不予受理的决定。决定受理的,应当自受理之日起五日内将仲裁庭组成人员、答辩期限、举证期限、开庭日期和地点等事项一次性通知当事人。由于此两类争议涉及人数较多,社会影响广泛,为确保仲裁委员会高效办案,规章规定的仲裁前准备程序比一般案件更为精简。

仲裁委员会处理集体劳动人事争议案件,应当由三名仲裁员组成仲裁庭,设首席仲裁员。由于此两类争议涉及人数较多,社会影响广泛,为确保仲裁委员会谨慎办案,规章规定仲裁庭应当采用合议制。对于因履行集体合同发生的劳动争议,仲裁委员会应当按照三方原则组成包含政府方、劳动方和用人方三方的仲裁庭,并将争议交由该仲裁庭处理。

仲裁庭开庭场所可以设在发生争议的用人单位或者其他便于及时处理争议的地点。

仲裁庭处理集体劳动人事争议,开庭前应当引导当事人自行协商,或者先行调解。仲裁庭可以邀请法律工作者、律师、专家学者等第三方共同参与调解。仲裁庭在查明事实的基础上积极促使当事人自愿达成协议,调解达成协议的,调解书自送达之日起即发生法律效力;调解未能达成协议的,仲裁庭应当及时裁决。

第二节　网络平台工作者
集体权利保护的正当程序机制

劳动法认为劳动关系分为个别劳动关系和集体劳动关系,其中集体劳动关系涉及劳动者集体与雇主、雇主组织之间的权利义务。在集体劳动关系中,劳动者集体享有劳动三权,包括团结权、集体谈判权和集体行动权。[①] 我国现行法律规范明确规定劳动者享有团结权和集体协商权,但这些权利的享有均以劳动者与用人单位之间存在个别劳动关系为前提。网络技术的发展带来平台经济规模化,平台经济规模化又带来平台工作者[②]的广泛化。[③] 许多平台工作者不是传统意义上的劳动者,他们与平台之间并未订立劳动合同,但他们的行为模式和行为后果与传统产业劳动具有很多共性,那么他们可否享有类似

[①]　常凯.劳动法[M].北京:高等教育出版社,2011:458.

[②]　为叙述方便,本节中所称的平台工作者,特指未与平台建立劳动关系的平台工作者。

[③]　平台工作者的广泛化,是指在新经济中,平台工作者的从业人数大幅度增加,形成与传统产业就业规模相当的平台就业规模。众多平台工作者对平台所提利益主张和请求产生一致化与趋同化。例如,众多平台工作者要求享有最低标准的待遇,比如出租车平台的司机要求得到最低时薪。再如,众多平台工作者要求享有特定的工作保障,比如餐饮平台的送餐骑手要求得到符合现实路况的送餐时间要求。

的集体权利？他们可否享有类似的团结权以设立平台工作者联盟？平台工作者联盟可否代表加盟的工作者与平台进行集体谈判？对于平台工作者的加盟行为，法律是否有必要进行规制？对于这些谈判行为，法律又是否有必要进行规制？这些均属于平台工作者的集体权利保护问题。

一、集体劳动关系概述

由于平台工作者与产业劳动者在就业形式上具有极大相似性，为理解平台工作者的集体权益，本节将先探讨产业劳动者集体享有的权利。产业劳动者集体享有的权利，即集体劳动权。以集体劳动权为基础，劳动者集体与雇主或雇主集体之间产生的一系列权利义务关系为集体劳动关系，故集体劳动权与集体劳动关系虽名称不同，但实际上是同一个问题，集体劳动权是从产业劳动者的权利角度进行表达，而集体劳动关系是从劳动者与雇主双方权利义务的内容角度进行表达。

(一)集体劳动关系含义

传统劳动法认为，劳动关系分为个别劳动关系和集体劳动关系。在个别劳动关系中劳动者享有个别劳动权。我国《劳动法》第三条第一款[①]规定，在个别劳动关系中，我国劳动者享有的个别劳动权包括就业权、劳动报酬权、休息权、劳动安全卫生权、职业培训权、社会保险和福利权、请求争议处理权。其他国家个别劳动者也基本享有上述权利。在集体劳动关系中，劳动者享有集体劳动权，即劳动者集体享有的团结权、谈判权、行动权和职工参与权。对于何为集体劳动关系，"我国目前对于法律意义上的集体劳动关系的概念尚未达成共识"。[②] 有高校教材定义，集体劳动关系主要是指工会或其他劳动者组织与用人单位或用人单位团体之间，为维持或提高劳动者劳动条件和福利待遇，以集体谈判、集体合同、职工参与等形式发生的一系列互动博弈行为所产生的社会关系。[③] 我国学者常凯认为，集体劳动权包括具有核心意义的劳动三权和二战后发展起来的民主参与权，前者具体包括团结权、集体谈判权和集体行动权。[④] 前述两类观点的不同之处主要在于前者并未特别强调集体行动权属

---

① 《劳动法》第三条第一款规定："劳动者享有平等就业和选择职业的权利、取得劳动报酬的权利、休息休假的权利、获得劳动安全卫生保护的权利、接受职业技能培训的权利、享受社会保险和福利的权利、提请劳动争议处理的权利以及法律规定的其他劳动权利。"

② 《劳动与社会保障法学》编写组.劳动与社会保障法学[M].第 2 版.北京:高等教育出版社 2018:118.

③ 《劳动与社会保障法学》编写组.劳动与社会保障法学[M].第 2 版.北京:高等教育出版社 2018:118-119.

④ 常凯.劳动法[M].北京:高等教育出版社,2011:458.

于集体劳动权,但这两类观点对于其他集体劳动权有共识。

从这些概念看,人们至少应当从主体与内容两个层面理解集体劳动关系。就主体而言,集体劳动关系的一方主体是工会或其他劳动者组织,另一方主体是用人单位或用人单位团体。通常作为劳动者集体的工会或其他劳动者组织必须是取得合法资格的、能够代表劳动者利益的劳动者自愿结合的组织。"在我国,劳动者的合法集体组织是中华全国总工会所属的各级工会。在实行工会多元化的国家,是所有经过合法注册的工会组织,但在是否享有法律规定的劳动权利方面,如集体谈判权,还需要看工会是否具有代表性,只有具有代表性的工会才享有法定的权利。"①集体劳动关系的另一方主体可以是单个雇主,也可以是雇主集体组织或联盟,但同样必须取得合法资格,能够代表雇主。

就内容而言,集体劳动关系包括劳动者集体享有的团结权、谈判权、行动权和职工参与权,和雇主的相对义务。通常情况下,各国法律一般均赋予劳动者集体与雇主集体享有团结权、谈判权,部分国家法律还明确赋予工会行动权(包括罢工权)。

(二)集体劳动关系的特点

集体劳动关系具有不同于个别劳动关系的特点。

第一,集体劳动关系主体具有团体性。集体劳动关系发生在劳动者集体与雇主或雇主集体之间。劳动者集体是一个团体,通常名为工会,有时也有其他名称,"在不同国家,以企业职工委员会、职工代表参加的监事会、职工代表大会以及其他样态呈现的劳动者组织也可以成为集体劳动关系的一方主体"。②而个别劳动关系主体仅具有个别性,是劳动者个人。

第二,集体劳动关系客体具有公益性。集体劳动关系客体是指集体劳动关系主体权利义务所指向的对象,即集体劳动权利义务给双方带来的有利性或利益。集体劳动关系关注的不是简单的私人利益,而是整个产业劳动阶层劳动待遇的提升、劳动条件的改善和劳动福利的增加,乃至整个国家产业和平的实现和社会安定的维护等公共利益。而个别劳动关系客体仅与个别劳动者的个人就业利益有关。

第三,集体劳动关系的内容具有程序利益性。通常认为集体劳动权包括团结权、集体谈判权、集体行动权和民主参与权。这些权利不能直接为劳动者带来平等就业、劳动报酬、休息、劳动安全卫生、职业培训、社会保险和福利等

---

① 关怀,林嘉.劳动与社会保障法学[M].北京:法律出版社,2011:43.
② 《劳动与社会保障法学》编写组.劳动与社会保障法学[M].第2版.北京:高等教育出版社,2018:119.

利益,但为劳动者提供与雇主进行平等谈判的能力(团结权),与雇主进行平等谈判的具体机会(集体谈判权和集体行动权),也给劳动者一定机会以肯定或否定雇主的用工决策(民主参与权)。个别劳动关系的内容具有实体利益性,个别劳动者可以就此直接享有劳动待遇、劳动条件和劳动福利。

二、集体劳动权现状

(一)团结权

团结权又称劳工组织权或劳动结社权,是指劳动者为实现维持和改善劳动待遇、劳动条件、劳动福利的基本目的而结成临时性的或永久性的团体并使其运作的权利。在我国语境下,团结权即劳动者享有组织工会并参加工会活动的权利。团结权是集体谈判权行使的前提,通常情况下,劳动者个人不具有与雇主或雇主组织进行议价的能力,但劳动者集体组成的团体则具备谈判实力。"团结权的价值在于克服个别雇员与雇主之间过于悬殊的社会、经济地位,使处于劣势地位的雇员通过组织工会,与雇主形成抗衡的局面。"①为了实现集体谈判的有利结果,劳动者有权组织起来,但结社并不是劳动者的终极目标,获得实体利益才是。

我国《宪法》第三十五条规定:"中华人民共和国公民有言论、出版、集会、结社、游行、示威的自由。"这是宪法对公民结社权的规定,结社权是我国公民所享有的一项基本政治权利和自由。所谓结社权是指公民享有的,为了一定的宗旨而依照法律规定的程序参加或者组建某种社会团体(或者组织),并以该社会团体(或者组织)的名义或者其成员的名义依法开展活动的权利和自由。根据宪法授予公民的结社权,劳动者享有组织和参与劳动者团体的权利,即劳动者的团结权。我国劳动者的团结权主要规定在《工会法》中,我国劳动者团体主要是中华全国总工会及其各工会组织。

我国《工会法》规定了我国工会的组织体系。第十条第五款规定,全国建立统一的中华全国总工会。立法专家指出,根据《工会法》第五款,在我国工会是一个统一的组织,没有必要设立互相对立的多个工会。因为"工人阶级的根本利益是一致的,没有根本的利益冲突,没有任何理由分裂为互相对立的两派或几派组织。建立统一的工会组织,有利于维护工人阶级队伍的团结,实现自己的历史使命,也有利于维护职工群众的合法权益。"②《工会法》第十一条进

---

① 常凯.劳动法[M].北京:高等教育出版社,2011:462.
② 张春生.中华人民共和国工会法释义[M].北京:法律出版社,2002.

而规定,基层工会、地方各级总工会、全国或者地方产业工会组织的建立,必须报上一级工会批准。此条款明确了工会的组织体系和领导体制,保证了我国工会组织的统一性和唯一性。立法专家指出,"工会是从全国到基层的有组织的群众团体,这种独立的群众团体,一方面要在政治上同党中央保持一致,坚持正确的政治方向;另一方面它又应当按照自己的特点和广大会员职工的愿望、要求独立自主地开展工作,这就要有组织上的保证,要加强工会的统一领导。《工会法》规定工会成立需要上一级工会的批准,保证了我国工会组织的统一性和唯一性。"①由此可见,从立法层面看,作为工会的劳动者团体在我国仅指中华全国总工会及其下属的各工会组织;假如有多名劳动者意欲组织工会,则必须依照《工会法》的规定履行批准手续,并服从中华全国总工会领导。

我国《工会法》规定了我国工会的性质。《工会法》第二条第一款规定,工会是职工自愿结合的工人阶级的群众组织。因此,我国劳动者组织或参加工会具有自愿性的特点。具体而言,自愿性是指职工参加或组织工会完全自愿,任何组织和个人不得限制和妨碍,但同时任何组织和个人也不得强迫职工参加或组织工会。毫无疑问,工会的生命与活力来源于会员自愿参与。

我国《工会法》规定了我国工会的会员资格。《工会法》第三条规定,在中国境内的企业、事业单位、机关中以工资收入为主要生活来源的体力劳动者和脑力劳动者,不分民族、种族、性别、职业、宗教信仰、教育程度,都有依法参加和组织工会的权利。首先,该条明确了哪些用人单位的劳动者有权组织或参加工会。根据此条,企业、事业单位、机关中的劳动者有团结权。随着时代的发展,我国社会中还出现了个体经济组织、民办非企业组织等经济组织,《劳动合同法》第二条认为这些组织也是用人单位。同时《劳动合同法》第四条指出,用人单位制定、修改或者决定直接涉及劳动者切身利益的规章制度或者重大事项时,应当与工会或者职工代表平等协商确定。这间接说明,个体经济组织、民办非企业组织中的劳动者也有团结权,有资格参加或组织工会,否则这些用人单位中的劳动者很难维护自身与劳动待遇、劳动条件和劳动福利相关的个别劳动权。其次,该条明确了用人单位中的哪些人员有权组织或参加工会。根据该条,以工资收入作为主要生活来源的体力劳动者和脑力劳动者有权成为工会会员,其他阶层成员特别是作为工会对立面的资产所有者不能成为工会的会员。劳动者依赖工资收入作为主要生活来源,说明其生存依赖用人单位,因此必须有资格成为工会会员,由工会维护他们的合法权益。

---

① 　张春生.中华人民共和国工会法释义[M].北京:法律出版社,2002.

我国《工会法》规定了工会的职责。《工会法》第六条规定："维护职工合法权益是工会的基本职责。工会在维护全国人民总体利益的同时,代表和维护职工的合法权益。"因此工会的总职责是维护职工的合法权益。具体而言,工会通过平等协商和集体合同制度,协调劳动关系,实现劳动者集体谈判权;工会通过职工代表大会或者其他形式,组织职工参与本单位的民主决策、民主管理和民主监督,实现劳动者民主参与权。

整体上,我国劳动者享有劳动三权中的团结权,但我国法律语境下的团结权有自身的特点:第一,我国劳动者可以组织工会,但必须是中华全国总工会领导下的工会。这与西方国家中样态纷呈的多元化工会不同。第二,劳动者不分民族、种族、性别、职业、宗教信仰、教育程度,只要是以工资收入作为主要生活来源者,均可参加工会。我国工会具有最广泛的群众基础。第三,我国《工会法》要求工会代表会员行使劳动三权中的集体谈判权,并组织劳动者行使民主参与权。

(二)集体谈判权和集体合同

集体谈判也称集体协商,是劳动者团体或劳动者集体推选的代表与用人单位或其团体就劳动条件进行交涉以求达成协调的一种方式。从主体看,集体协商的一方主体是工会等劳动者团体,另一方是用人单位或用人单位团体。从内容看,集体协商的内容是劳动报酬、劳动时间、休息休假等劳动条件。从目的看,集体协商旨在实现双方主体就劳动报酬、劳动时间、休息休假等劳动条件达成合意,从而订立集体合同。集体合同是劳动者集体与用人单位或其团体之间订立的以改善劳动条件、改进劳动组织为主要内容的合意。集体谈判与集体合同具有密不可分的关系,集体谈判的目的在于订立集体合同,集体合同则是集体谈判的胜利成果。因此在研究劳动者集体谈判权时,集体合同概念是研究对象的有机组成部分。

我国法律对劳动者的集体谈判权以及作为集体谈判目的的集体合同做了规定。《劳动法》第三十三条规定:"企业职工一方与企业可以就劳动报酬、工作时间、休息休假、劳动安全卫生、保险福利等事项,签订集体合同。集体合同草案应当提交职工代表大会或者全体职工讨论通过。集体合同由工会代表职工与企业签订;没有建立工会的企业,由职工推举的代表与企业签订。"我国《工会法》第二十条也规定,工会代表职工与企事业单位订立集体合同。我国《劳动合同法》第五十一条规定:"企业职工一方与用人单位通过平等协商,可以就劳动报酬、工作时间、休息休假、劳动安全卫生、保险福利等事项订立集体合同。集体合同草案应当提交职工代表大会或者全体职工讨论通过。集体合同由工会代表企业职工一方与用人单位订立;尚未建立工会的用人单位,由上级工会指导劳动者推举的代表与用人单位订立。"第五十三条规定:"在县级以下区域内,建筑业、采矿业、餐饮服务业等行业可以由工会与企业方面代表订立行业性集体合同,或者订立区域性集体合同。"第五十二条规定:"企业职工一方与用人单位可以订立劳动安全卫生、女职工权益保护、工资调整机制等专项集体合同。"另外我国原劳动和社会保障部还于 2004 年通过《集体合同规定》,对企业内部集体协商和签订企业集体合同行为进行规范。

从制度层面看,我国的集体谈判和集体合同制度已经比较体系化。

首先,从集体合同类型来看,我国法律将集体合同分为企业集体合同、行业集体合同、区域集体合同。《劳动法》第三十三条、《工会法》第二十条和《劳动合同法》第五十一条规定了企业集体合同,而《劳动合同法》第五十三条规定了行业集体合同和区域集体合同。

其次,就企业集体合同而言,合同的主体是企业职工和用人单位,职工方的签约代表为工会或职工推举的代表。就行业集体合同和区域性集体合同而言,合同的主体一方是工会,另一方是企业方代表,此类合同或者在本行业内发生效力,或者在本区域内发生效力。假如劳动者主张自己并非工会会员,或都用人单位主张某劳动者并非工会会员,工会对其并无代表权,集体合同对其不生效力,那么从法律关系角度看,这种主张并非空穴来风。尽管这种情况在实务中较少出现,但一旦出现,比较现实的做法则应当是通过补充协议的方式确定非工会会员劳动者享有集体合同约定的权利、履行集体合同约定的义务。

再次,就集体合同的内容而言,合同双方就劳动条件进行集体谈判,关于劳动条件形成综合性集体合同或专项性集体合同。其中综合性集体合同为《劳动法》第三十三条和《劳动合同法》第五十一条所规定,而专项性集体合同为《劳动合同法》第五十二条所规定。

又次,就集体协商和集体合同的订立程序而言,我国目前只有企业集体合同的协商程序和订立程序的相关制度,规定在《集体合同规定》中,对于行业集体合同、区域集体合同的协商和订立程序,并无相应规则,理论上只能参照《集体合同规定》进行处理。

整体上,我国劳动者享有劳动三权中的集体谈判权,也享有订立集体合同的权利,但我国的集体谈判权和集体合同制度更加重视企业层面的现实,而忽视行业层面、区域层面乃至全国层面的问题。

(三)集体行动权

集体行动又称产业行为,是指劳动关系的双方当事人为实现自己的主张,依法采用罢工或闭厂等阻碍企业正常运营的手段等进行互相对抗的行为。劳动者集体行动的形式通常包括罢工、集体怠工和设置纠察线,雇主集体行动的形式通常为闭厂。集体谈判与集体行动往往相伴而生。当劳动者一方发生诉求,如果雇主一方愿意与之协商,则会发生集体谈判,如果谈判顺利,双方会订立集体合同,劳资冲突得以化解;如果雇主一方不愿协商,或集体谈判面临僵局,为实现己方愿景,劳动者一方将采取集体行为,迫使雇主让步,劳资冲突升级。

我国法律没有明确规定劳动者享有罢工权利。目前我国《宪法》并未规定公民或劳动者有罢工权。1975 年我国《宪法》曾规定公民有罢工自由,1982 年我国《宪法》取消了该项内容。当前的《工会法》也未提到罢工权,但提到了停工、怠工现象。《工会法》第二十七条规定:"企业、事业单位发生停工、怠工事件,工会应当代表职工同企业、事业单位或者有关方面协商,反映职工的意见和要求并提出解决意见。对于职工的合理要求,企业、事业单位应当予以解决。工会协助企业、事业单位做好工作,尽快恢复生产、工作秩序。"从表述看,停工、怠工形式的活动在一定程度上得到《工会法》保护,因为《工会法》明确指出由工会代表职工处理争议,而并非使用民事、行政或刑事手段对停工、怠工人员进行制裁。目前我国法律也并未明确认可设置纠察线行为的合法性。因此从制度层面看,我国劳动者并不当然享有劳动三权中的集体行动权。可以说,在中国罢工、设置纠察线行为不属于违法,但也未得到法律的保护和支持,停工、怠工行为尽管合法,但也不属于理想的争议解决手段。

有学者提出,应当在中国确立劳动者罢工权,因为"罢工权的确立可以体现劳资双方权利的对等","在劳动者权益受到严重侵犯通过集体谈判乃至调解或仲裁都无效时,可以采取中止供给劳动力的策略迫使资方回到谈判桌上来,答应改善劳动条件","罢工权的确立可以减少怠工这种现象的发生"。① 我们认为在当前情况下应当淡化集体行动权,这与我国国情有关。中华人民共和国成立后,长期以来并无"罢工权"的规定,如果贸然立法则会使群众以为国家和政府意欲推动"罢工运动"的发展,从而动辄罢工,破坏生产和工作秩序,影响国民经济正常运行。更何况,我国政府在社会运行中具有较强的能动性,具有多元治理措施,罢工意欲解决的问题,可通过引入政府参与集体谈判进行化解。为了充分引起政府关注,我们建议在《劳动法》《劳动合同法》或《工会法》中为劳动者设置"集体谈判提议权",明确一定人数或一定

---

① 常凯.劳动法[M].北京:高等教育出版社,2011:528-529.

比例的劳动者有权向政府提出启动集体谈判,政府应当责令相关工会在指定日期内启动集体谈判。总体来说,在"和为贵"的传统价值观及"和谐"的社会主义核心价值观的引领下,淡化集体行动权无疑更有助社会安定与平衡的实现。

(四)民主参与权

民主参与也称员工参与,是指雇员参与企业事务决策的企业管理模式。与传统集体三权的对抗性相比,民主参与更加注重劳资双方的共同利益与劳资合作,体现了现代企业的人本精神。充分重视民主参与的企业,通常劳资矛盾较为缓和,因为当企业的决策影响员工的劳动条件时,员工可以通过民主参与机制表达不满情绪,企业借此对员工利益进行充分考虑,顺势将可能发生集体行动予以化解。充分保障劳动者的民主参与权,可以降低集体行动发生的可能性,对于整个社会国民经济的正常运行大有裨益。

在我国,民主参与制度主要包括职工代表大会制度、合理化建议制度和厂务公开制度。《劳动合同法》第四条规定:"用人单位在制定、修改或者决定有关劳动报酬、工作时间、休息休假、劳动安全卫生、保险福利、职工培训、劳动纪律以及劳动定额管理等直接涉及劳动者切身利益的规章制度或者重大事项时,应当经职工代表大会或者全体职工讨论,提出方案和意见,与工会或者职工代表平等协商确定。在规章制度和重大事项决定实施过程中,工会或者职工认为不适当的,有权向用人单位提出,通过协商予以修改完善。用人单位应当将直接涉及劳动者切身利益的规章制度和重大事项决定公示,或者告知劳动者。"该条是我国民主参与制度最经典的体现。依照该条规定,用人单位制定、修改或者决定与劳动者切身利益相关的规章制度和重大事项时,必须由职工代表大会或全体员工民主参与讨论,如果双方达成共识,则皆大欢喜;如果不能达成共识,则进入集体协商争议处理程序,由政府组织工会和企业代表协调处理。依照该条规定,劳动者有提出合理化建议的权利,用人单位应当通过集体协商程序处理。依照该条规定,用人单位有厂务公开义务,即将与劳动者切身利益相关的规章制度和重大事项向劳动者公开或告知。

整体上,我国法律对劳动者的民主参与权有明确规定,这有助于劳资矛盾在未激化时得以发现,有助于政府参与矛盾协调处理工作,在集体行动发生之前化解矛盾。

三、网络平台工作者集体权利救济途径缺失和解决方案

我国平台工作者尽管不是传统法律意义上的劳动者,但他们实际上以平台劳动收入作为主要生活来源,是经济学意义上的体力劳动者和脑力劳动者,例如众包平台的网约车驾驶员、外卖骑手等工作者是体力劳动者,众包平台的网络主播等工作者兼有体力劳动者与脑力劳动者双重身份。在现实生活中,与传统劳动者相比,平台工作者处于更加恶劣的生存环境。第一,他们无法从事标准劳动。平台工作者由于各种原因,包括家庭照顾原因、学历原因、能力原因、时间原因,无法在常规就业部门从事标准劳动,从而退到平台劳动部门,是社会生活中的弱者。第二,工作收入过少。平台工作者之所以在多个平台从业,主要原因在于单一平台的工作收入无法满足其生活需要,使其不得不服务于多个平台。第三,法定保障缺失。在现实制度层面,不具有劳动者身份的平台工作者不享有劳动法规定的实体权利,不能得到法定最低工资、最高工时、休息休假、社会保险、解雇保障等劳动法制度的保护。综合上述内容,从某种意义上来说,平台工作者是比传统劳动者更为弱势的群体,既然传统劳动者有权得到集体劳动权的保护,平台工作者更加应当得到相关权利庇佑。

(一)网络平台工作者集体权利救济途径缺失

当前,我国法律并未给予平台工作者集体权利制度的保护。具体存在两个方面的问题。

第一,我国平台工作者集体权利代表主体缺失。对于平台工作者,我们目前只有民法对其予以保护,民法将其当成平等市场经济主体进行对待,并未规定平台工作者有权设立联盟以实现未来权益的集体谈判和集体合同的订立。平台工作者建立联盟的行为,除《宪法》结社权给予原则肯定外,其他法律均处于失声状态。

第二,我国平台工作者集体权利维权措施缺失。假设平台工作者自动忽略沉默的法律而设立了平台工作者联盟,那么此联盟的工作开展依然十分困难。一方面,对于平台工作者联盟的谈判诉求,企事业单位完全可以忽略,不会受到法律制裁,也不会产生法律上的不利。另一方面,对于平台工作者联盟的谈判诉求,国民经济的相关行业或区域根本无法应对。现行法对行业集体合同和区域集体合同均要求由工会代表劳动者,中华全国总工会或其下属工会是我国法律认可的唯一合法工会组织。假如平台工作者联盟欲开展集体谈判,就必须在现行法背景下解决合法身份问题,即其与中华全国总工会或其下

属工会的关系问题,但目前并无相关法律将平台工作者联盟纳入中华全国总工会或其下属工会的组织体系之中。

(二)网络平台工作者集体权利救济途径缺失的解决方案

1.肯定平台工作者联盟的合法地位

为了保护平台工作者的基本生存权,国家应当鼓励平台工作者建立联盟,并以法律的形式肯定联盟的合法地位。具体理由有三点:第一,我国《宪法》第三十五条规定我国公民享有结社权。平台工作者作为我国公民自然享有此项权利。第二,我国《工会法》规定,在用人单位中以工资收入为主要生活来源的体力劳动者和脑力劳动者享有团结权。平台工作者尽管不是传统意义上的劳动者,但他们是实质意义中的以工资收入为主要生活来源的体力劳动者和脑力劳动者。第三,弱势的平台工作者更加需要平台工作者联盟为其维护合法权益。在现实生活中,平台工作者与平台组织、平台行业相比,是极弱势群体,平台隐藏在算法后面,以算法为挡箭牌,平台工作者无法抗拒算法控制的本质在于他们无法抗拒资本的挟持。平台工作者需要平台联盟为其代言。

实务中,"互联网+"背景下工会已经开始进行机制创新。例如,货运物流司机群体人数众多、个体性强、流动性大、归属感弱,长期游离于工会组织之外,合法权益得不到保障,甚至易引发群体性事件。2017年,在浙江省成立的车马象联合工会,会员包括了12690名货运司机。在重庆市成立的沙师弟货车司机(网络)工会,被列为全国试点的样板工会。这两个组织的创新点在于:(1)货运司机与平台公司多为松散型或半松散型的合作关系,其加入工会不以"建立劳动关系"为资格要件。(2)组织采用微信公众号、手机 APP 等互联网方式,开辟快捷入会的通道。(3)组织利用信息平台的优势,为货运司机提供全天候、全覆盖的普惠性服务。如货运司机加入车马象联合工会后,只要下载车马象手机 APP,平台就可以一对一、点对点地给司机提供货源信息、路况信息、行业资讯,提供吃、住、车辆维修保养等便利服务;若遇到侵权行为,联合工会还为其提供法律维权服务。[①]

法律在肯定平台工作者联盟的合法地位时,要对制度进行细节化处理。首先,要明确平台工作者联盟的性质。我们认为平台工作者联盟可以比照工会性质,定性为"平台工作者联盟是平台工作者自愿结合的工人阶级的群众组

---

① 王全兴,王茜.我国"网约工"的劳动关系认定及权益保护[J].法学,2018(4):72.

织"。这体现了平台工作者联盟的自愿性,任何平台工作者参加或组织联盟完全自愿,任何组织和个人不得限制和阻挠,但同时任何组织和个人也不得强迫平台工作者参加或组织联盟。为保证平台工作者对联盟的知情权与参与权,当平台与平台工作者签订合同时,平台必须以书面形式告知平台工作者其享有参加或组织联盟的权利。

其次,要确定平台工作者联盟的组织体系。从逻辑上看,工会是传统劳动者的群众组织,平台工作者不是传统劳动者,故不能将平台工作者联盟纳入工会组织体系。但从我国《工会法》的立法精神看,中华全国总工会是我国唯一的工会组织,之所以如此规定是因为"工人阶级的根本利益是一致的,没有根本的利益冲突,没有任何理由分裂为互相对立的两派或几派组织"。[1] 据此,没有任何证据表明平台工作者与传统劳动者具有根本利益冲突,因此平台工作者联盟与工会也没有必要按照两套组织体系予以构建。在我国较为完善的单一工会组织体系背景下,平台工作者联盟完全可以被纳入工会组织体系之中,成为中华全国总工会直接下属的总的网络平台工作者行业工会,或细化为网约车驾驶员工会、外卖骑手工会、网络主播工会等,也可以成为地方总工会下属的工会组织。

2. 明确平台工作者联盟的职责

我国《工会法》授予工会两项核心职责:工会通过平等协商和集体合同制度,协调劳动关系,实现劳动者集体谈判权;工会通过职工代表大会或者其他形式,组织职工参与所在单位的民主决策、民主管理和民主监督,实现劳动者的民主参与权。平台工作者联盟是否也应当享有此两项核心职责?对于集体谈判权,我们的答案是肯定的。平台工作者之所以组织与参加联盟,其目的在于借助联盟的整体实力,与平台或平台行业进行交涉,以获得更好的工作待遇、工作条件和工作福利。如果联盟不享有集体谈判权,平台工作者设立联盟的目的则落空,法律规制也失去了现实意义。对于民主参与权,我们的答案也是肯定的。民主参与权的行使,可以保证平台与平台工作者之间的争议在萌芽时就得到披露与控制,双方争议的利益差距较小,可以通过民主参与权的行使予以化解,双方争议的利益差距较大,则发展到由集体谈判、集体协商手段予以处理。如果联盟不享有组织行使民主参与权的职责,那平台与平台工作者之间的较小争议也将发展成大型争议,将动用比较严肃的集体谈判机制,则会造成双方资源和社会资源的浪费,也会加剧双方的不信任,影响争议的最终

[1] 张春生.中华人民共和国工会法释义[M].北京:法律出版社,2002.

解决。

　　另外,对于平台工作者是否享有集体行动权的问题。基于我国法治传统的思想和我国现实社会的核心价值观,当前法律并未明确赋予劳动者集体行动权。在这样的背景下赋予平台工作者集体行动权就更加显得没有必要。如果传统劳动者集体罢工会造成现实社会秩序的紊乱,那么在网络经济背景下平台工作者的罢工也将不可避免地造成这种后果。为了社会公共秩序的正常维持,为了社会生产生活的正常开展,淡化集体行动权是合理的选择。

　　3. 细化平台工作者集体权利实现的程序

　　首先,可以借鉴劳动集体争议处理中的集体协商机制,确保平台工作者的未来利益争议得到正当程序的处理。平台工作者因未来利益与平台发生争议,可以协商解决。双方当事人在集体协商过程中发生争议,不能协商解决的,当事人一方或双方可以书面向政府部门提出协调处理申请,未提出申请的,政府部门认为必要时也可以进行协调处理。政府部门应当会同平台工作者联盟、平台组织共同协调处理,制作"协调处理协议书"。协调处理协议书中应当载明:协调处理申请、争议的事实和协调结果;双方当事人不能达成一致的,应将继续协商的某些事项。协调处理协议书由平台工作者和平台代表签字盖章后生效;对于生效的协调处理协议书,争议双方均应严格遵守。政府部门处理平台协调争议的,自受理之日起三十日内结束;期满未结束的,可以适当延长协调期限,但延长期限不得超过十五日。这里需要指出的是,现行法律对集体协商的提议程序未做清晰规定,即究竟多少名平台工作者与平台发生争议,政府应当协调处理。对此,我们认为应当设置"集体谈判提议权",明确一定人数或一定比例的劳动者有权向政府提出启动集体谈判,政府应当责令相关平台工作者联盟在指定日期内启动集体谈判。

　　其次,可以借鉴劳动者民主参与机制,预防平台工作者与平台之间产生未来利益争议。为了防止平台与平台工作者之间的矛盾激化,建议采用平台事务公开制度和平台工作者合理化建议制度。平台在正式决策前,应当将直接涉及平台工作者切身利益的重大事项予以公示,或者个别告知平台工作者。平台工作者有权提出合理意见,平台应当对工作者的合理意见进行协商,如果协商不能,则由政府组织平台工作者联盟、平台代表对该事项进行协调处理。需要指出的是,不同于传统行业,平台设立平台工作者大会的做法并不具有现实性。因为非劳动者的平台工作者分别在不同平台工作,无法抽出足够时间参与多个平台工作者大会。

4.赋予集体谈判和民主参与机制中产生的协调处理协议书超越民事合同的效力

从法律理论看,协调处理协议书只具有民事合同的法律效果,这会增加后续纠纷处理的难度和程序。立法上或司法解释上可以规定,协调处理协议书的各方主体有权依据人民调解协议的司法确认制度,向人民法院请求司法确认,经司法确认的协调处理协议书具有强制执行的效力。

本章小结

新业态中平台与平台工作者是一对矛盾体,双方的利益既互相依赖,又互相冲突,双方发生争议不可避免。从当前的实际情况来看,平台与平台工作者在就业方面的实体权利义务关系,如果符合劳动和社会保障部《关于确立劳动关系有关事项的通知》的要求,则属于劳动关系,该争议应当按照劳动争议解决机制,通过和解、劳动调解、劳动仲裁、劳动诉讼等方式,适用劳动争议解决程序中的规定予以解决;如果不符合劳动和社会保障部《关于确立劳动关系有关事项的通知》的要求,则属于一般民事关系,该纠纷应当按照一般民事争议解决机制,通过和解、调解、仲裁、诉讼等方式予以解决。但网络平台契约劳动争议的二元化解决,只能解决平台工作者与平台之间的现实权利争议,不能解决双方之间的将来利益争议。为解决后一问题,国家应当从平台工作者的弱势身份出发,肯定平台工作者联盟的合法地位,明确平台工作者联盟的职责,细化平台工作者集体权利实现的程序,给予平台工作者集体权利保护的正当程序机制,赋予协调处理协议书超越民事合同的效力。这样的制度安排,既能够保障新业态企业依法享有经营管理的自主权,又能够维护广大新业态从业人员的合法权益,从而实现新业态经济蓬勃发展和新业态从业人员利益维护之间的合理平衡。

第八章　我国网络平台契约劳动关系
法律调整机制的建立

在共享经济的浪潮中,网络平台契约劳动已成为一种新兴就业形态,在给社会生活带来便利的同时,也给现行法律制度和就业政策体系带来了相应难题。现行的法律该如何调整和规范网络平台契约劳动关系这一新型就业关系,并为平台工作者这一新型就业群体提供必要的基本劳动权益保护,以回应经济数字化转型对就业领域法律规范和公共政策的制度供给需求。面对共享经济中不确定的雇佣关系,单一的传统劳动法或传统民法的调整模式难以应对平台雇佣关系多元化和复杂化的现实。在现有劳动法和民法法律规范之间开辟出一条新的政策通道,以保护平台工作者等新型契约劳动者的基本劳动权益,并平衡劳动力市场的灵活性和稳定性,以此进一步推动平台经济这一新商业模式的发展,已成为我国立法、司法和社会公共政策领域的当务之急。

第一节　我国网络平台契约劳动关系的法律调整现状

一、我国平台经济的发展现状

(一)平台经济概述

网络平台契约劳动是共享经济、平台经济新经济形态下的一种新型用工形态。从经济学的角度看,平台经济是指一种虚拟或真实的交易场所,平台本身不生产产品,但可以促成双方或多方供求之间的交易,收取恰当的费用或赚取差价而获得收益的一种商业模式。① 平台经济的本质是"双边市场",这也是平台企业区别于传统企业的主要特征。所谓"双边市场"是相对于"单边市

---

① 徐晋,张祥建.平台经济学[J].中国工业经济,2006(5):40-47.

场"而言的。根据 Rochet 和 Tinole 的定义，双边市场是指交易量受价格结构影响的交易平台，双边市场的用户在平台中互动。[①] 根据平台经济的组成，可将其划分为需求方用户、供应方用户、平台企业和平台支撑者四个要素。[②] 对平台企业来说，一边面对消费者，一边面对商家，两边都是它要服务的客户。平台经济通过双边市场效应和平台的集聚效应，形成符合定位的平台分工。在这个平台上有众多的参与者，大家有明确的分工，都可以做出自己的贡献。每个平台都有一个运营商，它负责集聚社会资源和合作伙伴，为客户提供好产品，通过聚集人气，扩大用户规模，使参与各方受益，达到平台价值、客户价值和服务价值最大化。[③] 而传统企业只有一个"单边市场"，只要服务于一边的客户。以网约车平台为例，滴滴等网约车平台企业与传统出租车公司的不同主要表现在，传统出租车公司需要购买车辆、雇佣司机来形成产品，销售给客户，但作为平台企业的滴滴在企业初创时不需要对汽车等重资产进行投资，但需要花大量资金给予客户"补贴"，例如，滴滴刚上线时给乘客提供了许多"红包"以吸引其使用平台，与此同时也为司机提供大量"补贴"以吸引更多的司机。这种行为是由平台企业的本质决定的。平台经济需要"网络效应"，通过快速将两个市场培育起来，达到一定规模后，平台经济的"网络效应"就产生了。

平台经济是互联网经济的一个部分，它与共享经济有很大的关联性，但又不是一个完全近似的概念。平台经济更为强调的是一种组织形态——"平台"，这是传统经济中所未曾出现过的，也是未来有可能具有广阔前景的新兴行业。一般认为，平台经济的出现早于共享经济，第一代的互联网门户网站企业就属于平台企业，也可以认为是平台经济的一种形态。平台经济是现代数字经济的一个主要组成部分，是推动经济转型发展的重要新动能。从微观层面来看，平台具有交流或交易的媒介功能、信息服务功能、产业组织功能和利益协调功能。从宏观层面来看，平台经济具有推动产业持续创新、引领新兴经济增长、加快制造业服务化转型和变革工作生活方式等作用。

（二）我国平台经济的产生和发展

平台企业是平台经济的主体，也是其重要特征。我国的平台企业的发展可以分为三个阶段：第一阶段，兴起于 20 世纪 90 年代，以新浪、搜狐、网易等

① Rochet J C, Tinole J. Platform competition in two-sides markets[J]. Journal of European Economic, 2003, 1(4):990-1029.
② 李凌. 平台经济发展与政府管制模式变革[J]. 经济学家, 2015(7):27-34.
③ 王圣元, 陈万明, 赵彤. 零工经济:灵活就业生态系统[M]. 南京:东南大学出版社, 2018:14.

的互联网门户平台企业为代表;第二阶段,兴起于 21 世纪初,以阿里巴巴、京东等互联网电子商务平台企业为代表;第三阶段,以近年来快速兴起的滴滴、美团、饿了吗等互联网服务平台企业为代表。我国较早提出发展平台经济的是长三角地区。2014 年,上海商务委员会出台了《关于加快推动平台经济发展的指导意见》,并对平台经济的定义做了描述:由互联网、云计算等现代信息技术催生的平台经济是一种新型经济形态,它以满足多样化需求为主旨,有益于产业链的整合升级、价值链的汇通贯穿,从而达到提高市场配置资源的目的。[①]

近年来,随着我国信息技术的快速发展,平台经济发展到了前所未有的高度,已成为我国新经济时代重要的产业组织形式。2018 年平台经济首次被写入我国政府工作报告。报告提出,在促进"大众创业、万众创新"上水平中,要发展平台经济。2019 年 7 月,李克强总理主持召开的国务院常务会议首次明确要支持平台经济健康发展。会议指出,平台经济是生产力新的组织形式,是经济发展的新动能,其对优化资源配置、促进跨界融通发展和"双创"、推动产业升级、拓展消费市场,尤其是增加就业都有重要作用。会议强调要优化互联网平台经济的发展环境。2020 年 10 月 29 日通过的《中共中央关于制定国民经济和社会发展第十四个五年规划和二〇三五年远景目标的建议》(以下简称"十四五"规划)提出了发展数字经济、平台经济、共享经济的远景目标。

随着平台经济的快速发展,以网约车司机、外卖骑手、网络主播等为代表的平台新型契约劳动群体人数也快速增长。国家信息中心自 2016 年起每年发布《中国共享经济发展报告》,其中包含了共享经济从业者的统计数据。根据 2016 年的报告,截至 2015 年年底,约有 5000 万名服务提供者参与了共享经济。根据 2018 年、2019 年的报告,2017 年约有 7000 万人通过网络平台提供服务,2018 年该数字增长为 7500 万人。2018 年滴滴平台上有超过千万名网约车司机获得收入,有 270 万外卖骑手在美团外卖平台上获得收入。[②] 而随着 4G 的应用,直播行业也进入了鼎盛时期,中国网络直播用户规模从 2016 年平均 3 亿多猛增至 2017 年的 4.2 亿,此后网络直播逐渐成熟化,流量红利趋缓,2019 年我国在线直播用户规模为 5.0 亿。根据中国互联网信息中心(CNNIC)第 46 次调查报告的数据,截至 2020 年 6 月,我国网络直播用户规模达 5.62 亿,约占网民整体的 60%。其中,电商直播用户规模为 3.09 亿,约占

---

① 邱婕.灵活就业——数字经济浪潮下的人与社会[M].北京:中国工人出版社,2020:59-60.
② 张成刚.就业变革:数字商业与中国新就业形态[M].北京:中国工人出版社 2020:4.

网民整体的 33%;游戏直播的用户规模为 2.69 亿,约占网民整体的 29%;真人秀直播的用户规模为 1.86 亿,约占网民整体的 20%;演唱会直播的用户规模为 1.21 亿,占网民整体的 13%;体育直播的用户规模为 1.93 亿,约占网民整体的 21%。2020 年上半年的新冠肺炎疫情对我国的网络直播行业产生了明显影响,宅家看直播在上半年新冠肺炎疫情期间成为很多用户在家休闲娱乐的重要方式,这推动了直播平台营收和移动端用户活跃度的进一步增长。数据显示,2020 年上半年,斗鱼和虎牙这两个网络直播平台的营收分别同比增长 42.4% 和 40.3%。[①] 虽然目前关于平台新就业形态就业规模的研究依然不能精确地确定数字平台的就业人数,这主要是由于该模式下的就业与传统就业的定义存在诸多差异,目前的统计技术无法确定出其精确值,但根据上述新经济带动的总体就业规模和阿里巴巴、滴滴、美团等各平台公司就业规模的研究,我们可以粗略地推断出新就业形态所带动的就业规模应该在千万量级。新就业形态不仅就业规模庞大,其增长也非常迅速。[②]

二、我国网络平台契约劳动关系的特征与现状

近年来,随着我国经济发展的数字化转型,以互联网平台为依托,出现了许多新的就业模式,吸引了大量的就业者。虽然平台经济带来的新就业机会有利于我国劳动力市场的稳定,然而,由于平台经济用工形态的任务化、碎片化带来的平台工作者的脆弱性和不稳定性,传统的基于标准劳动关系的劳动和社会保障法律体系很难在平台经济中发挥作用,由此也引发了关于这一新业态劳动群体的劳动权益保护的担忧,如何看待或保护这些新就业形态,成为各界关注的话题。

(一)网络平台用工关系的特征

平台工作者作为新业态下的新劳动群体有其特殊性,这里所称的平台工作者是指通过互联网平台提供劳动的劳动者,既包括互联网平台企业内部的劳动者,也包括与互联网平台企业建立合作等关系的企业所属的劳动者以及个人劳动者。以外卖平台企业为例,其外卖骑手的用工方式有三种:第一,自营骑手,骑手直接与平台公司签订劳动合同;第二,代理商骑手,代理商与平台公司建立合作关系,骑手与代理商签订劳动合同;第三,APP 众包骑手,任何

---

① 中共中央网络安全和信息化委员会办公室,中华人民共和国国家互联网信息办公室,中国互联网络信息中心.第 46 次《中国互联网络发展状况统计报告》[R/OL].[2020-11-11].http://cnnic.cn/gywm/xwzx/rdxw/202009/W020200929343125745019.pdf.

② 张成刚.就业变革:数字商业与中国新就业形态[M].北京:中国工人出版社,2020:9.

人通过 APP 接单就可进行配送服务。在第一类和第二类用工模式中,骑手签订劳动合同,受传统劳动关系相关法律保护,社会保险权益有保障,属于劳动法意义上的劳动者。而第三类骑手尚属于目前法律的灰色地带。关于网络平台用工关系的主体,我国现行法律尚无定义,但大体上网络平台用工关系中包括互联网平台、服务接受方和服务提供方三方主体。网络平台用工中的服务从服务接受方发布需求信息开始,互联网平台传递信息、安排服务,以服务提供方提供服务、服务接受方接受服务结束。在现实生活中,服务提供方提供服务的方式多样、互联网平台与服务提供方的关系多样、用工关系主体间的相关工作协议形式多样,造成了网络平台用工法律关系难以界定。

1. 网络平台用工方式的生产要素

现阶段,我国劳动就业领域在共享经济和数字经济的背景下产生了许多变化,生产要素越来越多样,归属也变得复杂。以网约车为例,不同的网约车平台的经营模式不同,即使在同一个网约车平台上也有多种形式的网约车,对于车辆和驾驶员也有多种归属。由于生产要素归属情况的不同,网约车司机与网约车平台以及其他主体之间的法律关系也不同,不能一概而论,要考虑整个网约车用工过程中的各项要素,其复杂性是传统的劳动关系所不具备的,以至于在司法实务中要依据个案事实进行判断。对同一个案例,各地的劳动仲裁机构、法院、不同的司法阶段可能有不同的认定结果,造成了司法实践中许多"同案不同判"的现象。

有学者认为,所有的劳动、用工形式都是生产要素的组合,即劳动力与生产资料(劳动条件)的组合,网络平台用工关系没有完全突破传统的劳动法理论,并将组合形式分为三类:第一,"本人劳动力＋他人生产资料",本人为劳动者,是受雇、从属劳动,建立的关系是民事雇佣关系或劳动关系;第二,"本人劳动力＋本人生产资料",本人为经营者兼劳动者,是自营、独立劳动,建立的关系是劳务关系;第三,"本人劳动力＋他人生产资料＋本人生产资料",本人为劳动者兼经营者,是受雇兼自营劳动、从属兼独立劳动,建立的关系兼含劳动关系、民事雇佣关系和劳务关系的因素。[①]

依据上述分类,目前大多数的网络平台用工在劳动、用工形式上大多数可以归类于第三种"本人劳动力＋他人和本人生产资料",在网络平台用工的过程中,互联网平台提供的信息服务作为重要的生产资料,平台工作者依靠本人和他人的生产资料,本人提供技能、技术服务形成数字平台用工关系。网络平

---

① 王全兴."互联网＋"背景下劳动用工形式和劳动关系问题的初步思考[J].中国劳动,2017(8):7-8.

台用工关系因兼具劳动关系、劳务关系和雇佣关系的特点,位于劳动关系和非劳动关系的中间地带,故分析网络平台用工过程中各项生产资料不失为解决网络平台用工关系认定问题的途径之一。

2.网络平台用工关系的特点

网络平台用工的各种灵活性带来了一系列全新的特点,相关法制建设相对滞后。对于平台工作者与互联网平台之间的关系不能一概而论,判断数字平台用工关系,应该充分考虑平台用工的各方面的特点。

(1)生产方式转变

在传统的劳动生产过程中,往往由企业提供工作场所、生产设备和生产原料等,员工提供劳动力,企业在内部进行生产再向外部消费者提供产品和服务。而在平台经济模式中,互联网平台企业将生产从内部转向外部,互联网平台主要将外部消费者的需求信息传递给劳务提供者个人,所需的生产设备、生产原料不一定由互联网平台提供,可能来源于第三方甚至是劳务提供者个人,如自己作为驾驶员用私家车提供网约车服务的私家车主。生产方式的转变、生产资料与劳动力等来源的改变,致使网络平台用工关系相较传统的劳动生产复杂多样,增加了判断平台工作者与互联网平台之间法律关系的难度。

(2)平台规避责任、转移风险

由于在生产方式上,互联网平台进行了从内部到外部的转变,其主要提供信息服务,传统企业在生产过程中承担的经营风险转移至了代理商或者劳务提供者个人。由于我国尚无法律法规对网络平台这一新型用工关系进行明确定义,目前的平台企业为了减少经济负担和规避责任往往会签订各种"合作协议",并声明劳务(服务)提供者与平台不存在劳动关系、劳务关系和雇佣关系。例如,在"万粉香诉上海拉扎斯信息科技有限公司、上海蓝圣人力资源管理江苏有限公司等侵犯生命权、健康权、身体权案"中,上海拉扎斯网络科技有限公司在《蜂鸟跑腿用户协议》中声明,本平台的物流配送服务由第三方提供,配送人员与蜂鸟跑腿平台无任何形式的劳动/劳务关系。[①] 同时上海拉扎斯网络科技有限公司要求骑手签订《网约工协议》,协议中约定"配送过程中,因自身或其他原因造成一切人身与财产损失,由劳务提供者个人承担,劳务提供者确认并同意公司不承担责任和赔偿义务"。[②]

---

① 拉扎斯网络科技(上海)有限公司.蜂鸟跑腿用户协议[R/OL].[2020-02-07].https://h5.ele.me/service/agreement/#HEAEDER_SHOW=1.

② 天津市第二中级人民法院国泰财产保险有限责任公司、朱洪波生命权、健康权、身体权纠纷二审民事判决书,(2019)津 02 民终 8009 号.

我们认为,网络平台用工模式虽然与传统标准劳动关系有着较大的差异性,但其也不完全是单纯的民事契约关系,在外包型或经济从属性较强的平台劳动者权益保护上,与《劳动合同法》调整的"劳务派遣"或"非全日制用工"的非标准劳动关系有类似之处。《劳动合同法》规定劳务派遣或在非全日制中的用工单位应当履行一定义务,而平台企业却一味地减轻经济负担、减少用工成本,利用转包或外包等用工方式来规避责任、转移风险,将相关责任、风险转移给平台务提供者个人。正是互联网平台企业的这种做法造成了目前大多数平台劳务提供者的基本劳动权益保护和社会保险权益保障的缺失。

(3)工作时间自由

传统劳动关系中的企业普遍实行日工时 8 小时、周工时 40 小时的标准工作时间制,而平台工作者往往实行不定时工时制,工作的时间由服务接受者提出需求信息和平台工作者接单的时间决定。一方面,平台工作者有一定的决定是否接单的权利,工作时间相对自由,也可以自行安排休息时间。另一方面,由于平台工作者实行不定时工作制,司法过程中对于其提出的关于加班、节假日工资的诉求,往往会以平台劳务提供者工作时间可自行安排为由,于法无据,法院不予支持。[1]

(4)工作地点不固定

在平台工作者工作时间自由安排的同时,工作地点也不再固定,不再限定在资方提供的固定地点,服务接受者处、平台工作者自家、甚至是任何地方都能成为平台劳务提供者的工作地点,工作地点的范围极大地扩大。因为工作地点的不固定,目前我国法律法规又无明确认定和规定相关责任,当平台工作者往返于工作地点与工作地点、工作地点与住所时一旦出事,其责任认定又是个难题。例如,平台工作者在提供一次服务后,在返回住所或接取下一单的过程中发生的交通事故的责任该如何承担,实践中只能交由法院根据个案情况认定了,有法院以工作时间具有持续性为由进行判断,裁判由平台公司承担赔偿责任。[2]

(5)从属性减弱

在传统劳动关系中,用人单位和劳动者之间具有从属性,是否具有从属性也是劳动法理论中判断劳动关系的最重要的标准。在网络平台用工关系中,

---

① 参见北京市第二中级人民法院段龙岩与北京祥龙出租客运有限公司劳动争议二审民事判决书,(2019)京 02 民终 13767 号.

② 参见上海市青浦区人民法院万粉香与上海拉扎斯信息科技有限公司、上海蓝圣人力资源管理江苏有限公司等生命权、健康权、身体权纠纷一审民事判决书,(2019)沪 0118 民初 3425 号.

平台工作者虽然要按照互联网平台的流程或服务规范提供服务,并具有互联网平台的一定外部特征(服装、标志等),但他们普遍拥有选择是否接单的权利,工作时间较为自由,可以自行安排休息时间。网络平台用工也改变了原来传统用工过程中职工从属于单一企业的情形,平台工作者可以自由选择在多个互联网平台提供服务,受平台的管理和控制的力度与传统的劳动关系相比较为薄弱,人身从属性和组织从属性明显减弱。至于经济从属性,较多平台工作者采取兼职的形式,经济从属性不强,但随着平台工作者这一新型就业群体不断扩大,专职平台工作者群体也有不断扩大的趋势,越来越多的平台工作者以对某一平台提供的劳务收入作为主要的经济来源,此类平台劳务提供者的经济从属性较强。前文多次提及,作为判断劳动关系主要依据的原劳动部于2005年颁发的《关于确立劳动关系有关事项的通知》中规定了劳动关系中劳动者从属性的要求,网络平台用工关系从属性的减弱增加了将其认定为劳动关系的困难。平台工作者根据签署的相关协议,佩戴互联网平台的标识、穿戴指定服装,按照互联网平台企业规定的流程和规范提供网约服务是否属于该通知规定的"用人单位依法制定的各项劳动规章制度适用于劳动者,劳动者受用人单位的劳动管理"的情形,目前也尚无相关法律法规和司法解释做出明确认定,实践中这部分只能交由法院来自由裁量了。

(6)自愿就业者增加

值得注意的是,与以往劳动力市场调整时期的非正规就业不同,依托平台经济产生的新就业从业者的收入有明显提升,大部分从业者,尤其是青年人自愿选择这种就业方式,并且对自己的薪酬满意度也较高,因此也很难说平台的就业质量不如依托用人单位的正规就业。

(二)我国网络平台契约劳动关系法律调整的现实困境

共享经济时代催生的网络平台用工形式,区别于传统劳动关系的法律关系模式,劳动者以自己的生产资料和技能完成工作,而平台仅通过提供业务信息和结算支持就可以获得相等劳动力实现生产作业。相较于依托固定时空的常规劳动关系,劳动者可以将剩余劳动投入多重劳动关系中,提高劳动力的利用率,与此同时,平台对员工的控制减弱,平台的责任承担也相对放宽。这种新型用工方式实现了"业务信息、工作指令、资金结算及市场评价的数据化和信息化"①,从而使平台和平台工作者之间实现双赢。正因为工作时空条件的淡化,劳动争议也相伴而生,其中尤以劳动关系的认定问题争议最大。这些劳

---

① 陆敬波,史庆.中国分享经济平台典型劳资正义司法案例研究[J].劳动法制,2018(4):70.

动争议中不乏个体与平台的纠纷（例如网络主播与直播平台的用工争议），也有平台工作者团体性利益与平台利益的冲突纠纷（例如外卖骑手和外卖公司的纠纷多引发团体诉案）。

1.平台用工关系的法律性质无法确定

劳动关系认定的目的在于给予那些弱势劳动者特殊的权益保护，而保护范围的界限划分则是权益保护的首要环节。如前文所述，从当前的相关立法来看，我国对于网络平台契约劳动关系这一新型用工关系的认定并没有具体的标准，这就导致平台契约劳动活动中的劳动关系难以界定。以网约车平台用工关系为例，主要有以下四种观点：第一种是成立劳动关系。这种观点认为网约车司机与平台之间的关系根据"事实劳动关系"的三要件①可以被认定为是劳动关系。事实劳动关系是指虽然用工单位与劳动者之间没有签订书面的劳动合同，或签订的是其他形式的合同（如劳务合同、服务合同、承揽合同等），然而劳动者提供的劳动符合劳动关系判断"从属性"的实质认定标准的劳动用工关系。原劳动和社会保障部 1995 年发布的《关于贯彻执行〈中华人民共和国劳动法〉若干问题的意见》第二条规定："中国境内的企业、个体经济组织与劳动者之间，只要形成劳动关系，即劳动者事实上已成为企业、个体经济组织的成员，并为其提供有偿劳动，适用劳动法。"根据这个规定，网约车司机与平台之间属于劳动法调整的劳动关系。第二种是成立劳务关系。这种观点认为网约车司机与平台之间并不存在从属性，双方是平等的民事主体，仅仅是一次性或特定的有偿劳务，平台对司机并没有进行管理与监督。第三种是双方是一种合作关系。该观点认为网约车平台只是提供网约车司机和乘客信息的信息服务平台，双方只是暂时的合作关系。第四种是根据网约车司机与网约车平台之间的实际情况具体分析。这种观点认为，现如今在共享经济下提供劳务的形式更加多样化，具有一定的灵活性，如果以传统的劳动关系的认定标准进行机械的一概而论，那么大部分平台工作者将得不到最基本的保障，因此，应当根据具体的平台是否对平台工作者进行监督、管理和指派，平台工作者是否与多家平台进行合作等情况进行具体分析。

网络平台用工模式最大的特征就是灵活性，外卖骑手、网络主播、网约车司机等作为其中的代表，自由的时间安排以及灵活的薪资分配方式等职业特

---

① 原劳动和社会保障部 2005 年发布的《关于确立劳动关系有关事项的通知》的第一条："（一）用人单位和劳动者符合法律、法规规定的主体资格；（二）用人单位依法制定的各项劳动规章制度适用于劳动者，劳动者受用人单位的劳动管理，从事用人单位安排的有报酬的劳动；（三）劳动者提供的劳动是用人单位业务的组成部分。"

性造成《劳动基准法》《劳动合同法》《社会保险法》等许多法律的适用障碍。作为大陆法系国家,我国在立法上以成文法为主,但在目前的劳动立法中,"劳动者""劳动关系"等法律概念及其具体定义并未得到立法者的足够重视,同一个词在《劳动法》的不同条文中的内涵和外延不尽相同,缺少普适性的判断标准,这对劳动法体系的稳定和发展造成严重的不确定性,也在司法实践中造成极大阻碍。

目前我国用来确认劳动关系的法律文件非常稀少,在现行劳动法体系中,司法实践适用最多的规定是原劳动与社会保障部 2005 年颁发的《关于确立劳动关系有关事项的通知》。学者和司法机关将该通知中认定劳动关系的条件进行归纳,将从属性作为认定劳动关系存在的关键点,并以此处理劳动争议。然而随着共享经济、平台经济的兴起,出现了诸多新的职业,于是出现了许多新型用工关系需要调整,而这些共享经济下的新型契约劳动并不完全符合传统劳动关系理论从属性的特征,网络平台工作者等大量共享经济从业者处于脱法保护的状态,他们在为平台创造大量营收的同时,自身的劳动权益却无法得到切实保障,也无法享受到《社会保险法》调整的养老、医疗、失业、工伤等法定社会保险待遇。除了前面提到的原劳动与社会保障部的通知,没有更高位阶甚至同级别的文件对互联网新型用工模式下的用工关系的性质判断做出规定,最高人民法院目前也没有颁布任何相关的指导性案例可供参考,这给各地司法部门的工作造成了极大的困难。法律在此刻呈现出缺位和滞后的状态。

2. 从属性特征逐渐模糊化

我国作为大陆法系国家,同样以从属性特征作为判断劳动关系存在的关键点,在劳动立法上同样没有明确给出"从属性"的准确定义,只存在学理解释。董保华在《劳动合同立法的争鸣与思考》一书中提出:"从属性可分为身份从属性和经济从属性。身份从属性是指劳动者被完全纳入用人单位的组织结构中,成为用人单位的一员,以用人单位的名义对外从事生产经营活动。经济从属性则是指,劳动者创造的劳动成果的所有权归属于用人单位,劳动者只是按约定领取相应的工资报酬。"[①]王全兴认为"大陆法系国家认定劳动关系的传统人格从属说过于片面,应当将经济从属性作为次级标准,形成以人格从属性为主、经济从属性为辅的劳动关系认定体系,二者共同形成一套完整的制度体系,更有利于劳动法保护弱者的立法本意。"[②]常凯则认为"劳动关系的本质

---

① 董保华.劳动合同立法的争鸣与思考[M].上海:上海人民出版社,2011:65.
② 侯玲玲,王全兴.劳动法上劳动者概念之研究[J].云南大学学报(人文社会科学版),2006(1):69.

就是一种从属关系,劳动者必须服从,由此产生劳动者的经济从属、人身从属、组织从属。"①

在传统的劳动关系中,用人单位与劳动者之间有明显的从属关系,用人单位对劳动者有直接管理的权力。但是在民事雇佣关系中,同样存在用人单位对提供劳务者的管理和要求。以网络直播为例,直播公司会对主播的直播时长做出规定,对线上线下的演艺活动进行管理等,而这类管理行为非全部基于劳动关系做出,劳动关系和民事雇佣关系中都会存在对劳动者(劳务提供者)的管理行为,区分这两种关系的关键在于管理程度的强弱,但是这种强弱并没有明确的标准可以用来区分,尤其是在新型用工模式下,民事雇佣关系和劳动关系之间并不是非黑即白,而是存在着中间地带。在此,我们还是以网络直播平台用工为例,对网络主播与直播平台的用工关系中的从属性三个要素标准展开分析。

(1)人格从属性是指除遵守法律、商业协议、劳动合同等关于雇主与劳动者关系的硬性管理规则外,劳动者还须服从雇主关于工作形式、工作内容、工作时间及工作场所等方面的安排。② 雇主有权安排劳动者的工作,在劳动者工作不符合要求时,雇主有权对劳动者进行惩戒;同时,雇主可以安排劳动者的工作时段、工作地点和工作内容等。然而,在平台经济领域,互联网平台对于平台劳务提供者的监管能力远远不如传统企业,平台劳务提供者对平台的人格从属性也在削弱。以网络直播行业为例,网络主播通常是兼职就业,多数主播除了直播以外还有其他兼职工作,主播游离于直播平台之外,对平台的依赖性减少,身份归属感弱化,是更为自由的个体。例如在"斗鱼直播平台"一案中,主播可以在适当的时间进行直播,直播的时长、内容等不受平台管辖,对于平台活动所分配的任务主播有权选择不参加,平台对主播的监管也仅限于直播内容是否合乎法律的要求,在其他管理方面不会进行过多约束,直播内容方面的自由度较高。网络主播与直播平台之间的人格从属性减弱。

(2)经济从属性是劳动法调整劳动关系的基础。经济从属性是指劳动者为用人单位提供劳动,生产组织体系、生产工具及原料等均为用人单位所有,劳动者与用人单位存在着经济上的依赖关系。③ 从经济从属性方面看,劳动者为雇主创造利润,劳动者所使用的生产工具、劳动条件以及工作资料由雇主提供,且雇主需要按照劳动者所给付的劳动支付报酬,除此之外,雇主也需要

①　常凯.劳权论——当代中国劳动关系的法律调整研究[M].北京:中国劳动社会保障出版社,2004:78.
②　孙秀."互联网+"平台模式下的劳动关系认定[D].武汉:华中科技大学,2019:15.
③　梁阿敏.共享经济下劳动者权益保护问题研究[J].云南警官学院报,2019(4):104.

提供工作许可、工资流水凭证、社保支付记录等。然而,在共享经济模式下的网络平台新型用工形态中,劳动者需要自己提供生产工具、生产条件等,平台只需要为劳动者提供一个给付劳动的环境。双方的工资支付也与传统劳动关系不同,传统劳动关系中雇主需要定期给劳动者支付薪资,而在新型平台用工形态中,劳动者有权随时要求平台支付工资,平台也不提供工资支付凭证,仅以网上银行转账的电子凭证作为工资发放的证据。再者,在网络平台新型用工形态下,劳动者不作为平台的雇员存在,劳动者不需要进行上下班打卡,平台也拒绝为劳动者提供社会保险。由此可见,平台只是作为劳动者和消费者之间的"桥梁"而存在,双方之间不存在经济从属性或者经济从属性非常薄弱。

(3)组织从属性是指利用他人的劳动力,虽然对该劳动没有指挥命令,或只是业务性质上的当然的指示,但只要该劳动力的提供对于企业运营必不可缺,该劳动力有机组合到企业组织中,就应当承认其有从属性。[①] 平台工作者作为平台运营的核心组成,通过互联网远程为平台提供劳务,虽然不必严格按照平台的指示办事,但仍需要遵循平台的规章制度,而且,缺少劳务提供者的平台无法运营,从而获取收益,对平台而言平台劳务提供者是不可或缺的。因此,从组织从属性方面看,平台劳务提供者对平台仍具有一定的从属性。

总而言之,从我国现行劳动法和民法法律规范适用的视角来看,我国平台工作者与平台之间契约劳动关系可以归纳为两种类型:(1)存在劳动关系,平台工作者适用劳动法的倾斜保护。(2)属于民事契约关系,平台和平台劳务提供者双方作为平等的民事主体存在。二者的判断依据为是否具有"从属性"。在此仍以网络主播为例展开分析。网络主播在公司的安排下进行直播,服从公司一定的管理和约束,但是网络主播工作的设备一般由自己提供,也能够自行决定工作的时间、地点、内容,收入也大部分来自粉丝打赏而不是直接由直播公司支付。网络主播与直播平台之间缺乏紧密的人身从属性,但是又确实存在着符合劳动关系认定的特征,在新型用工模式的冲击下,从属性的特征逐渐模糊,对用工关系的认定造成巨大的困难。从虎牙[②]、斗鱼[③]、CC[④]等网络平台所提供的网络主播直播协议中可以看出,各大直播平台在与主播签订用工合同时并不承认劳动关系、劳务关系以及雇佣关系,也不为主播提供任何社会保险。从人格从属性和组织从属性方面看,协议中虽规定众多的主播义务,但

① 段嘉政,杨紫贞.“网约工”劳动权益的法律保障机制[J].中国商论,2019(15):237.
② 虎牙平台主播开播协议[R/OL].[2019-12-26].http://blog.huya.com/product/116.
③ 斗鱼平台主播开播协议[R/OL].[2019-12-26].https://www.douyu.com/protocal/room.
④ CC主播入驻协议[R/OL].[2019-12-26].http://cc.163.com/user/sign/.

实际上直播的内容、时间等均由主播自行调整,平台并不以强制手段进行把控,双方并不存在管理与被管理者之间的关系。从经济从属性来看,首先,主播在直播时所需要的器具均由主播自行安排,其次,主播的收入来源并不是由平台固定分配,而是来源于观众的打赏以及根据主播直播间的热度排行从平台得到的提成,双方之间不存在经济上的从属关系。因此,从从属性方面来看,直播平台与网络主播之间很难认定存在传统劳动法中的劳动关系。

3. 司法裁判认定模式单一固化

在前文中已经多次提到,目前我国认定劳动关系的规定中,位阶最高、最常使用的法律规定是原劳动与社会保障部2005年颁布的那个通知,并在司法实践中按照该通知的第一条确立了从属性的认定模式。参考的要素包括主体资格、劳动报酬、组织管理、业务组成等,若符合所有要件即判定成立劳动关系。这种"要件齐全"的认定模式在我国已经存在了十余年,积累了大量的实践经验,但在劳动市场和用工关系日渐灵活化、复杂化的共享经济背景下,显然不能理所当然地将老旧的裁判认定模式用于共享经济背景下新型用工关系的认定上。

劳动关系是一种内涵丰富的法律关系,具有多种表现形式,与劳务关系、承揽关系之间存在着重叠的部分。随着科技进步,平台经济这一新商业模式使劳动市场、劳动方式逐渐演变,已经出现"弹性化"的趋势,苛求这类新型用工关系具备传统劳动关系中的所有要件显然是不现实的。现今的劳动传统的裁判认定模式对这类新型用工关系的调整正逐渐失灵,无法应对当下劳动市场灵活多变的新用工趋势。而目前并没有新的法律法规出台,对网络平台新型用工关系的认定给出可参考的标准,只能由各地法院依照原先的经验行使自由裁量权,这显然不利于对平台经济中的广大平台工作者群体的基本劳动权益的保护。

4. 用工争议的复杂化

网络平台用工关系的多元化导致了用工争议的复杂化。首先是争议主体的复杂性,传统劳动关系的主体双方是特定的,一个劳动者对应一个用人单位,这点与网络平台新型契约劳动有很大的差别。以网约车为例,部分网约车司机使用汽车租赁公司所属的汽车在平台上提供劳务,那么当司机与平台发生劳资纠纷时,其涉及的就不是传统劳动关系的双方主体,而是三方主体,在某些特定情况下则主体更多。其次是争议程序的复杂性。由于现行立法关于确定劳动关系的标准含糊不清,有可能陷入无法定义为劳动关系而导致劳动争议处理程序不适用的尴尬境地。再次是实质性审判的复杂性。复杂的主体和劳动关系无法界定导致了实质性审判的困难。以网约车行业为例,根据工商登记信息,网约车平台的主要功能是收集和发布乘客信息,出租车业务不是其主要业务,这就表明双方只是一种劳务合作关系。这也意味着网约车平台对网约车司机在运营过程中对乘客造成的人身伤亡和财产损失将不承担任何责任。而作为受害者的乘客的合法权益在网约车司机经济能力有限的情况下,将很难得到保障。

5. 法律适用的模糊性

网络平台新型契约劳动关系在现有的劳动立法条件下很难被认定为是传统的劳动关系。我国现行的劳动立法在认定劳动关系是机械、僵化地按照"三要件"标准来执行的,而且在保护范围上采用劳动关系/非劳动关系的两分法,这就表明只有被认定为是劳动关系的平台劳务提供者才能获得劳动法的保护,不能被认定劳动关系的平台劳务提供者则只能适用民法的权利义务关系,但实际情况中有许多介于二者之间的平台工作者,根据传统的认定标准他们无法被倾斜保护,这显然是不合理、不够科学的。我们应当在劳动法的倾斜保护与民法的平等保护之间构建一定的过渡地带,适当地给予新型契约劳动关系下的平台工作者最基本的劳动权益保障。

6. 集体劳动权利和社会保险权的缺失

集体劳动权利和社会保险是平台契约劳动保护中的另一个重要问题。在网络平台新型契约劳动者群体中,大部分契约劳动者与互联网平台之间难以认定为建立了劳动关系,在我国《工会法》《社会保险法》《劳动关系法》捆绑适用的背景下,不能被认定为劳动关系的平台劳务提供者的集体协商、结社权、社会保险权益的保障问题难以解决。我们在调研中也发现了这些实际情况:网约车平台并不会为与其合作的司机购买社会保险,美团、饿了么等平台也不会为外卖骑手提供相应的社会保障,一旦发生劳动争议,他们的合法权益也无法得到相应的保护。

(三)司法裁判的两难困境

立法模糊导致司法裁判的分歧。网络平台用工合同的定性往往是为平台劳务提供者确认劳动关系存在时法院认定事实的必经之路。合同的定性决定劳动关系是否成立,从而影响后续社会保险和侵权赔偿等责任承担的实现。我们通过对"裁判文书网"上网络平台用工关系确认争议案件的检索和梳理发现,该类案件多发于东部沿海地区和互联网信息发达的地区,其中以上海、江苏为最。通过整理统计案件频率较高的 2 个省份、4 个直辖市 2016— 2020 年期间的涉网络平台的劳动关系认定案件，我们得到以下数据。

在江苏、山西两省以及上海、北京、天津、重庆 4 个直辖市的 2016—2020 年的 82 个网络平台用工争议案件中，尤以劳动密集型的服务消费领域为主，在实际案例中表现为网约车方面 1 件、外卖配送方面 62 件、家政服务方面 3 件、美容美甲方面 4 件、维修安装方面 3 件，所占比例如图 8-1 所示。外卖配送行业是近 5 年来劳动关系确认纠纷发生频率最高的行业。

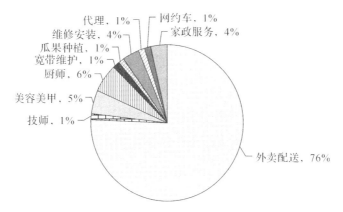

图 8-1　网络平台确认劳动关系纠纷的类型

通过统计个案的判决结果得出表 8-1，可知法院在劳动关系确认判决中更趋于消极认定。当前网络平台用工关系的认定形势严峻，总计认定劳动关系存在的概率仅为 26％，在个别省份和地区，劳动关系的认定概率甚至为 0，网络平台服务者这一群体大部分都排除在劳动法的保护范围之外。除此之外，部分案例一、二审判决结果截然相反，类似案例地方之间的判决意见不一。判决存在分歧的原因就在于实务中没有固定的劳动关系判断标准适用，导致法院在判决书中对其认定标准众说纷纭。统计梳理发现，当前法院就平台与平台工作者之间的合同关系主要形成了两类判决。第一类判决认为，劳务提供者与平台之间构成劳动关系、劳务关系或雇佣关系。第二类判决则认为，平台与平台劳务提供者之间不构成劳动关系。部分法院进一步认定其为居间合同关系。法院对劳务提供者与平台之间的劳动关系进行认定并不仅因劳动提供者自身损害诉请法院认定劳动关系，以获得工伤救济等劳动权益保障，还包括平台劳务提供者在履行劳务途中造成第三人损害，法院为归责之需而进行认定的侵权之诉中。

表 8-1   网络平台用工劳动关系确认案件分析表

地区	案件总数/件	认定为劳动关系/件	未认定为劳动关系/件	认定率
北京市	15	7	8	47%
天津市	8	0	8	0%
上海市	11	0	11	0%
山西省	4	0	4	0%
江苏省	26	8	18	31%
重庆市	18	6	12	33%
总计	82	21	61	26%

第二节　我国网络平台契约劳动关系法律调整的基本思路与实现路径

　　通过前文的讨论可以看出,平台经济正在创造巨大的财富,也为我国劳动力市场提供了诸多新的就业岗位,由平台经济带来的新的就业机会有利于我国劳动力市场的稳定。然而,值得注意的是平台新用工形态的脆弱性。传统的基于标准劳动关系而建立的劳动者基本劳动权益保护和社会保障体系很难在平台经济中发挥作用。从我国平台经济的实践来看,当前我国调整平台雇佣关系的法律问题主要涉及平台雇佣关系的法律规范适用,新型平台契约劳动者的社会保障制度供给,新型平台用工争议解决的程序机制,以及政府、平台和平台工作者三者之间的利益平衡四个方面。究其根源,大致可归结为两种原因:一是缺乏系统的制度规范,二是利益调整与冲突。前者是立法与经济社会变革相衔接的问题,后者则是制度变革的深层次问题。通过比较各国平台经济的发展历程可以看出,在平台新型雇佣问题的具体解决方案上不存在普遍适用的法律制度范例,相关法律规范和制度建设的重点不在于提供具体的调整模式,而在于保证相关经济和社会利益的平衡与协调。因此,新型平台雇佣法律制度构造的首要目的在于:以现行实定法为基础,通过权利(力)义务配置、程序设定、救济措施上的制度化手段为具体方案的选择以及具体问题的解决提供稳定的利益平衡机制。根据上述观点,我们以我国现行《民法》《劳动法》《社会保险法》为制度背景,在法规范和法政策层面,提取我国现行法律规范体系在共享经济背景下对网络平台新型契约劳动关系调整的诸项问题,以解释论为基本视角,梳理和论证各问题的内在逻辑与外在效应,进而整理现行法律和政策框架下网络平台新型契约劳动关系的法律规制的构造机理,形成一幅较为完整的我国网络平台契约劳动法律调整的基本思路与实现路径构造图。

一、利益平衡原则的提出:劳动者权益保障与平台企业利益的权衡

作为共享经济的产物,对网络平台契约劳动这一新型用工模式的制度调整在不同主体之间也不可避免地存在利益的冲突和协调问题。因此,界定网络平台契约劳动用工关系主体之间的利益关系,进而对各方主体利益进行重新配置,是法律和制度无法回避的问题。

无论何种社会,尽管价值取向因不同文化传统、不同社会条件以及不同团体而具有一定的差异性,但是利益是不可否定的。利益是权利概念的核心要素,也是权利产生的基础。罗斯科·庞德将利益界定为"人类个别地或在集团中得到满足的一种欲望或要求"。对此他讲道:"一个法律制度通过下面一系列办法达到,或无论如何力图达到法律秩序的目的:承认某些利益,由司法过程按照一种权威技术所发展和运用的法令来确定在什么限度内承认与实现哪些利益;以及努力保障在确定限度内被承认的利益。"①网络平台契约劳动制度的利益配置主要涉及两层含义:一是制度和法律都必须确认用工关系中政府、劳动者、企业等各个主体的利益和自由,尽管确认的范围大小有区别,否则,法律和制度供给就会因失去其调整对象的支持而丧失存在的合法性;二是要界定用工关系中政府、劳动者、企业等各个主体的利益和自由,如果个体无限制地享有利益和自由,就会妨碍他人享有利益和自由,从而导致冲突加剧,秩序失控。这种确认和限定的结果,便形成了网络平台用工关系主体间的权利义务关系。

如前文所述,若在劳动立法中将网络平台工作者等新业态劳动者与平台的用工关系泛化认定劳动关系,对于新型契约劳动者来说,他们能够享受劳动法中关于劳动者权益的倾斜保护,例如解雇保护、休息休假、最低工资、节假日加班工资以及对非正规就业群体而言极为重要的工伤保险、医疗保险、养老保险等各项社会保险和福利;从平台企业的角度来看,签署劳动合同而非"合作协议""劳务协议"等当然有助于对旗下劳务提供者的管理,减少劳动者跳槽对己方平台带来的损失,劳动合同条款也能够因为劳动者只能与一家单位建立

---

① 庞德.通过法律的社会控制[M].北京:商务印书馆,1984:81.

劳动关系的规定而更具正当性。然而,与此同时,平台企业的用工成本将大大增加,与劳动者解约带来的风险也变得难以接受,急剧缩水的收益也会打击各方平台参与互联网共享经济这一新商业模式的积极性,对于处于观望状态,意图进入该行业的资本也会因此而慎重决策。① 正如美国 Uber 公司在 2019 年 4 月公布的 IPO 招股说明书中提醒潜在投资者的:"如果司机被认定为雇员而非独立承包商,我司业务将受到负面影响⋯⋯如果立法或司法裁决要求将我司司机列为我司雇员(或者某些地区存在的工人或者准雇员身份),我司将承担大笔额外支出用于补偿司机,其中可能包括工资和劳动工时法案所规定的其他费用(如最低工资、加班工资以及就餐和休息时间要求等)、员工福利、缴纳社会保险、税款和罚款等。此外,若将司机认定为我司雇员,这样的重新分类可能会对我司商业和财务状况产生不利影响。"②

综上分析,将共享经济网络新型用工关系以绝对化的方式确定下来,这对于一个互联网新兴行业而言,并不能算是一剂良药,也不利于平台经济这一新商业模式的发展。解决共享经济背景下新型契约劳动者与平台企业等用工方的用工纠纷问题,不能仅着眼于解决网络平台用工关系的认定,还应当从更宏观的层面上,对双方利益的冲突点进行合理调整。劳动者与企业是劳动力市场的利益共同体,在立法和司法上,既要满足劳动者对其基本劳动权益的诉求,也不能打击资本进军互联网新兴行业的积极性,需要寻找二者之间的利益平衡点,既能平等保护新型契约劳动者的合法劳动权益,也应顾及平台企业以及整个互联网新兴行业的发展。

二、基本思路:弹性化的制度框架和实现路径

通过上述讨论不难发现,在共享经济背景下,许多服务行业依靠在线网络平台,发展线上业务,从而跟上了平台经济的潮流。平台企业在实现利润增加的同时,并不依靠与劳动者进行资本与劳动力的交换。网络主播、网约车司机、外卖骑手等共享经济新型契约劳动者在工作过程中也不是完全附属于单一的在线平台企业,而拥有更高的自主权和主动权。同传统劳动关系相比,平台与劳动者之间的劳动关系发生了质的变化,然而政府对此种新型劳动关系的态度并不明确,社会发展与制度保障呈现出不平衡。网络平台契约劳动者作为新就业形态的代表,要想在新型社会生产模式中永固长存,就必须进行我

---

① 潘建青.网络直播用工关系的劳动法思考[J]中国劳动关系学院学报,2018(4):73.

② [法]伊莎贝尔·道格林,[比]克里斯多夫·德格里斯,[比]菲利普·波谢.平台经济与劳动立法趋势[M].涂伟,译.北京:中国工人出版社,2020:36.

国现行劳动法、社会保险法、民法的改造。

（一）民法和劳动法交叉保护的实现路径

根据我国现行民法与劳动法的规定，用人单位与劳动者之间的法律关系要么属于劳动关系，由劳动法保护，要么属于劳务关系，由民法调整。然而，这种传统民法或传统劳动法保护的单一法保护的立场，隐含着平台新型用工关系法律定性的"民事关系—劳动关系"二元对立模式，这种法律适用模式很难解释新型平台契约劳动关系中劳动关系与劳务关系重合、劳动关系与经营关系重合的本质特征。

共享经济下的平台雇佣关系是一种拥有高度多元的就业关系，从前文的实证调研和司法判例的分析中我们也可以看到平台经济新业态的迭代发展。从直雇的劳动关系，到创新的众包模式，再到地区性外包形成的新的雇佣关系，再到大量的自雇劳动者加入这个行业，平台新就业形态没有形成一个固定的雇佣模式，而是在发展中不断蜕变、迭代、进化，平台雇佣关系中标准劳动关系、劳务派遣关系、业务外包关系以及自雇劳动形成的劳务关系、居间关系、承揽关系等相互交织的复杂化、多元化趋势明显。这一群体的不断壮大，也引发了整个社会的就业关系从一种相对静态、固化的形态，转向动态、变化的形态。这种劳动力市场的发展趋势是一种全球性的现象，也引起了国际劳工组织的关注。国际劳动组织在 2003 年的《雇佣关系的范围》报告中将其定义为"不确定的雇佣关系"。面对共享经济中不确定的雇佣关系，单一的传统劳动法或传统民法的调整模式难以应对平台雇佣关系多元化和复杂化的现实。在现有劳动法和民法法律规范之间开辟出一条新的政策通道，以保护平台新型契约劳动者的基本劳动权益，平衡劳动力市场的灵活性和稳定性，以此进一步推动平台经济这一新商业态势的发展。

1. 扩大劳动法适用范围的不妥当性

基于前文分析，网络平台根据其提供的业务和事实实施的管理程度，可分为"自治型平台""组织型平台"，组织型平台根据其是否与平台工作者建立劳动关系，又可细分为"平台自营模式""业务外包模式""零工就业模式"三种模式。[①] 不同种类的平台与平台工作者之间订立的合同对双方权利义务的要求也不甚相同。"自治型平台"的劳务提供更多体现了居间合同性质，归属于《民法典》合同编的调整。在组织型平台的三种类型中，"平台自营模式""业务外

---

① 王天玉.互联网平台用工的合同定性及法律适用[J].法学,2019(10):168-171.

包模式"对应的是网络平台用工与传统用工模式对比中的常规部分,即标准劳动关系和劳务派遣关系,可以从现行劳动法中找到法律适用的依据,归属于《劳动法》的调整。而"零工经济模式"则是网络平台用工创新部分的体现。相较于前两种模式,"零工就业模式"中平台与平台劳务提供者的关系难以被认定。

对于"零工就业模式"共享经济新型雇佣关系的法律适用问题,学术界的主流观点是扩大劳动法的适用范围,给予此类新型劳动者以劳动法的倾斜保护。具体有两种解决途径:第一种做法是扩充现有的劳动关系,将"零工就业模式"下平台雇佣关系也认定为是劳动关系;第二种做法就是适当地扩大劳动法的适用范围,即将此类新型雇佣劳动者认定为劳动法意义上的第三类主体,给予此类平台工作者有别于传统劳动者的特殊保护。类似于德国"类似劳动者"的制度,类雇员受到部分劳动法的调整与规范,这样既能保护他们最基本的权益,又不失其灵活性。

上述扩大劳动法适用范围的观点有一定的理论自洽性,然而并不完全适应我国的现行劳动法的法律规范体系。从历史角度看,我国的劳动法一直是二元化的,即劳动者要么是劳动者(雇员),要么不是劳动者(自雇者),二者的判断标准为是否存在"从属性"。与德国、意大利等其他大陆法系国家相比,我国立法机构从未设置过一个介于雇员和自雇者之间的劳动者分类。在司法判例中,由于劳动法是一种社会立法,单凭缔约方的意愿不足以将雇员排除在由从属工作的条件产生的实际身份之外,因此,法官在具体案件中可以无视缔约方的意愿和合同的形式,对劳动者身份做出更改。若从事工作的条件不完全符合从属性关系的特征,立法和司法机关普遍的做法是延伸劳动法的适用范围,在法律上假定存在劳动合同或者工薪劳动者身份。事实上,按传统从属性标准来判断,很多平台劳动其实更接近于自雇劳动,若将其纳入劳动法的调整,会导致劳动关系泛化的不利后果,平台企业也会因为要承受更多劳动法意义上的法定义务而放弃这一新的商业模式。因为,在平台看来,平台工作者属于自雇者,平台的商业模式就建立在这种假设之上,这一点反映在各平台的服务条款和具体款项中。

2.民法雇佣关系调整的可行性

劳动关系的基本形态是民法上的雇佣契约。私法自治是民法的核心要义,具体到平台雇佣领域,就表现为合同自由原则的确立与贯彻,当事人在法律允许的范围内,就缔约与否、与谁缔约、缔何种约等事项,享有选择和决定的自由。这一点也在我们前文的实证研究中得到印证。与以往劳动力市场调整时期的非正规就业不同,依托平台经济产生的新就业从业者的收入有明显提升,大部分从业者,尤其是青年人,是自愿选择这种就业方式的,并且对自己的薪酬满意度也较高,因此也很难说平台就业质量不如依托用人单位的正规就业。因此,在对待"零工就业模式"下平台雇佣合同的法律定性中,应突破不断扩大劳动关系法适用范围的传统做法,将其纳入民事雇佣关系的范畴,以避免劳动关系泛化而带来的法律适用的混淆。

(1)民法雇佣合同规则的适用

随着科技与信息技术的发展,平台经济新型用工模式的不断出现带来了更多的无法被劳动法所纳入的零工就业雇佣关系,此时民法中的雇佣合同规则便体现出了其特有价值,雇佣合同规则的存在为民法规则与劳动法规则之间提供了必要的连接点。由此,《民法典》中雇佣合同规则的存在有其必要性,不但可以为像"零工就业模式"平台雇佣这类无法被《劳动法》调整范围所吸收的用工关系提供法律规范,并且能够帮助贯通劳动关系理论与民法规则之间的关联,使其有适用民法规则的可能性。同时,在《民法典》中增加雇佣合同规则并不与劳动法的独立性相冲突,相反,其能够起到为《劳动法》提供基础性规则与民法基础的作用,并为劳动法调整范围外的法律关系提供必要的保护,而这些作用在过去也许被低估。《民法典》的体系化优势表现在对法律关系类型进行查漏补缺,这一点在合同编的有名合同一节中表现得尤为明显。在立法进程中,体系可以指导立法者创设新的合同类型去涵摄实践中已有的,但被立法所忽视的法律关系。在平台经济发展的今天,雇佣合同作为一种传统的私法关系,非但没有被时代所淘汰,反而在社会发展中迸发了新的活力,为平台工作者的权益保护提供了法律适用的可能性。当下,以提供劳务为内容的服务行业已经成为我国国民经济的重要组成部分,但在法律规制方面这一类型合同却一直没有取得《民法典》中有名合同的地位。实践中将其不恰当地归入委托合同或者承揽合同的情况常有发生,因此,通过引入雇佣合同规则的方式,继续发展平台服务合同的核心要求,用以界定劳动法的适用范围和核心原则。考虑到平台经济的异质性,这种更为宽泛的方法可能比在单一定义中界定新工作形式更为合适。

(2)从民法社会化原则出发,赋予平台企业一定的用人者的替代责任

单一民法雇佣关系的调整不足以保护新平台工作者的基本劳动权利。因此,我们认为,在将"零工就业模式"雇佣关系认定为民事雇佣关系纳入民法进行保护的同时,应基于私法社会化的原则赋予平台作为"用人者"一定的替代责任,给零工就业的平台工作者以一定倾斜保护。我们认为,服务合同源于英

美侵权行为法中的替代责任原则,雇主必须对雇员在"受雇期间"所采取的行动负责。我国《民法典》侵权责任编第1191条、第1192条规定了用人单位、劳务派遣单位和接受派遣的用工单位,以及个人劳务关系中接受劳务一方的替代责任。虽然从文义解释来看,平台企业与第1191条中的"用人单位"或"劳务派遣单位"之间在雇佣身份方面存在下列问题:平台工作呈现出外部化、组织形式碎片化、零工时经济的随意性,这些都意味着平台服务合同与劳动合同或劳务派遣合同不相符合。然而近年来,在外卖骑手、网约车司机等平台工作者的道路交通事故等侵权之诉中,法院一般会超越书面合同中的措辞,考虑合同当事人真正的预期,这些预期可能并不同于合同的书面记载,因为在合同的书面记载中双方当事人的议价能力可能不平衡。通过一种语境的转化,从合同内容出发,重新解释《民法典》侵权责任编规定的"用人者(包括单位和个人)"的替代责任的适用,从法律上并不背离雇佣合同中雇主责任的一般原理,也反映出契约义务的社会现实性。从某种意义上讲,劳动法从民法中分离出来的重要原因,就基于民法理念不能恰当地解决劳动者在职业过程中形成的职业风险。因此,只要用工方以营利为目的,有偿使用劳动力从事市场生产经营活动,劳动者在劳动过程中的职业风险就必须由生产经营活动的受益人承担。

(3)确立"零工经济模式"平台工作者的"自雇者"法律地位

"零工经济模式"雇佣关系的从属性削弱,传统劳动关系中以从属性认定劳动者的惯例已然不能完全适用。为了避免权责纠纷,降低法律模糊界定的影响,我们认为可结合我国实际,借鉴发达国家的经验和做法,将"零工经济模式"的平台工作者认定为"自雇者"。

共享经济背景下出现的平台新就业形态呈现出用工外部化、组织形式碎片化、零工时经济的随意性诸多新特点,很大程度上带有自雇劳动的特征。我国虽然在《就业促进法》中提出"自主创业和自谋职业""自雇就业",将自雇作为促进就业的一项政策措施,在《社会保险法》中也规定了灵活就业人员参加社会保险的办法,然而仍未明确自雇劳动者(灵活就业人员)的法律地位。立法的空白导致了这部分新型劳动者集体劳动权利和社会保障权的缺失。自雇劳动关系中因雇主与雇员身份的重合导致其与传统劳动关系的不兼容,自雇行为与纯粹的企业经营行为也不同,自雇业者的劳动主要用来解决自身或家庭成员的生存,而不是纯粹以营利为目的。因此,必须在法律上赋予自雇劳动者相对独立的地位。这也是许多发达国家的通行做法。例如,美国从税收角度来界定,任何人如果正在运行一个独资公司,无论其作为合伙人,还是作为有限责任公司的一员，都可视为自我雇佣，除了缴纳个人所得税，这些人还必须以 SECA(自我雇佣捐款法)的形式缴纳社会保险税和医疗保险税。① 德国在商法上界定了"自雇者"，《德国商法典》第 84 条第 1 款第 2 句规定"凡是能够基本自由地安排自己工作计划和工作时间的人，都可以被认定为自雇者"。德国法上雇员与自雇者区分的核心要素是人身从属性。②

"零工就业模式"的平台雇佣以其灵活化、多样化的特点见长，所以我们的立法时也应当适应其特点，在制度上给予回应。我们应该适当降低法律规范的刚性，特别是对不同类别的平台工作者给予不同的保护。民法与劳动法交叉保护的这一做法的主要目的是要避免平台滥用权力，逃避法律义务，也减少因重新认定平台用工关系性质而产生的法律纠纷，从而使平台得以延续使用自雇劳动者的商业模式，同时以此换取平台承认对劳动者的个人和集体责任。这对平台用工争议的司法处理将具有重要的潜在意义。

3.平台工作者集体权利的劳动法保护

国际劳工组织公约对劳动者结社权、集体协商权等集体权利的保护并不以劳动者与雇主之间存在劳动关系为判断标准。国际劳工组织第 87 号公约第 2 条"不加区分"地规定了所有劳动者都享有结社自由权。从实践中大多数平台服务合同的内容来看，平台工作者没有定价权和决定劳动条件的权利，特别是有关平台工作者提起诉讼背景下工作条件的声明都显示了平台方设定的管理规则中存在巨大的不平等或者一定的经济依赖关系，以至于重建权力平衡的唯一办法只能是就劳动条件展开谈判，这在平台商业关系中更是如此。

在新型契约劳动者和自雇劳动者队伍不断壮大的背景下，工会行动应突破传统劳动关系法的边界，将平台工作者组织起来，就其平等就业权、劳动报酬取得权、休息休假权和劳动安全卫生保障权以及社会保险等问题展开平等对话和集体协商，以确保平台经济中各方势力保持平衡。目前个体劳动者与平台签订的个人雇佣合同和劳务合同中均不具备这种平衡。虽然将身份各异、相对独立、地理位置分散且流动性很强的平台工作者组织起来是一件非常困难的事情，但是工会组织也有多种道路可以选择，例如扩大集体谈判的范围、把现有平台劳动者的工作条件纳入既有的集体协商(如将骑手纳入交通部门)中，构建新的替代性的集体行动组织形式，开展法律行动。此外还应明确

---

① Dakung R J, Munene J C, Balunywa W, et al. Self-employability initiative:developing a practical model of disabled students' self-employment careers[J]. Africa Journal of Management,2017:3.

② ［德］曼弗雷德·魏斯，马琳·施米特.德国劳动法与劳资关系[M].倪斐,译.北京:商务出版社,2012:41.

平台工作者享有与劳动者相似的集体权益。关于加强工会组织的保障程度，着力点应当在以下几个方面：第一，在入会程序上，应当建立一个简便、快捷的通道。根据现行政策，平台劳务提供者与平台的用工关系的性质不明确，因此在入会资格上应当不以"与平台建立劳动关系"为条件；第二，应当探索建立"互联网＋"工会组织运作新模式，例如采用手机 APP 等互联网软件创建便利的入会通道；第三，工会在帮助解决平台用工纠纷时，应当发挥其现实作用。工会应当通过各种方式培养平台新型契约劳动者了解法律、运用法律、维护权益的能力，并取得此类就业群体的信赖。在他们与平台发生纠纷时，工会可以主动介入，以保护弱势群体合法利益为基本出发点进行矛盾调解，尽可能地达成和解或调解协议，切实保护广大平台工作者群体的基本劳动利益。

（二）社会法理念下的平台和政府的社会保障责任

自德国《魏玛宪法》以来，"社会国"业已成为现代宪法上的基本原则。社会国原则的目标在于实现人的发展，建立一个"使个人资质和能力尽情开花，并能自由地享受其丰硕之果""精神与物质都均衡地获得解放"的理想社会。作为社会法分支的劳动和社会保障法，同样承担着落实"社会国"原则的任务。立足于社会本位，劳动权利和劳动义务并不仅仅是一种个人权利，而是一种社会权利。这种社会权利，既不同于纯粹的公权力（如行政权力），也不同于纯粹的私权利（如民事权利）。社会权利体现的是一种社会价值。社会法以追求公平正义为价值取向，以保护弱势群体利益为基本法律精神，劳动和社会保障法中倾斜于劳动者原则正是社会法基本原则的集中体现。我国《宪法》明确规定，国家通过各种途径加强劳动保护，《宪法》第 14 条第 4 款也明确规定"国家建立健全同经济发展水平相适应的社会保障制度"。党的十八大提出了"以人民为中心"的治国理念，我国社会保障制度的覆盖范围也逐渐呈现出由最初的"职业保障"向"全民保障"扩张的趋势，社会保障全覆盖正是对"以人民为中心"治国理念的落实。

平台工作者的社会保障迄今为止是一个世界性的难题，我国也不例外。我国传统的社会保险关系与劳动关系捆绑保护的模式使大部分的"零工就业模式"平台工作者的社会保障权益难以得到有效保护。在"社会保障全覆盖"的理念背景下，千万级就业规模的网络平台新型契约劳动者不应该是国家社会保障政策的盲区。应当突破现行以劳动关系为基础的社会保险制度设计，通过一系列制度安排，不仅保障劳动力雇用与解雇、工作组织、薪酬安排等方面所涉劳动关系的适度灵活化，而且提高工作安全、就业安全和社会保障水平，尤其是提高弱势群体在就业等社会保障方面的安全性。这就要求加强社会保护措施,降低乃至消除社会保障资格的门槛,提高社会保障项目的可转移性,为平台工作者这类新型就业群体提供最基本的社会保障。构建基于工作任务的法律保护体系,为共享经济新业态劳动者提供必要的社会保护是当前重要而迫切的课题,也是政府和社会公共政策应当积极作为的领域。

1.网络平台的社会保险责任

平台商业模式的基础是将劳动风险外包,这会引发他们是否可以自由从事商业活动的疑问。平台经济创造的巨大财富,是平台经济中劳务提供者和劳务接受者共同创造的,理应不能由作为"媒介"的平台企业垄断和独享。从社会法理念出发,平台工作者的社会保障权的实现并不以劳动关系的存在为基础。因此,在社会保障方面,可以借鉴前文提及的法国《埃尔霍姆法案》(*EI Khomri Act*)的做法,以平台的社会责任而非雇主的法定责任为基础,改良当下由商业保险理赔平台工作者工伤事故和职业疾病的观点和做法,赋予平台企业一定的社会保险义务。

2.政府的社会保障责任

从国家层面来看,共享经济大环境下产生的新业态劳动者的社会保障问题已经引起了广泛的关注。国家发改委提出"要进一步构建和完善符合共享经济发展特点的社会保险制度体系,尤其是对共享经济环境下出现的灵活就业人员的社会保险的参保缴费政策措施要给予特别关注,加强对新型用工形势下劳动给付者社会保险权益的维护"。因此,政府部门除了有责任加强对网络平台营运资质的审查,以及对其费用结算、用工管理等方面的监督与指导外,还应当承担以下社会保障责任:第一,基于宪法基本生存权拓展社会保障范围,实现社会保障权益的平等对待;第二,兼顾平台工作的灵活性与安全性,在保护平台工作者社会保险权利的同时,还要兼顾新兴业态的发展前景,在二者之间寻找恰当的平衡点;第三,合理调整缴费主体、缴费基数和缴费比例,设计出符合平台用工特征的社会保险制度;第四,加强社会保险职能部门的管理监督职能,保障平台工作者社会保险基本制度的运行通畅。

3.构建平台工作者的替代性社会保险方案

由于大部分"零工就业模式"平台雇佣关系不被认定为劳动关系,而且零工就业型平台工作者也不像传统劳动关系那样一个劳动者与一个固定的用人单位"绑定",他可以在多个互联网平台上提供服务,因此,比起通过将新型平台工作者整体纳入《社会保险法》的城镇职工社会保险的保护范围,也许将劳动关系和社会保险关系"解绑"考虑,直接扩大《社会保险法》中灵活就业人员的社会保险范围更容易操作和更利于保障相关权益。目前我国的《社会保险法》仅规定了灵活就业人员可以参加基本养老保险和基本医疗保险,但随着平台用工新业态的普及,平台工作者社会保险权益缺少的弊端不断暴露,特别是用工过程中的意外事故暴露了这类新型职业群体工伤保险权益缺失的问题。虽然在平台实际用工过程中,部分互联网平台或代理商为劳务提供者购买了商业保险,但商业保险的保护力度较弱,面对职业伤害问题其保护力度难以适应劳动者的职业安全的保障需要。扩大灵活就业人员社会保险范围,特别是将灵活就业人员纳入工伤保险的范围,有其必要性。虽然各地有进行部分平台劳务提供者职业伤害保险等的探索,出台了一些地方性法规,但那些毕竟都是地方性法规,面对目前互联网时代下流动性极强的平台劳务提供者,只有将其直接纳入社会保险的范围,使统筹的层次更高,才能更好地保护广大平台工作者的基本劳动权益。

构建新的替代性社会保险方案时应注意以下几点:第一,分类保护。不论灵活就业群体与平台是否具有劳动关系,均应根据经济社会的需求,按照不同种类的平台契约劳动者,根据其不同类型的保护需求,配置与其相适应的社会保险方案。应具有险种的可选择性。由于网络平台新型契约劳动者的人员结构复杂,各类人员的从业环境千差万别,对所有人员都统一、严格、不加区别的社会保障方案不仅缺乏可行性,同时也会产生一些不利影响。如果在制度设计(险种、缴费主体、缴费比例、缴费方式、享受待遇等)上具有一定的可选择性,允许新业态劳动者对具体制度进行选择,就可大大推进这一群体加入社会保障制度的进程。第二,强制和自愿相结合的参保原则。社会保险的原则之一是强制性,但在网络平台新业态劳动者等非正规就业人员社保制度建立初期,可以变通这一原则,适度降低社会保障立法的刚性,先允许自愿参加社会保障,然后再实施强制原则加入。第三,将部分工种纳入工伤保险的范畴。鉴于当前送餐员、网约车司机的职业伤害事件频发,因此首先要构建的是这类新就业形态从业者的职业伤害保险制度。工伤保险制度需要根据经济社会发展带来的就业形态的改变而顺势改良,以保障劳动者就业安全权的实现。接受工伤保险制度"积极劳工权利"的理念,让自主就业劳动者加入工伤保险,以顺应数字经济和弹性就业发展的发展趋势。以企业的社会责任为基础,要求平台企业履行一定的缴费义务。第四,提高统筹层次以增强平台契约劳动者个人社会保险账户的可移动性。由于网络平台新业态劳动者工作的流动性强,从推进平台经济就业发展的角度来看,有必要提高社会保险账户的统筹层次,在更大的统筹区域内实现制度运行的统一和基金的统筹安排使用,消除平台新业态劳动者跨地区流动的障碍。

（三）构建平台用工争议解决的正当程序机制

"凡权利必有救济"，劳动法的目的是为了保障劳动者的权益。根据我国劳动法的现行规定，劳动者与用人单位之间的纠纷适用"仲裁前置，一裁两审"的纠纷处理机制。然而，针对共享经济背景下的平台新型用工关系，考虑到平台工作者所遇到的纠纷难易程度，在我国现行的劳动仲裁和民事诉讼程序规范框架下，对于不能纳入劳动仲裁、民事诉讼等司法救济程序的平台用工争议，应以效率、便捷为原则建立替代性的冲突解决程序机制。具体为：第一，以行业、职业、工种和地域为标准，构建平台工作者工会，以此为基础，建立集体协商和争议解决调解机构；第二，劳动仲裁和人民法院对上述替代性争议解决机构做出的调解书、协议书等赋予一定的强制执行或有效证据的效力；第三，将部分网络平台用工争议纳入互联网法院管辖范围，确立在线审理机制，建立争议在线调处平台，以全程在线为基本原则，即案件的受理、送达、调解、证据交换、庭前准备、庭审、宣判等诉讼环节一般都在互联网上完成，以最大限度为当事人提供调诉便利，提升司法效率，适应平台经济时代对司法的新需求。

（四）强化政府对平台经济的监管责任

近年来我国平台经济快速发展，在经济社会发展全局中的地位和作用日益凸显。平台经济有利于提高全社会的资源配置效率，推动技术和产业变革朝着信息化、数字化、智能化方向加速演进，有助于贯通国民经济循环的各环节，也有利于提高国家治理的智能化、全域化、个性化、精细化水平。我国平台经济发展的总体态势是好的，作用是积极的，但同时也存在一些突出问题。一些平台企业发展不规范、存在风险，平台经济发展不充分、存在短板，监管体制不适应等问题较为突出。因此，强化政府对平台经济的规范和监管，以促进这一新商业模式的健康和可持续发展，已是不容回避的课题。

2017年7月3日，国家发改委等7个部委发布的《关于促进分享经济发展的指导性意见》指出，分享经济能够有效提高社会资源的利用效率，方便人们的生活。同时也强调了分享经济的调控原则，可归纳为"鼓励创新，包容审慎"。这一原则意味着，政府将鼓励分享经济的创新，同时以宽容和审慎的方式监管该领域。这一原则也可以看作是政府对所有共享经济、平台经济等新商业模式的监管原则。

在2021年3月15日召开的中央财经会议上，习近平总书记再次强调了对平台经济的规范和监管问题。他指出："我国平台经济发展正处在关键时期,要着眼长远、兼顾当前,补齐短板,强化弱项,营造创新环境,解决突出矛盾和问题,推动平台经济规范健康持续发展。"这次会议强调了从以下两个方面规范平台经济:第一,要从构筑国家竞争新优势的战略高度出发,坚持发展和规范并重,把握平台经济的发展规律,建立健全有关平台经济的治理体系,明确规则,划清底线,加强监管,规范秩序。要加强规范和监管,维护公众利益和社会稳定,形成治理合力。第二,要健全完善规则制度,加快健全有关平台经济的法律法规,及时弥补规则空白和漏洞。要加强平台各市场主体的权益保护,明确平台企业劳动保护责任。综上可见,面对平台经济在实践中发展的汹涌势头,政府已意识到现有的法律、制度、政策体系已远远不足以解决共享经济中涌现出的新商业模式面临的种种经济和社会问题,需要加强规范和监管。在政府对平台用工关系的规范和监管的制度供给中应着重把握好以下原则:(1)平台契约劳动关系利益相关人在权利与责任之间寻求一种平衡;(2)用就业弹性保障来适应各经济组织和劳动者的不同环境、需求与挑战;(3)减少标准劳动关系与非标准劳动关系之间劳动法保护和社会保障待遇的差距;(4)通过鼓励用工主体帮助平台工作者提升职业技能和发展外部就业市场,促进平台契约劳动内部和外部的就业弹性保障;(6)制定均衡的政策方案,促进社会合作伙伴、政府与其他利益相关人的合作氛围。

本章小结

共享经济已经成为现代社会发展的主流趋势,共享经济的蓬勃发展改变了传统用工关系。共享经济是社会发展的产物,顺应了时代潮流,是一种新型经济模式。当然,共享经济的发展对现有的社会关系产生了影响。针对共享经济带来的劳动力就业市场的新变化,现有法律制度已经难以满足其发展需求,所以必须要对这种新型雇佣劳动关系进行客观分析。要通过法律制度的健全完善来保障平台经济新型雇佣劳动关系中劳动者的合法权益,为共享经济发展提供一个良好的法律环境。当前,共享经济模式下劳动关系认定标准的模糊性、法律的滞后性以及公权力监管不及时不到位等,都是如今平台新型雇佣劳动关系保护亟待解决的难题。共享经济时代不同于传统就业模式下的劳动关系,使得劳动法上的传统劳动关系与民法上的劳务关系、雇佣关系之间的界限变得更加模糊不清,更加迫切地需要法律规定。此外,促进就业与社会保障之间的关系,以及劳动法与社会保障法之间的关系必须进行调整和重构。

当然,在共享经济模式下,对于劳动关系的规制、认定、分类要以现实为根据,要确保其具有可行性。尤其是在共享经济发展的关键时期,要敢于创新,勇于突破,用新思维、新角度来解决问题,这样更利于法律价值的有效实现。

　　共享经济下新型契约劳动关系的具体内容随着生产力的发展和社会的变革,逐渐演变出更多复杂多变的含义,司法机关应该及时适应多样化、灵活化的劳动市场新变化,对共享经济新型用工模式下劳动关系的认定做出合适的调整。对由共享经济产生的大量新型劳动者的正当权益给予合理的保护,学习、借鉴国外先进的经验,顺应时代的潮流,加强对此种新就业形态的支持,建立"弹性化"的劳动保护制度,在保护新型契约劳动关系时,既保障以平台工作者为代表的共享经济新型劳动者群体应然的劳动权益,也不打击资本进入新兴产业的积极性,构建和谐劳动关系,确保我国共享经济和平台经济新商业模式的健康发展。

第九章　结论与建议：
网络平台契约劳动关系"弹性保护"
的法律规制体系构架

网络平台新型契约劳动关系是伴随着互联网技术革新而产生的新型用工模式,对其法律性质该如何界定,劳动法和民法都未做出明确的规定,这极易导致民事关系与劳动关系的混淆,使部分平台劳务提供者的劳动权益无法得到应有的保障,也使部分网络平台的合法利益受到不正当的减损。通过比较各国共享经济网络新型用工形态的发展历程可以看出,在对共享经济下新型契约劳动问题的具体解决方案上并不存在普遍适用的制度范例,相关法制建设的重点并不在于提供具体的立法与管理模式,而在于保证相关社会利益的平衡与协调。因此,共享经济下新型契约劳动关系法律规制构建的首要目的在于通过权利(力)配置,设定救济措施上的制度化手段,为具体方案的选择以及具体问题的解决提供稳定的利益平衡机制。

一、网络平台契约劳动关系法律规制的基本理念

数字技术和共享经济催生的网络平台新型契约劳动是劳动弹性化的产物,如何在平台契约劳动关系的调整中较好地平衡灵活性和安全性,是平台新型契约劳动制度调整的核心。网络平台契约劳动关系的利益配置主要涉及两层含义:一是制度和法律都必须确认平台用工关系中政府、劳动者、平台企业等各个主体的利益和自由,尽管确认的范围大小有区别,否则,法律和制度供给就会因失去其调整对象的支持而丧失存在的合法性;二是要界定用工关系中政府、劳动者、企业等各个主体的利益和自由的边界和范围,如果个体无限制地享有利益和自由,就会妨碍他人享有利益和自由,从而导致冲突加剧,秩序失控。这种确认和限定的结果,便形成了网络平台用工关系主体间的权利义务关系。这就需要我们的制度供给保留足够的弹性。

弹性保障对于劳动力市场政策而言属于一种综合方式,它在合同安排方

面具有足够的灵活性,允许用工方和劳动者能够应对变化,同时又可以为劳动者提供更好的安全性。因此,新的制度体系至少应遵循以下理念:(1)契约劳动利益相关人在权利与责任之间寻求一种平衡;(2)用就业弹性保障来适应各经济组织和劳动者的不同环境、需求与挑战;(3)减少正规就业劳动关系与契约劳动关系之间劳动法保护和社会保障待遇的差距;(4)通过鼓励用工主体帮助契约劳动者提升职业技能和政府发展外部就业市场的,促进契约劳动内部和外部的就业弹性保障;(4)制定扶持青年就业创业的特殊政策,促进所有人的就业机会平等;(5)制定均衡的政策方案,促进社会合作伙伴、政府与其他利益相关人的合作氛围。

二、网络平台契约劳动关系法律规制的体系架构与实现路径

(一)分类保护的模式

如前文所述,我国网络平台主要用工模式可分为"平台自营模式""业务外包模式""零工经济模式"三种类型,"平台自营模式""业务外包模式"的网络平台用工与传统劳动用工模式并无本质的区别,属于现行劳动法律规范下的标准劳动关系和劳务派遣关系,可以从现行劳动法中找到法律适用的依据,而归属于劳动法的调整;这两类用工模式中的平台工作者可被认定为劳动法意义上的"劳动者",享受劳动合同法、劳动基准法、社会保险法的全面保护。而"零工就业模式"属于共享经济下劳动用工的创新部分,与专职化、固定化标准劳动关系有本质的区别,同时与《劳动合同法》调整的两类非标准劳动关系——劳务派遣[①]和非全日制用工[②]也有诸多不同。虽然专职型的平台劳务提供者(为一家或几家固定平台提供劳务,具有较强的经济从属性)与《劳动合同法》规定的非全日制用工相似,可适用《劳动合同法》关于"非全日制用工"的调整,然而大多数"零工就业模式"的平台工作者并无固定的为一家或几家平台提供固定劳务的特点,劳动者也非按照小时计酬,也未与互联网平台建立固定用工关系,表现出"去雇主化"的用工特征,因此,也不能将其归类于劳动合同法调整的非全日制用工。在现行劳动法、社会保险法制度背景下,"零工就业模式"

---

① 《劳动合同法》第五十八条:"劳务派遣单位是本法所称用人单位,应当履行用人单位对劳动者的义务。劳务派遣单位与被派遣劳动者订立的劳动合同,除应当载明本法第十七条规定的事项外,还应当载明被派遣劳动者的用工单位以及派遣期限、工作岗位等情况。"

② 《劳动合同法》第六十八条:"非全日制用工,是指以小时计酬为主,劳动者在同一用人单位一般平均每日工作时间不超过四小时,每周工作时间累计不超过二十四小时的用工形式。"第六十九条:"非全日制用工双方当事人可以订立口头协议。从事非全日制用工的劳动者可以与一个或者一个以上用人单位订立劳动合同;但是,后订立的劳动合同不得影响先订立的劳动合同的履行。"

契约劳动关系遭遇了法律适用的障碍。需要重新构建法律调整的框架，兼顾共享经济从业者和平台企业之间的利益平衡，以适应劳动力市场弹性化的发展趋势。

（二）"零工经济模式"平台契约劳动关系的法律规制构架与路径

1.适用民法保护的可行性

首先，将"零工经济模式"的新型契约劳动关系认定为广义的劳务关系，适用民法的保护。民法调整的劳务关系可以包括两类，一类是《民法典》有名合同中的劳务合同（承揽合同、居间合同）关系，由《民法典》的合同编来调整；另一类是雇佣合同关系，此类用工关系中平台工作者的法律地位类似于外国法中的"自雇者"。虽然在我国雇佣合同不属于《民法典》的有名合同，然而民法无名合同和雇佣关系的理论和规则对此类新型雇佣关系的调整仍然有很强的适用契合性。在我国劳动关系理论和司法实践处理规则双重不足的现实困境下，将"零工经济模式"平台契约劳动关系认定为广义的劳务关系，并通过引入雇佣合同规则的方式，继续发展平台服务合同的核心要求，用以界定劳动法的适用范围和核心原则。考虑到平台经济的异质性，这种更为宽泛的方法可能比单一定义中界定新工作形式更为合适，在司法实践中也更具可操作性。

"零工就业模式"的平台雇佣以其灵活化、多样化的特点见长，所以我们的立法也应当去适应其特点，在制度上给予回应。我们应该适当降低法律规范的刚性，特别是针对不同类别的劳务提供者给予不同的保护。对于"零工就业模式"契约劳动关系以民法保护为主的这一做法的主要目的是要避免平台滥用权力，逃避法律义务，也减少因重新认定平台用工关系性质而产生的法律纠纷，使得平台得以延续使用自雇劳动者的商业模式，同时以此换取平台承认劳动者的个人和集体责任。这对平台工作模式的司法处理将具有重要的潜在意义。

2.确立"零工经济模式"平台工作者的"自雇者"法律地位

"零工经济模式"平台工作呈现出外部化、组织形式碎片化、零工时经济的随意性，很大程度上带有自雇劳动的特征，这些都意味着平台服务合同与劳动合同的不兼容性。"零工经济模式"用工关系的从属性削弱使得传统劳动关系中的从属性认定标准已然不能完全适用。为了避免权责纠纷，降低法律模糊界定的影响，可结合我国实际，借鉴发达国家的经验和做法，将"零工经济模式"平台工作者认定为"自雇者"，并赋予其相对独立的法律关系主体地位。

三、网络平台工作者替代性社会保险方案的建立

我国《社会保险法》规定的城镇职工社会保险与劳动关系"捆绑",排除了对网络平台新型契约劳动者的适用。在现行法规范下,虽然平台工作者可以以灵活就业人员的身份参保,而目前我国的《社会保险法》仅规定了灵活就业人员可以参加基本养老保险和基本医疗保险,没有失业保险、工伤保险等劳动者的职业保险项目设置。随着平台新型用工形态的普及,这部分平台工作者的社会保险权益缺少的弊端不断暴露,特别是用工过程中的意外事故暴露了零工就业平台工作者工伤保险权益缺失的问题。虽然在实际用工过程中,部分互联网平台或代理商为其旗下的平台劳务提供者购买了商业保险,但商业保险的保护力度较弱,面对职业伤害问题其保护力度难以适应保障广大平台工作者的职业安全权益的需要。因此,在《社会保险法》框架下,扩大灵活就业人员的社会保险范围,特别是将部分平台工作者纳入工伤保险的范围,有其必要性。此外,网络平台新型契约劳动具有任务化、流动性、不确定性的特点,平台工作者可以在多个互联网平台上提供服务,假定同一劳动者为多个互联网平台提供劳务,其社会保险责任的分配又是一个新的难题,需要辅之以更为宽泛、更具弹性化的制度设计,以兼顾网络平台与平台工作者之间的利益平衡。在构建新制度时可以借鉴美国智库提出的"多平台用工的社会保险方案"和"可移动的个人社会保险账户"方案,以适用网络平台新型用工形态的特点,并兼顾网络平台与平台工作者之间的利益平衡。

四、网络平台工作者替代性工会组织的构建

我国现行工会法对劳动者集体协商权和结社权等集体权利的保护主要以传统劳动关系的成立为前提,在面对共享经济背景下的平台新业态劳动者集体权利的保护时不能有效地运转。政府和学术界普遍认为,工会组织需要将新业态劳动者组织起来,代表他们的集体劳动权利,以再次将平台工作者和平台企业置于一个更为平等的地位,这将有助于为摆脱新经济形态下平台企业与平台工作者经济不平等的局面提供路径。

新型劳动者团结组织——非传统工会(Alt-Labor)在很大程度上满足了共享经济背景下新业态劳动者当下的团结诉求,是传统工会的有效补充和替代。与传统工会不同,非传统工会组织将那些传统劳动法意义上的非劳动者(临时工、外包工和独立承包人)纳入其中,这种做法放弃了传统劳动法基于劳动者身份赋予的权利,转而获得代表范围上的灵活性,某种程度上给共享经济

时代的工会组织改革和工会制度的发展带来新的思路。一方面,非传统工会组织给那些无法加入工会的平台工作者等新业态劳动者有力支持,协助他们建立工会或推动那些普遍改善他们待遇的立法;另一方面,它也满足了非劳动法意义上劳动者的团结诉求,提高了他们在面对发包商或者互联网平台时的议价能力,从而在一定程度上改善了他们的工作条件。这些特点更适应今天和未来的经济环境和工作形态。

五、网络平台工作者替代性纠纷解决机制的建立

在我国现行的劳动仲裁和民事诉讼程序规范框架下,对于不能纳入劳动仲裁、民事诉讼等司法救济程序的平台工作者的集体权利争议,以公平、效率为原则建立替代性的冲突解决程序机制。以行业、职业、工种和地域为标准,在中华全国总工会的框架内构建新型契约劳动者联盟或工会,赋予其集体协商和民主参与的法定职责,建立集体协商和民主参与的具体程序,并对上述程序中产生的协调处理协议书给予司法确认,使其产生能够得到强制执行的法律效力。

在共享经济背景下,我国的劳动力市场发生了深刻的变化,我们应用辩证发展的观点把握劳动关系的本质特点。通过对平台契约劳动关系较为系统的理论和实证分析,我们发现在共享经济中网络平台契约劳动呈现就业类型多元化、复杂化的特点,而非单一类型。事实上,在平台经济领域,我国已有的所有就业形态和法律关系都存在。因此,在平台经济不断迭代发展的过程中,很难做出相对稳定的用工形态和法律关系属性的分类,需要辅之以更为宽泛、更具弹性化的制度设计。网络平台契约劳动是劳动弹性化的产物,如何在此类新型契约劳动关系的调整中较好地平衡灵活性和安全性,是网络平台契约劳动关系法律规制的核心。弹性保障对于劳动力市场政策而言属于一种综合方式,它在合同安排方面具有足够的灵活性,允许用工方和劳动者能够应对变化,同时又可以为劳动者提供更好的安全性。未来劳动关系会发生怎样的变化我们不得而知,我们也不能以目前劳动关系的认定标准去揣测未来的用工模式,但是确立弹性化的新制度体系,以弹性化的裁判方式调整弹性化趋势的劳动力市场,能够为今后的法律演绎推理提供正确的方向。

参考文献

一、中文文献

(一)著作

蔡余杰,黄禄金.共享经济:引爆新一轮颠覆性商业革命[M].北京:企业管理出版社,2015.

常凯.劳动法[M].北京:高等教育出版社,2011.

常凯.劳权论——当代中国劳动关系的法律调整研究[M].北京:中国劳动社会保障出版社,2004.

陈新民.德国公法学基础理论(上册)[M].济南:山东人民出版社,2001.

德国民法典[M].第4版.陈卫佐,译.北京:法律出版社,2015.

德国民法典[M].第5版.陈卫佐,译.北京:法律出版社,2020.

邓婕.灵活就业:数字经济浪潮下的人与社会[M].北京:中国工人出版社,2020.

董保华.劳动合同立法的争鸣与思考[M].上海:上海人民出版社,2011.

范愉.非诉讼程序(ADR)教程[M].第3版.北京:中国人民大学出版社,2016.

关怀,林嘉.劳动与社会保障法学[M].2013年修订.北京:法律出版社,2011.

胡大武.比较与借鉴:家政工人劳动权益法律保障研究[M].北京:中国政法大学出版社,2012.

荒木尚志.日本劳动法[M].增补版.李坤刚,牛志奎,译.北京:北京大学出版社,2010.

黄越钦.劳动法新论[M].北京:中国政法大学出版社,2003.

雷蒙德·瓦尔特曼.德国劳动法[M].沈建峰,译.北京:法律出版社,2014.

克里斯托弗·德泽维.工作权和工作中的权利[M]//国际人权教材(第1卷).北京:中国政法大学出版社,2002.

林嘉.劳动法和社会保障法[M].第2版.北京:中国人民大学出版社,2011.

林嘉.劳动法和社会保障法[M].第4版.北京:中国人民大学出版社,2016.

林晓云.美国劳动雇佣法[M].北京:法律出版社,2007.

罗宾·蔡斯.共享经济:重构未来商业新模式[M].王芮,译.杭州:浙江人民出版社,2015.

罗杰·布兰潘.欧洲劳动法(第一册)[M].付欣,等译.北京:商务印书馆,2016.

《劳动与社会保障法》编写组.劳动与社会保障法[M].第2版.北京:高等教育出版社,2018.

曼弗雷德·魏斯,马琳·施米特.德国劳动法与劳资关系[M].倪斐,译.北京:商务印书馆,2012.

曼纽尔·卡斯特.网络社会的崛起[M].夏铸九,王志弘,译.北京:社会科学文献出版社,2006.

庞德.通过法律的社会控制[M].北京:商务印书馆,1984.

彭万林.民法学[M].第7版.北京:中国政法大学出版社,2011.

史尚宽.债法各论[M].北京:中国政法大学出版社,2000.

田思路,贾秀芬.契约劳动的研究——日本的理论与实践[M].北京:法律出版社,2007.

田野.非典型劳动关系的法律规制研究[M].北京:中国政法大学出版社,2014.

王倩,朱军.德国劳动联邦劳动法院典型判例研究[M].北京:法律出版社,2015.

王全兴.劳动法[M].第4版.北京:法律出版社,2017.

王全兴.劳动法[M].北京:法律出版社,2008.

王圣元,陈万明,赵彤.零工经济:灵活就业生态系统[M].南京:东南大学出版社,2018.

王泽鉴.债法原理[M].北京:北京大学出版社,2013.

信春鹰.中华人民共和国劳动争议调解仲裁法释义[M].北京:法律出版社,2008.

杨燕绥主编.劳动法新论[M].北京:中国劳动社会保障出版社,2004.

伊莎贝尔·道格林,克里斯多夫·德格里斯,菲利普·波谢.平台经济与劳动立法国际趋势[M].涂伟,译.北京:中国工人出版社,2020.

张成刚.就业变革:数字商业与中国新就业形态[M].北京:中国工人出版社,2020.

张春生.中华人民共和国工会法释义[M].北京:法律出版社,2002.

郑尚元.劳动法学[M].北京:中国政法大学出版社,2004.

（二）论文

常凯.雇佣还是合作,共享经济依赖何种用工关系[J].人力资源,2016(11):38-39.

陈纯柱,刘娟.网络主播监管中的问题与制度构建[J].探索,2017(6):142.

陈龙.平台经济的劳动权益保障挑战与对策建议——以外卖平台的骑手劳动为例[J].社会治理,2020(8):22-23.

陈晓菲,王江哲.共享经济下的网约车司机个人特征与工作特征分析[J].管理现代化,2018(2):105-107.

董成惠.共享经济:理论与现实[J].广东财经大学学报,2016(5).

段嘉政,杨紫贞."网约工"劳动权益的法律保障机制[J].中国商论,2019(15):237.

段思丞.平台用工法律关系的认定标准问题研究[D].南宁:广西大学,2019:16-18.

韩静.论外卖骑手致交通事故的责任承担[D].哈尔滨:东北农业大学,2019:9.

侯玲玲,王全兴.劳动法上劳动者概念之研究[J].云南大学学报（人文社会科学版）,2006(1):69.

蒋大兴,王首杰.共享经济的法律规制[J].中国社会科学,2017(9):141.

柯卉兵,李静.《社会保险法》的实施困境[J].社会保障研究,2013(1):27-34.

柯振兴.美国网约工劳动关系认定标准:进展与启示[J].工会理论研究,2019(6):58.

李海明,罗浔阳.平台经济下灵活就业者的权益保障[J].创新,2019(5):108-118.

李凌.平台经济发展与政府管制模式变革[J].经济学家,2015(7):27-34.

李秋霆.共享经济视域下非典型劳动关系法律规制问题研究[D].镇江：江苏大学,2019.

李石山.私法社会化研究——民法现代化理论的思考[D].武汉：武汉大学,2002.

廉思.90后的集体记忆和时代标签——北京网络主播群体调查报告[J].中国青年研究,2018(4):9.

梁阿敏.共享经济下劳动者权益保护问题研究[J].云南警官学院报,2019(4):104.

林嘉.公平可持续的社会保险制度研究[J].武汉大学学报(哲学社会科学版),2017(4):19-26.

刘君.顺应互联网时代发展构建我国共享经济的新型劳动关系——关于构建新时代网络劳动关系的思考[J].工会信息,2017(24):8.

刘荣根.共享经济:传统经济模式的颠覆者[J].经济学家,2017(5):97.

刘瑞华.共享经济背景下劳动关系变化及协调对策[J].人力资源,2020(10):144-145.

卢希鹏.随经济:共享经济之后的全新战略思维[J].人民论坛·学术前沿,2015(22):35-44.

陆敬波,史庆.中国分享经济平台典型劳资正义司法案例研究[J].劳动法制,2018(4):70.

潘建青.网络直播用工关系的劳动法思考[J].中国劳动关系学院学报,2018(4):71,73.

彭倩文,曹大友.是劳动关系还是劳务关系？——以滴滴出行为例解析中国情境下互联网约租车平台的雇佣关系[J].中国人力资源开发,2016(2):93-98.

钱叶芳.民法典编纂背景下雇佣(雇佣)合同的去向——现代民法与劳动法的分工与合作[J].浙江学刊,2018(6):62.

申建平.劳动合同法律属性论[J].河北法学,2004(7):21-22.

沈建峰.论劳动关系的实践界定——以中德司法机关的判决为考察重点[J].法律适用,2012(12):89.

苏庆华.纠结的关系——互联网＋背景下的出租行业用工关系问题探析[J].中国人力资源开发,2015(22):82,83.

粟瑜,王全兴.我国灵活就业中自治性劳动的法律保护[J].东南学术,2016(3):104-113.

孙卫.劳动给付行为受用人单位支配是劳动关系的实质要件[J].人民司法,2009(20):33.

孙秀."互联网＋"平台模式下的劳动关系认定[D].武汉:华中科技大学,2019.

汤天波,吴晓隽.共享经济:"互联网＋"下的颠覆性经济模式[J].科学发展,2015(12):78-84.

田思路,彭浏诚.论使用从属关系下非典型劳动者保护的多元化[J].中国劳动,2014(8):18-21.

王立明,邵辉.网络主播劳动者地位认定的困境、反思和出路[J].时代法学,2018(5):6,9.

王佩瑶.外卖行业用工关系调整的法律问题研究[D].武汉:华中科技大学,2019.

王倩.德国法中劳动关系的认定[J].暨南大学学报(哲学社会科学版),2017(6):39.

王全兴,刘琦.我国新经济下灵活用工的特点、挑战和法律规制[J].法学评论,2019(4):88.

王全兴,粟瑜.意大利准从属性劳动制度剖析及其启示[J].法学杂志,2016(10):102-115.

王全兴,王茜.我国"网约工"的劳动关系认定及权益保护[J].法学,2018(4):57-72.

王全兴."互联网＋"背景下劳动用工形式和劳动关系问题的初步思考[J].中国劳动,2017(8):7-8.

王天玉.互联网平台用工的合同定性及法律适用[J].法学,2019(10):168-171,174-175.

王小午.单方解除劳动合同制度存在的问题及完善建议[J].中国劳动,2017(11):25-29.

王阳,彭博.专车运营下的劳动用工法律分析[J].中国劳动,2015(9):59-61.

吴冰阳.网络直播热潮下的冷思考[J].学理论,2018(9):2.

吴清军,李贞.分享经济下的劳动控制与工作自主性——关于网约车司机工作的混合研究[J].社会学研究,2018(4):14.

肖海,常哲维.论网约车司机合法权益的保护[J].新余学院学报,2017(8):35-38.

谢德成.转型时期的劳动关系:趋势与思维嬗变[J].四川大学学报(哲学社会科学版),2016(6):76-84.

谢玉华,张媚,陈佳.集体协商功能及影响因素:中外文献比较与启示[J].中国劳动关系学院学报,2012(5):28.

谢增毅.劳动关系的内涵及雇员和雇主身份之认定[J].比较法研究,2009(6):75.

谢增毅.民法典编纂与雇佣(劳动)合同规则[J].中国法学,2016(4):97-99.

徐晋,张祥建.平台经济学[J].中国工业经济,2006(5):40-47.

徐文红.浅议互联网+下劳动关系认定问题治理模式[J].法制博览,2017(9上):17.

杨云霞.分享经济中用工关系的中美法律比较及启示[J].西北大学学报(哲学社会科学版),2016(5):147-153.

叶嘉敏,李少军.共享经济视域下网约车平台用工劳动关系从属性认定标准研究——以"权重位序法"为核心进路[J].河北法学,2020(11):189.

应梵,翟云岭.网络平台用工关系中的合同性质认定研究[J].现代经济探索,2020(12):131.

于莹.共享经济用工关系的认定及其法律规制——以认识当前"共享经济"的语域为起点[J].华东政法大学学报,2018(3):50,52,53,57.

余杰.反不正当竞争法视野下网络主播跳槽问题研究[J].人民司法(应用),2018(10):32.

虞琦楠.共享经济背景下网约车用工模式劳动关系分析——以法院判决为切入点[J].上海市经济管理干部学院学报,2018(3):56-64.

袁文全,徐新鹏.共享经济视阈下隐蔽雇佣关系的法律规制[J].政法论坛,2018(1):1,119-130.

战东升.民法典编纂背景下劳动法与民法的立法关系——"以类似劳动者型劳务提供人"的保护为切入点[J].法学,2018(10):97-99.

张成刚.共享经济平台劳动者就业及劳动关系现状——基于北京市多平台的调查研究[J].中国劳动关系学院学报,2018(3):61-70.

张大卫.我国网络直播行业现状分析[J].电视研究,2017(12):3.

张楠.经济新业态从业人员社会保险缺失问题研究——以J省S市美团外卖骑手为例[D].长春:吉林大学,2019.

郑尚元.雇员关系调整的法律分界[J].中国法学,2005(3):82.

郑朔,刘晓晖,徐可.劳动保护、激励与企业风险承担水平[J].财会月刊,
2019(22):51-60.

郑志来.共享经济的成因、内涵与商业模式研究[J].现代经济探索,2016
(3):33-34.

周湖勇,李勃,倪明雪.网络主播劳动关系层次化研究[J].前沿,2018(4):70.

周江洪.服务合同在我国民法典中的定位及其制度构建[J].法学,2008
(1):132.

邹新凯."互联网＋"新业态下的工会:挑战与回应[J].中山大学法律评
论,2018(1):105-118.

二、外文文献

Compa L. Careful what you wish for: A critical appraisal of proposals to
rebuild the labor movement[J]. New Labor Forum,2015,24(3):11-16.

Dakung R J, Munene J C, Balunywa W, et al. Self-employability
initiative: Developing a practical model of disabled students' self-employment
careers[J]. Africa Journal of Management,2017,3:3-4:280-309.

Gartside D,Silverstone Y,Farley C,et al. Trends reshaping the future
of hr: the rise of the extended workforce[R]. Accenture Institute for High
Performance,Mar. 1,2013:3.

Harned K R,Kryda G M,Milito E A. Creating a workable legal
standard for defining an independent contractor[J]. The Journal of Business,
Entrepreneurship & the Law,2010,4(1): 93-116.

Miller M R. Getting paid in the naked economy[J]. Hofstra Labor &
Employment Law Journal,2015,32(2):285-298.

Park B. The research of live broadcast economic and live broadcast
marketing[J]. The Journal of Media Economics,2017,3(4):19-31.

Rashmi D C. Regulating sharing: the sharing economy as an alternative
capitalist system[J]. Tulane Law Review,2015,90(2):263,288-302.

Rochet J C,Tinole J. Platform competition in two-sides markets[J].
Journal of the European Economic Association,2003,1(4): 990-1029.

Rolf D,Clark S,Bryant C W. Portable Benefits in the 21st Century:
Shaping a New System of Benefits for Independent Workers [R].
Washington,DC: Aspen Institute,2016.